Beratergruppe Neuwaldegg – Wien
Gottlieb Duttweiler Institut – Zürich

Roswita Königswieser • Christian Lutz (Hrsg.)

DAS SYSTEMISCH EVOLUTIONÄRE MANAGEMENT

DER NEUE HORIZONT FÜR UNTERNEHMER

2., überarbeitete Auflage

Beiträge von Fritjof Capra • Niklas Luhmann • Fritz Simon • Knut Bleicher • Gilbert J. Probst • Oswald Neuberger u.a.

Wien 1992
ORAC

Die Deutsche Bibliothek – CIP-Einheitsaufnahme

Das **systemisch-evolutionäre Management :** der neue Horizont für Unternehmer / Beratergruppe Neuwaldegg – Wien ; Gottlieb-Duttweiler-Institut – Zürich. Roswita Königswieser ; Christian Lutz (Hrsg.). Beitr. von Fritjof Capra ... – 2., überarb. Aufl. – Wien : Orac, 1992
ISBN 3-7007-0262-0
NE: Königswieser, Roswita [Hrsg.]; Capra, Fritjof; Beratergruppe <Neuwaldegg>

ISBN 3-7007-0262-0

Verlag Orac, Wien

Hersteller: Druckerei Robitschek & Co. Ges.m.b.H., 1050 Wien

Das systemisch-evolutionäre Management
Neuer Horizont für Unternehmen

Die Perspektive der Herausgeber I – IV

1 Der Blick auf den Unternehmensalltag

- Roswita Königswieser: *Widerstände gegen systemische Unternehmensführung* 1
- Thomas W. Bechtler: *Selbstorganisation als Unternehmensvision – Der Markt als Mittel innerbetrieblicher Organisation* 10
- Heinz Jarmai / Roswita Königswieser: *Problemdiagnose* 18
- Gilbert J. Probst: *Vernetztes Denken für komplexe, strategische Probleme* 22
- Roswita Königswieser / Christian Lutz: *Zukunftsarbeit als Prozess* 42
- Ludwig Reichart: *Lernstatt* 49
- Rudolf K. Sprüngli: *Zur Evolution von Entscheidungen: Reflexionen aus der Praxis* 57
- Frank Boos: *Projektmanagement* 69
- Jürg Schultheiss: *Von der Sozialbilanz zum Umfeld-Dialog* 78
- Siegi Hirsch: *Fragen an den Meister (Interview)* 85

2 Der Spiegel der Theorie

- Niklas Luhmann: *Fragen an Niklas Luhmann (Interview)* 95
- Fritjof Capra et al.: *Veränderung im Management – Management der Veränderung* 112
- Knut Bleicher: *Paradigmenwechsel im Management?* 122
- Christian Lutz: *Unternehmensführung im Zeitalter der Kommunikationskultur* 135
- Oswald Neuberger: *Widersprüche in Ordnung* 146

- Manfred Lueger: *Macht und Herrschaft in Organisationen* 168
- Fritz B. Simon: *«Harte» und «weiche» Wirklichkeiten* 181
- Alexander Exner: *Unternehmensidentität* 191
- Alexander Exner et al.: *Unternehmensberatung – systemisch* 204
- Niklas Luhmann: *Kommunikationssperren in der Unternehmensberatung* 236

3 Das Individuum im Brennpunkt
- Roswita Königswieser: *Gelassenheit* 250
- Heinz Jarmai: *Wahrnehmung – Verantwortung – Führung* 261
- Uwe Grau / Uwe Möller: *Was wäre, wenn? Problem(auf)lösen durch konstruktive Konversation* 270
- Thomas Weiss: *Einzelberatung in der Personalentwicklung* 285
- Niklas Luhmann: *Glück und Unglück der Kommunikation in Familien* 298

4 Der Ausblick auf das Umfeld
- Fritjof Capra: *Systemisches Denken – das neue Paradigma* 307
- Christian Lutz: *Grundzüge des systemisch-evolutionären Weltbildes* 310
- Matthias Haller: *Risiko-Management und Risiko-Dialog* 321
- Gertrud Höhler: *Unternehmenskultur als Erfolgsfaktor* 341

Autorenverzeichnis

Die Perspektive der Herausgeber

Systemisches Denken und Handeln im Unternehmen ist Mode geworden: Eine wachsende Zahl von Bekehrten fühlt sich im Besitz des richtigen Glaubens, ohne ihn genauer definieren zu können; immer mehr Suchende und Neugierige möchten endlich wissen, was systemische Unternehmensführung genau ist und was sie bringt, und eine bedeutende Schar von stoischen Skeptikern vertraut darauf, daß auch diese Welle von einer nächsten, ebenso flüchtigen überrollt werden würde. Dieser Sammelband will weder den Gläubigen predigen noch den Suchenden unverbrüchliche Wahrheiten anbieten, noch die Skeptiker bekehren. Jeder Anspruch auf objektive oder absolute Wahrheiten stünde in direktem Widerspruch zur systemischen Grundhaltung. Diese beinhaltet aber auch nicht einen standpunktlosen Relativismus, sondern sie geht davon aus, daß sich Wirklichkeiten immer nur aus bestimmten Perspektiven erschließen. Die Problemsicht ergibt sich also immer aus einem dialogischen Verhältnis zwischen dem Standpunkt einer Person oder Organisation und dem, was diese von dort her als Umfeld wahrnimmt oder wahrnehmen will. Daß dieses "Immer" selbst wieder nach etwas Absolutem und damit nach dem "blinden Fleck" klingt, ohne den kein Standpunkt möglich ist, ist der Widerspruch, der zu weiterem Hinterfragen und damit zu neuen Perspektiven führt und den deshalb die systemische Grundhaltung nicht wegdefinieren, sondern als Stimulans nutzen will.

Dementsprechend kann und will dieser Sammelband nicht ein Dogmengebäude präsentieren, beginnend mit dem theoretischen Fundament, von da fortschreitend zu allgemein gültigem empirischem Wissen über das Funktionieren von Unternehmungen und gipfelnd in Handlungsanweisungen für die Praxis, sondern er widerspiegelt den augenblicklichen Zustand eines lebendigen Netzwerks von Menschen, die ihre Standpunkte in einem vielfältigen Dialog miteinander weiterentwickeln. Das bedeutet erstens, daß der Leser kein widerspruchsloses Dogma, sondern eine Vielfalt von sich zum Teil überschneidenden und widersprechenden Standpunkten finden wird. Gerade diese Überschneidungen und Widersprüche sind es ja, von denen das Netzwerk lebt. Dies wiederum bedeutet zweitens, daß viele Beiträge schon in der vorliegenden zweiten Auflage aus einer anderen Perspektive geschrieben worden wären, wenn Verlag und Herausgeber nicht mit Rücksicht auf den dringlichen Bedarf nach einer Neuauflage beschlossen hätten, sich auf Detailkorrekturen zu beschränken.

Der Hinweis auf das "Netzwerk" besagt aber gleichzeitig, daß wir dem Leser nicht eine beliebige, unverbindliche Sammlung von Beiträgen zum systemischen Denken präsentieren, sondern das Zwischenergebnis einer ständigen Auseinandersetzung mit der Theorie der sytemischen Wirklichkeitssicht, ihrer Umsetzung in die Unternehmenspraxis, den dabei entwickelten Methoden und der Rückführung der in der Anwendung gesammelten Erfahrungen in neue theoretische Impulse. Diese Auseinandersetzung spielt sich ab innerhalb eines Personenkreises, dessen Zusammensetzung zwar im Fluß ist, der aber doch eine gewisse Kontinuität – vielleicht dürften wir sogar sagen Identität – besitzt, die sich aus diesem gemeinsamen Interesse nährt, systemisches Denken und Handeln auf der konzeptionellen Ebene weiterzuentwicklen und für die Unternehmenspraxis fruchtbar zu machen. Die Beteiligten vereinigen in unterschiedlicher Zusammensetzung drei Blickwinkel auf den Alltag des Unternehmens und seiner Umfelder, nämlich jenen der Wissenschaft, jenen der Praxis und jenen des Umsetzungshelfers.

Die Identität dieses Netzwerks ist nicht nur durch das systemische Denken und dieses Dreigestirn "Wissenschaft, Unternehmenspraxis, Umsetzunghilfe" bestimmt, sondern auch durch die Zusammenarbeit zwischen den beiden Institutionen, die durch die Herausgeber repräsentiert sind: Die Beratergruppe Neuwaldegg, der die Forschergruppe Neuwaldegg angegliedert ist, hat sich seit langem bemüht, systemische Ansätze für die Beratungspraxis weiterzuentwickeln und fruchtbar zu machen. Sie hat dabei auch besonders an der Prozeß- und Erlebnisebene gearbeitet. Das Gottlieb Duttweiler Institut als Institution der Zukunftsgestaltung in Unternehmen und Gesellschaft ist von seinem gesellschaftspolitischen Auftrag her, der auch Ausgangspunkt seiner Pionierrolle auf dem Gebiet der Organisationsentwicklung war, zum systemischen Denken gestoßen. Die Verwandtschaft des Welt- und Menschenbildes sowie die teilweise Parallelität und teilweise Komplementarität der Stärken und der Aktivitäten der beiden Institutionen waren Ausgangspunkt einer langjährigen Zusammenarbeit auf der Grundlage intensiver persönlicher Beziehungen. In deren Verlauf bildeten sich wachsende Überschneidungen der Beziehungsnetze heraus, auf seiten der Unternehmenspraktiker, der Umsetzungshelfer und der Gesprächspartner aus der Wissenschaft. So widerspiegelt dieser Band zum Teil auch die Identität seiner beiden tragenden Institutionen, sichtbar nicht zuletzt in den Beiträgen, an denen mehrere ihrer Angehörigen mitgewirkt haben.

Auch wenn wir dem Leser keine absoluten Wahrheiten und fertigen Rezepte zu liefern vermögen, so bietet der Sammelband dennoch so etwas wie Orientierungshilfe in turbulenter Zeit – auf die einzige Art, die nach Auffassung der

Herausgeber möglich ist: indem er eine Sichtweise anbietet, welche die illusorische Sicherheit unverbrüchlich vorgegebener Wahrheiten ersetzt durch das ständige Bemühen um einen Standpunkt und eine Perspektive, die den eigenen, sich wandelnden Erwartungen und jenen des relevanten Umfeldes sinnvoll Rechnung tragen, und indem er ein Netz von Dialogpartnern präsentiert, die dabei die nötigen Impulse liefern können. Dieses Angebot gilt gleichermaßen für Unternehmenspraktiker, Berater und Wissenschafter. Wir sind überzeugt, daß die als Autoren zeichnenden Angehörigen unseres engeren Beziehungsnetzes davon ebenso viel Gewinn haben werden wie unsere übrigen Freunde, Kunden und Gesprächspartner. Die "Eingeweihten", die wissen, daß systemisches Denken und Handeln eine Haltung und ein nie abgeschlossener Prozeß ist, werden darin ebenso Anregungen und Informationen finden wie die Suchenden und Neugieren. Vielleicht mag dieser Band sogar dazu beitragen, einige Skeptiker zur intensiveren Auseinandersetzung mit einer Sichtweise zu veranlassen, welche schlicht im Begriff ist, ein Weltverständnis abzulösen, das seine Orientierungsfunktion nicht mehr glaubwürdig zu erfüllen vermag.

Wenn wir ein Buch sowohl für Wissenschafter wie für Praktiker herausgegeben haben, so haben wir es doch ausschließlich für die Unternehmenspraxis getan. Diese ist es, die durch die lebendige Auseinandersetzung zwischen Managern, Beratern und Wissenschaftern neue Impulse erhalten soll. Wir haben deshalb auch in der Kapiteleinteilung darauf geachtet, daß am Anfang der Blick auf den (und aus dem) Unternehmensalltag im Zentrum steht und daß diese praktischen Einblicke in einem zweiten Kapitel gewissermaßen als Material der theoretischen Reflexion und konzeptionellen Weiterentwicklung wahrgenommen werden können.

Der Mensch gehört – als Manager, Mitarbeiter, Kunde etc. – zum Unternehmensumfeld. Daß er dennoch im Mittelpunkt stehe und der Unternehmenssinn sich letztlich aus seinem Lebenssinn ableite, ist zwar nicht eine notwendige Komponente systemischen Denkens, aber doch eine Werthaltung, welche die Tätigkeit der beiden Trägerinstitutionen prägt. Unabhängig davon sind Identität und Interessen der beteiligten Individuen das Material, aus dem sich die Unternehmensentwicklung speist. So schien es wichtig, den Spannungsbogen im dritten Kapitel durch eine Reihe von Beiträgen zu erweitern, die das Individuum in den Brennpunkt stellen. Darin durfte sich aber die Auseinandersetzung mit dem Umfeld nicht erschöpfen, denn der kulturelle und gesellschaftliche Wandel, dem das abschließende Kapitel gewidmet ist, eröffnet den Ausblick auf Umfeldveränderungen, die vom Focus auf das Individuum her nicht zu erschließen sind.

Es entspricht dem Anliegen eines solchen Sammelbandes, daß die Individualität der Autoren ungefiltert zum Ausdruck gelangen soll. Die redaktionelle Bearbeitung beschränkte sich auf die Beseitigung von Fehlern und Unklarheiten, in gewissen Fällen auf die Formulierung von Haupt- und Zwischentiteln, auf die nur in Einzelfällen von den Autoren stammenden Zusammenfassungen, welche dem Leser die Orientierung erleichtern sollen, sowie auf Äußerlichkeiten wie Zitier- und Schreibweise. Für die sorgfältige, intensive und kongeniale redaktionelle Betreuung sind wir Frau Nora Plangger-Stuhlpfarrer zu besonderem Dank verpflichtet. Im Sekretariat der beiden Trägerinstitutionen haben die Damen Tenzin Baumann-Tethong, Sabine Kainz und Barbara Waschmann die schwierigen Koordinations-, Schreib- und Korrekturarbeiten bewältigt. Die erstere hat im Gottlieb Duttweiler Institut nach dem Desktop-Publishing-Verfahren auch die druckfertige Vorlage der zweiten Auflage ausgearbeitet. Ihnen allen gebührt der Dank der Herausgeber, der Autoren und des Verlags – sowie, wie wir hoffen, auch der Leser, denen wir das Werk nun vertrauensvoll in die Hand geben.

Dr. Roswita Königswieser
Beratergruppe Neuwaldegg, Wien

Dr. Christian Lutz
Gottlieb Duttweiler Institut,
Rüschlikon/Zürich

November 1991

Roswita Königswieser

Widerstände gegen systemische Unternehmensführung

Die Einstellung von Managern gegenüber dem systemischen Ansatz ist meist ambivalent. Einerseits sind auch in Unternehmungen wie in der übrigen Gesellschaft die Wirklichkeitsvorstellungen nach wie vor stark vom mechanistischen Weltbild geprägt; der Beitrag berichtet über die daraus entstehenden Widerstände gegen ganzheitlich-systemisches Denken in der Beratungspraxis. Andererseits ist die Bereitschaft zur Anwendung von Methoden der Unternehmensführung, die einer immer komplexeren und turbulenteren Umwelt angemessen sind, in der Wirtschaft größer als etwa in Verwaltung und Politik; Erfahrungsbeispiele zeigen auf, was der systemische Ansatz bringt. Schließlich findet der Leser praktische Hinweise auf Techniken, welche dessen Anwendung im Unternehmensalltag erleichtern.

Wir machen die Erfahrung, daß in Wirtschaftsorganisationen die Vorstellungen davon, wie die Welt, das eigene Unternehmen oder die Mitarbeiter seien, nach wie vor vom tradierten mechanistischen Paradigma geprägt sind. Das ist durchaus verständlich, weil Wirtschaftssysteme ein Subsystem der Gesellschaft sind, in der diese Denkkategorien fest verhaftet sind. Gleichzeitig ist es kein Zufall, daß wir in Wirtschaftskreisen eine viel größere Offenheit für den ganzheitlichen Ansatz finden als etwa in der Verwaltung oder in der Politik, weil Unternehmer und Manager aus Überlebensgründen gezwungen sind, andere Problemlösungen zu finden, da sie mit den herkömmlichen an Grenzen stoßen (H. Ulrich, G. Probst: Anleitung zum ganzheitlichen Denken und Handeln). Die zentrale Managerfrage lautet: Wie können wir in einer immer komplexer und turbulenter werdenden Umwelt das Unternehmen so gestalten und steuern, daß es überlebensfähig und erfolgreich bleibt?

Hier soll von den häufigsten Widerständen gegen dieses Managementmodell gesprochen werden, aber es werden auch Beispiele angeführt, aus denen deutlich werden soll, was dieser Ansatz bringen kann.

Wir schreiben aus der Sicht von Organisationsberatern, die seit Jahren mit dem ganzheitlich-systemischen Ansatz arbeiten (vgl. Exner, Königswieser u.a., Unternehmensberatung – systemisch).

Die Einstellung der Manager kann man als ambivalent bezeichnen. Wir stoßen einerseits auf großes Interesse, andererseits auf massive Abwehr.

Unterschiede zwischen dem mechanistischen und dem ganzheitlich-systemischen Weltbild

Immer wieder wird die Frage nach dem Unterschied des ganzheitlich-systemischen Ansatzes zu anderen Denkmodellen gestellt. Management-Grundsätze, die bisher im Vordergrund standen, sind – je nach Situation – nach wie vor gültig; durch eine ganzheitliche Grundhaltung erhalten jedoch zusätzlich andere Elemente Bedeutung.

Mechanistisches Weltbild	**Ganzheitlich-systemisches Weltbild**
Bisher standen im Vordergrund:	Jetzt und in Zukunft erhalten Bedeutung:
– Hierarchie	– Vernetzungen
– Maschinenweltbild	– lebendige Organismen
– fixe Planung	– Visionen
– Führungskraft als Macher	– Führungskraft als Entwickler(in), Impulsgeber(in), Gärtner(in)
– hartes Denken, Logik, Denken in Widerspruchsfreiheit	– weiches Denken, Psycho-Logik
– Organisation	– Selbstorganisation
– Druck ausüben	– gedeihen lassen, Energien freisetzen
– männliches Prinzip	– weibliches Prinzip
– Objektivität	– Subjektivität
– Struktur	– Prozeß
– Ursache-Wirkungs-Denken	– Denken in Wechselwirkungen
– Richtig/falsch-Beurteilungen	– Beurteilung nach Funktionalität – Symptomträger
– geplanter Wandel	– Balance zwischen Verändern und Bewahren

Diese stichwortartigen Gegenüberstellungen sollen in den folgenden Ausführungen und Beispielen plastischer werden.

Widerstände gegen den Ansatz

Zuerst möchten wir zusammenfassen, was unserer Erfahrung nach die Hauptprobleme in der Auseinandersetzung mit dem ganzheitlichen Ansatz sind. Wir greifen die zehn wichtigsten heraus:

Traditionelle Wahrnehmungsmuster

Ein Grundproblem liegt darin, daß das ganzheitliche Management nicht eine Frage einzelner Aktivitäten und Techniken ist, sondern nur dann gelebt werden kann, wenn in ganzheitlich-systemischen Dimensionen gedacht und wahrgenommen wird (vgl. Simon: Unterschiede, die Unterschiede machen). Die Bilder in uns bestimmen unsere Wahrnehmungen. Bevor ein Mitarbeiter gekündigt wird, muß er zuerst in Gedanken gefeuert werden. Das bedeutet, daß wir bei Umlernprozessen mit grundlegenden Werthaltungen und Wertbildern konfrontiert sind, die sich auf die dazugehörenden Problem- und Situationsdefinitionen auswirken (vgl. Schmidt: Der Diskurs der radikalen Konstruktivisten). Systemänderung geht Hand in Hand mit Wahrnehmungsänderung. Das ist ein mühsamer, Widerstand auslösender Prozeß.

Verunsicherung durch das Neue

Wir erleben – meist bei der konzeptionell-theoretischen Auseinandersetzung mit diesem Paradigma – immer wieder große Verunsicherung: "Da gibt es ja kein eindeutiges Richtig und Falsch mehr – wo kann ich mich da noch anhalten?"

Das Denken in Funktionalitäten, (Prämisse ist die Frage: Wofür und für wen ist das sinnvoll?), in Relationen und Situationsabhängigkeiten haben wir nicht explizit gelernt. Daß nichts aus sich selbst heraus verständlich ist, sondern immer nur im Rahmen eines Kontexts, kann verwirrend sein.

Im Zusammenhang damit gibt es eben kein absolutes Bewerten, sondern "es kommt darauf an". Ein Denken in Widersprüchen und Fragen wie "Was ist das Gute im Schlechten, was das Schlechte im Guten?" entspricht zwar mehr der komplexen Realität, wirkt aber verunsichernd.

Es wird einem prozeßhaften Vorgehen bei Problemlösungen entgegengehalten: "Ich muß doch wissen, was herauskommt, sonst weiß ich ja nicht, worauf ich mich einlasse!" Dasselbe Sicherheitsbedürfnis führt bei Szenarienüberlegungen, die Annahmen über eine mögliche Zukunft erleichtern sollen, zu Äußerungen wie: "Kann denn niemand eine verläßliche Prognose stellen? Wofür gibt es denn Experten?"

Zu der Anforderung, mit der eigenen Unsicherheit umgehen zu können und die Wahrheit durch den Dialog mit anderen zu finden, kommt noch, daß auch die Umweltfaktoren immer komplexer und unsicherer werden (vgl. Evolution und Management).

Objektivitätsglaube

Eine weitere Blockade sehen wir darin, daß man die Vorstellung aufgeben muß, es gebe eine Betrachtungsweise des Unternehmens, bei der man außerhalb stehen könne und nicht auch Teil des Systems, Teil der Beobachtungsergebnisse sei. "Was hat das mit mir zu tun?" Das ist einerseits "gefährlich", als Manager mit ein Thema zu sein, direktes Feedback zu bekommen, andererseits wird dadurch auch die eigene Sichtweise relativiert, und zusätzlich ist man gezwungen, die Probleme nicht unabhängig von sich selbst als etwas objektiv in der Außenwelt Existierendes zu sehen, sondern als Ergebnis der eigenen Situationsbeurteilung (Roswita Königswieser: Selektive Wahrnehmungsfilter). Das führt zu einem radikal anderen Verantwortungskonzept (Reichwein: Das Phantasma der bösen Herrscherin).

Machbarkeitsillusionen

Der Zwang zur Ergebnisorientierung erschwert eine Grundhaltung, die meint, "auch der Weg kann ein Ziel sein" (F.Capra, A.Exner u.a.: Veränderung im Management – Management der Veränderung). Manager sind auf Output, auf Quantifizierbares, auf Resultate, auf Machen und Dinge-im-Griff-Haben trainiert, und nun sollen sie plötzlich vor allem Impulse setzen, gedeihen lassen, schon Prozesse als Ergebnisse sehen.

Im ganzheitlich-systemischen Management bekommen Wachstum, Leistung und Macht eine andersartige Qualität – es geht um qualitatives Wachstum. Es werden auch Leistungen gewünscht, die in der Team-, Konflikt- oder Kommunikationsfähigkeit liegen. Prestige und Machtbedürfnisse im herkömmlichen Sinn sind eher störend. ("Meine persönliche Leistung verschwindet im Gruppenergebnis!") Omnipotenzansprüche werden im Selbstverständnis eines Managers, der sich auch als Gärtner und Kultivierer begreift, bitter enttäuscht. Hartes, rasches, einzelkämpferisches Heldentum verliert zugunsten mehr intuitiver und gemeinsamer Erfolgsstrategien an Bedeutung. Man braucht Zeit und Geduld. Das widerspricht unseren tief eingeprägten Vorstellungen von einem erfolgreichen Manager.

Mißtrauen in die Selbstorganisation

Besonders schwierig erweist sich daher für Manager auch das Vertrauen in Selbstorganisationsprozesse. Wir streben danach, die Geschehnisse in der Welt unter Kontrolle zu haben. Wir wollen, daß sich die Dinge so ereignen, wie es unseren Absichten entspricht. Wir wollen uns wie Lenker in einem Auto sehen.

Besonders Manager begründen das auch mit ihrer Verantwortungspflicht (Dafür werde ich bezahlt!). Sich als Impulsgeber zu definieren setzt nicht nur viel Vertrauen in die Energien der anderen und die Gesundheit des Systems voraus, sondern vor allem auch ein Grundvertrauen in sich selbst und in eine positive Einstellung zur Welt (vgl. W.Bennis: Führungskräfte).

Ganzheitlichkeitsdenken ist fremd

Das Handeln in Rhythmen, Wechselwirkungen und Ganzheiten – statt in Zerstückelungen von Zeit, von Lebensbereichen und Aufgaben (Ch. v. Braun: Nichtich) – erfordert völlig neue Problemlösungsansätze. Gestreßte Manager neigen zum Beispiel dazu, sich noch mehr Druck zu machen, indem sie in weniger Zeit noch mehr Arbeiten erledigen wollen, damit sie dann noch Freizeit haben, in der "ein Anti-Streß-Programm" durchgezogen wird. Eine ganzheitlich-systemische Einstellung hilft einem, sich die Arbeit selbst anders zu organisieren, Mußeelemente und eine gelassenere Haltung in den Alltag zu integrieren (vgl. W.Schömbs: Entspannt konzentriert arbeiten; R. Königswieser: Gelassenheit).

Individualismusideologie

In unserer Gesellschaft mit ihrem stark ausgeprägten Individualismus sind Modelle, bei denen nicht einzelne Personen wie Helden oder Schuldige im Zentrum der Betrachtung stehen, sondern Handlungsmuster (N. Luhmann:

Soziale Systeme), handlungsleitende Normen oder Kulturen oft unverständlich. Wir hören dann: "Wo bleibt der Mensch?" oder "System hin und her – ohne Herrn Müller wäre das alles anders". Daß im ganzheitlich-systemischen Ansatz der einzelne nicht den Stellenwert hat wie die Elemente des Systems, bedeutet auch eine narzißtische Kränkung.

Neuheitsanspruch

Eine andere Kategorie von Abwehr gegen diesen Ansatz richtet sich gegen den tatsächlichen oder angenommenen Anspruch auf Neuheit. "Das ist doch alles nichts Neues. Ich habe mir sensationell anderes für meine Probleme erwartet."

Für uns ist dieser Ansatz eine Weiterentwicklung, aber nicht eine Abwertung des "alten Paradigmas", deshalb finden wir auch viele Elemente in Konzepten, die nur andere Namen haben, zum Beispiel: partizipative Führung, interaktive Planung, Organisationsentwicklung etc. (vgl. G. Probst: Selbstorganisation). Häufig dient diese Relativierung auch der Bestätigung, daß man nicht alles Bisherige wegwerfen müßte.

Luxusmodell

Der letzte Einwand bezieht sich auf die Anwendbarkeit des Modells in Krisenbetrieben ("In Krisenzeiten ist das alles unmöglich. Da braucht man einen starken Mann und hat keine Zeit für sowas.").Diese Argumentation geht davon aus, daß der ganzheitliche Ansatz ein Luxus sei, den man sich in schweren Zeiten nicht leisten könne.

Beispiele aus der Praxis

Die folgenden Problemdefinitionen, denen wir in unserer Beraterpraxis begegnen, sollen die Schwierigkeiten eines solchen Umstellungs- und Lernprozesses veranschaulichen, sollen aber auch den Bedarf zeigen, der nach ganzheitlichen Problemlösungen besteht.

"Motivationsklima" statt "Knopfdruckmotivation"

Der Vorstand einer stark hierarchischen, autoritär geführten Versicherung möchte ein dreitägiges Motivations- und Kommunikationsseminar für seine "frustrierten Außendienstleute" einkaufen. Jene Stimmen seiner Führungskräfte, die meinen, daß solch eine Ausbildungsmaßnahme, die nicht auch eine Verbesserung des Kommunikations- und Motivationsklimas einbezieht, "hinausgeworfenes Geld" sei, werden nicht gehört. Ein Verkäufer drückt mit seiner Äußerung "Ich soll motivieren – aber wer motiviert mich ?" aus, daß es spiegelbildliche Wechselwirkungen zwischen der Kommunikationsfähigkeit eines Systems nach außen und der Kommunikationsfähigkeit nach innen gibt. Im ganzheitlichen Ansatz kommt der Wechselwirkung von Prozessen innerhalb und außerhalb des Systems eine große Bedeutung zu. Der Vorstand erklärte sich die Probleme ausschließlich mit dem Mangel an persönlichen Fähigkeiten seiner Außendienst-Mitarbeiter. Motivation müßte doch – wie bei einer Maschine – "auf Knopfdruck" möglich sein. Systemgrenzen werden räumlich um das Gebäude gesehen, weniger über das Beziehungsnetz der relevanten Umwelten.

Normen verändern – nicht Eigenschaften verändern

Wir werden vom Geschäftsführer eines gerade fusionierten Dienstleistungsunternehmens gerufen, um den Konflikt zwischen zwei wichtigen, unverzichtbaren Abteilungsleitern zu bereinigen, die unterschiedliche Temperamente hätten und einander ablehnten. Der Vorgesetzte meint: "Es ist ein menschliches Problem." Das Erstgespräch führte uns zur Hypothese, daß die beiden Führungskräfte nur Symptomträger von zwei widersprüchlichen, einander fremden Kulturtendenzen waren. Da uns klar war, daß eine Intervention auf der Personenebene nicht zielführend gewesen wäre, sondern es um eine aufwendigere Arbeit an den widersprüchlichen Kulturen ging, war eine andere, prozeßorientierte Vorgangsweise angezeigt. Wir arbeiteten mit den Symptomträgern und ihren Subsystemen. Der Konflikt wurde durch behutsames Hinführen von den Betroffenen als struktur- und systembedingt erkannt. Die Personen waren entlastet; Kooperation wurde schrittweise möglich.

Kontinuität bedeutet Veränderung

In einem filialisierten, schnell wachsenden Pionierbetrieb aus der Do-it-yourself-Branche wurde den Führungskräften vom Chef vorwurfsvoll nahegelegt, daß sie "nicht überall Hand anlegen sollten", also nicht mehr Stapler fahren, selbst einkaufen sollten und so weiter. Die Analyse ergab, daß sie während der Aufbaujahre gerade dafür belohnt worden waren und daß sich hier auch die Charakteristik der Heimbastler-Kunden widerspiegelte, die ja auch verschiedenste Tätigkeiten beherrschen müssen. Das Erkennen dieser für das System lange Zeit funktionalen Zusammenhänge machte Schuldverschreibungen irrelevant und ermöglichte dadurch langsam neue Verhaltensmuster. Das System lernte, daß – trotz Geschichte und Produktdialektik – die Strukturveränderung andere, arbeitsteilige, planerisch-strategische Vorgangsweisen erfordert, ohne dabei die tradierten Stärken der Flexibilität und des Engagements aufzugeben. Es ging nicht um entweder-oder, um richtig oder falsch, sondern um die Balance zwischen Bewahrung und Veränderung, um das Verstehen der Zusammenhänge. Der Geschäftsführer kommentierte: "Es muß etwas geschehen, damit es wieder so gut läuft wie früher."

Die Macht der Gewohnheit

Wir wurden in einen papierverarbeitenden Produktionsbetrieb gerufen, um endlich einen fähigen Marketingmann zu finden. Es wurde gerade der dritte hochqualifizierte Mann gekündigt, weil auch er sich wieder als "unfähig" erwiesen hatte. Da unsere Hypothese nicht die persönlichen Fähigkeiten neuer Mitarbeiter und die Abwehr neuer, "fremder" Normen, Unfähigkeiten dieses Funktionsträgers in den Brennpunkt stellte, sondern das Muster des wiederholten Abstoßens Neuer, die fremde Normen hineinbrachten, die abgewehrt wurden, lief parallel zur Integration des nun vierten Marketingmannes ein Projekt: Integration neuer Mitarbeiter. Über diesen Prozeß gelang es, Widersprüche zwischen den alten und den neuen Mitarbeitern zu bearbeiten. Das Denken in Eigenschaften und Personen hatte solch eine Vorgangsweise gar nicht in Betracht gezogen.

Andersartigkeit muß nicht bedrohlich sein

In einem Betrieb der EDV-Branche gab es unter anderem heftige Konflikte zwischen Verkauf und Produktion – das war nur eines von mehreren strittigen Themen im strategischen Planungsprozeß. Jedes Mitglied der beiden Konfliktparteien hatte das Gefühl, es reagiere nur auf negative Handlungen und Kränkungen des jeweils anderen.

Die Verkäufer klagten die Langsamkeit, Terminuntreue und Weltfremdheit der Produzenten an, die Produktionsleute fühlten sich von den Verkäufern abgewertet, erlebten sie als präpotent, verschwenderisch, planlos und den Geschäftserfolg nur sich selbst zurechnend.

Ein Workshop, der die Geschichte der Spannungen, die strukturell angelegten Widersprüche und den jeweils anderen Blickwinkel reflektierte und die damit verbundenen Fremd- und Selbstbilder relativierte, veränderte zwar nicht die Konfliktstoffe selbst, aber den Umgang damit. Die Widersprüche wurden anders wahrgenommen. Ein Verkäufer sagte: "Wenn Herr Müller aus der Produktion nicht so stur auf seine Planung achten würde, wäre der Firma letztlich damit auch nicht gedient."

Gut Ding braucht Weile

Im Zuge einer Reorganisation, die eine strategische Ausrichtung nach mehr Kundennähe und Serviceorientierung brachte, kam es in Verbindung mit den damit zusammenhängenden Machtverschiebungen zu tiefen Verletzungen. Trotz vorsichtigen Vorgehens unterschied man Gewinner und Verlierer. Die Welt schien auf den Kopf gestellt zu sein. Eine Führungskraft dieser internationalen Transportgesellschaft sagte: "Was fünfzehn Jahre lang richtig war, ist plötzlich falsch". Neun Hierarchieebenen wurden auf sechs reduziert, durch radikale Dezentralisierungsmaßnahmen waren andere Anforderungsprofile nötig. Loyalität und Fleiß standen weniger hoch im Kurs als unternehmerisches Handeln, Innovationsimpulse und Teamfähigkeit. Obwohl die oberste Führung einen ganzheitlich-systemischen Ansatz hatte, wurden die Veränderungen zu rasch und teilweise über die Köpfe der Betroffenen hinweg durchgezogen. Die Größe der Firma und der Zeitdruck verhinderten einen Selbstorganisationsprozeß. Das neue Gedankengut ängstige die Mitarbeiter. Es dauerte Jahre, bis die vom Marktdruck diktierten Veränderungen in die Unternehmenskultur integriert waren. Die Fluktuation war groß.

Aufforderung zur Emanzipation – die "unmögliche" Hilfe

"Frauenförderung" stand in einem Gewerkschaftsunternehmen auf dem Jahresprogramm. Die Frauen wurden aufgefordert, sich für höhere Positionen zu bewerben. Als man sah, daß die Mitarbeiterinnen ambivalent eingestellt waren und nicht nur Dankbarkeit zeigten, wurde Druck ausgeübt, beziehungsweise gab es massive Enttäuschung bei den Initiatorinnen. Die Analyse der

Widerstände ergab, daß es sich um eine paradoxe Botschaft gehandelt hatte: Einerseits waren die strukturellen Voraussetzungen nicht förderlich, andererseits knüpfte man zuwenig an den Bedürfnissen der Betroffenen an und signalisierte: "Ihr müßt euch mehr Platz nehmen!". Erzwungene Weiterentwicklung entspricht nicht der Haltung des ganzheitlichen Managements. Auch unsere Unterstützung, ein Prozeßmodell zu initiieren, ging den Verantwortlichen zu langsam. Daß der Bewußtseins-Prozeß an sich schon lehrreich war, konnte nicht wahrgenommen werden.

Die "harten" Fakten spiegeln die "weichen"

In einem abfallverarbeitenden Familienunternehmen fehlten fast alle Kennzahlen. Das Rechnungswesen und das Controlling waren für die sonstige Komplexität der Firma unterentwickelt. Es war verschiedensten Experten nicht gelungen, diesen Mangel zu beheben. Durch die Diagnose wurde einsichtig, daß sich die Geschichte dieses Familienbetriebes in den Strukturen niederschlug. Die Konflikte zwischen den Familienmitgliedern führten bei Nichteinigung immer wieder zu Firmenneugründungen. Ein wichtiges Muster hieß: lieber Ausweichen, unbedingte Autonomie bewahren, sich ja nicht zuviel dreinreden lassen.

Der Mangel an Kennziffern verhinderte eine wechselseitige Kontrolle der Familienmitglieder und ließ viele Freiräume. Die ökonomischen Auswirkungen der massiven Konflikte zwischen den Familienmitgliedern wurden dadurch weniger transparent. Diese Wechselwirkung zwischen den "harten" und "weichen" Daten wurde langsam gesehen.

Anregungen für die Umsetzung

Was können Manager und/oder Berater tun, um ganzheitlich zu handeln?

Grundsätzlich gilt: Nichts mit Gewalt und großem Druck tun! Man kann nur das in ein System implementieren, was schon angelegt ist. Veränderung braucht Zeit.

– Hilfreich sind daher "Reflexionsschleifen". Dabei wird, immer wieder (allein oder gemeinsam mit anderen) folgender Prozeß durchlaufen: Diagnose der Situation erstellen, Hypothesen bilden, Annahmen über die Zusammenhänge und Sinnbezüge aufstellen, somit eine differenzierte Wirklichkeit herstellen, die Muster erkennen, um entsprechende Maßnahmen und Impulse setzen zu können. Der Prozeß des systemischen Steuerns bedeutet: Muster und Regeln der Ereignisse erkennen beziehungsweise setzen. (Königswieser, Lutz: Was ist eine systemorientierte Zukunftsarbeit im Unternehmen?)

– Die Beeinflussung komplexer Systeme erfolgt unserer Erfahrung nach – neben anderen Strukturveränderungen – stark durch Änderungen der Normen und Regeln. Dafür aber ist das Erkennen der Mechanismen und Muster eine Voraussetzung. Die gemeinsamen Reflexionsschleifen helfen auch, Fragen der Unternehmensidentität zu klären, auf strategische Ausrichtungsfragen zu stoßen beziehungsweise aus den als mißglückt definierten Entscheidungen und

Ereignissen zu lernen. (vgl. Titscher, Königswieser: Entscheidungen in Unternehmen)

– Mechanismen der Selbststeuerung kann man am besten dann einführen, wenn die Grundausrichtungen und -strategien klar sind und klare generelle Erwartungen kommuniziert werden. Operationell kann das heißen, daß Selbststeuerung durch Arbeitsgruppen gefördert wird, ob sie nun Projektgruppen, Qualitätszirkel oder Lernstatt heißen. Sie erfüllen mehrere Funktionen: Lernen an Problemen, Nutzen der Ressourcen, Stärkung des Selbstvertrauens der Mitarbeiter, Motivation durch Mitentscheidungen. (Probst: Und was macht ein ganzheitlicher Manager?, Heintel: Projektmanagement)

– Die Arbeits- und Projektgruppen sollten aus Vertretern unterschiedlicher Sichtweisen und Interessensgruppen zusammengesetzt sein, weil durch das Wechseln der Betrachtungsebenen das System besser verstanden werden und mehr lernen kann. Die Widersprüche erhalten das System lebendig (Exner, Königswieser, Titscher: Unternehmensberatung – systemisch).

– Manager und Berater können durch entsprechende Makrointerventionen Strukturelemente setzen, die eher zu ganzheitlichen Prozessen führen: z.B. Dezentralisierung in kleine überschaubare Einheiten; Miteinbeziehung von Mitarbeitern, Kunden oder Konkurrenten in Kommunikationsprozesse; Veranstaltung von Workshops; Besprechungsfeedback etc. (Königswieser, Jarmai: Innovative Kulturen, Strukturen und Systeme in Unternehmen).

– Ausgebildete Berater und Manager können paradox intervenieren, um die positive Seite scheinbar negativer Dinge aufzuzeigen und dadurch die Kommunikation über Unterschiede und Widersprüche zu gewährleisten. (Selvini-Palazzoli: Paradoxon und Gegenparadoxon, 3.Auflage, Stuttgart 1981)

– Durch konkrete “Techniken” können ganzeitlich-systemische Zusammenhänge klarer und greifbarer werden. Bei aller Problematik dieser Kurzdarstellung seien einige Instrumente exemplarisch angeführt: Wir verwenden die Beziehungsfeldanalyse, bei der das Beziehungsgeflecht, in dem sich das Unternehmen befindet, auf einen Blick transparent wird. Wir lassen Bilder zeichnen oder stellen, um latente Inhalte bewußter zu machen, bieten Hilfen für die Erstellung von Szenarien, regen zu Rollenspielen an und zeigen auf, wie man Wirkungsgefüge aufzeichnen kann, die andere Problemlösungsmöglichkeiten aufzeigen.

Abschließend sei nochmals betont, daß viele Elemente im Alltag des erfolgreichen Managers ohnehin dem Konzept des ganzheitlichen Managens entsprechen. Es handelt sich daher nicht um ein neues Produkt, um eine neue Mode, sondern um eine Weiterentwicklung eines längst bekannten und teilweise gelebten Weltbildes.

Thomas W. Bechtler

Selbstorganisation als Unternehmensvision – Der Markt als Mittel innerbetrieblicher Organisation

Als Unternehmensführer, der selbst eine schlanke Holdingstruktur verwirklicht hat, stellt der Autor die wesentlichen wirtschaftlichen und gesellschaftlichen Veränderungen dar, welche darauf hinwirken, daß unternehmerische Funktionen an den einzelnen Arbeitsplatz wandern und Unternehmungen damit zunehmend zu Selbstorganisationsprozessen werden: Steigende Flexibilitäts- und Innovationserfordernisse, Mitarbeiter, die dem Bild des "informierten und autonomen Zeitgenossen" entsprechen, wachsende Komplexität der menschlichen Tätigkeiten in der Dienstleistungsgesellschaft sowie neue integrierte Kommunikationssysteme. Daraus ergibt sich, daß der Markt zum zentralen innerbetrieblichen Organisationskonzept wird. Die Darstellung seiner Erscheinungsformen und Implikationen führt zur Konklusion, daß solche Selbstorganisationsstrukturen nicht eine organisatorische Lösung fixieren, sondern ein Feld von Möglichkeiten eröffnen, aus dem sich im Einzelfall die jeweils optimale Lösung herauskristallisiert.

Wesentliche Veränderungen einer Reihe von Kernfaktoren, die für die Ausgestaltung von Unternehmensorganisationen bestimmend sind, haben dazu geführt, daß heute Organisationsfragen wieder zu einem Schlüsselthema in Theorie und Praxis der Unternehmensführung geworden sind. Neue Organisationskonzepte sind heute notwendig und möglich. Gefragt sind Lösungen, die die Effizienz und Flexibilität von Organisationen erhöhen, die zu mehr Innovation und Motivation führen und dadurch die Konkurrenzfähigkeit von Unternehmen – in einer Zeit sich verschärfenden und globalisierenden Wettbewerbs – steigern. Organisationsstrukturen wirken sich in allen Bereichen und Funktionen einer Unternehmung aus; Organisation wird deshalb zurecht als zentrale Führungsaufgabe betrachtet und heute als solche neu entdeckt.

Der Leitgedanke für zukunftsweisende Organisationsstrukturen heißt Selbstorganisation. Er zielt auf die Schaffung von – meist übersichtlichen – Organisationseinheiten mit optimalen Voraussetzungen für Selbständigkeit und Eigenverantwortung sowie einem maximalen Potential an Flexibilität, Motivation und Transparenz bei gleichzeitiger Vereinfachung und Verringerung des notwendigen Koordinationsaufwandes durch übergeordnete Stellen, Stabsstellen oder Steuerungssysteme. Selbstorganisation ist teilweise – aber bei weitem nicht nur – eine Weiterführung und Radikalisierung bekannter Führungsmodelle wie "kooperativer Führung" oder des "Harzburger Modells". Es geht nicht nur um die Delegation von mehr Verantwortung und Kompetenzen – eben nicht nur um eine neue Organisationsform –, sondern um eine Unternehmensvision mit Implikationen in allen Facetten eines Unternehmens. Selbstorganisation impliziert eine neue Marktorientierung, Abläufe, neue Strukturen der Arbeitsteilung, veränderte Anforderungen an die Mitarbeiter, ein intensiviertes innerbetriebliches Kommunizieren, eine Steigerung von Verantwortung und Kompetenzen bei den ein Problem direkt und primär bearbeitenden Stellen (dem "Gravitätszentrum eines bestimmten Wissens"), neue Formen der Salarierung, eine neue Sicht der Funktionsweise eines Unternehmens und vieles mehr.

Was führt zur Notwendigkeit von Selbstorganisationslösungen? Die "raison d'être" einer Unternehmung ist immer das hergestellte Produkt oder die erbrachte Dienstleistung. Es sind Menschen, die mittels Organisationen diese Aufgaben realisieren. Organisationen sind Instrumente und können – je nach Ausgestaltung – zur Erreichung bestimmter Unternehmensziele mehr oder weniger geeignet sein. Es sind fünf Faktoren, die die Entstehung von Strukturen der Selbstorganisation fördern; sie sollen hier kurz aufgezeigt werden.

Das allerwichtigste Kriterium für den Aufbau und die Ausgestaltung einer Unternehmensstruktur sind die Anforderungen auf den Absatzmärkten. In der heutigen Wettbewerbssituation stellt die Fähigkeit, rasch und kostengünstig agieren und reagieren zu können – kurz Flexibilität –, einen der zentralsten Erfolgsfaktoren dar. Zeitraubende Abstimmungs- und Koordinationsprozesse über mehrere Hierarchiestufen hinweg, in einer stark arbeitsteiligen Struktur und unter Einschluß der verschiedensten Bereiche und Stabsstellen oder Einschaltung komplexer Steuersysteme müssen in einem Umfeld, wo Geschwindigkeit derart entscheidend wird, versagen. Dies gilt für den Vertrieb, die Entwicklung, die Produktion, aber auch für Investitionsentscheide oder Akquisitionen. Auch zur Förderung der Innovationskraft einer Unternehmung – neben Flexibilität ein zweiter zentraler Erfolgsfaktor – eignen sich komplexe, stark arbeitsteilige, unübersichtliche und formalistische organisatorische Strukturen mit vielen Hierarchiestufen kaum.

Die heutigen Organisationsstrukturen müssen – als zweitem Faktor – den Veränderungen im Personalbereich und auf dem Arbeitsmarkt Rechnung tragen. Seit dem Zweiten Weltkrieg ist das allgemeine Bildungsniveau der Gesamtbevölkerung ganz wesentlich gestiegen – mit entsprechenden Auswirkungen auf Kompetenz und Können, aber auch auf das Selbstbewußtsein und die Ansprüche der Mitarbeiter. Die Unternehmen, die auch langfristig als attraktive Arbeitgeber für die "informierten und autonomen Zeitgenossen" (1) gelten wollen, müssen Arbeitsplätze und Organisationsstrukturen bieten, die das enorme, in den letzten Jahrzehnten neu entstandene Potential bei den Mitarbeitern zur Entfaltung zu bringen vermögen. Nur die Organisationen, die das gesamte Potential an Intelligenz, Kreativität und Engagement der Mitarbeiter zu mobilisieren vermögen, haben heute eine Chance.

Gut ausgebildete, motivierte, engagierte und verantwortungsbewußte Arbeitnehmer und Arbeitnehmerinnen sind eine Voraussetzung für Strukturen der Selbstorganisation, da die Verantwortung darin breiter abgestützt wird. Selbstorganisation ist gleichzeitig eine Voraussetzung, um solche Mitarbeiter heute überhaupt langfristig für eine Aufgabe in einer Unternehmung gewinnen zu können. Selbstorganisation und kompetente, autonome Arbeitnehmer bedingen sich gegenseitig. Nur in Strukturen der Selbstorganisation ist Selbstentfaltung – um das Bedürfnis nach Sinnfindung in der Arbeit optimal zu befriedigen – maximal gewährleistet.

Die Industrieländer in Nordamerika, Europa und dem Fernen Osten werden immer mehr zu Dienstleistungsgesellschaften. Weit mehr als die Hälfte der Arbeitsplätze sind heute im Dienstleistungssektor anzutreffen. Die Folgen sind in vielen Bereichen eine Erhöhung der Anforderungen an die Arbeit, ein Ersetzen der einfachsten Tätigkeiten, die eine "Anweisungsorganisation" implizieren, durch komplexere, umfassendere Arbeiten mit höheren Anforderungen. Im Dienstleistungssektor – noch viel mehr als im sekundären Sektor – ist die Erledigung ganzheitlicher Aufgaben in Gruppen mit großer Autonomie bereits heute stark verbreitet und effizient. Derartige Selbstorganisationsstrukturen sind eine optimale Voraussetzung zur Lösung anspruchsvoller und komplexer Probleme.

Selbstorganisation auf der Basis autonomer, gut ausgebildeter Mitarbeiter, breit abgestützte Verantwortung und unternehmerisches Denken und Handeln – dies alles setzt umfassende Information und Kommunikation voraus. Information und Kommunikation sind geradezu ein Synonym für Selbstorganisation. Als Folge der technologischen Entwicklung – vor allem der neuen integrierten Kommunikationssysteme (2) – werden Selbstorganisationslösungen nicht nur ermöglicht, sondern stellen eine Bedingung für das Funktionieren kommunikativer Organisationen dar. Mit den neuen integrierten Kommunikationssystemen ist ein Vehikel für Datenerfassung, -speicherung und -verarbeitung sowie für Kommunikation geschaffen worden, das in einem Unternehmen potentiell jeden jederzeit alles wißen läßt.

In vielen Fällen ist ein Überangebot an Information entstanden – statt des Zuwenig an Wissen kann das Zuviel zum Problem werden. Die neuen Kommunikationssysteme führen jedoch dazu, daß zahlreiche Funktionen, die sich primär mit der Kompilierung und einfachen Verarbeitung von Informationen befaßt haben, obsolet werden, und sind zugleich eine Voraussetzung für neu entstehende, anspruchsvollere Aufgaben, die einen geringeren Grad an Arbeitsteilung aufweisen – meist in einem Umfeld flacherer Hierarchien. Materiell führen die neuen Kommunikationssysteme zu größerer Transparenz und einer Versachlichung des unternehmerischen Handelns. Das erhöhte Wissen vieler und nicht nur ausgewählter Kader steigert auch das handlungs- und resultatorientierte Verhalten einer Organisation und deren "sense of urgency".

Auch die kulturelle Entwicklung der letzten Jahrzehnte fördert Selbstorganisation. Im Soge der Bildungsexplosion stellen immer mehr Menschen immer höhere Anforderungen an die Arbeit. Die Gesamtbevölkerung in den Industrieländern hat in der Maslowschen Bedürfnispyramide einen Schub nach oben getan und fordert vom Beruf zunehmend nicht nur ein angemessenes und gutes Einkommen, sondern Sinnfindung, Selbstrealisation sowie Identifikation mit der Aufgabe, den Mitarbeitern und Vorgesetzten, den Produkten und dem Arbeitgeber. Die heutigen Erwartungen an den Beruf werden mittels Selbstorganisation in optimaler Weise erfüllt. Wir haben es nicht mit einem Wertwandel zu tun, sondern einer Verschiebung der Prioritäten und damit, daß von immer mehr Menschen, in immer häufigeren Situationen und zu immer neuen Themen das Postulat der Beachtung der Grundwerte – die sich selbst in den letzten Jahrzehnten wenig gewandelt haben – erhoben wird.

Wir haben im oben Ausgeführten gesehen, daß Selbstorganisation mehr bedeutet als die Einsicht, wonach jede Organisation dem zu organisierenden System selbst entspringt, Subjekt und Objekt des Organisierens also zusammenfallen. Sie beinhaltet vielmehr eine Vision für die Ausgestaltung und Strukturierung einer Unternehmung durch die Schaffung effektiv erhöhter Verantwortung, Autonomie und Kompetenz im "Gravitätszentrum des Wissens" der primär tätig werdenden Bereiche. Selbstorganisation ist in erster Linie eine Antwort auf eine veränderte Situation auf den Absatzmärkten und wird gleichzeitig gefördert und ermöglicht durch Entwicklungen im Personalbereich und auf dem Arbeitsmarkt, den Trend zur Dienstleistungs- und Informationsgesellschaft, die neuen integrierten Kommunikationssysteme und die kulturelle Entwicklung.

Diesen vielfältigen Ursachen für Strukturen der Selbstorganisation stehen Auswirkungen in den verschiedensten Bereichen eines Unternehmens gegenüber. Auf der individuellen Ebene sind höhere Anforderungen an die Mitarbeiter hinsichtlich Ausbildung, Risikobereitschaft, Unternehmergeist sowie Integrität und Verantwortungsbewusstsein eine notwendige Folge erhöhter Eigenverantwortung. Das Bild des Unternehmensleiters, der sich zur Zielerreichung seiner Mitarbeiter bedient, ist längst obsolet und dem Bild oder besser der Vision eines "Unternehmens von Unternehmern" gewichen.

Die Unternehmerfunktion kann aber nur in einem transparenten Umfeld und unter der Voraussetzung direkter und offener Kommunikation wahrgenommen werden. Als Anreiz zu überdurchschnittlicher Leistung treten neben der Identifikation mit der Aufgabe immer mehr Aus- und Weiterbildungschancen, gewinnbeteiligte Salarierungssysteme und vielfältige Formen der Beteiligung der Mitarbeiter an der Wertsteigerung des Unternehmens. In organisatorischer Hinsicht wird die Steigerung der Eigenverantwortung durch Dezentralisation und Schaffung möglichst selbständiger und vertikalisierter Unternehmenseinheiten – oft sogar in Form selbständiger juristischer Personen – erreicht. Zur Zusammenfassung mehrerer solcher Einheiten eignen sich Holdingstrukturen am besten, bei denen nur wenige Funktionen – wie Finanzen, Cash-Management, Personal oder strategische Planung – zentral wahrgenommen werden.

Beim Bestreben, den erheblichen Risiken der Desintegration vorzubeugen, die Selbstorganisation beinhaltet, haben der innerbetriebliche Zielfindungsprozeß unter Einschluß aller Hierarchiestufen sowie die Kontrolle der laufenden Geschäftstätigkeit große Bedeutung. Auch der Zusammenhalt des Unternehmens als Ganzes muß in Strukturen der Selbstorganisation neu thematisiert werden. Der Unternehmenskultur und "corporate identity" kommt eine wichtige integrierende und das Unternehmen zusammenhaltende Funktion zu.

Im folgenden setzen wir uns mit dem Markt als innerbetrieblichem Organisationsinstrument und einem Mittel neben anderen zur Förderung von Selbstorganisation auseinander. Auf volkswirtschaftlicher Ebene kann die Frage der Ressourcenallokation mittels Plan oder Markt erfolgen. Der staatlichen Planung steht der Preismechanismus gegenüber. Diese zwei Systemlösungen haben weitreichende Implikationen in den Entscheidungsstrukturen und im Informationsbedarf, in der Systemflexibilität und Anpassungsfähigkeit des Systems und schließlich auf individueller Ebene in der Motivation der Beteiligten. Im gleichen Moment, da in den Ländern mit kommunistischen Planwirtschaften die Ineffizienz, Schwerfälligkeit und demotivierenden Auswirkungen der zentralstaatlichen Planung erkannt und offen angeprangert werden und der Ruf nach "mehr Markt" ertönt, werden in den westlichen Industrieländern auf innerbetrieblicher Ebene flexiblere Organisationsstrukturen gesucht und – neben anderen – auch im Marktmechanismus gefunden.

Der Markt als innerbetriebliches Organisationskonzept ist heute in drei verschiedenen Erscheinungsformen erkennbar:

1. Innerbetrieblicher Verkehr zwischen verschiedenen Teilbereichen desselben Unternehmens nach den Regeln des Marktes: Kommunikation und Transaktionen zwischen verschiedenen Teilbereichen eines Unternehmens erfolgen nach festgelegter "Unternehmensverfassung", das heißt gemäß einem fixierten Set von Regeln und Aufgabenzuteilungen. Immer häufiger wird nun an Stelle einer fixierten Regelstruktur der Markt als formeller Verhaltensmechanismus für innerbetriebliche Transaktionen gewählt. Diese Lösung kann sich für alle Unternehmensfunktionen eignen – das heißt für Entwicklung, Produktion, Personal, Finanzen oder Vertrieb – und bedeutet, daß die einzelnen Unternehmensbereiche die Leistungserbringung miteinander aushandeln und die Leistung, den Preis und weitere Spezifikationen von Fall zu Fall gemeinsam festlegen, so wie sie es mit Dritten tun würden. In der Praxis hat dann der Bereich, der die Leistungen erbringt, in der Regel einen Anspruch auf Lieferung, wenn die Bedingungen mindestens den Drittangeboten entsprechen. Der "Einkäufer" der Leistung hat hingegen meistens das Recht – im Falle eines besseren externen Angebotes –, die Leistung dort zu beziehen.

Der Marktmechanismus eignet sich nur unter bestimmten Bedingungen als Grundregel für innerbetriebliches Kommunizieren und innerbetriebliche Transaktionen:

- geringe Fixkostenintensität hinsichtlich der Anlagen und Installationen zur Erbringung der fraglichen Leistung;
- kein geheimes oder patentiertes Wissen oder Know-how für die Leistungserbringung notwendig;
- Zeitstrukturen, die externe Angebote und Lieferungen überhaupt zulassen;
- eine Vielzahl von Geschäftsfällen, so daß Belastungsschwankungen der eigenen Mitarbeiter und Anlagen überhaupt ohne exzessive Kostennachteile möglich sind.

2. Interne Konkurrenz: Ein wesentliches Charakteristikum des freien Marktes besteht in der Konkurrenz zwischen den Unternehmungen und im dadurch entstehenden Zwang zur permanenten Innovation und Produkteverbilligung. Die "Not, die erfinderisch macht", kann nun in einer Unternehmung intern gleichsam künstlich erzeugt werden, indem zwei verschiedene Unternehmenseinheiten mit derselben Aufgabe betraut werden. Dies ist besonders für diejenigen Unternehmensbereiche relevant, die nicht in direktem Kontakt mit dem Markt stehen, wie dies oft bei Entwicklungsabteilungen der Fall ist. Peters und Waterman führen in "In Search of Excellence" das Beispiel von 3M an, die in gewissen Fällen und mit großem Erfolg zwei Abteilungen mit der gleichen Produktentwicklungsaufgabe betraut haben. (3)

3. Vertikale Fokusierung, vertikale Verkürzung: Eine der wichtigsten, sich heute klar abzeichnenden strategischen und zugleich organisationstheoretischen Entwicklungen besteht darin, immer mehr unternehmerische Leistungen nicht mehr selbst zu erbringen, sondern bei Dritt- und Partnerfirmen einzukaufen und sich bei den durch eigene Mitarbeiter und eigene Anlagen zu erbringenden Funktionen auf diejenigen zu konzentrieren, welche die eigene Wettbewerbskraft definieren, das heißt, bei denen man über hervorragende eigene Kenntnisse, Fähigkeiten oder Know-how verfügt. Diese Tendenz wird heute unter dem Stichwort "make or buy" intensiv diskutiert und führt zu einer immer stärkeren Verbreitung des "japanischen Organisationsmodells" in Europa und den USA. Nachdem in der Nachkriegsära die Vertikalintegration dominierte und man nicht genug unternehmerische Funktionen unter dem Dach desselben Unternehmens vereinen konnte, besteht heute die gegenteilige Tendenz, die ich als "vertikale Verkürzung" oder "vertikales Fokussieren" bezeichne und die vor allem aus Gründen der Flexibilität und der Kosten immer mehr unternehmerische Funktionen und Leistungen zuzukaufen sucht. (4)

Unternehmerische Entscheide kommen meist durch einen iterativen Abstimmungsprozeß von "top-down" und "bottom-up" oder die horizontal verlaufende Kommunikation zwischen hierarchisch gleichgelagerten Bereichen zustande. Den eindimensional verlaufenden Entscheidungsweg von oben nach unten, wie er einst im Zentrum der Führungsmodelle stand, gibt es praktisch nicht mehr. Die Gründe dafür liegen vor allem in der stark gestiegenen Komplexität der unternehmerischen Tätigkeit und der gleichzeitigen Unkompliziertheit hinsichtlich Kommunikation und Information infolge der modernen Techniken.

In einer Unternehmung gibt es für jeden Themenbereich ein "Gravitationszentrum des Wissens", das in den Teilbereichen selbst liegt, die eine Funktion primär erbringen. Auf diesem Weg hat die Mitbestimmung im Sinne der normativen Kraft des Faktischen in der Unternehmung längst Einzug gehalten. Primär geht es deshalb in der Führung nicht um das Einbringen von mehr Wissen, sondern von zusätzlichen Kriterien, Aspekten oder Perspektiven.

Ein kooperatives Führungsmodell schließt entscheidungsmäßige Durchgriffe nie aus, und das Wissen um diese Möglichkeit ist in jedem Entscheidungsfindungsprozeß unter den Beteiligten mit enthalten. Bei innerbetrieblichen Marktstrukturen haben die involvierten Teilbereiche eine maximale Autonomie. Entscheide, die sich für eine marktmäßige innerbetriebliche Regelung eignen, sind vorwiegend Optimierungsfragen, Abstimmungsfragen, die sich permanent stellen, und nicht Fragen der Strategie oder außergewöhnliche Einzelprobleme.

Die Implikationen von marktmäßigen unternehmensinternen Strukturen sind:

1. Vereinfachung der Kommunikation: Die Kommunikation zwischen den involvierten Partnern ist einfacher, da sie sich auf wenige Elemente konzentrieren kann. Diese weisen alle einen komplexen Hintergrund auf, der jedoch nicht thematisiert zu werden braucht. Es handelt sich im wesentlichen um die Hauptelemente eines Kaufvertrages, das heißt die Definition der Leistung, um die Qualitäten, die Quantitäten und die Preise.

2. Meßbarkeit der Leistung: Die auszuhandelnden Elemente müssen quantifizierbar sein, so daß die zu erbringenden Leistungen nicht nur eindeutig definiert sind, sondern auch klar überprüft werden können.

3. Klare Verantwortlichkeitsstrukturen: Da die Leistungen meßbar sind, können auch die Verantwortlichkeiten für Erfolg oder Mißerfolg, für Erfüllung oder Nichterfüllung klar erkannt werden, was sich positiv auf die Sorgfalt bei der Leistungserbringung und somit auf die Chance der korrekten Erfüllung auswirkt.

4. Kostentransparenz: Da der Preis der Leistung eines der auszuhandelnden Elemente darstellt, verfügen die so miteinander verkehrenden Bereiche über eindeutige Kostentransparenz. Dieser Punkt ist nicht zu unterschätzen, da in Großunternehmen die Kostentransparenz oft völlig ungenügend ist, insbesondere hinsichtlich der nicht direkten Kosten. Kostentransparenz ist aber eine notwendige Voraussetzung für unternehmerische Entscheidungen.

5. Marktgerechte Kosten: Der definierte Preis erlaubt es dem "Einkäufer", die Leistung seines Partnerbereiches an Vergleichsangeboten auf dem freien Markt zu messen und so die Kosteneffizienz der Organisation ständig zu überprüfen. Preisvergleiche lassen sich sonst nur für das Gesamtprodukt am Markt vollziehen. Auf diese Weise können aber auch Teilelemente oder Komponenten hinsichtlich konkurrenzfähiger Kosten überprüft werden.

6. Minimaler Koordinationsaufwand durch übergeordnete Stellen: Marktähnliche innerbetriebliche Organisationsmodelle führen weitgehend zu Selbstorganisationsprozessen innerhalb von Unternehmensteilbereichen und entlasten das Unternehmen von Koordinationsaufgaben durch übergeordnete Stellen oder komplexe Koordinationssysteme. Die Entscheidungskompetenzen liegen im Rahmen der Spielregeln bei den direkt tangierten Teilbereichen, das heißt im entsprechenden "Gravitationszentrum des Wissens".

7. Eingebauter permanenter Lernprozeß: Indem mittels des Marktmechanismus gleichsam objektiv gültige Kriterien – eben die im freien Markt erhältlichen Leistungen – ins Unternehmen eingeführt werden, ist auch die Voraussetzung für ein permanentes Überprüfen der eigenen Leistung geschaffen und dadurch auch die erste Bedingung für den eigenen Lernprozeß:

die Erkenntnis des Ungenügens. Wichtig ist, daß der Marktmaßstab nicht auf subjektiver Beurteilung beruht, sondern nicht anzweifelbar und somit objektiv erscheint. Die Unternehmung erhält auf diese Weise einen Sensor, an dem die Notwendigkeit zu lernen abgelesen werden kann – und zwar nicht nur für ein Gesamtprodukt oder Endprodukt, sondern für Leistungen irgendwelcher Teilbereiche. Der Marktmechanismus im Unternehmen ist deshalb eine Struktur der Selbstorganisation, weil er nicht nur eine organisatorische Lösung fixiert, sondern über die Zeitachse gesehen gleichsam ein Feld aller Möglichkeiten und Variationen eröffnet, aus dem sich dann im Einzelfall die optimale ergibt.

Anmerkungen

(1)Ich nenne den heutigen Menschen im Sinne eines Idealtypus den "informierten und autonomen Zeitgenossen". Vgl. dazu: **Ulrich Beck**: Risikogesellschaft. Auf dem Weg in eine andere Moderne, 1986.

(2)Vgl. **Thomas W. Bechtler**, io Management Zeitschrift Nr. 9 1985: Hat Ihr Management die "NIKS" schon verschlafen? NIKS, die "Neuen Integrierten Kommunikationssysteme", werden zur Existenzfrage.

(3)Vgl. **Thomas Peters** and **Robert Waterman**: In Search of Excellence. Lessons from America's Best-Run Companies, 1982.

(4)Dazu erscheint demnächst ein Beitrag in Zusammenarbeit mit **Thomas Knecht**.

Heinz Jarmai / Roswita Königswieser

Problemdiagnose

Die Problemdiagnose ist eine Voraussetzung und in der Regel bereits ein wichtiger Teil der Problemlösung, der zentralen Aufgabe des Managers. Der Beitrag zeigt, welche typischen Thesen aus systemischer Sicht hinter einer Organisationsdiagnose stehen und welche typischen Fragen sich daraus ergeben.

Warum muß ein Manager seinen Betrieb immer wieder diagnostizieren?

Jeder Manager ist letztlich ein Problemlöser. Daß er dabei nicht immer systematisch vorgehen muß, um erfolgreich zu sein, zeigt unsere Beraterpraxis. Dennoch erfordern die immer komplexer werdenden Probleme frühes Erkennen. Ein Problem zu erkennen heißt, es in seiner Verknüpfung mit einer Vielzahl von Einflußfaktoren zu erfassen und dabei den eigenen Standpunkt mit einzubeziehen. Ohne Diagnose aber kann ein Problem nur verkürzt erkannt werden. Systemische Diagnose setzt ein Stück Distanz und die Zeit, sich einen Überblick zu schaffen, voraus.

Der systemische Diagnoseprozeß dient einerseits der eigenen Orientierung und Handlungsfähigkeit, andererseits trägt er dazu bei, lineares Denken zu vermeiden. Wird die Diagnose gemeinsam mit anderen erstellt beziehungsweise besprochen, so ist dieser Prozeß selbst schon ein Schritt eines Bewußtseins- und Veränderungsprozesses.

Was ist systemische Diagnose?

Der "Diagnostiker" erstellt unter Einbeziehung der relevanten Umweltfaktoren ein Bild des Systems. Bei den Annahmen, warum er zu diesem Bild komme, berücksichtigt er auch die Tatsache, daß seine Wahrnehmungen nur seine Wirklichkeitskonstruktion als Beobachter sein können, und er weiß, daß sich sein "gemaltes" Bild ständig verändert.

Eine systemische Diagnose sollte

- nicht als statische Aufnahme festgeschrieben sein, sondern eine bildliche Prozeßbeschreibung sein;
- auf das ganze System bezogen sein – die Grenzen des Systems sind vorher zu ziehen;
- die Wechselwirkungen der Einflußfaktoren beschreiben – nicht lineare Ursachen festmachen;
- möglichst nicht im stillen Kämmerlein erarbeitet werden, sondern als kommunikativer Prozeß ablaufen, bei dem man sich mit anderen, widersprüchlichen Sichtweisen auseinandersetzt;
- die empfindlichen und kritischen Parameter, Muster und Prozesse eines Wirkungsgefüges und der Beziehungen zueinander ausfindig machen, also auch auf die Widersprüche und die latente Ebene eingehen;
- einen adäquaten Komplexitätsgrad haben – nicht zu kompliziert und nicht zu simpel.

Was macht man mit einer systemischen Diagnose?

1) Nichts, weil der Diagnoseprozeß selbst schon etwas verändert und das genügt, oder nichts, weil man sich überfordert fühlt.
2) Sie ist die Grundlage für konkrete Interventionsstrategien, die einen Impuls für Veränderungen setzen. Im Sinne des systemischen Paradigmas geht es hierbei um eine Art gärtnerische Aufbereitung, Kultivierung des Bodens für Lösungen.

Welche Fragen stellt man sich in einem systemischen Diagnoseprozeß?

Wir erstellen Diagnosen immer durch und im Rahmen von Fragestellungen. Diese Fragen, ihre Art und Zielrichtung, führen uns zu einer Wirklichkeitswahrnehmung, die wir mindestens genausogut als Resultat unserer Fragen wie als Widerspiegelung einer äußeren Welt betrachten können. Es lohnt sich daher, unsere Fragen – ebenso wie das befragte System – einer genauen Betrachtung zu unterziehen.

Wir werden hier versuchen, Fragen durch die dahinterstehenden Thesen zu begründen und damit die Möglichkeit verdeutlichen, über andere Thesen auch zu anderen Fragen zu gelangen.

1. These: Die Diagnose ist immer eine Unterbrechung der gewohnten Abläufe, Rituale, Verhaltens- und Beziehungsmuster. Neues zu entdecken erfordert einen eigenen Raum und Zeit. Die hierfür notwendigen Energien stammen aus den Quellen Freude oder Leid – diese bieten uns die Chance, über spontane Kreativität direkte Wege zu neuen Formen zu eröffnen. Unsere Wirtschaftsorganisationen beruhen in ihrem Wesen jedoch nicht auf Freude, sondern stärker auf Entbehrung und Disziplin, so daß wir hier Entwicklungsenergien vorrangig aus Störungen, Schwierigkeiten, Hindernissen und Problemen schöpfen. Diagnostiker sind daher meist von Veränderungsinteresse geleitet – also auf Dinge konzentriert, die nicht so sind, wie sie sein sollten.

Fragen: Was ist das Problem?

Wer sieht das Problem wie ich? Wer sieht es anders? Was wird geschehen, wenn nichts geschieht? Wie sieht die Geschichte des Problems aus? Wann hat es begonnen? Wer ist/war daran beteiligt? Wie haben wir es bisher trotzdem geschafft? Gibt es vergleichbare ungelöste Probleme? Was ist für diese typisch?

2. These: Als Beobachter läuft man Gefahr, sich selbst, die eigenen Erfahrungen, Meinungen, Interessen, außer acht zu lassen. Man neigt dazu, diesen so etwas wie "Absolutheit" zuzuerkennen. Das Wissen über die eigenen Wahrnehmungsfilter, über die bewußten und unbewußten Selektionen bei der Beobachtung, ermöglicht es auch, die verschiedenen Interpretationen der anderen vor **deren** spezifischem Hintergrund als Wirklichkeit zu akzeptieren.

Fragen: Was ist mein konkretes Interesse am Problem, an seiner Lösung? Welche vergleichbaren Erfahrungen habe ich gemacht? Wie bin ich mit diesen verfahren? Auf welche Kriterien, Werte und Annahmen baut meine Beobachtung auf? Wer ist für die Problemstellung direkt oder indirekt wichtig? Wovon werden diese in ihrer Wahrnehmung geleitet? Welche unterschiedlichen Problembeschreibungen sind daher anzunehmen?

3. These: Durch die Diagnose versuchen wir zu verstehen, warum ein System so (und nur so und nicht anders) auf bestimmte (und nicht auf andere) Umwelten Bezug nimmt. Solange ein System existiert, können wir davon ausgehen, daß jede seiner Handlungen in irgendeiner Art und Weise Sinn für seine spezifische Funktionsweise hat. Von außen herangetragene Bewertungen im Sinne von gut/schlecht, richtig/falsch usw. verhindern oder erschweren das Verständnis für diese Funktionsweisen.

Fragen: Was sind die Nachteile, was die Vorteile der Situation, so wie sie ist? Welche Chancen, welche Gefahren ergeben sich dadurch? Was wird damit erreicht, was vermieden? Was daran ist für die Organisation typisch, symptomatisch?

4. These: Systeme sind selbstorganisatorisch. Sie verarbeiten Impulse von außen in der ihnen entsprechenden Art und Weise und mit dem Ziel der Identitätserhaltung oder, anders gesagt, um so bleiben zu können, wie sie sind. Diese Verarbeitungsprozesse orientieren sich an den systemspezififschen Normen, laufen in den jeweils typischen Handlungsmustern und Programmen ab und sind nur selten durch einfache logische Kausaltiäten beschreibbar. Wenn wir diese Verarbeitungsprozesse im Sinne einer funktionaler erscheinenden Bewältigung der Unternehmen-Umwelt-Beziehung verändern wollen, müssen wir auf die Wahrnehmungsweise des Systems durch gezielte, abgestimmte Aktionen einwirken. Unsere Diagnose sucht daher nach Informationen über solche Themen, Beziehungen und Abläufe, die in diesem Sinn Verstärkerwirkung haben könnten.

Fragen: Was sind die zentralen – ausgesprochenen und nicht ausgesprochenen – Erwartungen (Normen), die bezüglich des Problems von Bedeutung sind? Welche Stellen, Personen, Bereiche sind für das Problem relevant? Welche Beziehung in bezug auf das Problem haben sie zueinander? Vor welchem Hintergrund wird das Problem üblicherweise diskutiert? In welchem Zusammenhang wird es gesehen?

5. These: Durch jede Frage – durch das damit verbundene Heraustreten aus der Rolle des im System Handelnden in die Rolle des das System Beobachtenden – ergeben sich neue Sichtweisen. Durch einen diagnostischen Prozeß verdeutlicht sich die Vielfältigkeit, Vernetztheit und wechselseitige Abhängigkeit des Geschehens. Gleichzeitig wird die Sicht damit aber auch komplexer, "unhandlicher". Um unsere Erkenntnisse in Handlungen umsetzen zu können, müssen wir wieder vereinfachen, reduzieren und zusammenfassen. Wir müssen konkrete Maßnahmen setzen, unsere Distanz zum System wieder aufgeben, um wirksam werden zu können.

Fragen: Wie definiere ich das Problem jetzt, in welchem Zusammenhang sehe ich es? Was muß so bleiben, wie es ist? Was soll in Bewegung gesetzt werden? Wen muß ich einbeziehen (Betroffene, Mächtige, Experten)? Worauf muß ich besonders achten, was sollte ich vermeiden? Wie kann ich sicherstellen, daß mir Raum und Zeit zur Reflexion dessen, was geschehen wird, bleibt?

Gilbert J.B. Probst

Vernetztes Denken für komplexe strategische Probleme

Der Beitrag fasst am Beispiel der Unternehmensstrategie die Methodik zusammen, die der Autor in Zusammenarbeit mit einem Kreis von praxisnahen Forschern für die Bewältigung von komplexen, dynamischen Problemen im Unternehmen entwickelt und in der Beratungspraxis erprobt hat. Er zeigt dabei jeweils auf, wodurch sich der systemische Ansatz aus seiner Sicht von traditionellen Methoden unterscheidet: Durch die Problemsicht von verschiedenen Gesichtspunkten her, durch das Netzwerk der Wirkungsverläufe mit ihren besonderen Eigenschaften und der daraus abzuleitenden Abklärung der Lenkungsmöglichkeiten und Frühwarnindikatoren, durch die systemischen Lenkungsregeln, welche die Erarbeitung und Evaluation von Massnahmen erleichtern, durch den Einbezug der Betroffenen und durch der Systemdynamik angemessene Controllingverfahren.

Komplexität als Problem zur Methodik

Immer häufiger haben wir es mit komplexen Problemen zu tun – in der Politik, im Gesundheitswesen, in der Unternehmungsführung, im Zusammenleben in Gemeinschaften.

Komplexe Probleme haben besondere Eigenschaften: Sie sind komplex, weil sie viele verschiedenartige Elemente enthalten, die untereinander reich verknüpft sind und sich in Beziehungen, Interaktionen und Elementen stets verändern.

Sie sind dynamisch und enthalten eine große Anzahl von möglichen Zuständen und Verhaltensweisen.

Komplexität produziert bei uns häufig Ungewißheit, Unsicherheit, Nichtvorhersagbarkeit, abnehmende Erwartbarkeit, Intransparenz, zeitliche Unstimmigkeiten.

Die Systemtheorie hat sich seit jeher mit komplexen, dynamischen Systemen beschäftigt. Seit wir erkannt haben, daß wir im Umgang mit komplexen Situationen immer wieder Denkfehler begehen (vgl. Dörner 1989, Dörner et al. 1983, Ulrich/Probst 1988) , sind die Forschungsergebnisse der Systemtheorie umso interessanter geworden.

Der Systemtheorie liegt ein Denken in vernetzten Ganzheiten zugrunde. Wir haben aus den Erkenntnissen dieser Theorie und aus häufigen Fehlern im Problemlösen eine Methodik entwickelt, die für solche komplexen Situationen hilfreich ist. Die Grundfrage war: Wie können wir solche Denkfehler vermeiden? Diese Methodik ist aber nicht ein allgemeingültiger, immer anzuwendender Raster. Für einfache oder (nur) komplizierte Situationen ist sie häufig nicht

Ungenügende Problematisierung
Unkritische Übernahme von Werten und Zielen
Unkritische Wahrnehmung der Situation

Unrealistisches Modellieren und Interpretieren der Problemsituation
Statistisches Denken
Zu enge Abgrenzung der Situation
Nichterfassen von Wechselwirkungen und Regelkreisen
Nichtberücksichtigen von «Nebenwirkungen»

Reduktives Planen und Entscheiden
Mangelndes kreatives Suchen nach Neuem
Rückfall in püunktuelles Ursache-Wirkungs-Denken
Vernachlässigung von Zeitverzögerungen

Unzweckmässiges In Gang setzen und Verwirklichen
«Machen» statt «Entwickeln»
Fehlendes Frühwarnsystem
Reaktive Handeln bei «Störungen»

Abb.1: Denkfehler im Ablauf des Problemlösungsprozesses (nach Ulrich/Probst 1988)

adäquat. Das Hauptmerkmal der Komplexität – eine reich vernetzte, dynamische Situation – muß gegeben sein. Und für solche Situationen liefert sie eine Denkweise, Vorgehensschritte, Grundfragen und Hilfsmittel.

Komplexe Probleme sind etwa strategische Entscheidungsprozesse, der Aufbau eines Frühwarnsystems, das Umweltmanagement, Aktivitäten in internationalen Märkten, der Umgang mit dem gesellschaftlichen Wertewandel etc. Einfache oder komplizierte Problemsituationen sind dagegen weitgehend statisch, weniger vielfältig und meist einfach unter Kontrolle zu halten. Vielleicht bedarf es zwar großen Aufwands und enormer Fleißarbeit, um eine Situation in den Griff zu bekommen, aber sie verändert sich nicht ständig. Beispiele für komplizierte, meist aber nicht komplexe Situationen wären etwa die Einsatzplanung eines gegebenen Mitarbeiterstabes, die Erstellung eines Budgets, der Entwurf eines Konstruktionsplanes etc. Solche Probleme begegnen uns täglich, und sie sind nicht unwichtig, aber sie haben eine andere Qualität.

Die Methodik baut auf den Bausteinen der Ganzheitlichkeit auf – ein Modewort, das heute fast jeder benutzt, ohne sich je Rechenschaft darüber zu geben, was er eigentlich damit meint. So sucht man etwa einen ganzheitlichen Marketingleiter, erstellt ein ganzheitliches Konzept oder verlangt eine ganzheitliche Entscheidung oder Lösung. Mit einem kurzen Hinweis soll hier gezeigt werden, was unseres Erachtens die Bausteine des ganzheitlichen Denkens und Handelns sind (vgl. Ulrich/Probst 1988):

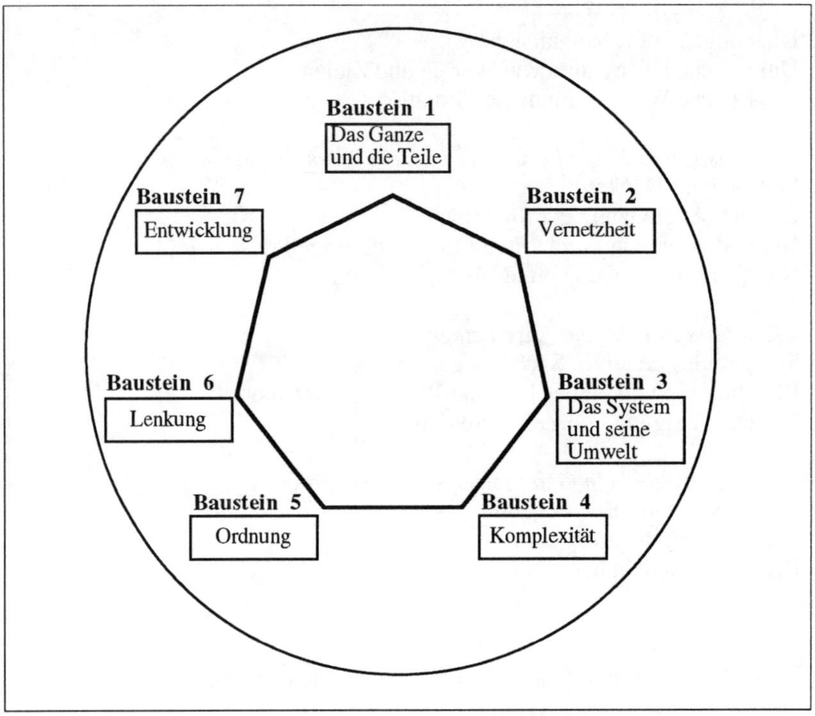

Abb.2: Die Bausteine des ganzheitlichen Denkens und Handelns

ZUSAMMENGEFAẞT GEHT ES DARUM

- zu bestimmen, was Ganzheit oder System ist, wie es abzugrenzen ist, welche Teile dazu gehören (müssen) und wie sie untereinander vernetzt sind. Wesentlich ist, vom umfassenderen Ganzen auszugehen, um das Systemtypische, die subjekthaften Eigenheiten und Verhaltensweisen zu verstehen;
- zu erkennen, welcher Art die Vernetzung ist, in welche Richtung, mit welcher Stärke und in welchen zeitlichen Räumen Wirkungen auftreten;
- in jedem dynamischen System die offenen Wechselwirkungen mit der Umwelt zu erfassen, das heißt welche Anpassungsleistungen und welche Aktivitäten in der Umwelt zu vollbringen sind;
- die Komplexität zu beachten, die aus der Vielfalt der möglichen Zustände und Verhaltensweisen und der Dynamik entsteht und uns in Erkenntnis, Prognose und Machbarkeit Grenzen setzt;

- jene Ordnungsmuster zu überdenken, die vorliegen oder produziert werden könnten, als Resultat der Regeln oder der Regelhaftigkeiten, der Strukturen und Verhaltensweisen eines vernetzten Ganzen;
- die Lenkungsmechanismen herauszuarbeiten, die das System unter Kontrolle halten, bestimmte Zustände erhalten oder Verhaltensweisen oder -richtungen bevorzugen und sie zu nutzen oder zu gestalten suchen – sie sind über das vernetzte System verteilt und nicht eindeutig auszutrennen;
- die Ziele und Zwecke der Systeme zu hinterfragen, ihre sinngebende Funktion zu erfassen und zu lernen, sich besser im System und mit dem System zu entwickeln und zu verändern (evolvieren). Systeme enthalten häufig Möglichkeiten und Mechanismen, sich qualitativ zu verbessern.

Die Methodik enthält diese Bausteine in offensichtlicher Weise und zieht die entsprechenden Konsequenzen. So lassen sich im Umgang mit komplexen Situationen Denkfehler und ungeeignete Handlungen vermeiden. Erfolgreiche praktische Anwendungen (vgl.z.B. Probst/ Gomez 1989) liegen heute in zahlreicher Form vor, beispielsweise

- im Rahmen eines Frühwarnsystems in einem Informatikunternehmen;
- der strategischen Planung im Bankensektor, im Verlagswesen, im Buchhandel, in der Werbebranche, in einer Fluggesellschaft;
- in der Entwicklung von Leitbildern für Spitäler, die Flugsicherung eines Landes oder politische Regionen;
- im Umweltmanagement bei einer chemischen Firma;
- im operativen Bereich in der Entwicklung eines Fahrzeuges in der deutschen Automobilindustrie, der Gestaltung des Bereichs Technik einer Fluggesellschaft;
- im Projektmanagement eines industriellen Großprojekts;
- in einem Ausbildungskonzept in einer Versicherungsgesellschaft usw.

Die Methodik des vernetzten Denkens, wie sie von Gomez/Probst (1987) und Ulrich/Probst (1988) detailliert dargestellt worden ist, soll hier besonders im Rahmen strategischer Anwendungen angesprochen werden. Die Grundschritte (vgl. Abb. 3) werden in solchen Fragestellungen interpretiert und durch das notwendige traditionelle Instrumentarium der strategischen Führung ergänzt. Es geht mir in diesem Beitrag nicht um die Besprechung der letzteren Instrumente, sondern um das Aufzeigen dessen, was die Methodik "Neues" in solchen Problemsituationen beisteuert.

Strategische Fragestellungen zum Beispiel

Bei strategischen Fragestellungen geht es um die Zukunft einer Unternehmung. Die strategische Führung soll uns helfen, besser in die Zukunft zu denken, besser mit zukünftigen Situationen umzugehen, mitzugestalten, Richtungen zu bestimmen und Flexibilität aufrechtzuerhalten. Mit der strategischen

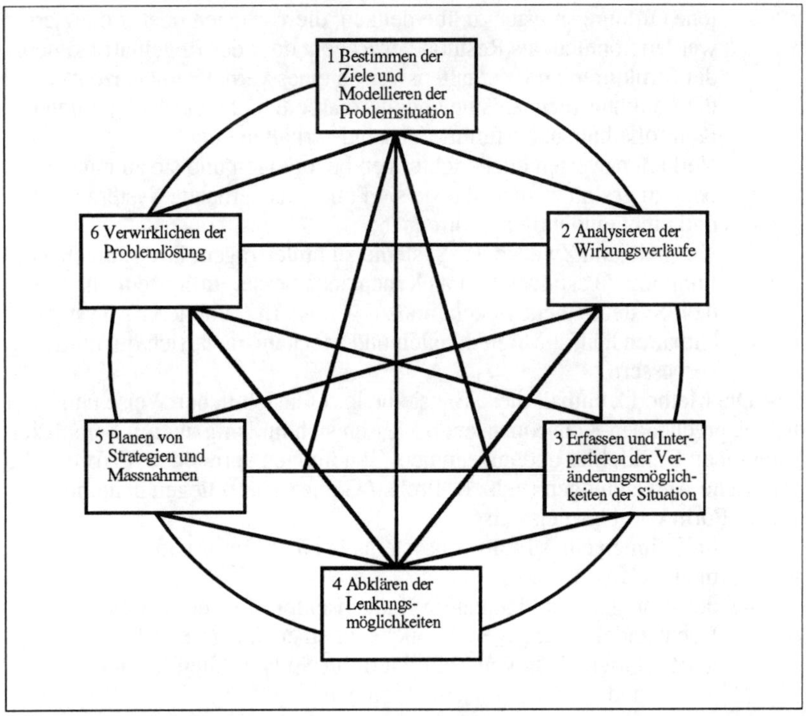

Abb. 3: Die Grundschritte der Methodik des vernetzten Denkens

Führung wollen wir die Zukunft einer Institution aktiv (mit)gestalten und auf die Frage Antworten suchen, was unsere Institution sein und tun soll, damit sie in Zukunft (noch) Erfolg hat und lebensfähig ist. Dabei handelt es sich um anspruchsvolle Aufgaben – sich mit Ungewißheit und Veränderung zu befassen und diese auch zu bewältigen.

Strategische Führung hat automatisch mit Komplexität zu tun, denn es sind damit immer Entscheidungen und Handlungen verbunden, die viele verschiedene Unternehmungs- und Umweltfaktoren betreffen, die untereinander verknüpft und interaktiv sind und über lange und unterschiedliche Zeiträume wirksam werden. Die Entscheidungen berühren meist mehrere Funktionen in der Unternehmung, betreffen viele Führungsinstrumente und Erfolgsgrößen (Marktanteile, Technologien, Kosten, Produktionskapazitäten, Image, Distributionsnetz etc.). Die vorliegenden Instrumente der strategischen Führung (z.B. Strategische Erfolgpositionen/SEP, Checklisten für die Umwelt- und Unternehmungsanalyse, Portfoliomatrix, Normstrategien u.a.) sind bekannt und erprobt. Die Gefahr liegt von einem systemischen Gesichtpunkt her darin, daß

- die Instrumente isoliert genutzt werden;
- Stichworte aus Checklisten entnommen werden, ohne Zusammenhänge zu erkennen;
- Chancen aufgelistet werden, ohne zu sehen, daß einzelne Chancen zu Gefahren für andere werden;
- Strategien abgeleitet werden, ohne die zeitlichen Abhängigkeiten in Rechnung zu stellen;
- die Rolle und Bedeutung einzelner Elemente und Zusammenhänge nicht erkannt und genutzt werden;
- an Stellen gestaltend und lenkend eingegriffen wird, die eine geringe oder keine Wirksamkeit enthalten;
- strategische Entscheide getroffen werden, die unerwünschte Nebenwirkungen aufweisen;
- Veränderungen der Ausgangssituation und der Prämissen nicht erfaßt und in die Überlegungen miteinbezogen werden.

Die Methodik des vernetzten Denkens in der strategischen Führung

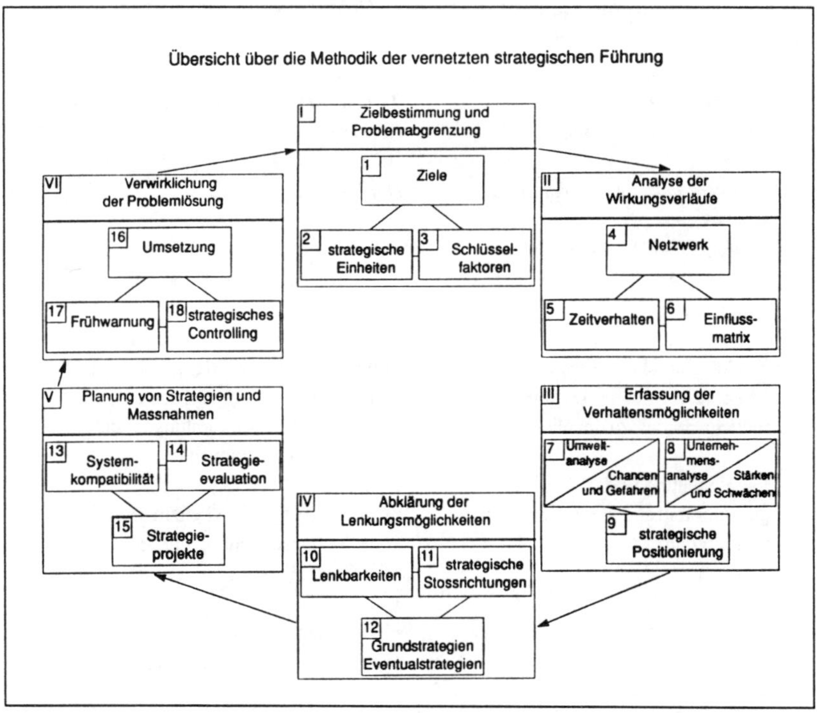

Abb. 4: Die Methodik und die Instrumente der strategischen Führung

Betrachten wir in den folgenden Abschnitten die einzelnen Schritte der obgenannten Methodik etwas genauer und fragen uns jeweils, was ein einzelner Schritt im strategischen Prozeß Besonderes enthält. Für die detaillierte Vorgehensweise und praktischen Anwendungen verweise ich auf die Literatur (vgl. Gomez/Probst 1987, Ulrich/ Probst 1988, Probst/Gomez 1989). Übersichtsmäßig kann die strategische Führung folgendermaßen mit den Schritten der Methodik des vernetzten Denkens verbunden werden (vgl. Abb.4):

Bestimmen der Ziele und Modellieren der Problemsituation

Die Zielbestimmung, die Abgrenzung der Problemsituation und die grundlegenden Zusammenhänge stehen im Mittelpunkt. Der Einstieg in eine Problemsituation ist von großer Bedeutung und erfordert viel Zeit. Welche sind eigentlich unsere Ziele? Wie ist die relevante Problemsituation zu beschreiben? Welche Faktoren sind miteinander verknüpft?

Auch wenn keine abschließende Antwort gegeben werden kann und soll, so liegen gerade hier die meisten Denkfehler begraben. Die Gefahr ist groß, daß wir nicht die richtigen Ziele verfolgen, sondern oberflächliche Zielvorstellungen haben, die sich ganz einfach aus offensichtlichen Symptomen ableiten. Oder wir versteifen uns auf Teile, ohne das größere Ganze zu sehen. Um Probleme verstehen zu können, müssen wir uns an Zielen orientieren können. Nur so können wir jenes System herausarbeiten, das eine unbefriedigende Situation produziert. In komplexen strategischen Problemsituationen haben wir es zudem meist mit mehreren und kontradiktorischen Zielen zu tun.

Zwecksetzung aus dem Unternehmungsbereich	**Zwecksetzung aus dem öffentlichen Bereich**
Der Zweck der Unternehmung ist:	*Der Zweck des Spitals ist:*
• Produkte und Dienstleistungen folgender Art... den Ansprüchen der Kunden anzubieten.	• Die Befriedigung von medizinischen Bedürfnissen in der Region X.
• Produkte und Dienstleistungen mit bedarfsgerechten und ertragsgarantierendem Beitrag zu erstellen.	• Alles medizinisch Machbare zu tun und mit der Entwicklung Schritt zu halten, unabhängig von den entstehenden Kosten für Einrichtungen und deren Nutzungsintensität.
• Die Erstellung wirtschaftlicher, geistiger und sozialer Beiträge an die Gesellschaft	• Eine vorbeugende Medizin anzubieten; Gesundheitserziehung und Erhaltung der Gesundheit.
	• Die Behebung von Gesundheitsschäden, die eingetreten sind.

Abb. 5: Beispiele für Zweckbestimmungen in der Abgrenzung des Systems "Krankenhaus" und einer privaten Institution

Was ist neu in der strategischen Problemlösung im Lichte des vernetzten Denkens, außer daß wir Ziele festlegen und hinterfragen? Wir versuchen bewußt, die strategische Problemsituation aus verschiedenen Gesichtspunkten zu erfassen, um so zu einem umfassenderen Bild zu gelangen. Im Vordergrund steht dabei die Abklärung des Zwecks eines Systems oder Subsystems. In welchem Geschäft sind wir aktiv beziehunsweise wollen wir tätig sein? Die Zweckbestimmung erfolgt beispielsweise aus der Sicht der Kunden, des Marktes, der Gesellschaft, der Mitarbeiter, der Politik eines Landes etc. Je nach den gewählten Perspektiven einer Institution, eines Individuums oder einer bestimmten Dimension erhalten wir sehr verschiedene Antworten. Das hilft uns, die Situation ganzheitlicher abzugrenzen und zu vermeiden, im Netzwerk wesentliche Teile zu vergessen. Im Beispiel eines Krankenhauses lagen die Zweckbestimmungen sehr weit auseinander, führten so jedoch zu einem umfassenderen Bild dessen, was dazu gehört und was nicht (vgl. Abb. 5).

Ebenso werden für die Bestimmung von "strategischen Geschäftseinheiten" jeweils automatisch verschiedene Perspektiven einbezogen, die erlauben ein ganzheitlicheres Bild zu erhalten. Wir gehen dabei beispielsweise von folgenden Elementen eines Kreislaufs aus, die als Perspektiven dienen:

Analysieren der Wirkungsverläufe

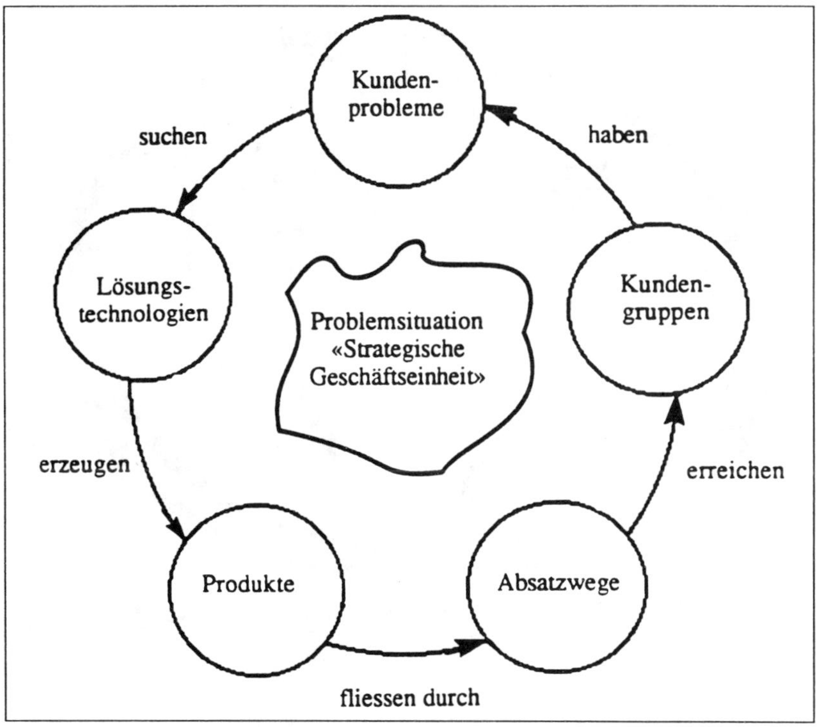

Abb. 6: Die Abgrenzung einer strategischen Geschäftseinheit

Wir haben im ersten Schritt gesehen, daß es sich um Zusammenhänge in einem Netzwerk handelt. Jedoch sind diese Zusammenhänge von ganz bestimmter Art, Wirkung und Zeitdimension. Es ist für strategische Fragen von besonderer Bedeutung, die Kreisläufe im Netzwerk zu analysieren und ihre Eigenschaften nutzen zu können. Wir erfahren so, wo selbstverstärkende Kreisläufe liegen, wo stabilisierende Mechanismen sind, wie lange es dauert, bis mit einer Wirkung zu rechnen ist, und welche Rolle einzelne Elemente im Netzwek spielen. Für die strategischen Entscheide ist es wichtig zu wissen, ob ein Element, das wir aufgrund unserer Strategien verändern wollen, ein aktives, passives, kritisches oder träges ist. Besonders interessant sind die aktiven und die kritischen. Aktive Elemente beeinflussen die anderen Elemente eines Systems stark und werden selbst kaum beeinflußt. Kritische Elemente beeinflussen die anderen Elemente zwar auch stark, werden aber selbst von allen anderen auch beeinflußt. Diese Analyse hilft uns später zu entscheiden, wo einzugreifen ist, mit welchen selbstverstärkenden oder ausgleichenden Mechanismen und innerhalb welches Zeitrahmens mit Resultaten zu rechnen ist (vgl. Abb. 7).

Erfassen und Interpretieren der zukünftigen Veränderungsmöglichkeiten der Situation

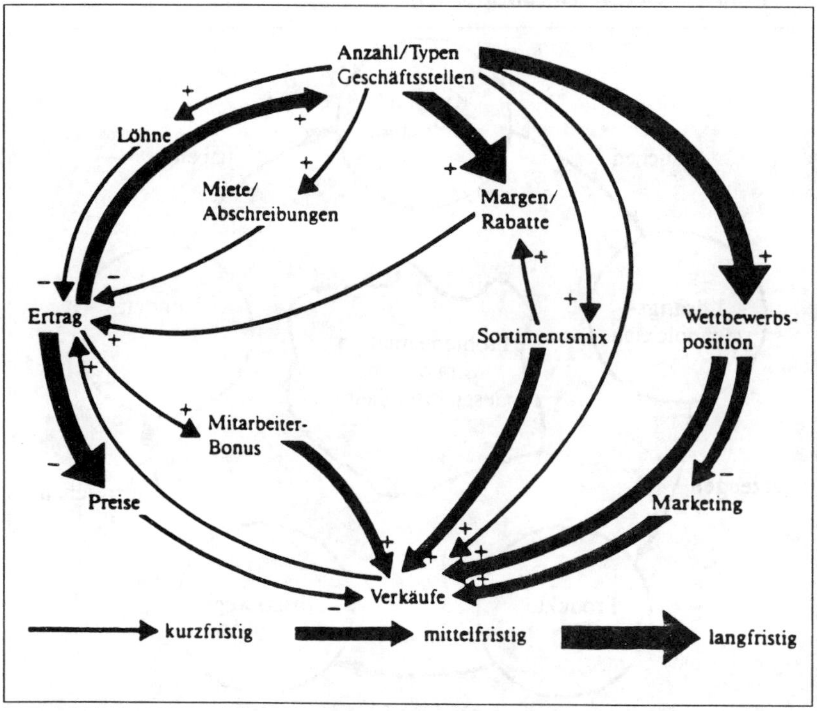

Abb. 7: Ausschnitt aus einem Netzwerk (mit Zeitdimension)

Das Spielen mit dem Netzwerk führt dazu, daß wir ein Gefühl für das Geschehen und die Möglichkeiten des Systemverhaltens gewinnen. Trotzdem geht es hier letztlich um sehr traditionelle Instrumente der strategischen Planung. Was das vernetzte Denken beisteuert, ist das Netzwerk, das Simulationen überhaupt erst erlaubt.

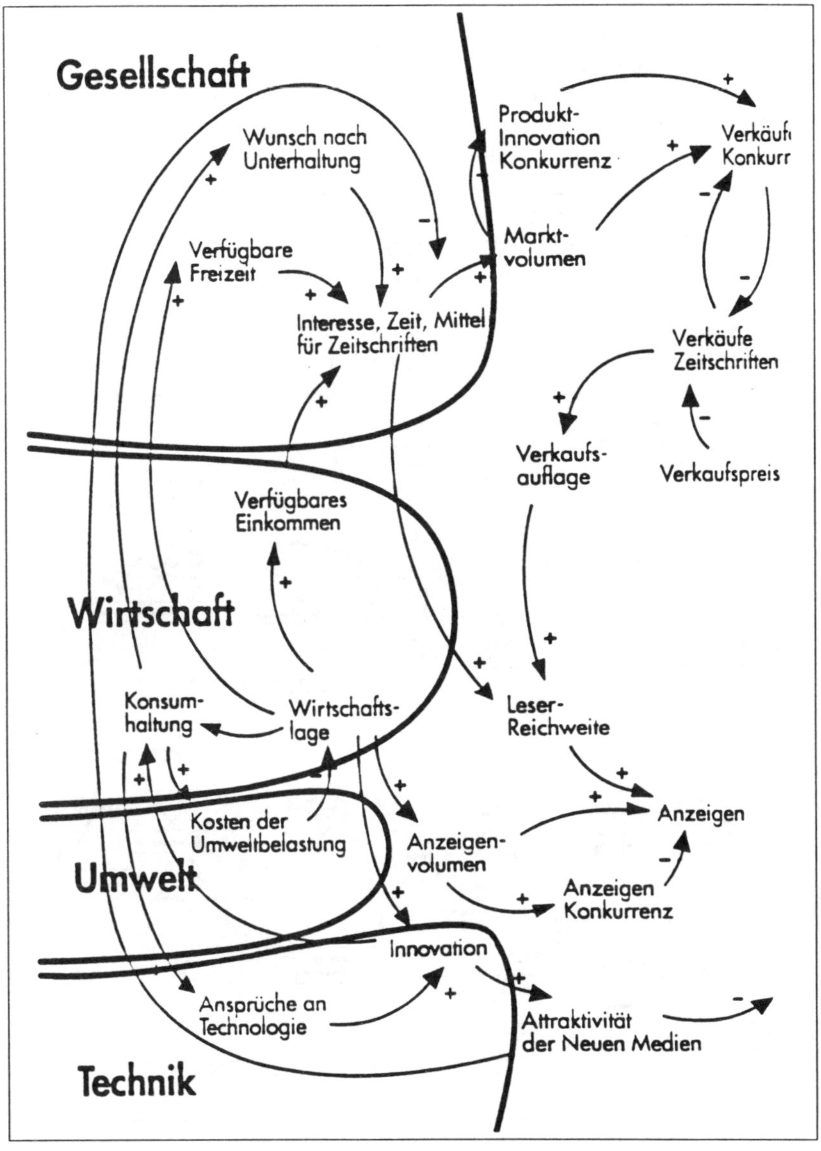

Abb.8: Beispiel für das Bestimmen von Szenarienbereichen

Im Netzwerk kann erkannt werden, welche Faktoren der Konkurrenz oder des Marktes im allgemeinen eine Rolle spielen und genauer zu analysieren sind. Daraus entsteht ein Stärken/ Schwächen-Profil für die Konkurrenz wie die eigene Unternehmung.

Im Netzwerk können wir aber auch die Umweltfaktoren bestimmen und sogenannte Szenarien erarbeiten, die uns Verhaltens- und Entwicklungsmöglichkeiten aufzeigen. Da wir von einem Netzwerk ausgehen, erweist sich die Konzentration auf einzelne Größen nicht als sehr sinnvoll. Aus dem Netzwerk sind vielmehr sogenannte Szenarienbereiche zu bestimmen (vgl. Abb. 8). Bei der Entwicklung von Szenarien schlagen wir folgende Unterschritte vor (vgl. Ulrich/Probst 1988, S. 158 ff):

- Festlegen des notwendigen (branchenüblichen) Zeithorizonts,
- Bestimmen der Einflußfaktoren im Netzwerk,
- Auswahl der relevanten Szenariobereiche,
- Erarbeiten eines Grundszenarios,
- Entwicklung von Alternativszenarien,
- Interpretation der Szenarien.

Abklären der Lenkungsmöglichkeiten

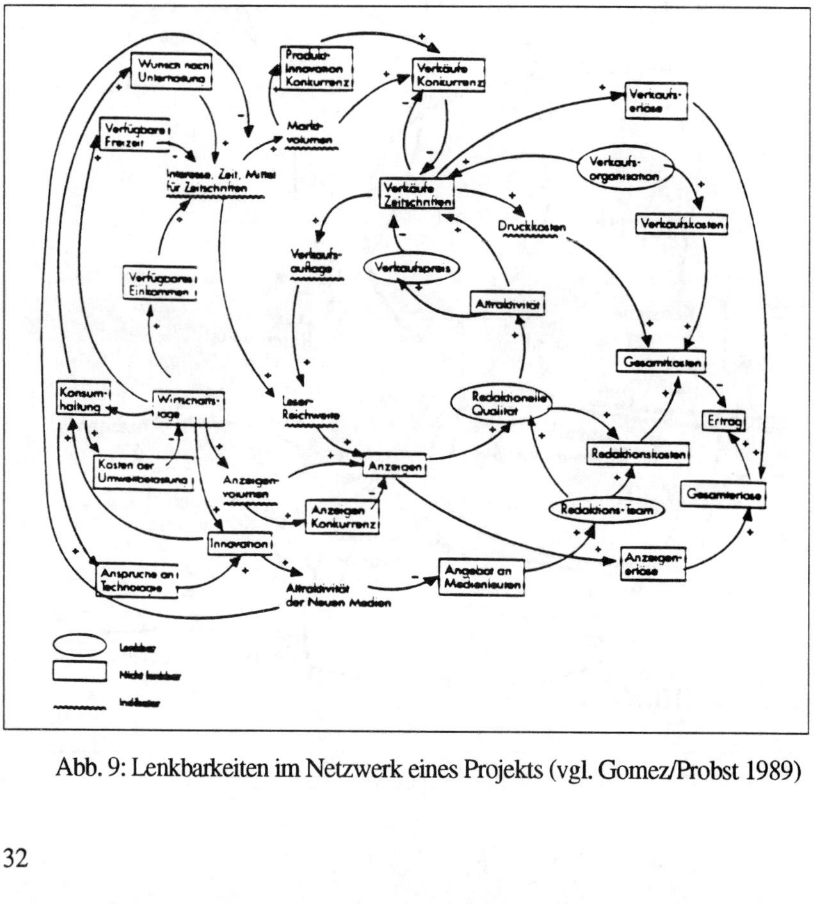

Abb. 9: Lenkbarkeiten im Netzwerk eines Projekts (vgl. Gomez/Probst 1989)

In der klassischen Methodik der strategischen Führung geht man von der strategischen Positionierung sehr schnell zur Ableitung von Normstrategien über. Dabei vergißt man leicht, daß wir vielleicht stundenlang über Dinge reden, die eigentlich gar nicht veränderbar oder lenkbar sind. Zumindest sind sie auf der uns interessierenden Führungsebene häufig nicht lenkbar. Die Methodik baut hier einen wesentlichen Zwischenschritt ein. Nachdem klargestellt worden ist, auf welcher Ebene überhaupt ein Problem zu lösen ist, kann nun im Netzwerk festgestellt werden, was weitgehend lenkbar und was eher nicht lenkbar ist. Dazu reiht sich die Frage, ob wir im Netzwerk Faktoren erkennen können, die es unter Kontrolle zu halten gilt, da sie uns frühzeitig wesentliche Änderungen im System anzeigen. Es handelt sich um sogenannte vorgelagerte Faktoren, die uns als Frühwarnindikatoren dienen können, da sie als schwache Signale für Änderungen in Teilen des Systems oder bei relevanten aktiven oder kritischen Größen interpretiert werden können. Es ist dabei hilfreich, die wichtigsten Größen in einer Übersicht zusammenzufassen oder sie im Netzwerk graphisch zu kennzeichnen (vgl. Abb. 9).

Natürlich ist es nur bei lenkbaren Größen sinnvoll, über Strategien zu reden. Aber auch nichtlenkbare Faktoren können sich verändern, denn meistens handelt es sich um Umweltgrößen. Bei diesen sind nicht einfach die Hände in den Schoß zu legen, sondern es sind Eventualpläne zu erarbeiten.

Planen von Strategien und Maßnahmen

Wenn wir unsere Position(ierung), die systemischen Eigenschaften und die Lenkbarkeiten kennen, so geht es nun darum, kreativ zu werden. Wir müssen nach strategischen Alternativen suchen und unsere Handlungsmöglichkeiten im und mit dem System erarbeiten. Gerade hier besteht die Gefahr, daß man es sich zu leicht macht, sich für die Strategieableitung zu stark an die allgemeinen Normstrategien anlehnt und jede Kreativität außer acht läßt. Dazu kommt, daß wir ja auch Kenntnisse über die systemischen Eigenschaften erworben haben. Wir interpretieren hier deshalb für die Überprüfung oder auch die Ableitung unsere Lenkungsregeln. Diese sind sowohl für die Strategien wie auch die daraus resultierenden Maßnahmen der Realisierung anwendbar. Die Regeln können also im kreativen Prozeß als Generator und auch im Evaluationsprozeß als Überprüfungsinstrument dienen. In einer Übersicht präsentieren sich die Regeln wie folgt:

Überprüfe die Strategien anhand der Lenkungsregeln	Kommentar
1. Passe deine Lenkungseingriffe der Komplexität der Problemsituation an. Setzen wie an mehreren Orten gleichzeitig an? Haben wir monokausale Denkweisen vermieden? Haben wir uns nicht irrtümlich auf einen Schwerpunkt konzentriert? **2. Berücksichtige die unterschiedlichen Rollen der Elemente im System** Setzen wir mit den Strategien bei aktiven, evtl. bei kritischen, Grössen an? **3. Vermeide unkontrollierbare Entwicklungen mit Hilfe stabiliserender Rückkoppelungen** Nutzen wir die stabiliserenden Kreisläufe? Brechen wir durch die strategischen Massnahmen nicht wichtige Kreisläufe auf? **4. Nutze die Eigendynamik des Sytems zur Erzielung von Synergieeffekten** Nutzen wir die positiven Kräfte bei den Mitarbeitern, in der Umwelt usw.? Basieren wir auf den Stärken des Systems? Verfolgen wir alle möglichen Synergien? **5. Finde ein harmonisches Gleichgewicht zwischen Bewahrung und Wandel** Beachten wir die gesunde Mischung zwischen Sicherheit und Herausforderung, Stabilität und Veränderung, Flexibilität und Spezialisierung? **6. Fördere die Autonomie der kleinsten Einheit** Gewähren wir den kleinen Einheiten die notwendige Autonomie und Selbstorganisation (Flexibilität)? **7. Erhöhe mit jeder Problemlösung die Lern- und Entwicklungsfähigkeiten** Was lernt das System beim Strategieprozess? Gestalten wir den Lern- und Einführungsprozess auf verschiedenen Ebenen gleichzeitig? Haben wir ein klares, offenes Informations- und Kommunikationskonzept? Haben wir die notwendigen Feedbaacks vorgesehen?	

Abb. 10: Lenkungsregeln für die Erarbeitung und Evaluation von Strategien und Maßnahmen

Ergänzend seien hier einige Beispiele aus verschiedenen Projekten angefügt, die einen guten Eindruck der Interpretierbarkeit geben.

1. Regel

"Passe deine Lenkungseingriffe der Komplexität der Problemsituation an"

Der Abonnementsbestand einer Zeitschrift kann langfristig nicht allein mit dem massiven Einsatz von Direct-Mail-Aktionen gehalten werden. Vielmehr ist eine "konzertierte Aktion" von Vertretereinsatz, von Direct-Mail-Aktionen, Werbung, Pflege der bisherigen Abonnenten usw. notwendig. Das Erfolgsgeheimnis besteht darin, keinen Teil dieses Mixes zu vernachlässigen, da sonst unwiderruflich Auflage verlorengeht.

4. Regel

"Nutze die Eigendynamik und die Synergien der Problemsituation"

Anstatt über Direct-Mail-Aktionen mit einem grossen Aufwand einen oft kurzlebigen Ersatz für abgesprungene Abonnenten zu suchen, empfiehlt es sich, die langjährigen Abonnenten gezielt zu pflegen. Damit lässt sich mit geringeren Kosten die Leserreichweite halten, die wiederum ein gutes Anzeigenaufkommen garantiert. Vorbeugen ist besser als heilen – also Leserbindung statt aggressives Marketing.

Abb. 11: Beispiele für Lenkungsregeln aus einem Projekt
(vgl. Gomez/Probst 1989)

Verwirklichen der Problemlösung

Mit dem Entscheid über Strategien und der Projektierung der Umsetzung ist meist noch wenig passiert. Sicher kann damit das Problem nicht ad acta gelegt werden. Aus systemischer Sicht arbeiten wir daher von Anfang an mit interdisziplinären Arbeitsgruppen, die – zusammengesetzt aus Betroffenen – interaktiv in den Prozeß einbezogen sind (vgl. Probst 1987). So fördern wir implizit die Entwicklung, lösen Lernprozesse aus und unterstützen sie.

Aber auch die Lösungen oder Strategien selbst müssen die notwendige Anpassungsfähigkeit, Entwicklungsfähigkeit und Flexibilität enthalten. Wir sind von ganz bestimmten Annahmen und Prämissen ausgegangen – sei es in der Bestimmung der Ziele, der Wahl der Perspektiven, der wichtigsten Elemente, Beziehungen und Interaktionen, der Gewichtung der Intensitäten der Beziehungen, Schätzungen der zeitlichen Rahmenbedingungen, der Abgrenzung der Szenarienbereiche, der Verhaltensmöglichkeiten der Konkurrenz, der Unternehmung, des Marktes etc. Diese Prämissen können sich als falsch erweisen oder verändern sich in unerwarteter oder schnellerer Form. Werthaltungen ändern sich, die politischen Strömungen erhalten neue Gewichtungen, Gelegenheiten eröffnen sich aufgrund von möglichen Kooperationen usw. Solche Änderungen in den Prämissen müssen auch zu entsprechenden Korrekturen im Netzwerk und der Interpretationen führen. Dafür brauchen wir jedoch ein strategisches Controlling, ein Informationssystem, das die Fortschritte der Umsetzung und Entwicklung erfaßt, Abweichungen vom gewünschten Pfad erkennt und Korrekturmaßnahmen oder eine Revision der Ausgangslage und eine Neuformulierung der Strategien auslöst (vgl. Abb. 12)

Frühwarnung		
Dimension	**Indikator**	**Hinweise auf...**
Leistungswirtschaftlich	• Häufung von Kündigungen langjähriger Abonnenten • Veränderungen bei Stellenanzeigen	• Sinkende Attraktivität des Blattes • Veränderungen im gesamten Anzeigenbereich
Finanziell	• Veränderungen des Verhältnisses Eigenkapital zu Fremdkapital • Veränderung im Zahlungsmodus der Abonnenten	• Grad der Abhängigkeit von aussen • Mögliche Liquiditätsengpässe
Sozial	• Entwicklung der Fluktuationen • Entwicklung der Absenzen	• Betriebsklima • Arbeitszufriedenheit
Führung	• Eingaben der Personalkommission • Simulierte Offertgesuche	• Verdeckte Führungsfehler • Reaktionsweise der Verantwortlichen

<table>
<tr><td rowspan="5">Videotex:
Ausverkauft
Das Videotex-Seminar für jedermann unter dem Patronat der “Züri Woche” übertrifft alle Erwartungen: Mit rund 650 Anmeldungen sind sämtliche drei Kursabende bereits restlos ausgebucht! Für all jene, welche bisher nicht berücksichtigt werden konnten, hat die “Züri Woche” einen echten Trost bereit: einen vierten Kursabend, und zwar am Freitag, dem 8. Februar!
Das Aneignen von Videotex-Kenntnissen scheint für viele Zürcherinnen und Zürcher offenbar mehr als nur notwendige Allgemeinbildung zu sein. Die ausgeschriebenen Kurse wurden deshalb zum “Renner” und waren innert kürzester Zeit ausgebucht. Alle Angemeldeten erhalten in den nächsten Tagen Bescheid, ob ihr Wunschtermin berücksichtigt werden konnte. Im anderen Fall wird der erwähnte Freitag als Ausweichdatum angeboten. Wir bitten aber, von telefonischen Anfragen bei der Redaktion abzusehen.</td><td>Beobachtungs-sektor:</td><td>Umwelt</td></tr>
<tr><td>Indikator:</td><td>Entwicklung der Neuen Medien</td></tr>
<tr><td>Kommentar:</td><td>Das Interesse an der Aneignung von Videotex-Kenntnissen ist gross. Videotex wird rascher als erwartet in den Medienmarkt vorstossen.</td></tr>
<tr><td>Auswirkungen auf:</td><td>Tageszeitungen werden bald substantiell Rubrikanzeigen verlieren.</td></tr>
<tr><td>Prüfenswerte Antwortstrategie</td><td>Vorbereitung der Kooperation mit Videotex-Anbietern.</td></tr>
</table>

Abb. 12: Ausschnitt aus einem strategischen Controlling-System (vgl.Gomez/Probst1989)

Damit ein strategisches Controlling auch entsprechend funktionieren kann, benötigen wir jedoch frühzeitige Hinweise auf mögliche Änderungen. Nur so können wir von einem reaktiven, korrigierenden System zu einem aktiven oder interaktiven gelangen (vgl. Ackoff 1981). Im Netzwerk haben wir deshalb bereits nach Indikatoren gesucht, Elementen, die uns im voraus Veränderungen in wichtigen Teilen unseres Systems ankünden. Hier geht es nun darum zu überprüfen, ob diese Frühwarnindikatoren auch rechtzeitig Informationen liefern und ob wir dann genügend Zeit für eine aktive Gestaltung der Situation haben (vgl. Abb. 13, Deiss/Dierolf 1989). Wenn die “Reaktionszeit” sich als größer als die Frühwarnzeit erweist, so ist im Netzwerk weiter rückwärtslaufend nach Indikatoren zu suchen. Ein solcher Prozeß ist meist sehr lehrreich.

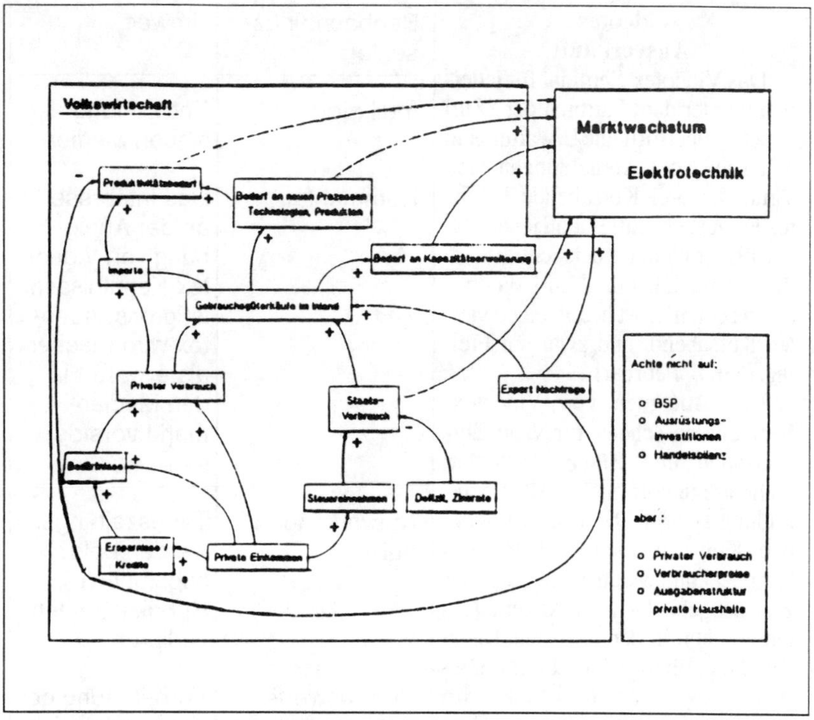

Abb. 13: Beispiel der Frühwarnung durch Netzwerke von Hewlett Packard (Deiss/Dierolf 1989)

Eine Übersicht über die Grundfragen der Methodik

Strategische Problemsituationen sind typische komplexe Situationen. Systemische, ganzheitliche Manager wissen um die Anforderungen, die solche Situationen an sie und die Methodik stellen (vgl. dazu auch Probst 1989, Gomez/Probst 1989; "Was systemorientierte Manager als Vertreter des vernetzten Denkens tun"). Eine solche Methodik ist automatisch eine "weiche" Methodik, mit einem unexakten, heuristischen und qualitativ ausgeprägten Charakter. Komplexe Situationen sind nicht im Detail analysierbar und im Verhalten und den Resultaten nicht eindeutig quantifizierbar. Sie können nicht einfach konstruiert und beherrscht werden. Sie können aber als Ganzes erkannt und verstanden werden. Sie können auch in beschränkter Weise gestaltet und gelenkt werden, indem besonders die systemischen Eigenschaften erkannt und "kultivierend" genutzt werden.

Die Methodik enthält zusammengefaßt folgende grundlegenden Fragen und Vorgehensschritte(vgl. Abb. 14):

Fragen	Vorgehensweisen
1. Bestimmen der Ziele und Modellieren der Problemsituation	
Was sind unsere Ziele?	Zielvorstellungen prüfen und konkretisieren
Welches sind die problemrelevanten Faktoren?	Problemrelevante Elemente der Situation bestimmen
Wie sind die Faktoren miteinander verknüpft	Netzwerk erstellen
2. Analysieren der Wirkungsverläufe	
Wie wirken die Faktoren aufeinander ein?	Wirkungsverläufe im Netzwerk untersuchen
3. Erfassen und Interpretieren der zukünftigen Veränderungsmöglichkeiten der Situation	
Welche zukünftigen Veränderungen in den Rahmenbedindungen sind zu erwarten?	Szenarien über mögliche Veränderungen der Rahmenbedingungen erstellen
Welche Veränderungen der Problemsituation können sich daraus ergeben?	Zukünftige Veränderungsmöglichkeiten der Situation bei unterschiedlichen Rahmenbedingungen erfassen und interpretieren.
4. Abklären der Lenkungsmöglichkeiten	
Auf welcher Kompetenzebene kann/soll das Problem gelöst werden?	Verschiedene Lenkungsebenen definieren
Welche Eingriffe in die Situation sind möglich?	Lenkbare und nicht lenkbare Faktoren unterscheiden

Fragen	Vorgehensweisen
Welche Faktoren zeigen uns rechtzeitig problemrelevante Änderungen der Situation an?	Indikatoren zur Überwachung der Problemsituation festlegen
Welche Wirkungen gehen von Lenkungseingriffen aus?	Wirkungen möglicher Lenkungssmassnahmen untersuchen
5. Planen von Strategien und Massnahmen	
Welche grundsätzlichen Handlungsalternativen bestehen, und was sind ihre Wirkungen?	Alternative Strategien suchen und beurteilen
Welche Strategie wollen wir verwirklichen?	Zu verwirklichende Strategie bestimmen
Wie können die gewählten Strategien in konkretes Handeln umgesetzt werden?	Projekte und Massnahmen bestimmen
6. Verwirklichen der Problemlösung	
Wie können wir zukünftige Entwicklungen informationell unter Kontrolle halten?	Kontrollinformationssystem schaffen und in Gang setzen
Was können wir vorkehren, damit sich Störungen ausregulieren?	Mechanismen zur Selbslenkung entwerfen und einführen
Was können wir vorkehren, damit die Problemlösung kontinuirlich verbessert wird?	Lernprozesse gestalten und in Gang setzen

Abb. 14: Die grundlegenden Fragen und Schritte der Methodik des vernetzten Denkens (Ulrich/Probst 1988)

Literatur

Deiss, G./Dierolf, K.: Strategische Planung und Frühwarnung durch Netzwerke in der Hewlett Packard, in: **G.J.B. Probst, P. Gomez**, Hrsg., Führung durch vernetztes Denken, Wiesbaden 1989
Dörner, D.: Die Logik des Mißlingens, Reinbek b. Hamburg 1989
Dörner, D., Kreuzig, H., Reither, F., Stäudel, T.: Lohausen: Vom Umgang mit Unbestimmtheit und Komplexität, Bern 1983
Gomez, P., Probst, G.J.B.: Vernetztes Denken im Management, in: Die Orientierung, Nr. 89, Schweizerische Volksbank, Bern 1987
dies.: Vernetztes Denken für die strategische Führung eines Zeitschriftenverlages, in: **G.J.B. Probst/P. Gomez**, Hrsg., Führung durch vernetztes Denken, Wiesbaden 1989
Probst,G.J.B.: Selbstorganisation – Ordnungsprozesse in sozialen Systemen aus ganzheitlicher Sicht, Berlin 1987
ders.: Und was macht ein ganzheitlicher Manager?, in: Die Unternehmung, Nr. 1, 1989, S. 213; wiederabgedruckt in: Probst/Gomez 1989
Probst, G.J.B., Gomez, P.: Führung mit vernetztem Denken, Wiesbaden 1989
Ulrich, H., Probst, G.J.B.: Anleitung zum ganzheitlichen Denken und Handeln, Bern 1988

Roswita Königswieser / Christian Lutz

Zukunftsarbeit als Prozeß

Eine Reihe von Veränderungen und damit verbundenen Selbstbeschleunigungsprozessen führen zu einer wachsenden Turbulenz unseres Umfeldes, in der wirtschaftliches Überleben ständige Innovation voraussetzt. Das ist selbst einer dieser Selbstbeschleunigungsprozesse. Die Leistungsfähigkeit traditioneller Umfeldprognosen und darauf aufbauender, möglichst quantifizierter Unternehmenspläne ist einer entsprechenden Erosion ausgesetzt. Hier wird ein bereits in der Praxis erprobter Ansatz zur Zukunftsarbeit im Unternehmen vorgestellt, welcher Szenarien nicht als Planungs-, sondern als (Selbst-)Wahrnehmungs- und Kommunikationsinstrument und Unternehmensstrategie nicht als mechanistische Planung, sondern als Dialogprozeß zwischen verschiedenen Unternehmensumwelten betrachtet.

Weshalb systemorientierte Zukunftsarbeit im Unternehmen?

Unternehmensführung in turbulenten Zeiten

Im Vergleich zur heilen Welt der fünfziger und sechziger Jahre – mit ihren verläßlich hohen Wachstumsraten – leben wir in einer turbulenten Zeit. Und es könnte sehr wohl sein, daß es sich nicht nur um eine Phase der Turbulenz handelt, sondern um einen Dauerzustand. Zwar sind in den meisten Industrieländern gewisse schmerzhafte Anpassungen vollzogen worden – nachdem endlich erkannt war, daß das Ende der goldenen Nachkriegszeit nicht einfach ein vom Ölschock vertiefter Konjunktureinbruch, sondern eine fundamentale Strukturkrise war –, aber was unsere Zeit turbulent macht, ist größtenteils von Dauer. Man könnte geradezu sagen, das einzige Dauerhafte an den kommenden Jahrzehnten dürfte ihre Turbulenz, dürfte die immer raschere Veränderung sein.

Der Strudel immer rascherer Veränderung...

Wer möchte behaupten, daß die physischen Grenzen des Wachstums, die sich in so unheimlichen Phänomenen wie Waldsterben, Tschernobyl, der Basler Chemiekatastrophe oder der sich beschleunigenden Erwärmung des Erdklimas äußern, eines Tages überwunden sein würden? Mit ihnen dauerhaft umgehen zu müssen bedeutet aber, daß Wachstum und Entwicklung, in welcher Form auch immer, in Zukunft stets noch weniger auf zusätzlichem quantitativem Einsatz von Ressourcen und immer ausschließlicher auf Innovation beruhen werden.

Ständige Innovation bedeutet aber ständige Veränderung der Strukturen unserer Gesellschaft – der physischen, der organisatorischen und der psychischen. Diese Veränderung wird unterstützt und beschleunigt durch die technische Innovation: Die Informationstechnik fängt gerade erst an, alle Lebens- und Arbeitsbereiche unserer Gesellschaft zu durchdringen. Sie wird sich in weiterer Zukunft – zunehmend mit der Biotechnik und neuen Werkstoffen – zu noch kaum geahnten Entwicklungen aufschaukeln.

Viel wichtiger aber ist, daß Innovation ausschließlich auf dem Boden menschlicher Kreativität wächst, daß sie innovationsfreundlicher Formen menschlichen Zusammenwirkens bedarf, daß die soziale Innovation im Vergleich zur technischen ständig an Bedeutung gewinnt und – im Maße ihres Stattfindens – damit wiederum sich aufschaukelnde Prozesse der Veränderung verbunden sind.

Die Veränderung wird gleichzeitig durch andere kulturelle Prozesse unterstützt: die exponentiell abnehmende Halbwertzeit des Wissens und fachlichen Könnens, den zunehmenden durchschnittlichen Bildungsstand, die lawinenartig zunehmende Informationsflut, den Abschied vom mechanistischen Weltbild, den abnehmenden subjektiven Grenznutzen weiter ansteigenden materiellen Wohlstands sowie die Welle des Pluralismus und der individuellen "Selbstverwirklichung" in unserer Gesellschaft. Das bedeutet, daß sich nicht nur die Lebensstile und Verhaltensmuster immer rascher und in widersprüchlichster Weise verändern, sondern auch die Arten, Wirklichkeiten wahrzunehmen. Vielleicht liegt hier sogar das wichtigste aller permanenten Veränderungselemente.

... und immer universellerer Vernetzung

Es spielen sich aber nicht nur zwischen all diesen Elementen einer immer rascheren Veränderung Aufschaukelungsprozesse aller Art ab – hinzu kommt das Zusammenwirken dieser Beschleunigung mit wachsender Interdependenz. Die zunehmend bestehende und wahrgenommene Gefahr von grenzüberschreitenden und weltweiten Ökologie-Katastrophen sowie der atomaren Selbstzerstörung der Menschheit hat wie nie zuvor in der Menschheitsgeschichte aufgezeigt, daß wir alle auf Gedeih und Verderb in einem Boot sitzen.

Die internationale Arbeitsteilung hat alle Vorstellungen von wirtschaftlicher Unabhängigkeit außer jener, die auf einer starken Wettbewerbsposition beruht, illusorisch gemacht. In zunehmendem Maße greift sie heute vom Warenverkehr auf den Handel mit Dienstleistungen über, und dort spielen Wissen, Informationen und Kommunikationsleistungen zunehmend eine Rolle, gleichgültig, ob wir es mit den immer mehr weltumspannenden multinationalen Gesellschaften, mit hochinnovativen Kleinunternehmen oder mit internationalen Kooperationsprojekten à la Esprit oder Megachips zu tun haben.

Gleichzeitig führt die Telekommunikation rasch dazu, daß jedermann rund um die Uhr und "real time" über alles informiert ist – soweit sein Aufnahmevermögen eben reicht. Und das bezieht sich zunehmend nicht mehr nur auf Finanzdaten und Tagesaktualitäten, sondern auch auf Meinungen und Modeströmungen, die sich in Windeseile verbreiten, oder auch auf das Knüpfen verschworener Netzwerke Gleichgesinnter.

In dem Maße, wie die sich verändernden, kreativitätsförderlichen Strukturen und der Trend zur eigenständigen Lebensgestaltung und Umfeldmitgestaltung eines jeden um sich greifen, gelangt eine zusätzliche Vernetzung ins Bild: Immer mehr Menschen werden an Entscheidungen über immer mehr sie betreffende Dinge mitwirken wollen – und das in einer Zeit, in der immer mehr Dinge immer mehr Menschen betreffen.

Wir leben also in wahrhaft turbulenten Zeiten: Wir leben als Teile eines Systems, dessen Komplexität von Tag zu Tag zunimmt und das sich von Tag zu Tag rascher verändert – beides nicht nur de facto, sondern noch darüber hinaus durch den Wandel unserer Wahrnehmung. Unsere Gesellschaft mit ihren kulturellen, politischen und wirtschaftlichen Strukturen, jeder einzelne von uns und die vielen Personenkreise, an denen wir teilhaben – all diese Bestandteile unserer Lebenswelt bilden ihrerseits wieder Systeme, für die genau dasselbe zutrifft und deren immer raschere Veränderung in ständiger Auseinandersetzung mit jenen anderen Systemen stattfindet, mit denen sie immer mehr vernetzt sind...

In solch schwindelerregender Turbulenz sind Prognosen unmöglich. Und doch wären sie gerade hier besonders dringend nötig, weil in einem komplexen System, dessen künftige Gestalt offen ist, unter Umständen geringe Einwirkungen enorme Folgen haben können. Woher soll man Entscheidungsgrundlagen zu rationalem Handeln nehmen, wenn der archimedische Punkt im All fehlt?

Zukunft – Resultat des gestalterischen Dialogs

An diesem Punkt setzt die systemorientierte Zukunftsarbeit an. Das Bewußtsein der fünfziger und sechziger Jahre – eine stetig wachsende, aber in ihren Grundstrukturen gleichbleibende Wirtschaftswunderwelt – stimmte mit dem Vorstellungsmodell von einer Maschine überein. Eine Maschine ist durchschaubar und infolgedessen auch beherrschbar. Als Beobachter von außen kann man – aufgrund der Kenntnisse über ihre Bestandteile und deren Zusammenwirken – genauestens prognostizieren, wie sie sich verhalten wird. Als Steuermann kann man aufgrund derselben Kenntnisse sicher sein, daß die Maschine die Befehle hundertprozentig ausführen wird. Das also ist die Welt der traditionellen strategischen Planung und Prognose, dieser säuberlichen Tabellen und graphischen Darstellungen einer voraussehbaren Umwelt und einer darin machbaren Unternehmenszukunft.

Leben wir aber in einer Welt, in der zahllose untereinander vernetzte und einander vielfältig überschneidende Handlungssysteme in ständiger innerer und äußerer Auseinandersetzung immer von neuem jene Gestalt suchen, die ihrer Entwicklungsfähigkeit am förderlichsten ist, dann ist weder mit Prognose noch mit Planung im traditionellen, eindimensionalen Sinn etwas auszurichten.

Auch das Unternehmen muß dann als dialogischer Prozeß statt als mechanistische Struktur verstanden werden. Systemische Zukunftsarbeit meint diesen dialogischen Prozeß der Auseinandersetzung zwischen oft konfliktierenden und in ständigem Wandel begriffenen Handlungserwartungen und "Erwartungshaltungen" der Beteiligten (man selbst, Mitarbeiter, Kollegen, Kunden, gesellschaftliche Umgebung etc.) an sich selbst und ihre Umgebung. Er tritt an die Stelle der Prognose, und sein Resultat ist nicht ein strategischer Plan, der "nur noch" realisiert werden muß, sondern eine ständig im Fluß befindliche langfristige Unternehmenspolitik, die die qualitativen und quantitativen Aspekte aller Tätigkeitsbereiche samt ihren unweigerlichen inneren Widersprüchen zu einem koordinierenden Gesamtbild vereinigt.

Was ist systemorientierte Zukunftsarbeit im Unternehmen?

Das Unternehmen als Prozeß der Auseinandersetzung mit Umfelderwartungen

"Systemisch" ist ein Zauberwort geworden, dessen Verwendung beweisen soll, daß man sich auf der Höhe des Zeitgeists befinde. Entsprechend vielfältig und verschwommen ist sein Gebrauch. "Systemdenken" entstammt ursprünglich der Ingenieurwissenschaft und ist von dort aus in die Kybernetik, in die Informatik, in die Technologiefolgeabschätzung sowie in die Arbeit mit Weltmodellen und mit Sensitivitätsmodellen komplexer ökologischer Zusammenhänge eingedrungen. Schon auf dieser Ebene wird der Schritt von der linearen Kausalität zu komplexen Interdependenzen vollzogen: Zahlreiche Ursachen haben zahlreiche Wirkungen; Wirkungen sind in der Regel gleichzeitig Ursachen und umgekehrt. Die Interdependenzen sind zu vielfältigen, sich – je nach Struktur – aufschaukelnden oder sich stabilisierenden, abhängigen oder dominierenden Regelkreisen verflochten.

Wenn wir von systemischer Zukunftsarbeit sprechen, so ist dies alles zwar mit enthalten, aber der Schritt aus dem mechanistischen in ein dialogisches Weltbild ist damit noch nicht vollzogen. Er setzt voraus, daß wir soziale Systeme – in Anlehnung an das biologische Modell der "Autopoiese" – als offene und sich selbst organisierende Systeme betrachten. Damit meinen wir folgendes: Ein System verfügt über eine bestimmte "Identität", das heißt eine Wahrnehmung des eigenen "Wesens" (z. B. seiner Werthaltungen und Verhaltensmuster) und der eigenen Grenzen (definiert z. B. durch Unterschiede zum Umfeld). Im ständigen Dialog mit den analog gestalteten Systemen seines Umfelds entwickelt es sich auf dem Boden dieser Identität weiter. Und es verändert diese dabei in einer Weise, die das System entwicklungsfähig erhält – etwa indem eine Unternehmung sich neuen Kundengruppen, Technologien oder Organisationsformen zuwendet.

Sinn, Systemgrenzen und Umfelderwartungen

Wie sieht das in der unternehmenspolitischen Zukunftsarbeit aus? Eine zentrale Aufgabe der Unternehmensführung ist der Dialog, der zum Bewußtsein der Unternehmensidentität führt. Dazu gehört zunächst einmal, daß wir uns des Sinns des Unternehmens bewußt werden: Welche Wertvorstellungen und Lebenshaltungen, vielleicht auch Mythen und Träume verleihen unserem Tun überhaupt seinen Sinn? Das sind Elemente, die über die typischen Verhaltens- und Organisationsmuster in unserem Unternehmen entscheiden, über die Art, wie wir uns selbst wahrnehmen und gegenüber unserer Umwelt darstellen – und damit darüber, wie unsere Umwelt ihrerseits uns, gespiegelt in den dort verstandenen Identitäten, wahrnimmt und wie sie auf uns zurückwirkt.

Unsere Identität ist – mit anderen Worten – an das Bewußtsein unserer Systemgrenzen gebunden: Ein Unternehmen ist ein Handlungssystem, das als solches nur Kohärenz und Kontinuität entwickeln kann, wenn es sich von den verschiedenen Umwelten, mit denen es sich "auseinandersetzt", klar abgrenzt. Das System selbst entscheidet, was es als relevante Umwelten betrachtet – etwa Kunden und Lieferanten, die Politik und die öffentliche Meinung, aber auch die innere Umwelt, also die Kapitaleigner, die Mitarbeiter, ja sogar das Management selbst: Was sich im Unternehmen zu einer dauerhaften Struktur zusammenfindet, sind die auf deren Sinn hin orientierten Handlungen der Menschen im inneren Umfeld, nicht diese Menschen selbst, denn diese haben ihre eigene, von jener des Unternehmens abweichende Identität.

Das führt zu einem weiteren Element, nämlich der Gestaltung der Beziehungen zwischen dem Unternehmen und seinen relevanten Umwelten: Welche Erwartungen haben unsere Kunden, Lieferanten, Mitarbeiter etc. an das Unternehmen – vermeintlich und tatsächlich? Was erwarten wir selbst – das Management, die Mitarbeiter in verschiedenen Tätigkeitsbereichen, die beigezogenen Experten – von unseren Umwelten, das heißt von unseren Märkten, den politischen Rahmenbedingungen etc.? Wo liegen aus der Sicht der Mitarbeiter (der leitenden und der anderen), von diesen Erwartungen her gesehen, die besonderen Stärken und Schwächen unserer Unternehmenskultur, unseres Know-hows, unserer Verhaltens- und Organisationsmuster? Was ergeben sich daraus für Konsequenzen für unser Handeln – und damit möglicherweise auch Rückwirkungen für unsere Unternehmensidentität?

Die Funktion der Widersprüchlichkeit und eines evolutionsfähigen "genetischen Codes"

In dieser Umsetzungsaufgabe zeigen sich drei spezifische Merkmale systemischen Denkens: Erstens bedeutet die Tatsache, daß wir es mit einer komplexen, in sich widersprüchlichen und ständig im Fluß befindlichen Umwelt zu tun haben, daß auch das System Unternehmen komplex, widersprüchlich und ständig im Wandel begriffen sein muß. Das wohl wichtigste Mittel, hiermit umzugehen, ist das Spannungsverhältnis zwischen einer formalen, deklarierten und entsprechend statischen sowie einer informalen, latenten und beweglichen Organisation. Beide haben eine unabdingbare Funktion für die dauerhafte Entwicklungsfähigkeit des Unternehmens, aber die Interaktion zwischen ihnen kann, je nach Umweltentwicklung und Anpassungsfähigkeit der Unternehmenskultur, mehr oder weniger turbulent sein.

Zweitens aber ist die Aufrechterhaltung der Unternehmensidentität – und damit der strukturierten Handlungsfähigkeit – überhaupt nur aufgrund gewaltiger Anstrengungen zur Reduktion der Komplexität der von uns wahrgenommenen Umwelten möglich. Die Unternehmensidentität selbst liefert den Code, den Wahrnehmungsfilter, der uns davor bewahrt, ständig vom Hundertsten ins Tausendste zu geraten. Er ist somit lebenswichtig, aber er kann uns auch an der Erkenntnis zukunftsentscheidender Risiken und Chancen hindern. Deshalb ist es so wichtig, daß er sich selbst ständig weiterentwickelt – in permanenter Auseinandersetzung mit den Erwartungen, die die verschiedenen Bezugskreise des Unternehmens aneinander entwickeln und ineinander projizieren. Der "genetische Code" des Unternehmens muß evolutionsfähig bleiben, sonst wartet die Sackgasse.

Deshalb ist, drittens, die Zukunftsarbeit als Instrument dieser ständigen Auseinandersetzung so wichtig – nicht im prognostischen Sinn, sondern im Sinn des Bewußtmachens der Zusammenhänge: Welche Zukunftsvorstellungen – Hoffnungen, Ängste – hat man selbst, und welche Visionen und Werthaltungen verbergen sich dahinter? Wie sieht das für andere Bezugsgruppen aus? Was sind die Konsequenzen solcher Vorstellungen für das eigene Handeln und für das der Umgebung? Was hat das unter den von einem selbst wahrgenommenen Rahmenbedingungen und zugrundegelegten Hypothesen über strukturelle Zusammenhänge zur Folge – für die gesellschaftliche, politische, wirtschaftliche, ökologische Gesamtentwicklung? Und wie wirken diese Folgen wieder zurück auf die eigenen Zielsetzungen und Prioritäten sowie auf jene des Umfelds?

"Systemische Szenarien" als Orientierungshilfe

Auch hier brauchen wir natürlich wieder die Komplexitätsreduktion, um überhaupt wahrnehmungs- und handlungsfähig zu bleiben. Dabei kommt uns eine spezifische Ausprägung der Szenariemethode zu Hilfe. Szenarien sind ja nicht Prognosen, sondern in sich konsistente Beschreibungen möglicher künftiger Entwicklungen eines Systems unter spezifischen Annahmen. Für die Zwecke der systemischen Zukunftsarbeit hat sich folgendes Verhalten als nützlich erwiesen: Ausgehend von unserer Gegenwartsanalyse und unseren Kenntnissen über wirtschaftliche, technische und gesellschaftliche Zusammenhänge, fragen wir uns, in welche Richtung sich unser relevantes Umfeld entwickeln wird – unter der Annahme, daß eines der in unserer Erfahrungswelt vorherrschenden "kulturellen Strickmuster" die weitere Entwicklung dominieren sollte. Solche Strickmuster sind etwa die Status-quo-Verteidigung, eine traditionell-technokratische Wachstumsphilosophie oder eine auf individuelle Emanzipation gerichtete Grundhaltung. Sie könnten auch in Zukunft miteinander in Wettstreit stehen.

Dieses Vorgehen schafft Klarheit über die Konsequenzen gewisser – eigener und fremder – Grundhaltungen, Werte, Visionen, Hoffnungen und Befürchtungen, wirkt entsprechend auf diese zurück, führt zu einer Überprüfung der Unternehmensidentität, der Unternehmens- und Umweltdiagnose, der darin eingeschlossenen Identifizierung der Sachzwänge und Handlungsmöglichkeiten, der aus all dem sich ergebenden Ziele und schließlich der unternehmenspolitischen Konsequenzen. Es handelt sich um einen auf sich selbst zurückwirkenden Prozeß, dessen Hauptergebnis oft in der Öffnung ungeahnter Handlungsspielräume liegt. Wo bisher nur die Anpassung an vorgegebene Sachzwänge zu erkennen war, erlebt man Zukunft plötzlich als gestaltbar: Die eigene Vision wird zum Gestaltungselement nicht nur des eigenen Lebens und Unternehmens, sondern auch des gesamten Handlungsumfeldes.

Systemorientierte Zukunftsarbeit weicht in vielem von der traditionellen Kultur der Unternehmensführung ab. Eine Starthilfe von außen wird deshalb in aller Regel nützlich sein, und zwar einerseits mit Bezug auf die Formulierung gewisser Szenarieninhalte und andererseits hinsichtlich der Gestaltung der Prozesse der Auseinandersetzung zwischen der Unternehmensführung und verschiedenen anderen Kreisen von Betroffenen im Unternehmensumfeld.

Anmerkung

Die Autoren dieses Artikels haben ein Seminarkonzept ausgearbeitet, das die hier beschriebenen Prozesse durchspielt und sich den besonderen Bedürfnissen von Managementteams jeweils anpassen läßt

Der Weg zur systemischen Zukunftsarbeit

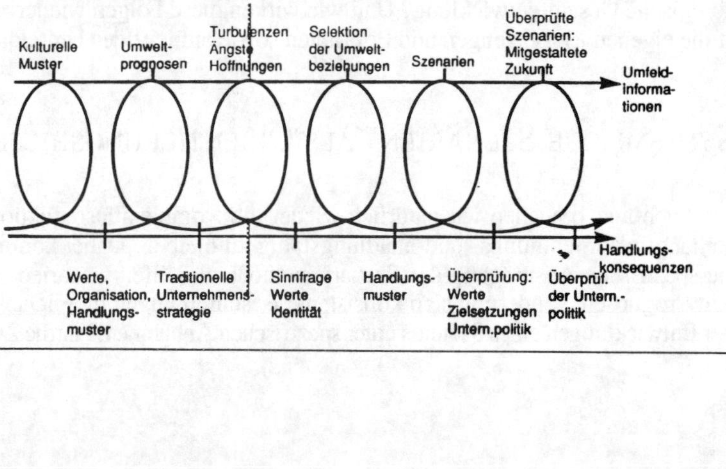

Ludwig Reichart

Lernstatt

Die Lernstatt hat sich in der Praxis einer Unternehmung wie BMW, in Kombination mit anderen Methoden wie namentlich der Organisationsentwicklung, als wichtiger Katalysator erwiesen, um Lernprozesse im Unternehmen in Gang zu setzen und dadurch Voraussetzungen zu schaffen, damit das Unternehmen zum Lernsystem wird. Das ist in der heutigen Zeit der Turbulenz und der wachsenden Flexibilitätsanforderungen deshalb besonders wichtig, weil Unternehmen ihre vorhandenen Potentiale auch unabhängig von den bereits definierten Zielen pflegen müssen. Darin, und auch in der von unten nach oben gerichteten Dynamik, ist die Lernstatt dem Qualitätszirkel überlegen. Der Autor stellt die Methoden der Lernstatt im Kontext ihrer geschichtlichen Entstehung und theoretischen Fundierung mit ihren spezifischen Stärken und Schwächen dar und zeigt auch, wie ein konstruktives Zusammenwirken mit den Kräften des innerbetrieblichen Umfeldes organisiert werden kann.

Die Lernstatt ist – verglichen mit den amerikanisch-japanischen Ursprüngen der Quality Circles – eine deutsche Eigenentwicklung. Dennoch und trotz ihrer Erfolge in namhaften Unternehmen (BMW, Hoechst, MAN, Bosch etc.) wird sie häufig als die "erotischere" Form angesehen. Das mag mit dem Siegeszug der Quality Circles in den achtziger Jahren zusammenhängen, aber auch damit, daß die Lernstatt in der Umsetzung in mancher Hinsicht das anspruchsvollere Konzept ist. In der Lernstatt ist die vordergründige Handlungsorientierung, obgleich vorhanden, nicht das Entscheidende. Sie versucht tieferliegende Potentiale aufzudecken. Im mechanisierten Betrieb, in dem der Mensch funktionierender Bestandteil einer außer ihm stehenden Dingwelt sein soll, bleibt ein Restproblem der "Motivation". Mitarbeiter entziehen sich dem Anspruch des Funktionierens durch dysfunktionales Verhalten, dessen Folgen zum Beispiel Fehlzeiten oder schlechte Qualität sind. Vor allem in den siebziger Jahren sind vielfältige Methoden entstanden, mit diesem unerwünschten Phänomen zurechtzukommen. Die Lernstatt setzt auf die selbstorganisatorischen Fähigkeiten der Gruppe.

Das Gruppenkonzept der Lernstatt

In der Anfangsphase der Lernstatt hat es heftige Diskussionen darüber gegeben, wie eng oder weit das Prinzip der "Selbstorganisation" der Gruppe ausgelegt werden sollte. Letzen Endes war es für den Erfolg der Lernstatt ausschlaggebend, daß sie mit "Instrumenten" dieser Selbstorganisation ausgerüstet worden ist. Diese Instrumente stammten aus dem Umkreis der didaktisch-pädagogischen Experimente der sechziger Jahre und sind:

- Gruppenlernen,
- Erfahrungslernen,
- Visualisierung,
- Verbalisierung.

Das didaktische Schlüsselkonzept war zunächst die Visualisierung. Mit ihren ausgefeilten und zugleich handhabbaren Visualisierungstechniken trug die "Metaplan"-Methode des Quickborner Teams wesentlich dazu bei, daß die didaktischen Reformansätze der sechziger und frühen siebziger Jahre in der Wirtschaft größeren Erfolg hatten als im öffentlichen Bildungssystem, wo sie zunächst entstanden waren. Die Plakattechnik und die Arbeit mit Visualisierungskarten ermöglichten es vor allem, Gruppenarbeit dort durchzuführen, wo restriktivere Sprachkodes zu überwinden waren. Denn die Lernstatt war von Anfang an ein Konzept, das den Weg durch die Betriebe nicht – wie es damals üblich war – von oben nach unten, sondern von unten nach oben gehen wollte.

Sie trifft damit auf einen Ozean von Bedarf, denn darauf, sich um die Werker zu kümmern, war in jenem Anfangsstadium betrieblicher Bildungsarbeit noch kaum jemand verfallen. Entgegen dem Glauben an den alleinseligmachenden "top-bottom-approach", der mit der Arbeitsweise externer Berater zusammenhängt, lassen sich Verdinglichungen des mechanisierten Systems jedoch eher von unten nach oben auflösen. Die Übernahme der Metaplan-Moderation bedeutete damit zugleich eine Abweichung von ihr, denn Metaplan hat den einfachen Mitarbeiter erst ein gutes Jahrzehnt später über die Quality Circles kennen- und schätzengelernt.

Für die Methode der Lernstatt wurde es zugleich entscheidend, daß ihr erstes großes Einsatzgebiet der Sprachunterricht mit ausländischen Mitarbeitern wurde. In die erste Hälfte der siebziger Jahre fiel der Höhepunkt der Gastarbeiter-Immigration, und vor den dadurch entstehenden Sprachproblemen mußten die herkömmlichen Unterrichtsmethoden, auch in der technokratisch modernisierten Form von Sprachlabors, kapitulieren. Der Lernstatt gelang es damals, erste praktische Erfolge vorzuweisen. Die sprachliche Arbeit blieb natürlich nicht ohne Einfluß auf die Methode der Lernstatt. Obgleich die konkrete Visualisierung große Dienste geleistet hatte, konnte Sprachunterricht nicht ohne Sprache stattfinden. Daher hat die Lernstatt sehr früh auch die verbale Komponente der Moderation entfaltet, als die Visualisierung noch als ein Allheilmittel galt. ("Ein Bild sagt mehr als tausend Worte.")

Visualisierung, Verbalisierung und die Verfahren gruppenbezogenen Erfahrenslernen statteten die Lernstatt mit der Möglichkeit aus, sich das Umfeld und die Bedingungen des eigenen Handelns selbst aktiv zu erarbeiten. Lernstattgruppen werden in der Regel aus acht bis zwölf Mitarbeitern gebildet. Das ist etwas mehr, als herkömmlicherweise für Quality Circles angegeben wird, aber die Gruppen sollen auch nach dem etwaigen Austritt einiger Mitglieder noch arbeitsfähig sein, und die gruppenspezifische Dynamik entfaltet sich nicht in zu kleinen Einheiten. Jede Gruppe hat zwei Moderatoren, von denen in den Basisgruppen ("Lerngruppen") einer der Meister dieser Gruppe ist. Es hat heftige

Debatten gegeben, ob mit dieser Rolle des Meisters die Gruppen sich nicht selbst entfremdet würden. Die Lernstatt hatte instinktiv das Richtige getroffen und über die Jahre auch recht behalten. Die Gruppen müssen sich von Anfang an mit den betrieblichen Gegebenheiten wirklich auseinandersetzen. Der Versuch, diese erst einmal auszuklammern, muß sie auf einen Irrweg führen, von dem sie nachher kaum mehr zurückfinden. Die Maßgaben, daß die Lernstattgruppe zwei Moderatoren hat und einer davon der Meister ist, ergänzen einander. Denn die mögliche Fixierung auf dessen hierarchisch gegebene Autorität wird durch den zweiten Moderator unterbrochen. Überhaupt ist die Erfahrung, daß eine Gruppe von zwei Leitern geführt werden kann, in der heutigen Organisationswelt ein ungewöhnliches Erlebnis.

Konstituierend für die Lernstattgruppe ist das Prinzip der Freiwilligkeit. Sowohl Meister wie Mitarbeiter gehen ihre Gruppenverpflichtungen nur nach eigenem Willen ein. Anderenfalls wäre es aussichtslos, den Verdinglichungen des mechanisierten Betriebs, die reproduziert würden, noch entgehen zu wollen. Karl Weick hat "das Wesen der organisatorischen Sinngebung" – im Anschluß an William James – so beschrieben:

Lernstatt im komplexen Handlungssystem

"Zum ersten ist das Chaos, das zerlegt wird, sowohl fließend als auch mehrdeutig. Die Leute in Organisationen versuchen, dieses Chaos in Gegenstände, Ereignisse und Teile zu sortieren, die dann verbunden, in Sequenzen aufgefädelt, in Serien angeordnet und aufeinander bezogen werden." (Weick 1985, Seite 214) Dazu muß der erste Schritt aber sein, daß das "Chaos" auch als solches wahrgenommen werden kann, nicht in den präformierten Fixierungen einfach übernommen wird. Hier ist die Kartenmethode nach Metaplan eine unersetzliche Hilfe. Im übrigen hat Weick dann den gedanklichen Verlauf moderierter Gruppenarbeit zutreffend aufgezeigt.

Wir wissen heute, daß wir bestehende Erfahrungen destrukturieren müssen, um zu neuen Erkenntnissen gelangen zu können. In der Lernstatt enthalten die Gruppensituationen selbst und die Moderationsmethode solche destrukturierenden Elemente. Die Lernstatt kommt zur Problemlösung, indem sie verdinglichte, dem aktiven Bewußtsein entzogene Tatbestände wieder entdinglicht, "problematisiert", das heißt, sie aus Dingen wieder in zu bearbeitende Prozesse zurückverwandelt. Die Werker haben ein latentes Wissen von diesen Tatbeständen, aber betriebliche Übungen haben sie ihnen als "Dinge" entzogen, die nicht in ihren Aktionsbereich fallen. Sie sind im Betrieb Bestandteil des mechanisierten Systems geworden und haben "gelernt", sich auf ihre von diesem System diktierte Rolle zu beschränken.

Es hat in der Organisationstheorie der letzten Jahrzehnte eine intensive Debatte gegeben, ob Organisationen kommunikationstheoretisch oder handlungstheoretisch aufzufassen seien. (z. B. Luhmann 1984) Die Lernstatt wirkt im Hinblick auf diese Auseinandersetzung wie eine Probe aufs Exempel. Sie hat nämlich als ein Medium betrieblicher Kommunikation begonnen, um mit innerer Zwangsläufigkeit zu einem Handlungsmodell überzugehen. Genauso wie Handeln nicht ohne Kommunikation zustande kommt, ist diese nicht ohne Handeln denkbar. Abgesehen davon, daß Kommunikation – mindestens ebensosehr wie Denken – ein "Probe-Handeln" ist, kann Kommunikation ihre Gegenstände nicht wirklich erfassen, ohne sie immer wieder dem Test des Handelns auszusetzen. Auch psychologisch wäre es unmöglich, eine Gruppe auf längere Zeit der bloßen Kommunikation zu überlassen. In dem Maße, in dem Zusammenhänge erkannt werden, wird mit einer gewissen Zwangsläufigkeit ihre Veränderung zum Thema. Die Diskussion darüber, ob Gruppen sich an Ergebnissen orientieren sollen oder nicht, ist daher eher als müßiges Spiel zu betrachten. Gruppen werden auf die Dauer nie darauf verzichten, Ergebnisse zu produzieren. Wenn die Lernstatt das Handeln nicht von Anfang an in den Mittelpunkt der Gruppenarbeit stellt, so dient das einer intensiveren Vorbereitung nicht nur in sachlicher Hinsicht – wenn man einmal zum Handeln entschlossen ist, kümmert man sich nicht mehr gern um Einzelheiten –, sondern auch durch den Aufbau einer optimalen Spannungskurve; nicht zuletzt macht sich darin eine gewisse Paradoxie menschlichen Handelns geltend. Gruppen, die von Anfang an allzu geradlinig auf ein bestimmtes Ziel zusteuern, verfehlen dieses Ziel nicht selten.

Als das Geheimnis der Lernstatt kann angesehen werden, daß sie sich selbst zur Schaubühne des Problemlösungsprozesses macht. Sie folgt darin – wie jedes praktische Entscheidungsmodell – einem einfachen Muster:

- Themenfindung,
- Themenauswahl,
- Alternativenbewertung,
- Entscheidung,
- Ausführung.

Das Besondere ist, wie diese einfachen Lösungsschritte mit Hilfe von Moderationsverfahren zu Schritten der Gruppendramaturgie werden. Vereinfacht gesprochen: Gruppen sind in der Anfangsphase am ehesten bereit, kreative Themenfindung zu betreiben, während sie gegen Ende dann (selbst!) Ergebnisse sehen wollen. Der Prozeß dazwischen unterliegt der Gestaltung des Moderators. Die Themenauswahl läßt sich mit Hilfe der Metaplan-Techniken ganz gut bewältigen. Für die Alternativenbewertung hat die Lernstatt ein eigenes Hilfsinstrument gefunden, das sich im weitesten Sinne aus der forensischen Technik ableiten läßt: den Situationsberater. Der Situationsberater ist Fachmann in einer Sache und/oder Repräsentant einer Einrichtung, die im Problemlösungsprozeß wichtig werden: zum Beispiel Planer, Qualitätsmann, Instandhalter, Vorgesetzter, Personalmann, Betriebsrat etc. Die Gruppe wird so in den Stand gesetzt, ihre Problemlösungen ausschließlich selbst zu inszenieren, ohne auf fachkundigen Rat zu verzichten. Dabei ist hervorzuheben, daß nur von der Gruppe selbst eingeladene Situationsberater an den Gruppensitzungen teilnehmen können.

Lernstatt im Unternehmen

Wenn von den Ergebnissen der Lernstatt die Rede ist, sind in der Regel konkrete Problemlösungen gemeint. Die bisherige Darstellung wird die Bedeutung solcher faßbaren Resultate hinreichend aufgezeigt haben. Aber sie sind nicht der wichtigste Beitrag, den die Lernstatt für das Unternehmen – oder die Organisation, in der sie wirkt – erbringt. Die moderne Organisationssoziologie hat die Theorie aufgegeben, daß Organisationen allein zweckbestimmte Gebilde seien. (Luhmann, Weick u. a.) Die innere Dynamik eines Unternehmens ist gleichberechtigt neben seine Zweckbestimmung getreten. Diese enthält nämlich immer ein – meist uneingestandenes – Aposteriori: Welche Ziele nun genau verfolgt worden sind, läßt sich erst im nachhinein feststellen. Strategische Planungen haben eben nur den Wert von Prognosen. Selbst wenn es nun möglich wäre, alle inneren Möglichkeiten eines Unternehmens – griechisch seine "dynamis" – solchen Prognosen restlos zuzuordern, wäre dies doch ein gefährliches Unterfangen. Es würde nämlich bedeuten, daß das Unternehmen nicht die Flexbilität besäße, auf Abweichungen vom Plan angemessen zu reagieren. Je weniger exakt Prognosen in turbulenten Märkten sein können, desto notwendiger wird es, daß Unternehmen ihre vorhandenen Potentiale auch unabhängig von den bereits definierten Zwecken pflegen. Dies gilt natürlich insbesondere vom Humanpotential. Die Bedeutung der Bildungsarbeit wird in diesem Zusammenhang evident.

Am weitesten ist in der Zweckbestimmung der Organisation die klassische Organisationslehre gegangen und in ihr wieder Taylor, der ein Unternehmen wie eine Maschine konstruieren wollte. Zweifellos hatten solche Konzepte eine hohe Plausibilität im Rahmen der realen Mechanisierung, die über viele Jahrhunderte auf den Gipfel des Taylorismus geführt hat. Überall, wo heute Flexibilität gefragt ist – im modernen Marketing ebenso wie bei technologischen Konzepten wie CIM –, stellen sich diese Mechanisierungen als Sackgasse heraus. Die Aufgabe besteht also darin, Handlungsmöglichkeiten freizulegen, die mit einer gewissen Wahrscheinlichkeit – aber nicht Sicherheit – in Zukunft relevant werden können. Hierin lag der Fehler mancher Qualitätszirkel-Konzepte, die die Gruppenarbeit einseitig bestimmten Zielsetzungen unterwerfen wollten. Was Gruppen wirklich leisten können, kommt dabei eben gar nie zum Tragen. Hier liegt die spezifische Differenz der Lernstatt, die das Aufdecken schlummernder Potenzen zu ihrem Existenzgrund hat. Die Gruppe und die einzelnen in ihr erfahren ihre Handlungsmöglichkeiten in der konkreten Erprobung. Es wäre eine erhebliche Reduzierung der Gruppenleistung, wenn sich diese Handlungsmöglichkeiten ausschließlich innerhalb dieser Gruppe, das heißt innerhalb von deren meßbaren Ergebnissen, niederschlügen. Das Gelernte soll vielmehr dem Unternehmen insgesamt zugute kommen. Person und Gruppe verstärken sich gegenseitig, wenn erst einmal eine positive Spirale ihrer Wechselbeziehungen initiiert ist. Wie wichtig dabei die Person auch in der Gruppe bleibt, geht nicht nur daraus hervor, daß letzten Endes sie Träger der Gruppenentscheidungen und ausführender Gruppenhandlungen ist, sondern auch aus dem Umstand, daß der einzelne die Erfahrungen der Gruppe in einer Fülle weiterer Beziehungen umsetzt. Bei aller Bedeutung der Gruppe für moderne Lernprozesse wäre es falsch, sie – wie nicht selten in den siebziger Jahren – mit einem Ausschließlichkeitsanspruch auszustatten.

Kleingruppen haben auch Schwächen. So sind sie zum Beispiel nur in begrenztem Umfang innovativ. Sie können auch schwer punktgenaue Lösungen in aller Schärfe herausarbeiten, vor allem wenn sie im sozialorganisatorischen Bereich liegen. Gruppen tendieren dazu, auch Lösungen in den Konsens aufzunehmen, die nur halbrichtig oder vielleicht sogar falsch sind. Die Lernstatt hat sich daher nicht, wie ihre Gründer gehofft haben mögen, zur Methode der Organisationsentwicklung schlechthin ausgeprägt. Sie spielt in diesem Zusammenhang vielmehr die Rolle eines Instruments unter vielen. Ihre Stärke liegt darin, langfristige gemeinsame Lernprozesse in die Wege zu leiten und damit den Boden in einer gewissen Breite für Änderungsprozesse zu bereiten. Sie eignet sich weniger, wenn es sich um sehr spezifische Probleme oder um genau definierte Zeitvorgaben handelt. Die Eigendynamik der Lernstattgruppen kann ebenso nachteilig wie vorteilhaft sein. Um langfristiges Qualitätsbewußtsein zu fördern und zu pflegen, ist zum Beispiel die Lernstatt sicherlich das richtige Instrument; in der Regel weniger, wenn es darum geht, kurzfristige Qualitätsprobleme zu lösen. Hier erzielen unter Umständen kurzfristige Problemlösungsgruppen nach Art mancher Quality Circles einen besseren Erfolg.

Dennoch ist die Lernstatt – neben anderen, mehr "interventionistischen" Verfahren der Organisationsentwicklung – eine unserer modernsten und leistungsfähigsten Methoden, um mit der oft gehörten Phrase vom Unternehmen als einem lernfähigen System Ernst zu machen.

Um ein langfristig orientiertes Subsystem wie die Lernstatt innerhalb eines zugleich auf kurzfristige Zielerreichung getrimmten Gesamtsystems nicht zum Fremdkörper werden zu lassen, ist ein verhältnismäßig ausgeklügeltes Promotorensystem erforderlich.

Im Mittelpunkt steht der sogenannte Koordinator (bei BMW: Lernstatt-Promotor), der diesem Vermittlungssystem seine Dynamik gibt. Wichtig ist auch, daß die befaßten betrieblichen Entscheidungsstellen, ebenso wie auf der Ebene der Gruppe als Situationsberater, auf höherer organisatorischer Ebene in beratender Funktion in verschiedene Gremien eingebunden werden. Werden solche Beratungsgremien dezidiert als "Steuergruppen" eingerichtet, bringen sie einige Probleme mit sich. Einmal bringen sie einen zu starken Zug "von oben nach unten" hinein, der der Spontaneität der Gruppen vielfach hinderlich sein kann. Außerdem prägen sie eine Form von Selbstorganisation aus, die mit der Lernstatt nicht gemeint ist: die bürokratische. Bestehende Gremien müssen beschäftigt werden. Damit koppeln sie sich aber von der Dynamik der Gruppen ab, wenn sie eine solche Dynamik am Ende überhaupt noch zulassen. Es ist daher richtiger, solche Gremien nur als beratende Institutionen einzurichten oder vielleicht noch besser: die Betroffenen temporär in Workshops zusammenzufassen. Das gilt insbesondere deshalb, weil die Lernstatt jeder betrieblichen Ebene ein gewisses Interesse entgegenbringen muß. Die Einbindung der mittleren Hierarchien (z. B. Abteilungsleiter) ist ein bekanntes Problem der Lernstatt (und der Qualitätszirkel).

Eine entscheidende Frage ist hier auch, wie die Unterstellungsverhältnisse der Lernstatt geregelt werden: Ob sie an die jeweilige Fachstelle oder zum Beispiel ans Personalwesen angebunden wird. Im ersteren Fall, mit der optimalen Einbindung in das Tagesgeschäft, lassen sich oft relativ rasch bemerkenswerte

Ergebnisse erzielen; die Unterstellung in das Personalwesen ermöglicht vielleicht eine größere Flexibilität. Entscheidend ist in jedem Fall, daß die "Apparatur" der Lernstatt mit den längerfristigen Bedürfnissen eines Betriebes in Einklang ist.

Hiervon hängt vor allem die Einführungsstrategie der Lernstatt ab. Es gehört zu den Paradoxen der Lernstatt – die hierin konkrete Ansätze eines "paradoxen Managements" vorwegnimmt –, daß ihr normales Operieren, wie oben geschildert, fast kompromißlos dem Prinzip "von unten nach oben" folgt, daß sie in der Einführungsphase dagegen umgekehrt vorgeht. In Interviews und Workshops wird von oben nach unten die konkrete Problemlage des betroffenen Bereiches eruiert. Die Methoden des Zugriffs haben sich dabei ständig verfeinert; man installiert heute die Lernstatt lieber in kleineren Organisationseinheiten – mit ihren recht konkreten Problemen – als in großen Bereichen, für die die Problemlandschaften schon einen recht allgemeinen Charakter annehmen. Dabei dürfen die Fragestellungen und Zielgruppen auch wieder nicht zu eng definiert werden, weil sonst das paradoxe Management der Freiwilligkeit der Gruppen einerseits, bei möglichst konkreten Beschreibungen der Problemlandschaft andererseits, nicht mehr gelingen könnte.

Diese Paradoxie bringt natürlich die Möglichkeit von Konflikten mit sich. Um diese durchzustehen, hilft ein geübtes Konfliktmanagement der Lernstatt-Promotoren ebenso wie die Unterstützung der Betriebsleitung. Auf lange Sicht muß die Lernstatt mit solchen Konfliktpotentialen selbst fertig werden. Als hervorragendes Mittel dafür hat sich die Einrichtung des Situationsberaters bewährt, die weiter oben beschrieben wurde. Erstens erhöht sie die Qualität der Problemlösungen und beteiligt zweitens alle betroffenen Stellen daran; sie gibt drittens Kritikern – natürlich auch Freunden – der Lernstatt Gelegenheit, sich mit ihr direkt und konstruktiv auseinanderzusetzen. Hilfreich ist auch das Instrumentarium der Organisationsentwicklung; in diesem Sinne wurde vorhin empfohlen, an die Stelle recht inflexibler Steuerkreise problemorientierte Workshops für die Anrainer der Lernstatt durchzuführen.

In der Tendenz sind Lernstatt und Organisationsentwicklung heute schon eng miteinander verwachsen. Diese Tendenz wird sich weiter fortsetzen. Beide zusammen sind berufen, das lernende System Unternehmen zu verwirklichen. Denn lernendes System, das kann ja nicht bloß bedeuten: ein System, in dem Schulungen durchgeführt werden. Vielmehr muß sich das System insgesamt als ein intern wie extern adaptibles restrukturieren, es muß völlig neue Systemqualifikationen entwickeln. In dieser Hinsicht greifen natürlich sämtliche kurzfristigen Änderungsstrategien zu kurz, gleichgültig, ob sie unter Titeln wie Training, Qualitätszirkel etc. firmieren. Die Botschaft der Lernstatt ist optimistischer, als es scheint. Das lernende System – das muß das Unternehmen selbst sein. Dazu benötigt es Katalysatoren, die Lernprozesse in Gang setzen und am Laufen halten. Als ein solcher Katalysator hat sich die Lernstatt bewährt.

Literaturhinweise

Bednarek, E.: Veränderungen der Arbeitsmotivation durch Qualitätszirkel und Lernstatt, München (Phil. Diss.) 1984

(BMW AG) BMW Lernstatt, Hrsg.: OE-Kreis der BMW AG, 3. Aufl., München 1987

Bungard, W., Wiendieck, G.: Qualitätszirkel als Instrument zeitgemäßer Betriebsführung, Landsberg a. Lech 1986

Dunkel, D. (Hrsg.): Lernstatt. Modelle und Aktivitäten deutscher Unternehmer. 1983 (= IW/Beiträge zur Gesellschafts- und Bildungspolitik H. 1/2)

Engel, P.: Japanische Organisationsprinzipien: Verbesserung der Produktivität durch Qualitätszirkel, Zürich 1981

Etzioni, A.: Soziologie der Organisation, München 1967

Fromm, E.: Die Furcht vor der Freiheit (1941), Berlin 1983

Giedion, S.: Die Herrschaft der Mechanisierung (1948), Ffm. 1982

Greif, S.: Konzepte der Organisationssoziologie, Bern 1983

Heckhausen, H.: Motivation und Handeln, Berlin 1980

Heidack, C., Brinkmann E. P.: Unternehmenssicherung durch Ideenmanagement. Bd. 2. Erfolg durch Motivation, Teamarbeit und Qualität. 2. Aufl., Freiburg/B. 1987

Hofstädter, P. R.: Gruppendynamik, Reinbek 1957 (Mehrere Neuauflagen)

Kirchhoff, B., Gutzan, P.: Die Lernstatt: Effektives Lernen vor Ort, Grafenau 1982

Kunstek, R.: Das Konzept der Lernstatt im Industriebetrieb. Kritik eines Ansatzes der Organisationsentwicklung, Spardorf 1986

Luhmann, N.: Soziale Systeme. Grundriß einer allgemeinen Theorie, Frankfurt/M. 1984

Mills, Th. M.: Soziologie der Gruppe, München 1969

Neidhardt, F. (Hrsg.): Gruppensoziologie, Perspektiven und Materialien, Opladen 1983 (gleich KZfSS Sb. 25)

(QC-Kongresse) Dokumentation der deutschen Quality Circle Kongresse 1-5. RKW Nordrhein-Westfalen u. a. (Hrsg.), Düsseldorf 1982ff

Reichart, L.: Lernstatt – Die deutsche Alternative. In: Personal, Jg. 36/1984, H. 6

Reichart, L.: Kooperative Selbstqualifizierung durch Lernstatt. In: C. Heidack (Hrsg.), Lernen der Zukunft, München 1989

Riegger, M.: Lernstatt erlebt, Essen 1983

Rüttinger, B., Rosenstiel, L., v. Molt, W.: Motivation des wirtschaftlichen Verhaltens, Stuttgart u. a. 1974

Schnelle, E. (Hrsg.): Neue Wege der Kommunikation. Spielregeln, Arbeitstechniken und Anwendungsfälle der Metaplan-Methode, Königstein 1978

Strombach, M. E., Johnson, G.: Qualitätszirkel im Unternehmen. Ein Leitfaden für Praktiker, Köln 1983

Weick, K. E.: Der Prozeß des Organisierens, Frankfurt/M. 1985

Zink, K. J. (Hrsg.): Arbeitswissenschaft und neue Technologien, Eschborn 1987

Zink, K. J. (Hrsg.): Quality Circles 1/2. München, Wien 1983/86

Rudolf K. Sprüngli

Zur Evolution von Entscheidungen: Reflexionen aus der Praxis

Entscheidungsbildungen sind grundlegende strategie-, struktur-, kultur- und verhaltensbegründende Prozesse in sozialen Systemen, sind aber ihrerseits auch wieder Resultate von Strategie, Struktur, Unternehmungskultur und Verhalten. Der vorliegende Beitrag versucht aufzuzeigen, dass Entscheidungsprozesse in der industriellen Praxis in einem hohen Grade die Charakteristika von Evolutionsprozessen aufweisen. Der Verfasser ist selbst als Delegierter des Verwaltungsrates einer schweizer Nahrungsmittelholding im Delikatessen- und Spirituosenhandel tätig und strebt dabei eine Kombination seiner praktischen Erfahrungen mit Konzepten an, welche er ihm Rahmen seiner Dissertation und späterer Publikationen entwickelte (1). Die Wahrnehmung evolutionärer Charakteristika von Entscheidungsprozessen führt schliesslich zu Empfehlungen bezüglich deren Gestaltung in der Praxis. Dabei wird u.a. die Bedeutung der Offenheit gerade auch gegenüber widersprüchlichen Informationen und Standpunkten eindringlich aufgezeigt. Sie wird geradezu zum Führungsstil, nach dem Motto «Je mehr Freiheit, desto mehr Ordnung». Auch zeigt sich die autokatalytische Wirkung strategischer Grundsatzentscheidungen, welche die Unternehmensentwicklung nachhaltig prägen und abweichenden Optionen die Grundlage entziehen.

Charakteristika von Evolutionsprozessen

Neuere naturwissenschaftliche Erkenntnisse rücken unter anderem folgende Charakteristika von Evolutionsprozessen in den Vordergrund (2):

1. deren Offenheit und Instabilität;
2. deren Selbstorganisation und insbesondere die Wirksamkeit des Prinzips von "Ordnung durch Fluktuation", welches besagt, daß lebende Systeme (sogenannte "dissipative Strukturen") sich über Phasen der Instabilität immer wieder neu strukturieren;
3. deren zyklische Dynamik und Evolution im Regelkreis von Ursache und Wirkung;
4. deren Koevolution in vernetzten Prozeßsystemen, die das Phänomen der Kooperation in seiner Bedeutung neu gewichtet;
5. ihre Autopoiese, das heißt ihre Eigenschaft der Selbsterneuerung beziehunsweise Selbsterschaffung.

Der folgende Versuch der Identifikation dieser Charakteristika in praktischen Entscheidungsprozessen hat zum Ziel, zu ihrem erweiterten Verständnis beizutragen und letztlich Implikationen für deren Gestaltung in der Praxis abzuleiten.

Evolutionäre Charakteristika praktischer Entscheidungen

Offenheit und Instabilität

Entscheidungsprozesse sind als evolutionäre Prozesse offen und damit auch instabil. Die Vorstellung eines geschlossenen Systems ist eine aus einer mechanistischen Perspektive resultierende Hilfsvorstellung, die wohl dem gewünschten Ideal einer geordneten, einfachen und übersichtlichen Welt, aber nicht der Realität lebender Systeme entspricht. Lebende Systeme tauschen mit ihrer Umwelt Materie, Energie und Information aus, um überhaupt leben zu können. Die Offenheit eines Systems wird damit zur Grundvoraussetzung für das Entstehen von Instabilitäten und damit für dessen Evolution. Auch die an einem Entscheidungsprozeß Beteiligten (seien dies nun Menschen oder Computer) sind allesamt offen für Materie, Energie und Information. Sie sind damit ihrerseits evolvierende Systeme, die durch komplexe Interaktions- beziehungsweise Ko-Evolutionsprozesse zueinander in Beziehung treten und damit den Entscheidungsprozeß im eigentlichen Sinn begründen. Eine Berücksichtigung der Offenheit von Entscheidungsprozessen öffnet unseren Blick für zahlreiche weitere Faktoren oder Prozesse, die auf sie einwirken oder aus denen sie entstehen:

Je nach gewählter Betrachtungsebene handelt es sich um interne oder externe Einflußfaktoren.

Zu den externen Faktoren zählen unter anderem:
- die relevanten Umweltbedingungen;
- die übergeordneten Unternehmungsziele, die beispielsweise in einer formulierten Unternehmungspolitik ihren Ausdruck finden;
- die Strategie einer Unternehmung;
- die Organisationsstruktur;
- die Kultur eines sozialen Systems, in der sich auch dessen Geschichte manifestiert;
- die etablierten Systeme, die den Informationsfluß steuern;
- Art, Charakter und Komplexität der entscheidungsgenerierenden Situation;
- die vorhandenen Ressourcen.

Als interne Faktoren können wir anführen:
- das Wissen und Können der am Entscheidungsprozeß Beteiligten;
- die Persönlichkeitsstruktur der Beteiligten und die in ihnen kumulierten Erfahrungen, Bedürfnisse und Präferenzen;
- die aus ihrem Zusammenwirken resultierende Gruppendynamik.

Wie schon aus dieser rudimentären Zusammenstellung ersichtlich, erscheint eine reduktionistische Interpretation von Entscheidungsprozessen angesichts der Komplexität dieser entscheidungsbegründenden Faktoren als kaum angebracht. Alle oben erwähnten Faktoren prägen durch ihr Zusammenwirken den Charakter und die Qualität von Entscheidungen sehr wesentlich (3). Der Reduktionismus vieler theoretischer Entscheidungsmodelle rührt unter anderem daher, daß man Entscheidungsprozesse kaum außerhalb ihres relevanten situativen Kontexts begreifen kann und sich deshalb in die Abstraktion flüchtet, um eine lebendige Realität theoriegerecht zu modellieren. Eine Konsequenz der Wahrnehmung des Entscheidungsprozesses als offenen instabilen Systems ist deshalb die Erkenntnis der Notwendigkeit einer ganzheitlichen Betrachtungsweise der Entscheidungssituation und ihrer Entwicklung und Dynamik – und damit eines Einbezuges möglichst vieler, die Entscheidungssituation beeinflussender interner und externer Faktoren. In neuerer Zeit auf systemisch-evolutionärer Basis entwickelte ganzheitliche Problemlösungsmethodiken betonen gerade diese Aspekte ganz besonders (4).

Offenheit impliziert also ganzheitliches Denken und Handeln. Nur ein offenes und damit bis zu einem gewissen Grade instabiles System kann evolvieren. Dies bedeutet für die tägliche Entscheidungs- und Führungspraxis Offenheit für neue Informationen, für andere Meinungen, Ideen und Konzepte, für unkonventionelle Lösungen, für die Sorgen, Ängste, Bedürfnisse und Anliegen der Teammitglieder und nicht zuletzt Offenheit für konstruktive Kritik. Da Offenheit Instabilität impliziert, ist sie (bis zu einem gewissen Grade) immer ein Risiko. Man macht sich verwundbarer und muß daher eine andere Art von Selbstvertrauen entwickeln als nur das auf einer formalen Funktion beziehungsweise Hierarchiestufe aufbauende.

Gerade in unserer Zeit des akzelerierenden Wandels wird es jedoch darum gehen müssen, unsere Entscheidungs- und Führungsprozesse in zunehmendem Maße evolutionsfähig zu gestalten. Fehlen diese Eigenschaften, so hat dies letztlich Einfluß auf die Qualität der getroffenen Entscheidungen und den gesamten sozialen Organismus. So ist beispielsweise die Wahrnehmung beziehungsweise Erkenntnis eines Problems/Entscheidungsbedarfes ohne Offenheit für neue Informationen gar nicht möglich. Viele Probleme in der Praxis entstehen dadurch, daß die Wahrnehmung ihres Vorhandenseins getrübt ist, verdrängt wird oder gar nicht stattfindet. Dies kann darin begründet sein, daß das Instrumentarium zur Wahrnehmung fehlt oder inadäquat ist oder daß Wahrnehmung teilweise bewußt, teilweise unbewußt "ausgeblockt" wird. Das letztere kann sowohl psychologische wie auch machtpolitische Gründe haben. Vielfach sind Erkenntnisse eines Problems/Entscheidungsbedarfes unbequem, weil sie an grundsätzliche Weltanschauungen und Überzeugungen rühren, oder sie sind im Konflikt mit machtpolitischen Interessen von am Entscheidungsprozeß Beteiligten, so daß nicht wahr sein kann, was nicht wahr sein darf. Fehlen Offenheit und das entsprechende Risiko der vorübergehenden Instabilität in der Phase der Alternativen-Generierung, so limitiert man unwillkürlich auch die Varietät der möglichen Lösungen und Verhaltensweisen oder scheidet sie unnötig früh aus. Auch eine optimale Bewertung der Alternativen erfordert Offenheit für neue Informationen und das Einbringen unterschiedlicher Wahrnehmungen und Beurteilungen, so daß schließlich die Auswahl der geeignet erscheinenden Alternative gewissermaßen organisch resultiert.

In unserer turbulenten Zeit werden wir – wie noch keine Generation vor uns – einer Vielzahl von Umwälzungen auch von Wertsystemen ausgesetzt sein. Dynamische Führungskräfte werden das immer wieder zu erkennen versuchen und sich dessen bewußt werden, auch wenn sie alternative Lösungen aus Unbequemlichkeit und Unvereinbarkeit mit ihrem bisherigen Weltbild intuitiv ausschließen. Sie sollten versuchen, für gegenteilige Meinungen, alternative Denkansätze und neue Anregungen stets offen zu sein und sich stets bewußt zu machen, daß fast jeder in einer Firma Arbeitende letztlich etwas zu einer bestimmten Problemlösung beitragen kann. So hat beispielsweise in unserer Firma die Involvierung von Produktionsmitarbeitern in Marketingbelange schon oft zu Qualitätsverbesserungen, neuen Produktentwicklungen und Kostenersparnis geführt.

Offenheit als Kommunikations- und Entscheidungsprinzip, ja als eigentlicher Führungsstil, resultiert letztlich in einer Vielzahl zusätzlicher, heute immer aktueller werdender Handlungsempfehlungen: zuhören können, Teams durch ihre Varietät voll wirksam werden lassen, "Quality Circles" bilden, überzeugen statt autoritär befehlen, Lernfähigkeit durch Job Rotation und interne wie externe Ausbildung fördern und Informationssysteme angesichts der sich rasant wandelnden Umwelt offen gestalten.

Ein erfolgreicher Praktiker wird immer versuchen, Prozesse ganzheitlich zu betrachten, sie in verschiedenen Szenarien konsequent und in all ihren Implikationen zu Ende zu denken und mehrere Ebenen in seine Evaluation von Alternativen einzubeziehen, auch wenn er mit Paradoxa konfrontiert wird.

Selbstorganisation (Ordnung durch Fluktuation)

Öfter, als man es sich als Praktiker manchmal zugestehen will, organisieren sich im unternehmerischen Alltag Entscheidungen bis zu einem gewissen Grad selbst. Dies geschieht vielfach aus der Eigendynamik der Entscheidungssituation heraus, die ihrerseits wesentlich durch strukturelle, prozessuale und kulturelle Systembedingungen geprägt ist. In der industriellen Praxis führt also die Selbstorganisation von Situationen, Problemen und deren Wahrnehmung zu einer Selbstorganisation von Entscheidungen. Entscheide resultieren aus Fluktuationen (Schwankungen, Turbulenzen, Soll-Abweichungen) in einem sozialen System, welche über Autokatalyse (Eigenverstärkung) und Instabilität schließlich zu neuem Verhalten des Systems führen. Damit folgen sie dem Prinzip der Ordnung durch Fluktuation (5).

Nicht nur die Entwicklung physikalischer und biologischer, sondern auch jene sozialer Systeme und sogar von Ideensystemen – wie wissenschaftlichen Theorien, Verfassungen, Unternehmungspolitiken und so weiter – scheinen diesem Prinzip zu folgen, und es ist bereits gelungen, interessante Parallelen der Strukturwandlungsdynamik in den verschiedensten Lebensbereichen aufzuzeigen. Ein ähnlicher Transformationszyklus ist auch in kulturellen Erneuerungsprozessen, wissenschaftlichen Revolutionen, psychologischen Reifungsprozessen und sogar in Heldenmythen nachweisbar (6). Auch im Management erfolgen Strukturwandlungen immer über eine Phase der Instabilität, wie zum Beispiel bei Implementierungen einer strategischen Planung, Reorganisationsprozessen, personellen Umbesetzungen, Einführungen neuer Produktionstechniken, Anschaffung neuer Computersysteme und der Erneuerung von Produktionsanlagen.

Entscheidungsprozesse in der industriellen Praxis scheinen derselben Dynamik zu folgen. Im Gegensatz zu Systemen im Gleichgewichtszustand wird das Verhalten von offenen Systemen, die Energie, Materie und Information mit ihrer Umwelt austauschen (sog. dissipativen Strukturen), in der Instabilität umso geordneter, je mehr Freiheit dem System zur Verfügung steht: Je mehr Freiheit, desto mehr Ordnung.

Die Instabilität stellt also auch hier das notwendige Ungleichgewicht für eine Neuordnung der Prozesse auf einer höheren Komplexitätsstufe dar. Oft ist es gerade die Intensität der Turbulenzen in einem Entscheidungsprozeß, die zu besonders guten Lösungen führt. Dies impliziert für den Praktiker die Notwendigkeit zur Konfliktfähigkeit und damit wiederum der Offenheit.

Die mit der Gründung einer Tochtergesellschaft in den USA zusammenhängenden Entscheide waren beispielsweise vor allem an der Personalfront von erheblichen Turbulenzen begleitet, führten aber schließlich zur Formierung eines neuen, erheblich professionelleren und dynamischeren Teams. Gerade die Phase der Turbulenz (Fluktuation) mit ihrer erheblichen Unsicherheit (welche bisweilen bis zur Verzweiflung gehen kann) ist eine Periode, in der vor allem Vision, Glaube und Vertrauen – also starke interne Visualisierung der Zielsetzung – entscheidend sind. Visionen dienen also nicht nur der Varietätsreduktion, sondern sind auch wichtige Stabilitätsfaktoren in dynamischen Prozessen. Die Bewußtwerdung und Realisierung der Prozeßphase (Turbulenz), in der man sich gerade befindet, die Wahrnehmung ihrer Bedeutung im Rahmen der oben angedeuteten Gesamtdynamik und auch die Wahrnehmung ihrer Impermanenz vermögen auch in schwierigen Situationen ein neues Gefühl dynamischer Sicherheit und des Vertrauens in den Gesamtprozeß und dessen Eigendynamik zu vermitteln. Obwohl dies auf den ersten Blick paradox erscheinen mag, gilt das Prinzip "je mehr Freiheit, desto mehr Ordnung" auch hier.

Je mehr unterschiedliche, einander befruchtende Informationen und Beurteilungen in den Phasen der Problemwahrnehmung und -definition sowie der Alternativensuche und -bewertung eingebracht werden, desto größer ist die Wahrscheinlichkeit einer qualitativ hochwertigen Entscheidung und einer rascheren, mehr harmonisierten Implementierung. Diese Erkenntnis erscheint besonders in unserem dynamischen Informationszeitalter von besonderer Wichtigkeit und führt letztlich zur Empfehlung eines intensiveren Einsatzes teamorientierter Organisationsformen für komplexe Entscheidungsprozesse. Gruppen sind vor allem bei komplexen Problemen und Innovationsprozessen Entscheidungsorganismen von nicht zu unterschätzender Effizienz, wie uns japanische Manager immer wieder eindrücklich demonstrieren (7).

Aus eigener Erfahrung kann ich beifügen, daß beispielsweise die Lancierung eines neuen Praliné-Sortiments ohne einen vielschichtigen, intensiven Gruppenprozeß, an welchem Kunden, Vertreter aus den verschiedenen Märkten, Einkaufs-, Produktions- und Marketingspezialisten teilnahmen, kaum möglich gewesen wäre. Der Erfolg – sowohl bezüglich der Qualität des Produktes als auch bezüglich der Steigerung der Verkäufe – bestätigte die Richtigkeit solch eines abgestimmten, gruppenorientierten Vorgehens.

Zyklische Prozeßdynamik

Eine zyklische Prozeßdynamik läßt sich vielfach nicht nur in der Natur, sondern auch in unserer mit Artefakten gefüllten Menschenwelt identifizieren.

Die Entwicklung von natürlichen Organismen, menschlichen Gruppen Unternehmungen und ganzer Kulturen liegen bis zu einem gewissen Grad ebenso zyklisch-evolutionärer Gesetzmäßigkeit zugrunde, wie der Entwicklung ganzer Konjunkturen, Volkswirtschaften, Währungen, Zinsen, Staatsausgaben und Geldmengen. Auf den ersten Blick erscheint die Erkenntnis der zyklischen Natur von Entscheidungsprozessen und der entsprechenden Periodizität vor allem Möglichkeiten zu deren Routinisierung zu eröffnen, welche in vielen Problemsituationen und unter Einsatz moderner Mittel der elektronischen Datenverarbeitung auch oft konsequent wahrgenommen werden. Vor allem bei komplexen Problemen in der Praxis kehrt jedoch eine Entscheidungssituation im Zeitablauf kaum in derselben Form wieder, obwohl sich gewisse Ablaufmuster ("patterns") wiederholen können, und wir haben es deshalb meistens mit weit komplexeren Zyklen zu tun. Zur Erläuterung der Vielfalt iterativer Sub-Prozesse müssen wir deshalb den Begriff des Zyklus weiter fassen und um denjenigen des sogenannten Hyperzyklus erweitern.

Ein Hyperzyklus ist eine zyklische Verknüpfung sich selbst reproduzierender Einzelzyklen (8). Hyperzyklen sind damit Zyklen, deren Phasen auf sich selbst zurückwirken, sich selbst verstärken und durch ihre eigene Evolution die Evolution des Gesamtzyklus bewirken. Wie Kommunikationsprozesse (9) evolvieren auf einer höheren Ebene auch Entscheidungsprozesse gleichsam als Hyperzyklen und generieren so laufend "mehr von sich selbst". Die Erkenntnis, daß jede Entscheidung letztlich auf sich selbst zurückwirkt, erscheint auf den ersten Blick als banal, hat aber weittragende Implikationen, wie schon allein die gegenwärtige ökologische Problematik anschaulich in Erinnerung zu rufen vermag. Die alte Kaufmannsweisheit "Man trifft jeden Kunden mindestens zweimal" oder die aus dem amerikanischen Kulturkreis stammende Weisheit "What goes around, comes around" zeigen, daß das Bewußtsein für die zyklisch rückwirkende Dynamik von Entscheiden und Verhalten durchaus schon im "common sense" der Praktiker verankert ist. So wirken beispielsweise sowohl positive als auch negative Erfahrungen jedes einzelnen Kunden mit der Qualität von Produkten oder Dienstleistungen in einem mich immer wieder verblüffenden Ausmaß auf eine Unternehmung und ihren Erfolg zurück. Wenn Führungskräfte sich in verstärktem Maße bemühten, die auf sich selbst zurückwirkenden Implikationen von Entscheiden zu berücksichtigen, das heißt, die entsprechenden Zyklen jeweils konsequent zu Ende zu denken, wäre wohl eine erhebliche Verbesserung der Entscheidungsqualität die Folge.

Der Versuch, Folgewirkungen möglichst zu antizipieren und sich bewußt zu werden, was man mit seinem Entscheid alles katalysiert, kann recht schnell verwirrend werden, führt aber nach meiner Erfahrung bei entsprechendem Führungsverhalten zu besseren Resultaten. Die Erkenntnis der zyklisch evolvierenden Natur von Entscheidungsprozessen hat auch organisatorische Implikationen für die Praxis. Bei näherer Betrachtung lebt die Führungspraxis geradezu von einer Vielzahl ineinander übergreifender Sitzungszyklen. Die dadurch erreichte Rhythmisierung von Entscheidungsprozessen hat verschiedene Auswirkungen:

- ganz allgemein eine Strukturierung und "Disziplinierung" des Entscheidungsprozesses;
- Erzeugung von "Entscheidungsvorbereitungs-Druck" mit entsprechender Informationsverdichtung, was im positiven Fall Zeitersparnis bedeutet;
- einen gewissen "Behandlungsdruck" durch Kreation entscheidungsförderlicher Situationen oder "Rituale";
- Regelmäßigkeit der Kommunikation und des Informationsaustausches durch Institutionalisierung;
- letztlich bewußtere Steuerung des Entscheidungsprozesses.

Um den Zyklus solcher Makro-Entscheidungsprozesse stärker evolvieren zu lassen, beispielsweise zum Zwecke einer Intensivierung der Innovationsfähigkeit, braucht man nur in gewissen Phasen bewußte Instabilitäten einzuführen. Dies ist auf unterschiedlichste Art und Weise erreichbar, zum Beispiel durch Änderung des Sitzungsrhythmus, durch neue Zusammensetzung der Mitglieder, durch Bildung eines speziellen Projekt-Teams oder Ausschusses, durch Setzen eines ambitiösen Ziels, durch Aussetzen einer bestimmten Belohnung, durch Bedrohung und Induktion von Streß oder durch Implantieren eines "kreativen Störenfrieds" (10). Solche Maßnahmen erzeugen Fluktuationen in einem sozialen System, welches sich dann über eine Instabilitätsschwelle neu strukturiert und damit als Entscheidungsorganismus auch die Natur der entsprechenden Entscheidungsprozesse nachhaltig verändert.

Koevolution / Kooperation

Neuere Konzepte in der Biologie heben vor allem die kooperativen Aspekte der belebten Natur hervor und relativieren damit den Darwinismus (11).

Koevolution heißt die gleichzeitige, gemeinsame Entwicklung verschiedener Systeme, wobei diese Systeme einander beeinflussen und ihre Entwicklung gegenseitig vorantreiben. Allein der Begriff der Koevolution stellt bis zu einem gewissen Grad eine Überwindung der alten Subjekt/Objekt-Dichotomie dar. Im Begriff ist die Idee der gemeinsamen Entwicklung, der Kooperation, bereits enthalten und impliziert. Ohne Kooperation läuft kein Entscheidungsprozeß ab. Dies gilt letztlich auch für den vermeintlich allein Entscheidenden, der die seinem Entscheid zugrundeliegenden, aus Kommunikation und Kooperation resultierenden Bedingungen oft gerne vergißt. Wenn jeder Entscheid in der Führungspraxis bis zu einem gewissen Grad Kooperation voraussetzt, sind Entscheidungsprozesse letztlich selbst koevolvierende und damit auch kooperative Prozesse, die die Führungskräfte und Mitarbeiter eines sozialen Systems funktional verbinden. Entscheide in der Praxis sind das Resultat eines kooperativen gruppendynamischen Prozesses, in den die ganze Psychodynamik der Beteiligten eingebracht wird und zu einer neuen Dynamik evolviert. Dabei findet eine Koevolution der Charaktere, Fähigkeiten, Erfahrungen, Werte, Bedürfnisse, Interessen, Präferenzen und Ziele statt. Die Evolution von Entscheidungsprozessen liegt dabei letztlich auch im evolutionären Charakter menschlicher Kommunikation begründet.

Im Kommunikationsprozeß zwischen Menschen entsteht laufend neue Information und durch diese Ko-Evolutionsprozesse finden Lernprozesse statt. Kommunizieren heißt also lernen, und wenn wir Kommunikation als Grundlage von Entscheidungsprozessen begreifen, so sind letztlich auch Entscheidungsprozesse Lernprozesse. Das gilt besonders dann, wenn es in der praktischen Tätigkeit gelingt, über den Entscheidungsprozeß selbst zu reflektieren. Neue Information wird im Lebensprozeß jedes Beteiligten eingebunden und aktualisiert und erhält so eine neue, vertiefte Bedeutung. Damit wird eigentlich jeder kommunikative Prozeß zu einem kreativen Prozeß, und da Entscheidungsprozesse ohne Kommunikation kaum möglich sind, können wir auch sie als Kreationsprozesse auffassen. Ein Entscheid ist im wesentlichen ein Schöpfungsakt. Diese Betrachtungsweise unterscheidet sich maßgeblich von der Auffassung von Entscheiden als reaktivem Verhalten. Wohl entstehen Entscheidungen oft unter Zeit- und Problemdruck. Letztere sind wohl nötige Fluktuationen, um das Gesamtsystem zum Evolvieren zu bringen, aber sie reichen allein beileibe nicht aus. Wesentlich scheint mir der in höchster Intensität stattfindende Verdichtungsprozeß von Information, der meines Erachtens in der Theorie nur unvollständig begriffen und abgebildet wird. Speziell erwähnenswert ist dabei die Rolle der Intuition, welche der Praktiker oftmals der Sezierung einer Problemsituation mit logisch-rationalen Mitteln gegenüberstellt.

Intuition setzt teilweise schon im Unbewußten gelagertes Bewußtsein für Geschichte und Verhaltensmöglichkeiten des Organismus, aber auch durch Erfahrung akkumulierte Problemlösungs- und Entscheidungskapazitäten und -potentiale ein. Sie beruht auf der zum Teil im menschlichen Bewußtsein stattfindenden Selbstorganisation von Information. Neuere Techniken des kreativen Visualisierens versuchen eine optimale Nutzbarmachung des Unbewußten und seiner schöpferischen Eigendynamik zur persönlichen Weiterentwicklung und zur Verbesserung der Führungs- und Entscheidungsqualität (12).

In der Praxis mag es zunächst als verführerisch erscheinen, Probleme stets mittels einer bekannten, eingespielten, durch Erfahrung als erfolgreich erlebten Methodik anzugehen, das Problem also gewissermaßen auf die eingesetzte Methodik zu reduzieren. Die Sprichworte: "A solution looking for a problem" beziehungsweise "If your only tool is a hammer, all your problems start to look like nails" illustrieren die damit verbundene Problematik recht eindrücklich. Es gibt in der Praxis keine allein gültige Problemlösungs- und Entscheidungsmethodik. Im Gegenteil gilt hier einmal mehr *McLuhans* Postulat, daß das gewählte Medium die mit ihm generierte beziehungsweise transportierte Information gewissermaßen beinhalte beziehungsweise gestalte – "The medium is the message" (13). So sind auch Entscheide oft durch eine angewandte Methodik geprägt.

Probleme in der Praxis evolvieren mit und durch den Prozeß ihrer Lösung. Dabei findet oft ein gegenseitiger Anpassungs- beziehungsweise Koevolutionsprozeß zwischen dem sich entwickelnden Problem und der zu seiner Lösung eingesetzten Methodik statt (14). Als Beispiel aus der Praxis möchte ich in diesem Zusammenhang das Problem der Prognostizierung von Verkäufen eines komplexen Schokoladeprodukte-Sortiments in einem schnell wachsenden Markt erwähnen. Die bekannten Methoden linearer und exponentieller Extrapolation müssen als Bestandteil des Problemlösungsprozesses laufend modifiziert, durch zum Teil auch intuitiv geprägte Neubeurteilungen der Situation ergänzt und entsprechend angepaßt werden. Wie schon Kükelhaus hervorhebt, entsteht ein Organ (und in meiner Interpretation auch eine Problemlösungs- und Entscheidungsmethodik) "nicht nur zum Zweck einer später oder in einem noch zu erwartenden Zusammenhang fälligen Funktion, sondern durch und als diese Funktion" (15).

AUTOPOIESE / SELBSTSCHÖPFUNG, -ERSCHAFFUNG

Autopoiese oder Selbstschöpfung / Selbsterschaffung (16) ist ein Charakteristikum aller lebenden Organismen und ihrer Organisationen, vom mikrobiologischen Bereich bis zu differenzierten, tierischen und menschlichen Gruppenstrukturen. Es handelt sich dabei um die Eigenschaft lebender Systeme, sich ständig selbst zu erneuern und diesen Prozeß so zu regeln, daß die Integrität ihrer Struktur erhalten bleibt. Man kann autopoietische Organisation auch als Netzwerk gegenseitig verbundener, Komponenten produzierender Prozesse definieren (17). Das Produkt eines autopoietischen Systems ist notwendigerweise immer das System selbst, welches seine Organisation beziehungsweise seine Prozeßstruktur fortwährend durch permanenten Austausch von Materie, Energie und Information realisiert. Durch diesen ständigen Austausch mit der Umwelt, diesen Stoffwechsel oder Metabolismus, wird das hohe Ungleichgewicht aufrechterhalten, das die selbstorganisierenden Prozesse in Gang hält.

Autopoietische Strukturen sind global stabil, aber niemals ruhend.

Grundbedingungen für die dynamische Existenz dieser Ungleichgewichtsstrukturen sind:

- teilweise Offenheit gegenüber der Umwelt, die Metabolismus (Stoffwechsel) ermöglicht;
- ein makroskopischer Systemzustand fern vom Gleichgewicht;
- autokatalytischer Verstärkung bestimmter Prozeßstufen;

Diese Grundbedingungen kehren auf vielen Ebenen selbstorganisierender Systeme wieder. Gleichgewicht entspricht Stillstand und Tod, während ein autopoietisches System seine ihm eigene Struktur und Funktion in desto mehr ausgeprägter Weise verwirklicht, je mehr Freiheitsgrade es besitzt (18).

In einer makroskopischen Betrachtungsweise können auch Entscheidungsprozesse als autopoietische, sich laufend neu erschaffende und zum großen Teil aus sich selbst begründende evolvierende Netzwerke aufgefaßt werden. Sie sind das Resultat einer Vernetzung und gegenseitigen zielgerichteten Koordination der Beteiligten und ihrer Umwelt. Erfolgreiche Manager denken bereits in Netzwerken, obwohl sie sich dessen nicht immer bewußt sein mögen.

Dies folgt einerseits aus dem assoziativen und damit gleichsam vernetzten Charakter unserer Gedankenprozesse, andererseits aus dem Charakter der Management-Realität als vernetztem System. Entscheide schaffen sich immer wieder neu, indem sie auf sich selbst zurückwirken. Wenn ich mich beispielsweise im Rahmen meiner Unternehmungspolitik dafür entscheide, nur in oberen Qualitätssegmenten tätig zu sein, hat dies Folgen für Produktentwicklung, Produktionsprozeß, Qualitätskontrolle, Finanzierungsstrategie und die gesamte Marketingpolitik mit all ihren Mixelementen.

Der ursprüngliche Entscheid wirkt nun insofern auf sich selbst zurück, als mit ihm Systembedingungen kreiert werden, die ihn letztlich selbst verstärken beziehungsweise die Varietät für spätere Alternativen laufend einengen. Es ist dann bereits schwierig, mit einem solchen auf Qualität ausgerichteten System (und der entsprechenden Unternehmungskultur) in qualitativ und preislich tiefen Massenmarkt-Segmenten erfolgreich aktiv zu werden, ohne auf den Grundsatzentscheid im Sinne einer Strategieänderung zurückzukommen.

Der ursprüngliche Entscheid wird also zur "self fulfilling prophecy", führt daher zu einer Autopoiese, einer stetigen Regeneration der Systembedingungen, die er begründete. Damit wird die Wichtigkeit strategischer Grundsatzentscheide auch aus evolutionärer Sicht klar. Ein stetes Bewußtsein für die mit solchen Entscheiden katalysierten Folgewirkungen und die damit kanalisierten Lenkungsmöglichkeiten in der Planungsphase kommt schließlich einer raschen und effizienteren Implementierung zugute. Die Erkenntnis, daß Entscheidungen dann letztlich das Resultat eines Netzwerks von aus früheren Entscheidungen resultierenden Bedingungen sind, führt zu einer gewissen Bescheidenheit bei der Beurteilung der eigenen Situation und der Eingriffsmöglichkeiten als Führungskraft und letztlich zum Postulat der Berücksichtigung und bestmöglichen Nutzung der Eigendynamik von Prozessen.

Auch die Strategien zugrundeliegenden Visionen können als autopoietische Systeme aufgefaßt werden, durch die und mit denen ein soziales System evolviert. Die Erkenntnis der bindenden, integrierenden Kraft von Visionen, Kultur und Identität führt letztlich zur Erkenntnis der Notwendigkeit einer klaren Formulierung zum Zwecke der Erhöhung ihrer Kommunizierbarkeit und Wirksamkeit.

Wie aus den vorhergehenden Ausführungen deutlich geworden ist, bringt uns eine Betrachtung von Entscheidungsprozessen als Evolutionsprozessen schnell zu den Grundfragen der Determinanten menschlichen Handelns und dessen Freiheit beziehungsweise Bedingtheit.

Sind wir als Führungskräfte wirklich jeweils frei zu entscheiden oder sind wir nicht vielmehr Gefangene der erwähnten Systembedingungen? Wie immer in einer Prozeßrealität ist es eine Mischung von beidem. Die Freude des Lebens, der Kreation und der sie konstituierenden Entscheidungsprozesse liegt für mich in der optimalen Nutzung der Bedingungen, in die wir geworfen sind, und damit letztlich in deren Evolution und Transzendenz.

(1) Vgl. *Sprüngli, R. K.* (Evolution und Management), (Evolutionary Changes), (Evolution)

(2) Vgl. *Sprüngli, R. K.* (Evolution und Management) S. 100 ff sowie die dort angegebenen Quellen

(3) Vgl. dazu aucht *Titscher, S. / Königswieser, R.* (Entscheidungen in Unternehmen)

(4) Vgl. *Ulrich, H. / Probst, G. J. B.*, (Anleitung)

(5) Vgl. u.a. *Prigogine, I.* (Order), sowie *Jantsch, E. / Waddington, C. H.* (Evolution und Consciousness)

(6) Vgl. *Markley, O. W.* (Consciousness) S. 215 ff

(7) Vgl. *Takeuchi, H. / Nonaka, I.* (New Product Development)
(8) Vgl. *Eigen, M. / Winkler, R.* (Spiel) S. 260
(9) Vgl. *Sprüngli, R. K.* (Evolution und Management), S. 158 ff
(10) Vgl. *Pinchot, G.* (Intrapreneuring) S. 195 ff sowie *Takeuchi, H., / Nonaka, I.* (New Product Development) S. 138 ff
(11) Vgl. *Maturana, H. R. / Varela, F. J.* (Baum der Erkenntnis) *Augros, R. / Stanciu, G.* (neue Biologie)
(12) Vgl. z.B. Sybervision Systems Inc. (Neuropsycholgy)
(13) Vgl. *Mc Luhan*, (Media)
(14) *Luhmann, N.* (Zweckbegriff), S. 260, 261
(15) *Kükelhaus, H.* (Organismus), S. 85
(16) (3) Vgl. *Zeleny, / M., Pierre, N. A.* (Simulation), S. 150 ff
(17) Der Begriff der Autopoiese stammt von *H. R. Maturana. Vgl. Maturana, H. / Varela, F.* (Autopoietic Systems) und *Varela, F. et. al.* (Autopoiese), Varela, F. (Self-Reference)

Literaturverzeichnis

Augros, R., Stanciu, G. "Die neue Biologie, der Umbruch in der Wissenschaft vom Leben – die Wiederentdeckung der Weisheit der Natur", Scherz Verlag, Bern, München, Wien, 1987

Eigen, M., Winkler, R. "Das Spiel. Naturgesetze steuern den Zufall", Piper, München/Zürich 1978

Kükelhaus, H. "Organismus und Technik. Gegen die Zerstörung der menschlichen Wahrnehmung", Fischer Taschenbuch Verlag, Frankfurt a.M. 1979

Maturana, H. R., Varela, F. J., "Der Baum der Erkenntnis, wie wir die Welt durch unsere Wahrnehmung erschaffen – die biologischen Wurzeln des menschlichen Erkennens", Scherz Verlag, Bern, München, Wien, 1987

Markley, O. W., "Human Consciousness in Transformation", in: Jantsch, E., Waddington, C. H. (eds) (Evolution) S. 215 ff

McLuhan, M., "Understanding Media", Mc Graw-Hill, Deutsch: "Die Magischen Kanäle", Fischer Bücherei, Frankfurt a.M. 1970

Luhmann, N. "Zweckbegriff und Systemrationalität" Nomos Verlagsgesellschaft, Baden-Baden

Pinchot, G., "Intrapreneuring", Harper & Row, Publishers, Inc., New York, 1985

Prigogine, I. (Order), "Order Through Fluctuation: Self-Organization and Social Systems", in *Jantsch, E. / Waddington, C. H.* (Evolution und Consciousness)

Sprüngli, R. K. "Evolution und Management. Ansätze zu einer evolutionistischen Betrachtung sozialer Systeme". Paul Haupt Verlag, Bern, Stuttgart, 1981

Sprüngli, R. K. "Evolutionary Changes in the Confectionery World", 37th P.M.C.A. Production Conference, 1983

Sprüngli, R. K. "Evolution und Management", Schweizerische Kreditanstalt, Bulletin Nr. 8/9, September 1982
Ulrich, H., Probst, G. J. B., "Anleitung zum ganzheitlichen Denken und Handeln". Paul Haupt Verlag, Bern und Stuttgart, 1988
Takeuchi, H., Nonaka, I. (The new product development game), Harvard Business Review, January-February 1986
Titscher, S., Königswieser, R. "Entscheidungen in Unternehmen. Zur Theorie und Praxis des Umganges mit Krisen wechselseitiger Abhängigkeit", Signum-Verlag, Wien 1985
Zeleny, M., Pierre, N. A. "Simulation of Self-Renewing Systems", in: *Jantsch, E. / Waddington, C. H.* (Evolution and Consciousness)

Frank Boos

Projektmanagment

Im immer turbulenteren Unternehmensumfeld werden abteilungsübergreifende, neuartige, unregelmässig auftretende, vorübergehende Aufgaben immer häufiger. Sie erfordern Projektorganisationen, die ihrer Natur nach mit der hierarchischen Unternehmensorganisation und bei wachsender Häufigkeit auch untereinander um die knappen Ressourcen konkurrieren. Die damit verbundenen Konflikte können an sich sinnvolle Projekte zum Scheitern bringen. Es hat sich deshalb als zweckmässig erwiesen, der Projektumweltanalyse von Anfang an systematische Aufmerksamkeit zu widmen. Auch sollte zu Beginn nicht alle Energie auf den Projektoutput konzentriert werden, sondern der qualitative Nebennutzen, der auf dem Weg zum Ergebnis anfällt, verdient höheren Stellenwert. Die damit verbundene Prozessorientierung verbietet es, schon in der Anfangsphase grösstmögliche Klarheit hinsichtlich der Aufgaben, Organisation und Termine zu fordern. Vielmehr soll diese sich aus dem Prozess selbst allmählich herausbilden.

Erste Erfahrungen mit dem Projektmanagement gab es bei Großprojekten der amerikanischen Raumfahrtindustrie in den fünfziger Jahren. Für diese komplexen technischen Vorhaben, die – angekurbelt durch den Wettlauf mit den Russen zum Mond – unter hohem Zeitdruck standen, mußte eine eigene Art von Management entwickelt werden. Ein Management nämlich, das der Einmaligkeit dieser Aufgaben gerecht wurde und nicht auf eingespielte Routinen zurückgreifen konnte.

Es wurden Planungs- und Kontrolltechniken entwickelt, die auf komplexe und zeitlich abgegrenzte Aufgaben abgestimmt waren. Die Netzplantechnik zum Beispiel, die die Ereignisse eines Projekts in ihrer zeitlichen Abhängigkeit voneinander darstellt und damit die konkreten Auswirkungen von Verzögerungen auf spätere Aktivitäten sichtbar macht. Projektmanagement wurde so während der Projektdauer zu einer ständigen Managementfunktion, die die Termine, Kosten und Qualitäten zu planen, zu überwachen und zu beeinflussen hatte.

Als die Raumfahrt- und Rüstungsindustrie dazu übergingen, Projektmanagementtechniken von ihren Lieferanten zu verlangen, wurden diese auch bei komplexen industriellen Vorhaben wie Großbauten, Kraftwerken, der Errichtung von Industrieanlagen etc. eingesetzt. Mit diesen neuen Anwendungen konnten die Projektmanagementinstrumente weiterentwickelt und verbessert werden, vor allem aber wurden Software-Lösungen auf den Markt gebracht, die die Handhabung der Projektplanung und -steuerung stark erleichterten.

Die vereinfachte Anwendung der Projektplanungstechniken war sicherlich ein Grund für die Verbreitung von Projektmanagement auf praktisch alle Bereiche des heutigen wirtschaftlichen Lebens (EDV-Einführungen, Organisationsumstrukturierungen, Umzüge, Joint-Venture-Vorhaben, komplexe Gerichtsverfahren, etc.). Ein anderer Grund sind die gewachsenen und sich ständig ändernden Anforderungen an Unternehmen. Immer kürzere Produktlebenszyklen, der Druck, kundenspezifische Problemlösungen anbieten zu müssen, die Komplexität technischer Vorhaben und ähnliches mehr verlangen von Unternehmen höhere Flexibilität. Die meisten dieser Anforderungen stellen jedoch für die gängige, auf Stabilität und Kontinuität ausgerichtete Aufbauorganisation ein Problem dar, da sie abteilungsübergreifend wirken, neuartig sind und unregelmäßig auftreten. Sie haben also Projektcharakter und können mit Projektmanagement bewältigt werden, allerdings wird damit ein Spannungsverhältnis zwischen der (hierarchischen) Unternehmensorganisation und der Projektorganisation aufgebaut, da beide auf die gleichen Ressourcen zurückgreifen. Wie die letzten Jahre gezeigt haben, kann davon ausgegangen werden, daß die projektwürdigen Aufgaben in Zukunft noch zunehmen werden.

Projektorganisation

Die Projektorganisation ist somit eine Antwort der Unternehmen auf Neuartigkeit und Veränderung, deren Paradoxie darin besteht, das Unerwartete und Einzigartige in standardisierte Techniken und Organisationsformen einzufangen, um es damit planbar, steuerbar und kontrollierbar zu machen. Projektmanagement ist die kontinuierliche Managementfunktion mit Blick auf das Ganze einer begrenzten Aufgabe. Zentraler Ansatzpunkt ist dabei die exakte Abgrenzung des Projekts von jenen Aufgaben, die nicht (mehr oder noch nicht) diesem Projekt zuzurechnen sind. Ohne Abgrenzung verlieren die Planungs- und Kontrolltechniken ihre Wirksamkeit und Kompetenzkonflikte treten auf.

So ist beispielsweise bei dem Projekt "Implementierung einer neuen EDV-Anlage in unserem Unternehmen" die Frage zu beantworten, ob die spätere Wartung der Hard- und Software noch Teil des Projekts sei oder nicht. Oder allgemeiner: Von wem werden die Garantieleistungen erbracht – von der Projektorganisation (die man vielleicht nur dazu aufrechterhalten müßte) oder der Linienorganisation?

Fragen dieser Art beschäftigen Projektmanager, da damit Kosten (des Projekts oder der Linienorganisation) verbunden sind, Aufgaben in Teilaufgaben zerlegt und planbar gemacht werden können und Verantwortungsbereiche abgrenzbar gemacht werden. Auffällig dabei ist der starke Aufgabenbezug, der das Projektmanagement seit Anbeginn ausmacht. Projekte werden als Aufgaben und nur als Aufgaben gesehen.

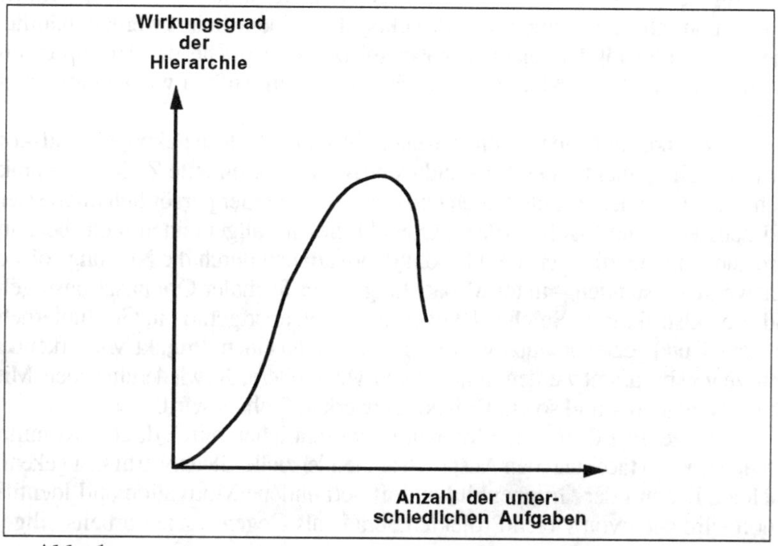

Abb. 1

PROJEKTE ALS SOZIALE SYSTEME

In der Praxis ist es jedoch hilfreich, Projekte auch als soziale Systeme zu betrachten und nicht nur den Aufgabencharakter herauszustreichen. In Anlehnung an Luhmann (1984, S. 16) lassen sich Projekte als soziale Systeme klassifizieren, die mehr Stabilität aufweisen als ein System bloßer Interaktionen (wie z. B. das der Wartenden an einer Bushaltestelle), weniger jedoch als ein Unternehmen oder gar eine Gesellschaft.

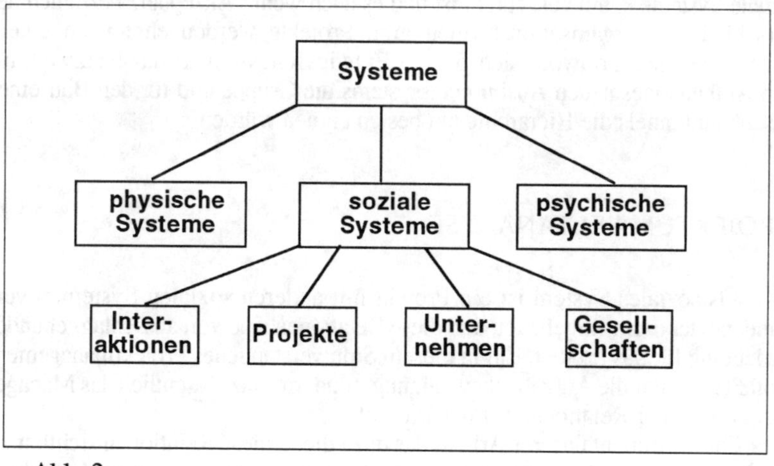

Abb. 2

Auf dem Kontinuum zwischen bloßen Interaktionen und Unternehmen können nun sehr unterschiedliche Projektsysteme identifiziert werden, nämlich jene, die mehr Interaktionscharakter haben (Netzwerke), solche, die als Gruppe konstitutiert sind und Projekte, die einen hierarchischen Aufbau wie Unternehmen haben.

Netzwerke sind dabei solche sozialen Systeme, die lose gekoppelt sind – oft nur durch ein gemeinsames Verständnis oder vage formulierte Ziele – die praktisch keine formalen Regeln haben und deren Teilnehmer persönlich interessiert und neugierig sind (Müller 1988). Obwohl dies im allgemeinen nicht bekannt wird, sind etliche (die meisten?) Produktinnovationen durch die Nutzung solcher Netzwerke entstanden – unter Mißachtung vieler formaler Organisationsregeln und Projektstrukturen. Solche Netzwerke können aber gerade in Großunternehmen aktiv und gezielt genutzt werden, indem die an einem Projekt Mitwirkenden nicht zentral bestimmt werden, sondern von Mitarbeitern, die wiederum andere Mitarbeiter einladen – und so ein Projektnetzwerk aufgebaut wird.

Im Gegensatz dazu sind Gruppen im wesentlichen durch direkte Kommunikation (face to face) und den Anspruch auf tendenzielle Gleichwertigkeit gekennzeichnet. Die mit der Gruppenbildung oft verbundene Motivation und Identifikation wird auch von vielen Projekten gerade als Gegensatz zur arbeitsteiligen Linienorganisation genutzt.

Zentrales Merkmal der Hierarchie ist die Über- beziehungsweise Unterordnung bei Projekten und die Anweisungsberechtigung des Projektleiters. Alle Großprojekte, zum Beispiel Baustellen mit mehreren hundert Mitarbeitern, sind sinnvollerweise hierarchisch organisiert.

Obwohl sich konkrete Projekte nicht immer einwandfrei einer der drei genannten Arten zuordnen lassen, so ist doch eine davon erfahrungsgemäß dominant. Wenn beispielsweise eine Großbaustelle hierarchisch organisiert ist, es (informelle) Gruppen und möglicherweise Netzwerke gibt, so haben letztere kompensatorische Wirkung, um individuelle Entlastung zu ermöglichen oder Ablaufdefizite auszugleichen. Bemerkenswert ist aber, daß das Verständnis für Projekte als soziale Systeme kaum ausgeprägt ist und es auch wenig Akzeptanz bezüglich der verschiedenen Organisationsformen gibt. Projekte werden eher nach einem Schema gemacht, obwohl sich für ein Entwicklungsprojekt das Netzwerk für den Aufbau eines neuen Ausbildungssystems die Gruppe und für den Bau eines Eisenbahntunnels die Hierarchie am besten eignen würden.

Projektumweltanalyse

Als soziales System ist ein Projekt mit anderen sozialen Systemen verbunden oder darin eingebettet, und diese Relationen sind von ausschlaggebender Bedeutung für das Projekt. Ein in diesem Sinn verstandenes Projektmanagement umfaßt nicht nur die Aufgabenbewältigung, sondern ganz wesentlich das Management relevanter Relationen für das Projekt.

Ein Instrument unserer Arbeit, das dazu dient, diese Relationen sichtbar zu machen, ist die in Zusammenarbeit mit Herrn Roland Gareis entwickelte Projektumweltanalyse. Die Projektumweltanalyse stellt ein Projekt als soziales System in seiner Vernetzung mit anderen sozialen Systemen dar, um in einer frühen Phase des Projekts die Außenorientierung fördern und differenzierte Projektstrategien entwickeln zu helfen.

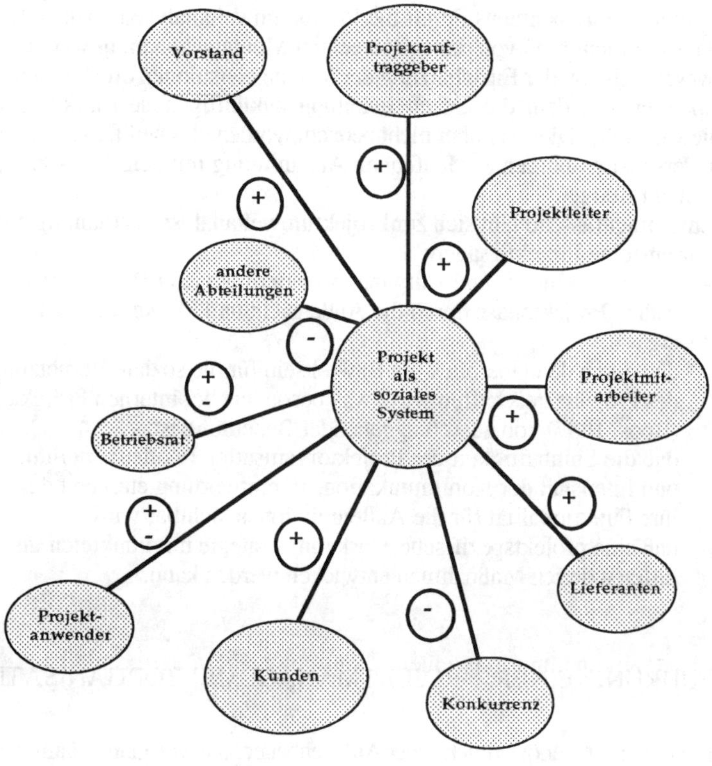

Abb. 3: Beispiel einer Einzel-Handelskette

Abb. 3

In dieser Darstellung wird die unterschiedliche Nähe anderer sozialer Systeme zum Projekt sichtbar gemacht, wobei weitere Differenzierungen möglich sind – wie zum Beispiel: die Darstellung, deren Bedeutung für den Projekterfolg (durch die Größe der Kreise), deren zentrale Erwartungen oder Befürchtungen (plus oder minus), die Beziehungen zwischen den sozialen Umwelten, die angenommene Entwicklung in der Zukunft etc.

In unserer Beratungspraxis hat sich die Projektumweltanalyse zu einem zentralen Projektmanagement-Instrument entwickelt, da die meisten Projekte in der Anfangsphase zu einer starken Innenorientierung neigen und die für den

Projekterfolg wichtigen Außenbeziehungen zu spät wahrnehmen und managen. So wurden beispielsweise bei einem Krankenhausprojekt die Patienten, die Hilfsdienste und deren jeweilige Interessen vergessen, da andere Gruppierungen sich besser artikulieren und Druck machen konnten und die Projektorganisation schon so komplex geworden war, daß man den Überblick verloren hatte. In einem anderen Fall – einem Großbauwerk in der BRD – wurde dem Projektteam eines Montageunternehmens durch die Projektumweltanalyse bewußt, daß der Projekterfolg nicht bloß von der zeitgerechten Montage abhängig war, sondern ganz wesentlich von der Einschätzung der Montageleistungen durch einen Konsortialpartner, mit dem die Geschäftsleitung zukünftig neue Marktsegmente erschließen wollte. Dies war aber nicht bedacht worden, das heißt, es gab anfangs weder Personalressourcen zur laufenden Abstimmung mit dem Konsortialpartner noch ein Budget.

Zusammenfassend läßt sich zur Projektumweltanalyse als Planungsinstrument für einzelne Projekte sagen:

- daß sie die Innen- und Aufgabenorientierung vieler Projekte in einer frühen Projektphase durch die Außensicht und Marketingorientierung ergänzt;
- daß durch den Überblick ein Bewußtsein für die soziale Vernetzung des Projekts geschaffen wird, was besonders bei internen Projekten (Boos, 1987) von ausschlaggebender Bedeutung ist;
- daß die Sinnhaftigkeit der Projektorganisation (Rollenverteilung, Art und Intensität der Kommunikation, Verantwortung etc.) erst durch ihre Funktionalität für die Außenrelationen sichtbar wird;
- daß eine projektspezifische Marketingstrategie mit konkreten und differenzierten Maßnahmen entwickelt werden kann.

Einführung einer Projektmanagementorganisation

Ein renommierter österreichischer Anlagenbauer hatte vor Jahren damit begonnen, professionelles Projektmanagement einzuführen, um die Abwicklung von Projekten effizienter, das heißt kostengünstiger und termintreuer, zu gestalten. Naturgemäß war die Einführung der Projektmanagementorganisation nicht konfliktfrei verlaufen, insbesondere auch deswegen, weil der Vorstand auf größtmögliche Kostentransparenz Wert legte. In einer eigenen Organisationsanweisung wurde die Zuordnung der Kosten zum Projekt oder der jeweiligen Abteilung auf Stundenbasis festgelegt; zum Beispiel wurden die jeweiligen Konstruktionsstunden für ein Projekt dem Kostenträger "Projekt XY" zugerechnet. Dies galt auch für das Kick-Off-Meeting und die Projektteamsitzungen. Letztere waren insofern wichtig, da zu ihnen auch jene Abteilungen eingeladen waren, mit denen es aus Projektsicht immer besonders viele Reibereien in der Projektabwicklung gegeben hatte, und man diese abbauen wollte. In der Praxis allerdings wurden die Projektteamsitzungen (die von allen als befriedigend erlebt wurden) höchstens zweimal je Projekt durchgeführt werden und dann "aus Zeitgründen" abgesagt.

Was war passiert? Aufgrund des Kostendrucks waren die Projekte knapp kalkuliert, und der Projektleiter kam durch die Kostenverrechnung der Sitzungsstunden aller Projektteammitglieder (darunter auch Abteilungs- und Bereichsleiter) sehr bald mit seinem Budget nicht mehr aus und sagte die Sitzungen ab. Da die Informationen aber trotzdem ausgetauscht werden mußten, bildeten sich sogenannte Jausenrunden, die sich auf dem Gang oder zu Mittag in der Kantine trafen und sich abstimmten. Nur wurde bei diesen Gesprächen auf die "schwierigen" Abteilungen "vergessen", die dadurch wiederum ungenügend informiert waren, und es kam zu den bekannten Fiktionen.

In anderen Worten: Der alte Zustand war wieder hergestellt –, die Projektabwicklung wurde mühevoll, es gab wechselseitige Vorwürfe, jede Menge Terminprobleme –, nur herrschte – scheinbare – Kostentransparenz.

Dieses Beispiel zeigt – über die Ebene des Einzelprojekts hinausgehend – sogenannte "perverse Effekte", die aus der Unkenntnis der Selbstorganisationsprozesse der beteiligten sozialen Systeme entstanden sind. Pervers ist der Effekt insofern, als entgegen der guten Absicht aller Beteiligten das Gegenteil von dem erreicht wurde, was angestrebt war. Eigentlich war das erzielte Resultat schlechter als die Ausgangssituation – bezüglich der Kosten, Reibungsverluste und Frustration –, nur hatten gleichzeitig die beteiligten Instanzen eine praktische Bestätigung für ihre ursprünglichen Auffassungen.

Für den Vorstand gab es mehr Kostentransparenz, für die Abteilungen die Bestätigung, daß ohne Projektmanagement vergleichbare Resultate mit weniger Konflikten erzielbar seien (Motto: Jahrzehnte sind wir ohne Projektmanagement ausgekommen), und die Projektmanager waren sich einig, daß man mit den Abteilungen nur per Anweisung kooperieren könne. Alle konnten sich und anderen nachweisen, daß man sich wirklich bemüht hatte. Statt einer vorsichtigen Öffnung und Kooperation zog man sich auf bekannte Positionen zurück, die für die etwas später durchgeführte Reorganisation des Konzerns den Vorteil klarer Grenzziehungen bot.

AUSBLICK

Bei vielen Unternehmen ist heute ein Unbehagen mit dem traditionell hierarchischen Aufbau der Linienorganisation erkennbar. Laufende Umstrukturierungen, Dezentralisierungsprozesse, Matrixorganisation und ähnliches mehr sind Ausdruck dafür. In dieses Szenario fügt sich der steigende Bedarf nach Projektmanagement gut ein. Was heute teilweise Entwicklungsabteilungen und EDV-Software-Häuser erleben, daß nämlich die Führungskräfte und Mitarbeiter fast ausschließlich in Projekten arbeiten und kaum mehr Linienfunktionen ausüben, kann dann auch für weite Bereiche der Wirtschaft gelten. Allein die Trennung von Aufgabenbewältigung und Führungsstruktur, nämlich Führung der Mitarbeiter in den Projekten und über die einzelnen Projekte hinaus (d. h. Gehaltsfindung, Weiterbildung, Karriereplanung etc.) wird Unternehmen vor völlig neue Herausforderungen stellen.

Für das Projektmanagement kann angenommen werden, daß der heute dominierende Konflikt zwischen dem Projektmanagement und dem Linienmanagement (Motto: Projektmanagement ist eine Provokation für die Linie) sich bei einer Multiprojektorganisation zu einem Konflikt zwischen den Projekten verlagert. Solch ein Multiprojektmanagement muß bei begrenzten Ressourcen einerseits vermehrt auf die Außenorientierung von Projekten auch innerhalb des Unternehmens achten und Projektmarketing betreiben. Es ist vorstellbar, daß es zu einer Art unternehmensinternem Markt kommt, indem die Ressourcenverteilung durch Angebot und Nachfrage geregelt wird. Andererseits bedarf es zum Aufbau des sozialen Systems eines Projekts bestimmter Voraussetzungen (u. a. Raum, Zeit, Namen, Akzeptanz), um eine eigene Identität aufzubauen.

In solch einem Kontext wird ein systemisch verstandenes Projektmanagement dann wirkungsvoll sein, wenn es die Tradition des Projektmanagements mit den "klassischen" Techniken nicht vernachlässigt, sondern in einen anderen Zusammenhang bringt und gezielt einsetzt. Abschließend sollen hier die Übergänge verdeutlicht werden, wo systemisches Projektmanagement heute ansetzt.

a) Indem Projekte als soziale Systeme verstanden werden, deren Identitäten, Aufgaben und Ergebnisse mit der Entwicklung und Gestaltung wichtiger Umweltrelationen zusammenhängen, wird die Außenorientierung des Projektmanagements zentraler Ansatzpunkt. Projekte sind soziale Systeme in anderen sozialen Systemen, deren Erfolg sich an dem Beitrag (und nicht bloß der Aufgabenerfüllung) zum nächst höheren System bemißt (z. B. begrenzte aber umfassende Verantwortung und damit Lernmöglichkeiten für jüngere Mitarbeiter). Strategische Ansätze (z. B. Projektportofolios) und Marketingkonzepte auf Projektebene unterstützen die Lebensfähigkeit der Projekte.
b) Statt auf das Projckt-Output alle Energien zu konzentrieren, wird dem Prozeß, dem Weg bis zum Ergebnis, mehr Aufmerksamkeit geschenkt. Bei einem Joint-Venture-Projekt beispielsweise nicht dem gemeinsamen Betrieb einer Fabrik in der UDSSR, sondern dem in der Planungs- und Errichtungsphase angestrebten und tatsächlichen Umgang mit den Russen. Die qualitativen Arbeiten werden dadurch wichtiger, die Lernbedürfnisse und -erfahrungen, der Extranutzen der durch solche Begegnungen entsteht, sichtbar gemacht.
c) Mit der deutlichen Prozeßorientierung wird der Anspruch fallengelassen, in einer frühen Projektphase größtmögliche Klarheit hinsichtlich Aufgaben, Organisation und Terminen zu haben. Der Aufwand, einen Netzplan für ein ganzes Projekt ständig auf dem aktuellen Stand zu halten, wird nur in wenigen Fällen gerechtfertigt sein, wogegen der Netzplan in besonders terminsensiblen Teilbereichen von hoher Wirksamkeit ist. Um aber diese Entscheidung treffen zu können, wo beispielsweise Netzpläne einzusetzen sind, bedarf es einer Gesamtsicht vom Projekt. Dieses Grundverständnis ist allein durch formalisierte Planungsmittel, wie Netzpläne, Projektstrukturpläne, Funktionendiagramme, Projektorganigramme etc. kaum erzielbar. Die Planung wird jedoch nicht aufgehoben, sondern

ist anfangs weniger detailliert und wird erst während der Projektabwicklung so verfeinert, wie es für notwendig erachtet wird. Voraussetzungen sind ein gewisses Maß an Vertrauen – dessen Wirkung komplexitätsreduzierend ist – und die Möglichkeit einer laufenden Abstimmung und Revidierung.

d) Die Prozeßorientierung ist keine Einladung zur Planlosigkeit, sondern bedarf einer anderen Auffassung von Projektorganisationen, die im systemischen Verständnis nicht als einmaliger Entwurf einer Aufbau- und Ablaufregelung verstanden wird, sondern als Teil des Prozesses selbst, in dem die Organisation sich erst herausbildet. In diesem Sinne werden zur Organisation auch Muster zugerechnet – das sind sich wiederholende Verhaltensweisen (daß zum Beispiel vor Ende jeder Projektsitzung irgend jemand früher gehen muß und aus diesem Grund bestimmte Themen nicht ausdiskutiert werden können). Da sich solche Muster in der Regel relativ früh herausbilden, sind die Startphasen der Projekte von besonderer Bedeutung, wobei sich sogenannte Projekt-kick-off-meetings, in denen die eigentliche Aufgabenstellung, die gegenseitigen Erwartungen und grundsätzliche Vereinbarungen besprochen werden, sehr bewährt haben.

Literatur

Boos, Frank: Über Gemeinsamkeiten und Unterschiede von internen und externen Projekten, in: PMI-Nachrichten, Nr. 4, Wien 1987

Luhmann, Niklas: Soziale Systeme, Grundriß einer allgemeinen Theorie, Suhrkamp Verlag, Frankfurt/Main 1984

Maturana, Humberto / Varela, Francisco: Der Baum der Erkenntnis, Scherz Verlag, Bern, München 1987

Mueller, R. K.: Betriebliche Netzwerke kontra Hierarchie und Bürokratie, Managementpraxis, Freiburg 1988

Papp, Peggy: The process of change, the guilford press 87

Probst, Gilbert J. B.: Selbstorganisation, Ordnungsprozesse in sozialen Systemen aus ganzheitlicher Sicht, Paul Parey, Berlin und Hamburg 1987

Weick, Karl: Prozeß der Organisation, Suhrkamp Verlag, Frankfurt/Main 1985

Jürg Schultheiss

Von der Sozialbilanz zum Umfeld-Dialog

Der Beitrag stellt die folgerichtige Entwicklung und die daraus erwachsende Vision umfeldbezogener Unternehmensführung dar, die sich im konkreten Fall eines Schweizer Grossunternehmens aus der Überzeugung ergeben hat, dass eine erfolgreiche Unternehmensentwicklung auf die Dauer den Einbezug der Interessen und Erwartungen der Beteiligten und Betroffenen voraussetzt. Vom Instrument der eher statischen, von den jeweiligen Fachbereichen selbst geprägten, zunehmend PR-lastigen Sozialbilanz führt der Weg über erste Versuche eines Dialogs mit Beteiligten und Betroffenen als Mittel des Ist/Soll-Vergleichs zur Vision eines kontinuierlichen und übergreifenden Umfelddialogs als eines zentralen Prozesses systemischer Unternehmensführung.

Modell einer zukunftsorientierten Überprüfung der Unternehmenspolitik im Dialog mit seinen Bezugsgruppen (umfeldbezogene Unternehmensführung)

Erste Sozialbilanz: Praxis der Migros

Der Migros-Genossenschafts-Bund (Zürich) ist das erste Unternehmen in der Schweiz, das 1978 eine “Sozialbilanz” (“Eine Darstellung der gesellschaftsbezogenen Ziele und Tätigkeiten der Migros-Gemeinschaft”) veröffentlicht hat – und das einzige, das sie konsequent fortgeschrieben hat. 1980, 1983 und 1986 folgen regelmäßig die weiteren Ausgaben.

Das Vorwort der ersten Migros-Sozialbilanz umreißt deren Zielsetzung: “Aufgabe einer Sozialbilanz ist es, Stärken und Schwächen, Leistungen und Mängel eines Unternehmens in aller Öffentlichkeit darzulegen. Die Sozialbilanz mag so dazu beitragen, auf der einen Seite ein besseres Verständnis für das Wirken eines Unternehmens zu wecken; auf der anderen Seite kann und soll die Sozialbilanz dem Unternehmen selbst Ansporn und Anregung bieten, seine Verantwortung gegenüber der Öffentlichkeit klarer zu sehen und allfällig notwendige Korrekturen des unternehmerischen Handelns rascher und entschiedener vorzunehmen.”

Die Migros-Sozialbilanz gliedert sich in sechs Kapitel, die in jeder Ausgabe wiederkehren (Fortschreibung):

- Kunden,
- kulturelle und soziale Verpflichtung,
- Energiesparen und Umweltschutz,
- Mitarbeiter,
- Öffentlichkeit,
- Genossenschafter.

Dazu kommt jeweils ein aktuelles Schwerpunktthema ("Unter der Lupe"):
- "Die Migros und die Mikroelektronik" (1986),
- "Strukturwandel im schweizerischen Lebensmitteldetailhandel" (1983) und
- "Nachfragemacht der Migros?" (1980).

Was ist das, eine Sozialbilanz? Der Terminus hat sich eingebürgert, obwohl er als unglückliche Adaption der ursprünglich amerikanischen Umschreibung "social accounting" eher Verwirrung stiftet. Erwartet wird so zum Beispiel eine Abrechnung auf Franken und Rappen auch bei an sich nicht-quantifizierbaren Gütern. Sozialbilanz setzt sich als "gesellschaftsbezogene Rechnungslegung" und "unternehmenszielbezogene Berichterstattung" im Idealfall aus drei Teilen zusammen:
- Sozialbericht: Ziele, Maßnahmen und Leistungen der gesellschaftsbezogenen Aktivitäten des Unternehmens;
- Wertschöpfungsrechnung: Beitrag des Unternehmens zum Sozialprodukt;
- Sozialrechnung: gesellschaftsbezogene Aufwendungen des Unternehmens.

Die (interne) Kritik an der Migros-Sozialbilanz entzündet sich vor allem an drei Punkten:
- zu hohe Kosten;
- zu geringes Echo;
- kein Allgemeingut.

Der Sinn des Instrumentes Sozialbilanz wird nicht überall gleich gesehen. Als Dokumentation ist sie anerkannt, als Arbeitsinstrument nicht. Generell läßt sich feststellen: Der Idee der Sozialbilanz ist der Sprung von der Theorie in die Praxis nicht geglückt. Ihre Handhabung im Unternehmen bleibt hinter den wissenschaftlich diskutierten Möglichkeiten zurück. Das Problem ist im Spannungsfeld der Kriterien zu orten, die für die Sozialbilanz gelten sollen:
- theoretisch einwandfrei und
- für den praktischen Gebrauch operabel.

Folgende Postulate sind dabei zu berücksichtigen:
- Vollständigkeit,
- outputorientierte Messung,
- unabhängige Prüfungsinstanz und
- Vergleichbarkeit.

Jede Lösung bleibt Kompromiß.

Eine nüchterne Analyse der Migros-Sozialbilanz hat ergeben: Der ursprünglich intendierte selbstkritische Impetus hat sich von Ausgabe zu Ausgabe (Fortschreibung) verringert. Je länger, desto mehr ist sie zu einer "guten (Selbst-)Darstellung guter Taten" geworden (Berichterstatter aus dem jeweiligen Fachbereich). Damit ist nicht nur ihre Wirkung, sondern auch ihre Zielsetzung grundsätzlich in

Frage gestellt. In der Öffentlichkeit stellt sich der Eindruck ein, diese Publikation diene einzig der Imagepflege. Als reines PR-Instrument verfehlt sie aber den eigentlich gemeinten Zweck: Ist/Soll-Vergleich, Stärke/Schwäche-Analyse des Unternehmens – in der Absicht, präventiv und vorausblickend entsprechende Maßnahmen in Angriff zu nehmen.

Theorie: Unternehmen als soziales Handlungssystem

Die Sozialbilanz ist – im Rückblick – eine Frucht der siebziger Jahre. Sie konnte auf die veränderten Ansprüche, die die Öffentlichkeit an Unternehmen zu stellen beginnt, Antwort geben. Sie will mehr erfahren als bloße Angaben über Umsatz und Gewinn.

Die Situation ist heute eine andere. Unsere Gesellschaft ist daran, den Wandel ins Informationszeitalter und in die Kommunikationskultur (Lutz) zu vollziehen. Dazu gehört ein neues Selbstverständnis von Unternehmen. Sie verstehen sich als Teil eines Ganzen, das Wirtschaft, Gesellschaft und Umwelt umfaßt. Diese Teile stehen in einer dauernden Wechselwirkung zueinander – so die ganzheitliche Betrachtungsweise in der vernetzten Welt.

Kennzeichen des gegenwärtigen Unternehmensalltags sind die Umwelturbulenzen. Katastrophen prägen das Bild von Unternehmen in der Öffentlichkeit. Kommunikationsprozessen kommt hervorragende Bedeutung zu. Vor diesem Hintergrund ist die Theorie zu sehen. Das Unternehmen entwickelt sich als soziales Handlungssystem wie ein lebendiger Organismus nur im dauernden Dialog mit seinem Umfeld – mit diesem wandelt sich jenes. Dies führt in der Folge zur Zielvorstellung: Das Unternehmen unternimmt den Versuch, in der bewußten dialogischen Auseinandersetzung mit seinem Umfeld die eigene Politik zu überprüfen, um so als Ganzes für die Zukunft entwicklungsfähig zu bleiben. Damit ist die Dynamisierung der Sozialbilanz vollzogen.

Umfeld-Dialog: Vision (und erste Erfahrungen)

Ausgehend von der Idee der Sozialbilanz und deren Dynamisierung folgt – als radikale Konsequenz aus der Theorie des Unternehmens als sozialen Handlungssystems – der Umfeld-Dialog. Im Dialog mit seinen Bezugsgruppen – innerem und äußerem Umfeld – stellt das Unternehmen seine Politik zur Disposition, und zwar mit der Aussicht, aufgrund dieser Dialoge zu einer Ist/Soll-Analyse zu gelangen. Diese ermöglicht dem Unternehmen, auf der Höhe der Zeit zu bleiben, interne Schwachstellen und gesellschaftliche Entwicklungen rechtzeitig zu erkennen und seine Politik entsprechend anzupassen beziehungsweise geeignete Maßnahmen in die Wege zu leiten. Zu dieser internen Wirkung des Umfeld-Dialogs (Überprüfung und Anpassung der Unternehmenspolitik) tritt die äußere. Das, was heute unter dem Terminus "PR" (Public Relations) allgemein bekannt ist, bleibt nicht mehr etwas Zusätzliches, Aufgesetztes (Imagekosmetik), sondern ergibt sich aus dem Dialog direkt und wie von selbst: Echte Leistungen des Unternehmens, die nicht zuletzt im Interesse seiner Bezugsgruppen ausfallen.

Dies kommt der Überzeugung entgegen, daß in der Kommunikationsgesellschaft die klassischen "PR" ohnehin verschwinden werden. Lange Zeit haben sie dazu gedient, den Informationsfluß zwischen Unternehmen und Öffentlichkeit sicherzustellen. Tritt an die Stelle des Machers der Leader, so definiert dieser Kommunikation als ganzheitliche und praktiziert sie als neu anzupackende Führungsaufgabe. Solche Kommunikation geht nach innen wie außen und besteht aus dem Dreiklang von Ruf, Echo und Akkord (Hartwig).

Doch von der Theorie zurück in die Praxis. Erste Erfahrungen liegen vor. Im Sinne eines Pilotversuchs ist in der Migros-Gemeinschaft ein Umfeld-Dialog zum Thema "Umweltpolitik" angelaufen.

Wie sieht seine Zielsetzung aus?

- Die mit diesem Projekt Beauftragten (Projektleiter/Redaktor - Berater) moderieren verschiedene Befragungsrunden mit Verantwortlichen und Betroffenen (Hearings).
- Sie konzentrieren sich auf ein Thema, das sie möglichst à fond und breit (soweit mit vernünftigem Aufwand vertretbar) bearbeiten.
- Die Hauptstoßrichtung geht in Form eines internen Berichts nach innen und soll hier dem Meinungsbildungs- einen Bewußtwerdensprozeß folgen lassen. In geeigneter Form veröffentlicht das Unternehmen ein Resümee (z.B. im Anhang zum Jahresbericht).

In welche Schritte gliedert sich der Ablauf?

1) Einstieg: Orientierungsgespräch mit den Verantwortlichen aus den einzelnen Hearingkreisen (Rahmen, Ziele)
2) Durchführung der Befragung mit anschließender Vernehmlassung mittels Kurzprotokoll (Sind die gemachten Aussagen richtig verstanden und wiedergegeben?)
3) Interner Bericht zuhanden der Entscheidungsgremien mit den Teilen:
   - Unterschiede, Gemeinsamkeiten und spezielle Vorschläge aus den Hearings,
   - Ist/Soll-Analyse auf der Ziel- und Maßnahmenebene,
   - "externe Referenzgrößen" (die eigene Situation im Vergleich mit der Konkurrenz und der Stand in der Politik allgemein);
4) Entscheidungen inkl. ihre Durchsetzung
5) Feedback an die Hearing-Teilnehmer plus: Überprüfung der Situation ("Monitoring")
6) Veröffentlichung bzw. Aufarbeiten des Materials zu einer Dokumentation.

Mit welchen Bezugsgruppen findet der Dialog statt (Thema: "Umweltpolitik")?

- Interne Arbeitsgruppe Umwelt als Verfasserin des Migros-Leitbildes "Umweltschutz" (Vertreter aus den verschiedensten Bereichen der Migros-Gemeinschaft von Eigen-Industrie und Marketing über Konsumentenbeauftragte und Logistikverantwortliche bis zu den regionalen Genossenschaften),
- Vertreter der Industrie (Eigenproduktion) und

– des Marketings sowie
– von drei in ihrer Struktur her unterschiedlichen regionalen Genossenschaften (soziodemographische Bedingungen),
– Vertreter eines Genossenschaftsrates ("Parlament" einer regionalen Genossenschaft),
– externe Meinungsbildner (Medienschaffende und Journalisten).

Fazit

Wer das Unternehmen als System versteht, das mit seinem Umfeld in einem Beziehungsnetz steht, sieht den Sinn der umfeldbezogenen Unternehmensführung im folgenden Punkt. Das Unternehmen führt gezielt und kontinuierlich den Dialog mit seinen Bezugsgruppen. Aus ihm heraus fließt die Überprüfung der Unternehmenspolitik. Die Befragungsrunden erlauben, Politik und Maßnahmen von bestimmten Geschäftsbereichen konsequent zu hinterfragen und kontinuierlich den Ist-/Soll-Vergleich zu leisten. Da auf diese Weise verschiedene Aspekte der Geschäftspolitik immer wieder zum Zug kommen, ergibt sich im Laufe der Zeit eine umfassende Durchleuchtung des Unternehmens von verschiedenen Seiten her, aber immer bezogen auf die Ziele des gesamten Unternehmens (holographische Qualität).

Die Darstellung der formulierten Politik und dessen, was darauf basierend im Unternehmen effektiv geschieht, ist bereits im Sozialbilanz-Ansatz enthalten (wenn auch nicht immer gleich zielstrebig geleistet). Neu kommen die eigentlichen politischen Konsequenzen in Form von Schlußfolgerungen aus den im Dialog gewonnenen Erkenntnissen (Hearingrunden) dazu. Daraus resultiert ein konkreter Katalog von Maßnahmen und Schwachstellen mit praktischen Anregungen zu ihrer Behebung. In einer zweiten Runde gilt es, intern gezielt nachzufassen und zu überprüfen: Was ist aus den Anregungen geworden? Wo müssen wir nachfragen? Auf welche Lücken zusätzlich aufmerksam machen?

Ausblick in die Zukunft

Zum Thema "Umweltpolitik" praktiziert die Migros – wie gesagt im Sinne eines Pilotprojektes – zur Zeit den Umfeld-Dialog. Über seine Resultate im Detail zu berichten, ist erst möglich, wenn die verantwortlichen Gremien den internen Bericht behandelt haben werden.

Die Vision ist greifbar da und der entsprechende Antrag gestellt: Für die Zukunft wünschenswert wäre, diesen Dialog zu institutionalisieren. Und neben dem Bereich Umwelt/Ökologie eine Reihe von weiteren Themen in diesen Prozeß miteinzubeziehen. Ideal wäre ein Zyklus – der immer wieder von vorne beginnt – mit einer teilweisen Überlappung der Dialoge: Während der Dialog zu einem Thema noch läuft, ist bereits der nächste in die Wege zu leiten. Dem ganzen Themenbogen kommt so holographische Qualität zu, jeweils von einer bestimmten Sicht aus das Unternehmen Migros zu beleuchten, um damit zu einem Gesamtbild zu gelangen.

Wie sieht der ganze Zyklus aus?

- Marketing und gesellschaftlicher Wandel,
- Humankapital und Organisation,
- Genossenschaftspolitik und Unternehmensphilosophie ("Ideengut"),
- Kultur und Kommunikation,
- Umweltpolitik und Ökologie.

Dieser Umfeld-Dialog soll einen unabschließbaren internen Meinungsbildungs- und Bewußtwerdens-Prozeß in Gang bringen. Sein Sinn und Zweck läßt sich – pointiert formuliert – in drei Thesen zusammenfassen:

1) Der Prozeß ist wichtiger als das Produkt. Oder: der Weg wesentlicher als das Ziel.
2) Die Wirkung intern (und oft indirekt) ist entscheidender als die Veröffentlichung.
3) Wie das Produkt letztlich heißt (Sozialbilanz, Umfeld-Dialog oder wie auch immer) ist unerheblich. Das einzige, was zählt, ist, was dieser Prozeß – intern – auslöst und bewirkt.

Erst jetzt zeigt sich, ob die Vision Wirklichkeit geworden ist.

Literaturhinweise (Auswahl)

Apitz, Klaas: Konflikte Krisen Katastrophen. Präventivmaßnahmen gegen Imageverlust. Frankfurt/Main-Wiesbaden. 1987

Dierkes, Meinolf: Die Sozialbilanz. Ein gesellschaftsbezogenes Informations- und Rechnungssystem. Frankfurt/Main-New York. 1974

Dyllick, Thomas: Management der Umweltbeziehungen. Öffentliche Exponiertheit von Unternehmungen als Herausforderung für Managementtheorie und -praxis. In. Die Unternehmung. Schweiz. Zeitschrift für betriebswirtschaftliche Forschung und Praxis. 42. Jg. Nr. 3 1988

Hartwig, Heinz: Die Kunst zu informieren. Werbe- und PR-Journalistik. München. 1977

Heymann, H. Helmut/Seiwert, Lothar J./de Senarclens, Marina: Sozialbilanzen. Die gesellschaftsbezogene Berichterstattung in der Bundesrepublik Deutschland und der Schweiz. Grafenau/Württ.-Stuttgart, 1984

Lay, Rupert: Ethik für Wirtschaft und Politik. München. 1983

Lutz, Christian: Die Kommunikationsgesellschaft. Ein Leitbild für die Politik und Wirtschaft Westeuropas. Rüschlikon. 1986 (GDI-Schrift Nr. 45)

Lutz, Christian: Kommunikation – Die grosse Unbekannte in der Unternehmenspolitik. In: gdi-impuls 6. Jg. 1/88 (Rüschlikon)

GDI (Hg.) Das Management der Umweltbeziehungen. Unternehmen im Spannungsfeld öffentlicher Anliegen. Rüschlikon. 1985 (GDI-Schrift Nr. 43)

Neske, Fritz: PR-Management. Gernsbach. 1977

Schultheiss, Jürg: Ganzheitliche Kommunikation als neue Führungsaufgabe. In: gdi-impuls 6. Jg. 1/88 (Rüschlikon)
Schultheiss, Jürg: Das "Management der Umweltbeziehungen" in sieben Thesen. In: io Management Zeitschrift 57 (1988) Nr. 5 (Zürich)
Spindler, Gert P: Das Unternehmen in kritischer Umwelt. Öffentlichkeitsarbeit zwischen Macht und Menschen. Frankfurt/Main-Wiesbaden. 1987
Weber, Dieter: Manager von morgen: Der Chef als Coach. In: Management Wissen. Magazin für Führungskräfte. Nr. 10 Oktober 1986 (Würzburg)
Wirz, Adolf: Der Humanist ist der bessere Manager. Zürich. 1984 2 (1977)
von Wysocki, Klaus: Sozialbilanzen. Inhalt und Form gesellschaftsbezogener Berichterstattung. Stuttgart-New York. 1981 (Grundwissen der Ökonomik.UTB 1080)

Siegi Hirsch

Fragen an den Meister (Interview)

Das nachfolgende Interview von inzwischen längst flügge gewordenen "Schülern" der systemischen Beratung mit ihrem Lehrmeister fördert eine Reihe von typischen Aussagen zutage: Es ist wichtig zu erkennen, ob das benannte Problem wirklich ein Problem oder nur ein Symptom ist und ob der Berater nur zur Problemerhaltung gebraucht wird. Es geht immer darum, die rigiden Schleifen im System zu erkennen, die zur Überdeckung fragiler Stellen dienen. Der Berater kann das System nicht verändern, sondern nur so fragen, daß es selbst neuartige Wahrnehmungen entdeckt, die seine eigenen Entwicklungsressourcen deblockieren helfen. Deshalb ist die paradoxe Intervention so wichtig: Sie bringt alternatives Denken hinein und zeigt die Funktionalität von Problemen auf.

Die "Siegi-Hirsch-Gruppe" setzte sich aus acht österreichischen Beratergruppe-Neuwaldegg- und Conecta-Mitgliedern und deutschen Beratern zusammen, die sich im Zeitraum von drei Jahren regelmäßig, mehrmals jährlich zu Klausuren trafen.

Als wir Siegi Hirsch baten, einen Beitrag zu schreiben, einigten wir uns auf die Interviewform, weil ein Besuch in Wien – das gemeinsame Gespräch, das gemeinsame Wochenende – unserer Geschichte mehr entsprach und damit auch die Sprach- und Übersetzungsprobleme wegfielen; wir hielten diese Beitragsform rundum für passender.

Wir wollten den Lehrer der systemischen Ausbildungsgruppe auch deshalb als Autor vertreten wissen, weil er nicht nur das systemische Paradigma, sondern auch Wärme und Menschlichkeit verkörpert und dadurch ein Vorbild für Ganzheitlichkeit ist.

Als wir auf die vorbereiteten Fragen Antworten bekamen, merkten wir sehr rasch, daß sie einerseits immer wieder überraschend waren und daß andererseits unsere Beziehung zu Siegi Hirsch bedingte, daß wir keine letztlich gültigen Antworten des "Meisters" bekommen konnten – was wir ein wenig gehofft hatten –, sondern wichtige neue Impulse für eine Ko-Evolution.

Wir versuchten, die wörtlichen Aussagen von Siegi Hirsch festzuhalten, mußten aber aus sprachlichen Gründen – seine Muttersprache ist Französisch – frei übersetzte Formulierungen wählen. Das von uns aufgearbeitete Interview ist von Siegi Hirsch überarbeitet worden und in dieser Fassung hier abgedruckt. Mit Siegi Hirsch sprachen Roswita Königswieser und Alexander Exner.

Auf welche Punkte achten Sie, wenn Sie ein System diagnostizieren?

Am meisten interessiert mich, ob das, was das System als Problem benennt, wirklich ein Problem oder nur ein Symptom ist.

Wenn das System einen Kontakt mit einer Beraterperson sucht, geht es um die letzte "Hier und jetzt"-Bewegung im Schachspiel des Systems. Ich probiere zu begreifen, wofür das System mich gebrauchen will:

a) um eine kreative Veränderungskrise zu bewältigen
b) oder ob es mir im System eine Machtposition zuweisen will, um das "lineare Problem" zu lösen, so daß das dysfunktionale System aufrechterhalten bleibt.

Wenn das Problem ein Symptom ist, geht es immer um Fragilität und Rigidität, die ja zusammenhängen. Fragilität erkenne ich daran, daß das System sehr schwache, zerbrechliche Punkte hat, die jedesmal, wenn Streß auftritt, aktualisiert werden. Ich möchte ein Beispiel bringen: In einem Familiensystem, in dem die Trennung zwischen Großeltern- und Elterngeneration nie wirklich vollzogen wurde, wird die Phase der Selbständigkeitsentwicklung des heranwachsenden Kindes eine Irritation für die Großeltern und die Eltern bedingen, weil diese sich jetzt mit Autonomie auseinandersetzen müssen. Es sind nicht nur die Probleme des Adoleszenten, die in dieser Phase entstehen, sondern die der ganzen Familie, die sich jetzt plötzlich mit dem Thema Autonomie auseinandersetzen muß.

In diesem Punkt wird das System dann Entwicklungsschwächen haben, wenn es nicht gelernt hat, mit dem Thema Trennung und Trauer umzugehen.

Wenn das System sehr fragil ist, werde ich bei meiner Arbeit darauf achten, nicht zu schnell zu sein – nicht mit dem D-Zug, sondern mit dem 2CV zu reisen.

Die Funktion der Rigidität ist es, die Fragilität zu überdecken. Rigidität diagnostiziere ich, wenn ich das Gefühl habe, daß ein System in seinen inneren und äußeren Entwicklungsmöglichkeiten blockiert und daher Entwicklungsmöglichkeiten gar nicht wahrnehmen kann.

Wenn ein solches System mit einer Frage zum Berater kommt und er linear auf diese Frage antwortet, wird er nichts im System verändern, denn es wird jede Antwort dazu verwendet werden, die bestehenden Muster aufrechtzuerhalten. Das System wird alles machen, damit das Problem ein Problem bleibt. Damit kann man natürlich über einen gewissen Zeitraum Geld verdienen.

Ein Problem ist dann wirklich ein Problem und kein Symptom, wenn das System eine natürliche, dynamische Entwicklung durchläuft und dabei eben Probleme auftreten. Dann ist es sinnlos, eine Therapie zu machen. Es ist für den Berater angebracht, klare Interventionen zu setzen, die das System mit seiner Lernfähigkeit verarbeiten kann.

Was denken Sie über die Notwendigkeit, soziale Systeme zu verändern?

Ich denke, daß man soziale Systeme nicht wirklich verändern kann – sie verändern sich selbst. Wenn sie die Fähigkeit der Selbstveränderung, der Selbstleitung verloren haben, sind sie "krank". Als Berater kann ich dann nur versuchen, die Voraussetzungen dafür zu schaffen, daß sie sich wieder selbst verändern können.

Veränderungsprozesse kann man nicht verschreiben. So wie ich einem Paar Erotik nicht einimpfen kann, ist es unmöglich, Mitarbeitern Motivation zu verpassen. Ich bin nicht der liebe Gott. Ich kann nur die Voraussetzungen für Veränderungsprozesse schaffen und auf die Lebendigkeit des Systems vertrauen. Dadurch, daß ich Energien deblockiere, können die eigenen Ressourcen wieder genützt werden, das heißt, daß dann zum Beispiel das Wissen der Experten in einem Unternehmen wieder für dessen Vitalisierung genutzt wird.

Welche Gemeinsamkeiten und Unterschiede sehen Sie zwischen Familien und Unternehmen?

Für mich hat die gesellschaftliche Funktion von Familien "Transmissionscharakter", das heißt, es geht darum, das Übertragen von Regeln, Mythen und Traditionen von einer Generation auf die andere zu gewährleisten.

Wenn ich von Unternehmen spreche, fällt mir als Basiswort "Produktion" ein, und ich habe das Gefühl, daß die "Transmission" – im Sinne von Familien – einen geringen Stellenwert hat.

Die gesellschaftlichen Funktionen von Unternehmen und Familien, die Art und Form (Bilder und Sprache), in der sie dargestellt und bewertet werden, und das, was man als Einheit beziehungsweise als Teile von ihnen empfindet, ändern sich im Laufe der Zeit zum Teil. Das geschieht aus der Logik des Systems heraus, aber auch durch die Veränderung der Werte und Normen in der Gesellschaft.

So verändern sich natürlich auch bei Familien die zu übertragenden Inhalte und Symbole, und auch der Begriff "Produktion" ist einem Wandel unterworfen.

Sie werden zum Beispiel heute kaum ein Bild von einem Maler finden, der wie Peter Breughel Liebe, Essen, Tod und Wahnsinn auf einem Bild darstellt, denn jetzt ist alles das voneinander getrennt – zum Beispiel die Irrenhäuser sind draußen, und die Sexualität findet in der Television statt. Es ist daher für uns als Systemarbeiter wichtig, zu erkennen, daß wir mit unseren Normen und Werten – die wir ja auch übertragen – ein Teil dieser gesellschaftlichen Entwicklung sind. Das entspricht ja auch den Auffassungen von Varela und Maturana.

Sowohl bei Familien als auch bei Unternehmen werde ich mich bemühen, nicht an den Problemen von Subsystemen, sondern an deren Relationen zu arbeiten. Was von den Systemen als Einheiten beschrieben wird, ist allerdings unterschiedlich.

Wenn ich mit einer Familie arbeite, werde ich an Systeme wie Großeltern, Eltern, Kinder und Schwiegereltern denken. Bei einem Unternehmen werde ich eher Produktionsabteilungen, Verkaufsabteilungen etc. als funktional differenzierten Einheiten begegnen. Das macht aber für meine Arbeit keinen grundsätzlichen Unterschied, weil es immer nur um die Art und Weise geht, wie die Einheiten zusammenarbeiten beziehungsweise zusammenwirken – also um die Relationen.

Was waren für Sie die wichtigsten Eindrücke während unserer Zusammenarbeit in der Ausbildung?

Ich erlebte "Ko-Kreativität" und "Ko-Verantwortung". Das heißt, daß ich als Familientherapeut zu Ihnen kam und verändert, bereichert wieder ging. Ich habe von Ihnen gelernt, nicht nur Sie von mir. Zum Beispiel beziehe ich jetzt die Arbeitsumwelt, die Organisationsstrukturen in meine Arbeit mit Familien mehr mit ein. Auch die Auseinandersetzung mit den von Ihnen eingebrachten Konzepten und der Literatur – zum Beispiel Luhmann, Varela, Maturana – hat mich angeregt.

Weiters war für mich ein intensiver Eindruck, Sie auf dem Weg des Umlernens zu begleiten. Anfangs glaubten Sie, genau zu wissen, wie man eine richtige Diagnose stellt, wie eine Beratung laufen sollte. Sie lernten aufzunehmen, statt das Richtige zu wissen. Das war nicht immer leicht, denn Sie mußten erst ein anderes Rollenverständnis als Berater lernen: daß er nicht für Veränderung oder für das Lösen von Problemen bezahlt wird, nicht dafür, daß er Schiedsrichter spielt und seine Macht einsetzt, sondern daß man dem System guttut, wenn man Impulse setzt, die die verschiedenen Wahrnehmungen zur Geltung bringen, und die Leute selbst ihre Wirklichkeit definieren läßt.

Dieses Rollenverständnis entspricht im allgemeinen nicht den manifesten Erwartungen der Leute, und selbst wenn die Arbeit erfolgreich ist, bekommt ein systemisch arbeitender Berater keine Weihnachtskarte als Dank.

Wirklich sehr positiv fand ich, daß Sie sich auf die Feedbackprozesse einließen, daß Sie Material aus Ihren Arbeitssituationen mitbrachten und bereit waren, Ihre Praxis in Zweifel zu ziehen. Das tat oft weh, schuf aber ein Klima der Kreativität. Sie hatten unterschiedliche Ausbildungen, verschiedene Backgrounds: Psychoanalyse, Betriebswirtschaft, Gruppendynamik etc. Diese waren einerseits die Basis für unsere neue Identität als Siegi-Hirsch-Ausbildungsgruppe, weil uns gerade diese Unterschiede ausmachten, andererseits war es nicht leicht, dieses tradierte Wissen weiterzuentwickeln, die systemische Denkweise zu verstehen und zu spüren.

Dabei war es für mich besonders schwierig, nicht alle Hypothesen, die ich zu unserer Gruppe anzubieten hatte, aufzudecken. Das war auch nicht mein Auftrag – denn es ging um einen gemeinsamen Lernprozeß, um Ko-Evolution.

Warum ist es so schwierig, das systemische Arbeiten zu lernen?

Es ist schwierig, etwas vorzutragen, was der andere selbst entdecken muß (dann träumt man nur, selbst "Formateur" zu werden). Die systemische Haltung kann nicht durch Vorträge lernen, sondern nur über persönliche Erfahrungen, über existentielle Zweifel – anderenfalls bleibt es nur eine intellektuelle Spielerei und ist nicht integriert in die Person. Beim systemisch-zirkulären Denken ist man selbst immer ein Teil des Prozesses. Deshalb geht es darum, die eigenen Wahrnehmungsmuster und das eigene Weltbild zu erkennen und es mit den beobachteten Prozessen in Beziehung zu setzen.

Welche Grundhaltung sollte ein systemisch arbeitender Berater haben?

Das Wichtigste für mich ist die Grundhaltung der Ko-Kreativität, das ist die Bereitschaft, von anderen zu lernen und die eigenen Bilder immer wieder zu hinterfragen. Man muß alternative Bilder kreieren können. Man ist verloren, wenn man nur Individuen sieht; man ist verloren, wenn man nur Systeme sieht, man ist verloren, wenn man Partei ist. Wenn man die verschiedenen Wahrheiten in einem System und bei Individuen (zum Beispiel Lebenszyklen) nicht wirklich verstehen kann, kann man dessen Identität nicht erfassen. Dafür muß man offen sein, um oft mit warmem Humor zuhören zu können. Es läuft auch auf eine entdramatisierende Haltung hinaus, weil im Kontext verschiedener Logiken auch scheinbar dramatische Ereignisse normal sein können.

Dieses Verstehen bedeutet aber nicht, daß man wie ein Chamäleon ist und keinen eigenen Standpunkt hat. Man kann nur in den Grenzen der eigenen Geschichte, Identität und Moral neutral sein, und nur in diesem Rahmen kann ein systemisch arbeitender Berater die Widersprüche und Unterschiede aufzeigen.

Ich muß hinzufügen, daß sich meine Grundhaltung im Laufe der Jahre verändert hat. Dafür kann ich drei Schlüsselwörter anführen:

1. Separationsstecktomie,
2. Veränderung,
3. Autoorganisation – Autobehandlung.

1. Separationsstecktomie: Ich probierte, dem "Problem Individuum" zu helfen (es zu verändern), durch den Versuch, das System auszuschalten und dem System "Luft" zu geben.
2. Veränderung: Später probierte "ich", das individuelle mikro-soziale Familien-System zu verändern – durch paradoxe und kritische Interventionen.
3. Autoorganisation und Autobehandlung: Jetzte sehe ich das zu behandelnde System als eine lebende Organisation mit ihrer eigenen Identität, die in einem bestimmten Moment in Gefahr gekommen ist und seinen rationalen und irrationalen Selbstheilungsmechanismus

verloren hat (durch Strukturveränderung, Probleme bezüglich des Lebenszyklus). Und ich sehe das pathologische Symptom als einen Versuch, um eine neue Autoorganisation, ein neue Selbstheilung im System zu entwickeln.

Warum haben paradoxe Interventionen oft eine grössere Wirkung als andere Interventionsformen?

Die Antwort ist eigentlich einfach: Wenn in einer Relation keine Paradoxa bestehen, ist es keine Relation. Ohne Paradoxa bleibt jede Beziehung steril, denn das Paradoxe ist das Leben, und das "double bind" ist der Tod. Wenn ich zum Beispiel sage "Ich liebe dich, aber ich gehe weg", dann ist das der Tod einer Beziehung. Genauso nimmt eine lineare Diagnose, wie zum Beispiel "Du siehst wie deine Mutter aus", das Vitale aus der Beziehung heraus. Ganz anders ist es, wenn ich sage "Heute finde ich dich jung, aber gestern fand ich dich viel älter".

Die paradoxe Intervention spricht die im System bestehenden Widersprüche an, wobei es entscheidend ist, daß derjenige, der interveniert, diese Widersprüche auch wirklich in sich selbst spürt. Dann wenn man zu Eltern, die gerade versucht haben, ihr Kind zu ermorden, sagt "Ihr seid wirklich eine gute Familie, und es ist phantastisch, daß ihr an diesem Problem arbeiten wollt", dann stellt das eine Double-bind-Situation her, und man ist vermutlich selbst von dieser Aussage überhaupt nicht überzeugt.

Eine paradoxe Intervention, an die man nicht glaubt, ist für das System devitalisierend.

Besser wäre es, zum Beispiel zu sagen, daß diese Familie jetzt mit Leben und Tod spiele und daß Leben und Tod in dieser Familie wahrscheinlich schon lange ein Thema seien.

Eine gute paradoxe Intervention muß für einen selbst stimmen und menschlich gebracht werden. Der Berater vitalisiert das System, indem er wieder alternatives Denken hineinbringt und die Funktionalität von Problemen aufzeigt.

Der Berater wird durch sein alternatives Handeln den Patienten zum Beispiel als gleichwertig ansprechen und nicht etwa zum Ausdruck bringen, "daß er sich für die anderen aufopfert" (welche dann keine Individuen mehr sind), vielmehr daß er wütend ist, daß er so tun muß, um Macht zu haben. Oder der Berater äußert, daß "er" sich mehr Sorgen um einen anderen im System als um den Patienten macht. Oder er äußert seine Bewunderung für eine Person, die von den anderen als "Schlemihl" angesehen wird, in Handlungen und Worten. Das alles ist natürlich eine andere Form von "Neutralität" und vitalisiert das System "paradoxal". Wenn das System Kontakt mit einer Berufsperson sucht, ist das, wie eingangs schon erwähnt, die letzte Bewegung im Schachspiel der Systeme. Ich versuche dann, so schnell wie möglich zu verstehen, ob es um eine Krisen-Vermeidung geht oder ob man mich bittet, einen im System leer gewordenen Platz einzunehmen, um das Dysfunktionale aufrechtzuerhalten.

Was sind Merkmale systemischer Intervention – und wann setzen Sie welche Interventionstechniken ein?

Ich glaube, daß das Spezielle bei der systemischen Intervention darin besteht, daß man sie dem Klienten nicht explizit erklärt. Die Leute müssen nicht rational begreifen, worum es geht, denn ich versuche als Berater, Veränderungsfaktoren einzubauen, und das hat nicht unbedingt mit Rationalität zu tun.

Ich setze Interventionen, indem ich Informationen gebe und Fragen stelle, die für die betroffenen Personen neue Informationen bedeuten.

Es gibt am Anfang meistens eine lineare Anfrage. Wenn wir davon ausgehen, daß diese Anfrage beziehungsweise dieses Problem in rigiden Schleifen eingebettet ist, dann geht es darum, diese Schleife in Bewegung zu bringen. Die anstehenden Probleme können häufig nach außen sehr offen besprochen werden, bleiben aber trotzdem in diesen rigiden Schleifen eingebettet.

Ich möchte Ihnen ein Beispiel bringen: ein Paar, das zwar scheinbar sehr offen über seine Probleme sprechen kann, aber nur in einer sehr geschlossenen Art, bei der jeder stereotyp seine eigene Auffassung vertritt. Dieses Paar sagt, daß es im Urlaub viel besser miteinander sprechen könne, aber ab dem Augenblick, wo es wieder zu Hause sei, die gleichen Schwierigkeiten wie vorher habe. Dann frage ich mich, wer dieses Problem aktualisiert, wenn das Paar zu Hause ist, und stelle fest, daß die Frau jeden Tag mit ihrer Mutter telefoniert. In den Ferien – in Griechenland – macht sie das natürlich nicht, weil das zu teuer wäre. In den Gesprächen der Frau mit ihrer Mutter werden immer Erziehungsprobleme mit den Kindern des Paares dramatisiert, die nachher wieder zu Konflikten zwischen dem Paar führen. Wenn es dem Paar gelingt, diese Konflikte zu lösen, tritt wieder die oben beschriebene Schleife ein, es wird dramatisiert usw.

Für mich ist es daher wichtig, sich nicht linear an die Interaktion dieses Paares zu binden, sondern zu versuchen, daß es die Schleifen, in die es eingebunden ist, erkennt. Es geht also darum, die Muster, in denen ein Problem eingebettet ist, in Bewegung zu bringen und nicht das Problem direkt und linear zu bearbeiten.

Bei der systemischen Intervention geht es nicht um das Behandeln intrapsychischer Probleme von Personen und deren Vergangenheit (wenn es darum geht, müßten die Betroffenen zu einem Analytiker gehen), sondern um Relationen hier und jetzt, über die ich solche Fragen zu stellen versuche, daß die Leute neue Informationen darüber bekommen. Was allerdings nicht sagen soll, daß der Therapeut nicht mit den Dimensionen arbeitet.

Ich habe keinen Raster für die Anwendung verschiedener Interventionstechniken. Es geht immer darum, die rigiden Schleifen zu erkennen, Fragen zu stellen, die Information und alternative Denk- und Handlungsformen in das System hineinbringen. Es fällt mir schwer zu sagen, in dieser Situation tue ich das und in jener Situation das, weil ich einfach intuitiv nach meinen Werthaltungen arbeite.

Ich setze allerdings oft analoge Interventionen ein. Wenn zum Beispiel ein Paar zu mir kommt, um mich als Paartherapeuten zu konsultieren, aber nie über seine Paarprobleme, sondern immer nur über seine Familienprobleme spricht und mich somit nicht zum Paartherapeuten macht – und nur sie können mich dazu machen –, setze ich mich aus meinem schönen schwarzen Therapeutensessel auf einen der anderen Sessel. Dann plaudere ich mit ihnen und frage sie zum Beispiel, ob sie das neue Restaurant kennen, in dem ich gestern war. Daraufhin sagen sie meistens, daß sie mich nicht bezahlen, um solche Gespräche zu führen. Ich antworte ihnen, daß ich keine Paartherapie machen kann, wenn sie nie über sich als Paar reden.

In der weiteren Arbeit genügt es dann, wenn ich den Sessel wechsle, um deutlich zu machen, daß ich nicht in dem Rahmen arbeiten kann, für den sie mich eigentlich bezahlen. Wenn ich in meinem schwarzen Sessel sitze, bin ich in meiner adäquaten Berufshaltung, wenn aber das relevante Material nicht kommt oder nicht die relevanten Teilnehmer da sind, dann setze ich mich in den anderen Sessel, um zu signalisieren, daß es mir in dieser Situation nicht möglich ist, als Systemarbeiter tätig zu sein. Die wichtigste Veränderung der systemischen Interventionen ist vielleicht, daß ich mich für die strukturelle und relationelle Organisation des lebenden Systems interessiere – so als ausgebreitete Familie; weitersInteraktionen mit anderen behandelnden Instanzen und sozial-kulturellen Aspekten. Wichtig ist, daß ich mich weniger auf den Kranken konzentriere, ihn im Gegenteil mehr wie die anderen anspreche, ihn und die anderen als Individuen sehe; viel weniger die Gesprächs-Interaktion provoziere oder darauf schweres Gewicht lege.

Welche Entwicklungstendenzen sehen Sie in der systemischen Arbeit?

Ich habe den Eindruck, daß man sich immer mehr für die Identität eines Systems interessiert. Statt immer nur Interaktionen und die Funktionalität von auftretenden Problemen zu bearbeiten, versucht man jetzt eher, die Weiterentwicklung der Identität zu unterstützen. Das heißt, es geht jetzt mehr darum, das ausgebreitete System als Ganzes zu sehen und an den Normen, den rigiden Schleifen, den Mythen und den Ritualen, die darunter liegen, zu arbeiten. Es geht jetzt nicht mehr so sehr um die Fragen von Machtproblemen – z.B. wer wen kontrolliert –, sondern vielmehr um den zirkulären Aspekt.

In den letzten Jahren haben mich die Arbeiten von Maturana, Varela und Kelly am meisten beeinflußt. Ich habe dadurch eine andere Wahrnehmung von der Welt bekommen und denke seitdem wesentlich mehr über die Fragen der Identität des Systems nach. Die Geschichte von Systemen – über Generationen hinweg – und die daraus entstehenden Mythen und Rituale gewinnen immer mehr an Bedeutung.

Wenn sich die Identität eines Systems wesentlich verändert, kann das die individuelle Homöostase von einzelnen Personen, die nicht in der Lage sind, ihre persönlichen Mythen und Rituale zu verändern, so irritieren, daß es ihnen unmöglich wird, die Veränderungen mitzumachen. Dann geht es nicht mehr um die Gruppenhomöostase, sondern um individuelle Homöostasen, und es werden auf einmal andere Leute die Identität des Systems weiterentwickeln. Das ist auch die

Geschichte von Moses, der als sehr guter Führer die Leute aus Ägypten geleitet hat. Dann aber hat Gott zu ihm gesagt, daß er zwar ein sehr guter Führer, aber nicht in der Lage sei, mit dem Volk in dem neuen Land eine neue Identität aufzubauen.

Wann ist die systemische Methode sinnvoll?

Die systemische Vorgehensweise ist weniger eine Technik als ein Denk- und Wahrnehmungsmodell. Ich finde, sie ist nur angebracht, wenn diese Vorgehensweise vom Berater als adäquat angesehen und von den Menschen akzeptiert wird. Es kommt darauf an, was die Klienten erwarten. Das hängt meist weniger vom Berater ab als von der Beziehung zwischen Klientensystem und Beratersystem und den damit verbundenen Erwartungen, die nicht immer übereinstimmen. Mit anderen Worten: Beim Berater bestehen im allgemeinen außer dem systemischen Wahrnehmungsmodell auch andere Denkformen – wie intrapsychische, genetische etc. Es kann also sein, daß er als Systemarbeiter sieht, daß gewisse Problemsituationen nicht in seinen Bereich fallen, und sich zurückzieht. Ich denke systemisch, und die Fragen, die mich beschäftigen, sind eigentlich: Wie, wo, mit wem und wie lange arbeite ich damit in meiner Berufspolitik. Zum Beispiel von Zeit zu Zeit nur einmal. In einer adoleszenten Familie, wo eine situative Oppositionskrise (welche eigentlich normal ist) besteht, werde ich nur ein die Lebensnormen reformulierendes Gespräch führen, da ich einen längeren Intimitätsprozeß als gefährlich ansehe.

Was ist Erfolg in der systemischen Beratung?

Das kann ich kurz beantworten: Wenn die Familie keinen Therapeuten und keine designierten Patienten mehr nötig hat.

Für ein Unternehmen bedeutet das, daß es, wenn Sie als viertes Beratungsunternehmen dort waren, keine fünfte Beratung mehr nötig hat. Das kann auch bedeuten, daß Symptomträger – wie zum Beispiel der "schwierige Direktor" – überflüssig werden.

Welche Stellung hat der Mensch beziehungsweise das Individuum im systemischen Ansatz (Element, Umwelt, Handlungsträger)?

Jeder Mensch braucht eine Bezugsgruppe, also das Gefühl der Integriertheit, aber gleichzeitig auch seine Selbständigkeit und Autonomie. Dieser Widerspruch lebt in jedem System und ist nicht auflösbar – und daher nur ständig ausbalancierbar. Zuviel Integration bedeutet Identitätsverlust, zuviel Autonomie Einsamkeit. Aber er hat auch seine Verantwortung zu Neuem, selbst wenn er vom Kontext abhängig ist.

Ein weiterer Widerspruch besteht darin, daß sich Entwicklungsprozesse und Veränderungen für einige positiv auswirken, für andere negativ. Es gibt daher keine Entwicklung, die nicht auch Nachteile mit sich bringen würde. Jede Entscheidung bedeutet eine Desillusionierung, ein Stück Aufgeben von Träumereien. Jedes lebendige System muß seine Ambivalenzen durcharbeiten, die Vor- und Nachteile erkennen und wissen, daß es keine idealen Lösungen gibt. Jede Konfusionsphase bringt Neuorientierung, jede Problemlösung bringt neue Probleme mit sich. So geht es eben Menschen in Systemen.

Niklas Luhmann

Fragen an Niklas Luhmann (Interview)

Das Gespräch mit Niklas Luhmann verdeutlicht, daß Unternehmen nicht die rational handelnden Einheiten der klassischen Wirtschaftstheorie, sondern stark von ihren eigenen inneren Gegebenheiten gesteuerte Gebilde sind. Unter diesen verkörpern die in ihnen tätigen Personen sozusagen wichtige Entscheidungsprämissen. Als autopoietisches System produziert das Unternehmen von seinen Gegebenheiten her und unter den Bedingungen der Autopoiese Entscheidungen durch Entscheidungen und verändert dadurch diese Gegebenheiten und Bedingungen. Entscheidungen werden auf dem Wege der Kommunikation entwickelt. Der Manager ist nicht außerhalb stehender, rationaler Entscheider, sondern selbst eingespannt in die Gegebenheiten und Bedingungen des Unternehmens. Gleichzeitig hat er wie alle an Kommunikation Beteiligten sein eigenes Bewußtsein mit seiner eigenen Autopoiesis. Die Kommunikation ist ihrerseits ein eigenständiger autopoietischer Prozeß, der die Mitwirkung des individuellen Bewußtseins voraussetzt. Auch das Unternehmen hat also nicht selbst ein Bewußtsein, sondern lebt von jenem der mitwirkenden Individuen. Unternehmenssteuerung – verstanden als Abbau der Differenzen zwischen dem Angestrebten und dem Erreichten – ist nur innerhalb des Unternehmens und nur über Kommunikationsprozesse möglich, setzt aber gleichzeitig die Beobachtung des Systems von außen voraus. Meist vergrößert der Abbau von Differenzen andere Differenzen. Die verursachten Konflikte sind Teil der Autopoiese. Im turbulenten Umfeld können und müssen wir nicht immer wissen, wohin etwas führt, bevor wir damit anfangen, sondern wir brauchen mehr Mut zur prozeßhaften, durch laufende Kontrollinformationen gesteuerten Vorläufigkeit.

Das Gespräch fand in ungezwungener Atmosphäre vor einem Abendessen in einer Privatwohnung statt, unterbrochen durch hereinplatzende Kinder und unter dem Einfluß zunehmender Hungergefühle. Sinn des Gespräches war es, in einer lockeren, der Alltagssprache angenäherten Form dem Leser die Denkweise Niklas Luhmanns und einige Nutzanwendungen für das systemische Management näherzubringen, als das in einem formalen Aufsatz, dessen Thematik notwendigerweise enger hätte sein müssen, möglich gewesen wäre. Von hier aus wird sich dem einen oder anderen Leser auch der dieses Kapitel abschließende Aufsatz über die Stellung des Beraters gegenüber dem Unternehmen vielleicht ebenfalls leichter erschließen. Niklas Luhmanns Gesprächspartner waren Hella und Alexander Exner sowie Roswita Königswieser.

Was ist eigentlich ein Wirtschaftsunternehmen?

Es sind zwei Momente wichtig. Das eine ist, daß es eine Organisation ist, die als Organisation immer ein Eigenleben hat, also nicht durch das Wirtschaftssystem im Gesamten schon spezifiziert ist, sondern Mechanismen braucht, die ein generelles Potential des Operierens herbeiführen. Zum Beispiel: Die Mitglieder werden rekrutiert, ohne daß genau gesagt wird, was sie von morgens bis abends tun sollen oder können. Sie können mit neuen Weisungen versorgt werden. Sie können versetzt werden. Sie werden nicht spezifisch bezahlt in dem Sinne, daß jede einzelne Tätigkeit einen eigenen Preis bekäme. Da man nicht alle Operationen, alle Anweisungen erzwingen kann, gibt es einen Spielraum des Aushandelns und des Berücksichtigens von Bereitschaften. Organisationen sind allgemein sehr viel stärker, als man es von außen vermuten würde, intern personell orientiert: Man weiß, wer wer ist und was man von ihm erwarten kann. Durch Ausdifferenzierung einer Organisation wird eine neue bürokratisch-personelle Struktur erzeugt, die häufig sehr stark zur Kristallisierung tendiert.

Wirtschaftsorganisationen sind nun, in meiner Terminologie, Organisationen, die in einer spezifisch wirtschaftlichen Umwelt – Arbeitsmarkt, Finanzmarkt, Produktemarkt etc. – operieren müssen, also sich, grob gesagt, am Markt behaupten müssen. Die Beschränkung ihres langfristigen Erfolges ist das wirtschaftliche Resultat ihrer Tätigkeit. Sie müssen die internen Freiheiten, die die allgemeinen Mitgliedschaftsbedingungen offen lassen, benutzen, um ihre Aufwendungen wieder hereinzubekommen und Rentabilität zu erwirtschaften.

Kann man sich das vorstellen wie einen Fisch im Wasser – das Wasser ist der Markt?

Ja, nur daß die Wirtschaft stärkere Strukturen aufweist als das Wasser.

Wie eine starke Strömung?

Ja, und andere Fische, etwa die Konkurrenten, und das, was man fressen will und was man nicht fressen will. Im Unterschied zur klassischen Wirtschaftstheorie, wo der Unternehmer als einzelner Akteur gesehen wird, der rational handelt unter der Bedingung perfekter Konkurrenz, hat die Organisation eben eine eigene Dynamik, eine eigene Wirtschaftlichkeit, eigene Erstarrungsprozesse. Sie bieten Probleme, die man nicht allein dadurch löst, daß man sagt, wie man am Markt rational handelt, sondern man muß die Organisation selbst kennen und wissen, wie sie ihre eigenen Ressourcen, also ihre Entscheidungsmöglichkeiten, über ihre Strukturen verbrauchen oder kristallisieren kann, wie sie trotzdem strukturell lernen kann und wie das mit den organisationstypischen Problemen wie Hierarchie, Druck von Projektorganisationen oder Persönlichkeitsstrukturen von Positionsinhabern zusammenhängt.

Diese Positionsinhaber sind ja selbst Menschen mit ihren Handlungs- und Kommunikationsmustern...

... und ihrer Geschichte. Schon Organisationen sind also keine Trivialmaschinen, von denen man weiß, daß ein Input kommt, dann eine bestimmte mathematische Funktion, dann ein entsprechender Output. Sie reagieren ständig auf sich selbst und ersetzen triviale Maschinen, die sie ständig in einen anderen Zustand versetzen und die sozusagen von Moment zu Moment immer neue Maschinen werden und nur bestimmte strukturelle Kontinuitäten haben, die aber unter Umständen ebenfalls lernfähig sind. Aber natürlich kann man eine Marmeladenfabrik nicht in eine Schuhfabrik umformen. Es gibt Investitionsentscheidungen und Größenordnungsentscheidungen, die viele Sachen festlegen.

Das heißt im Gegenbild, daß die im Unternehmen tätigen Menschen von bereits generierten Umständen gesteuert werden?

Wenn man die Bedeutung von Personen in einer Organisation beurteilen will, fragt es sich, wieviel man von einer individuellen Person eigentlich wissen muß, um in einer Organisation erfolgreich handeln zu können. Braucht man wirklich eine Art klinische, psychologische Erforschung von Personen? Muß man sie auf anderen Terrains testen – im Golfclub, bei Einladungen, beim Tanzen oder so? Welche Art von Kenntnissen braucht man eigentlich, um jemanden einzustellen oder um mit jemandem umgehen zu können? Genügt es nicht einfach, das Thema zu kennen, also zu wissen, es handelt sich um dieses Reinvestitionsprogramm oder um jene Diversifikation? Oder reicht es vielleicht, daß man die Kommunikationsgeschichte eines Themas kennt und daraufhin sein Verhalten plant? Das wäre ein Indikator dafür, daß die Organisation sich völlig ohne Personalkenntnisse fortschreiben kann. Ich neige zur Meinung, daß die Personalkomponente normalerweise überschätzt wird, weil man sich immer an Personen wendet, aber gar nicht merkt, wie wenig man von ihnen kennen muß, um das erfolgreich tun zu können. Andererseits darf man diese Theorie auch nicht überziehen. Es gibt Fälle, wo man genau weiß: Da sind empfindliche Punkte, das darf man nicht sagen, weil man damit jemanden in die Wut oder in die Aggression treibt. Aber normalerweise darf man nicht alles, was geschieht, den Eigenarten von Personen zurechnen.

Aber wir haben es doch immer mit Kommunikationsprozessen zu tun, und die gehen ja von Personen aus...

Die Kommunikation wird durch Personen irritiert. Wenn jemand gereizt wird, so daß er nein sagt, wo er eigentlich auch ebensogut hätte ja sagen können, von der Sache her, dann bringt er eine Irritation hinein, was ja auch unglaublich gut sein kann. Wenn also alle immer ja sagen und plötzlich sagt jemand aus Ärger mal nein, dann kommen einem Ideen, was jetzt zu tun ist, die einem normalerweise nicht kommen würden. Also die Irritationen können auch eine Sache aus dem Trott werfen.

Hängt diese Eingrenzung der Rolle des Individuums damit zusammen, daß Sie das Unternehmen als autopoietisches System sehen?

Ja, als ein System, dessen Operation das Produzieren von Entscheidungen ist – auch die Produktion von Entscheidungen durch Entscheidungen, einschließlich Metaentscheidungen über Personal, über Programme, über das "Was" und das "Wozu" der Tätigkeit…

… was man dann zu übersetzen versucht in Pläne und Strategien oder in Rollenklärungen, Erwartungen und Idealvorstellungen von Mitarbeitergesprächen.

Ja, man kann planen, indem man die Veränderung von Entscheidungsprämissen diskutiert – beispielsweise, welches die richtigen Personen am richtigen Platz sind, ob die Hierarchie zu steil oder zu schmal ist oder eben auch, ob die Aufgabenbeschreibungen zu spezifisch oder zu allgemein sind. Wenn man eine weniger allgemeine Aufgabenbeschreibung hat, spielt die Person möglicherweise eine größere Rolle. Da muß man mehr auf Personalentscheidungen achten. All diese Fragen steuern dann, als Ergebnis einer Kommunikation, auf die Entscheidung über Entscheidungsprämissen zu. Das Grundmuster scheint mir immer auf eine Stimulation von Entscheidungen durch Entscheidungen hinauszulaufen – auch in alltäglichen Routineentscheidungen. Dabei denke ich nicht so sehr psychologisch: Entscheidungen ergeben sich weniger aus einem sozialen Bewußtseinsvorgang, sondern erscheinen eher als eine soziale Form, in der sich Kommunikation präsentiert: "Ich habe das so und so gemacht." Das Besondere an Organisation unter dem Gesichtspunkt der Autopoiesis scheint mir zu sein, daß alles Verhalten – auch nachträglich noch – als Entscheidung gesehen werden kann. Man muß also gewappnet sein, Rechenschaft zu geben, warum man etwas so und nicht anders gemacht hat. Auch wenn man die Alternativen gar nicht gesehen hat, wird man plötzlich mit einer Situation konfrontiert, wo jemand sagt: "Das hättest du aber sehen müssen!" So hat man zum Beispiel in Bielefeld Häuser auf eine frühere, dioxinhaltige Mülldeponie gebaut. Niemand hat ein Haus auf eine Müllhalde bauen wollen. Aber das Bauamt hat als Bauamt entschieden und die für die Müllabfuhr zuständige Abteilung gar nicht gefragt. Dort war die Geschichte gespeichert. Jetzt plötzlich sieht es so aus, als ob die Stadt entschieden hätte.

Hat das Unternehmen als autopoietisches System eigentlich ein Bewußtsein?

Nein, mein Verständnis von Organisationen unterstellt lediglich, daß es in ihnen Bewußtsein gibt und daß dieses in der Kommunikation mitläuft. Die Kommunikation setzt das Mitwirken von Bewußtsein voraus. Ich sage etwas, weil mein Bewußtsein mitzieht – auch wenn ich lüge, also etwas anderes sage, als ich denke. Ich setze voraus, daß andere verstehen oder mißverstehen, daß sie jedenfalls bewußt dem Redefluß oder dem zu Lesenden folgen. Und ich setze vor allen Dingen voraus, daß die Beteiligten ein Gedächtnis haben, auf das man sich immer beziehen kann: “Ich habe doch eben gesagt … hast du das nicht gelesen?” Das ist ziemlich wichtig, daß das Gedächtnis – einfach als psychische Leistung – ständig vorausgesetzt wird.

Aber Organisationen haben doch auch ein Gedächtnis, eine Firmengeschichte, ihre Mythen etc.?

Ja, sicherlich, das ist dann die Registratur – also ein schriftliches Gedächtnis. Je größer die Organisation wird, umso weniger kann man sich auf personale Gedächtnisse verlassen. Aber ohne die Voraussetzung des individuellen Bewußtseins, ohne die Annahme, daß der andere aufpaßt und sich an das Gesagte erinnert, gibt es keine Kommunikation. Dennoch scheint mir, daß die Kommunikation oder dann die Vernetzung von Entscheidungen eine eigene Dynamik haben, die sich nicht psychisch erklären läßt.

Und diese Dynamik ist dann Bewußtsein?

Nein, Bewußtsein ist darin ein externer Faktor, der die Kommunikation irritieren, stoppen, umlenken kann.

Und das ist das Bewußtsein von Personen, nicht von Organisationen?

Von Personen, ja sicher. Aber daß eine Kommunikation gestört ist, daß Mißverständnisse auftauchen, Rückfragen nötig sind, Klarstellungen nötig sind, Ausreden nötig sind, Lügen nötig sind, das ist nur in der Kommunikation selbst der Fall. Die Kommunikation selbst sucht Auswege aus Irritationen und Störungen. Das ist wiederum ein Moment nur in der Kommunikation, nicht notwendigerweise im Bewußtsein.

Ich habe hier also eine vom Alltagsverständis abweichende Theorie, die zwischen Bewußtsein und Kommunikation vollständig trennt und fragt: Wie kommt es trotzdem regelmäßig zu einem Mitlaufen des Bewußtseins in der Kommunikation? Dafür ist auch die Sprache wichtig. Sie fasziniert das Bewußtsein und transportiert Kommunikation gleichzeitig. Sprache ist eine Art von Zeichen, die so auffällig ist, daß das Bewußtsein fasziniert wird. Man kann sich bei anderen Geräuschen beschäftigen, aber wenn geredet wird, kann man kaum noch lesen. Aber das setzt voraus, daß das Bewußtsein etwas an sich ganz anderes ist als die Kommunikation.

Sie sagen aber auch: Ohne Bewußtsein keine Kommunikation.

Ja, aber Bewußtsein ist eine Umweltvoraussetzung des Systems Unternehmen. Dieses selbst kommuniziert, aber es ist ein anderes autopoietisches System als mein Bewußtsein. Es hat selbst kein Bewußtsein. Und mein Bewußtsein ist nicht Ihr Bewußtsein. Dieser Zusammenhang ist deshalb besonders wichtig, weil alle Umwelteinwirkungen irgendwie über Bewußtsein gefiltert werden, bevor sie kommunikabel sind. Ein soziales Kommunikationssystem ist nur über Bewußtsein umweltempfindlich. Was niemand sieht und merkt, und was nicht kommuniziert wird, hat auch keine soziale Existenz. Wenn jemand sieht, daß tote Fische im Rhein schwimmen, dann kann er das sagen. Aber das bloße Schwimmen von toten Fischen – als Faktum – würde nie Kommunikation erzeugen, wenn nicht ein Bewußtsein das wahrnimmt.

Aber es gibt doch so etwas wie "Latentes" – im Gegensatz zu "Manifestem". Und über Latentes kann man ja nicht kommunizieren – zumindest über ganz bestimmte Kernbereiche des Latenten – weil das System sich ja mit der Latenz selbst schützt. Wenn Sie sagen, was nicht kommuniziert wird, hat auch keine Existenz – was ist dann die Funktion des Latenten?

Zunächst muß ich unterscheiden – zwischen dem Unbewußten und den Inkommunikabilitäten. Wenn ich zum Beispiel sage: "Ich bin aufrichtig", habe ich die Zweifel schon produziert. Ich kann auch nicht sagen: "Sei natürlich!". Das ist Inkommunikabilität. Darüber hinaus gibt es natürlich noch Implikationen in einem Kommunikationsprozeß, die nicht alle in die Kommunikation wieder eingefädelt werden können: Der eine sagt etwas, da möchte ein anderer reagieren, aber ein dritter sagt etwas anderes, und dann kann man es nicht mehr anbringen. So erzeugt allein die selektive Haltung des Prozesses im autopoietischen System etwas, was nicht oder nur mit Mühe wieder thematisiert oder bewußt intendiert werden kann. Aber ich sehe nicht, daß das Latente eine Eigenqualität in einem solchen System hätte – es sei denn in der Beschreibung eines Beobachters.

Das ist für einen Führungsberater aber schon wichtig!

Ja, aber was sieht ein Berater, wenn er sieht, daß in einer Firma über bestimmte Dinge nicht gesprochen werden kann? – Daß diese Dinge nicht in den autopoietischen Prozeß hineingehen. Was ist das anderes als eine Konstruktion des Beraters? Er sieht, wenn man darüber spräche, würde etwas passieren. Für den Betrieb hat das, solange nicht darüber gesprochen wird, keine Realität.

Das finde ich sehr gewagt. Wenn ich Sie richtig verstehe, ist die Idee der Latenz schlichtweg eine Kategorie des Beobachters, der immer eine Form vor sich hat, wie etwas sein müßte, die aber irrelevant ist, solange sie nicht entdeckt worden ist...

Ja, wenn ich einschränkend wiederholen darf, daß sich dies nicht auf die Implizitseiten der Kommunikation bezieht, auf die nichtverfolgten Fäden, und daß es sich nicht auf Paradoxien bezieht, wie etwa die Beobachtung, daß ein System nicht kommunizieren kann – wobei sich dann die Frage stellt, ob nicht die Paradoxie auch wieder thematisiert werden kann. Aber abgesehen davon ist alles Negative, Nichtexistente eigentlich immer Konstruktion eines Beobachters.

Aber diese Unterscheidung, was fehlt und was nicht fehlt, kommt ja nicht in erster Linie von Beratern oder von Beobachtern, sondern von Entscheidungsträgern, die gleichzeitig auch Beobachter sind. Wir interviewen Menschen in der Organisation und fragen sie über die Art der Wirklichkeitsdefinition. Und sie sagen dann: "Bei uns wird das und das nicht besprochen, und das ist ja schädlich"...

Dann sind diese Menschen halt auch Beobachter, die das Negative registrieren. Die tatsächliche Autopoiesis, das, was praktisch wirklich geschieht, ist immer stimuliert durch einen historischen Zustand, der in das System gebracht wird. Die Negativität als solche hat keine Kausalität. Das, worüber nicht gesprochen wird, kann das, was gesprochen wird, nicht determinieren. Nur das, was gesagt wird, kann die Antwort oder die Frage, das Nein oder das Ja stimulieren. Das System ist geschlossen in der Sequenz seiner positiven Operationen. Man kann ja auch sagen: "Es tut mir leid, aber darüber haben wir noch nie gesprochen". Man kann ja ein therapeutisches Gespräch anfangen, aber nur, indem man es tut. Negativitäten haben keine Wirkung, sondern sind nur Möglichkeiten, die ein Beobachter sieht. Ich kann natürlich verstehen, daß Beobachter etwas vermissen und daß sie sagen: "Das ist kein Zufall, daß darüber nicht gesprochen werden kann."

Sie meinen, daß er mit solchen Hypothesen arbeitet?

Ja – und daß er sagt: "Das System kann gar nicht darüber sprechen, weil sonst die Strukturänderungen zu groß wären, weil die Führungselite ruiniert würde oder weil dies und jenes passieren würde".

Was nicht kommuniziert wird, hat keine Existenz in der Organisation. Davon müssen wir also wohl ausgehen. Von hier aus fragen wir weiter: Wie kann ein Mensch überhaupt etwas beeinflussen in einer Organisation? Im Moment habe ich folgendes Bild vor mir: So ein Unternehmen in seiner Autopoiese geht seinen Weg sehr selbstbezogen und beherrscht sich selbst, so wie die Blume sich selbst beherrscht, natürlich in einer spezifischen Umwelt. Der Manager ist da eher selbst gesteuert, gewisse Handlungen zu setzen, als daß er das Unternehmen steuert, gewisse Handlungen zu setzen. Gleichzeitig muß er sich aber doch sagen, daß er dafür bezahlt wird, das ganze Unternehmen dahin zu bringen, gewisse Dinge zu tun...

Wenn ich wissen will, was eine einzelne Person, z.B. Gorbatschow, bewirken kann, lautet die erste Frage: Was ist überhaupt auf ihn zurechenbar – und was ergibt sich aus früheren Ursachen? Eine bestimmte Logik bewirkt zum Beispiel, daß ich eine Bestellung aufgebe, weil das Lager erschöpft ist, aber ich ziehe bestimmte Schlüsse aus Berichten, die die Untergebenen mir vorlegen. Sie sagen zum Beispiel: "Der Markt nimmt dies nicht mehr ab." Also ändere ich die Produktion. Was würde in dieser Situation nicht jeder andere genauso machen? Was ist daran nicht einfach nur die Fortsetzung der Kommunikation, entsprechend den Konditionen einer bestimmten Position? Erst wenn besondere Erfolge oder Mißerfolge eintreten, fragt man, wer denn das entschieden, wer die Unterschrift geleistet hat. Auch hier wird die Relevanz personaler psychischer Prämissen im Entscheidungsprozeß normalerweise überschätzt.

Eine zweite Frage ist, ob es Krisensituationen gibt, in denen sich das System plötzlich für ungewöhnliche personelle Entscheidungen öffnet. Man kann den Erfolg Gorbatschows zum Teil erklären – durch das Zusammenfallen der langen Überalterung der Führungselite mit bestimmten systembedingten Problemen und dem Abnehmen der Bindung an eine bestimmte ideologische Sprachregelung. Das bedeutet nicht, daß ein Gorbatschow kommen mußte, aber die Situation gibt ihm die Chance, der zu sein, der er ist. Wenn man erklären will, was eine Person ausrichten kann, muß man also die Systembedingungen, den Kontext erforschen, in denen sie wirken kann. Das ist eigentlich eine Selbstverständlichkeit.

Eine ganz andere Frage ist aber, wie man überhaupt Steuerung verstehen soll. Das normale Verständnis ist, daß man irgend etwas bewirkt, was man bewirken will. Die kybernetische Herkunft des Begriffs "Control" deutet aber darauf hin, daß es eigentlich immer um die Verminderung einer Differenz geht, um die Verringerung einer Spanne zwischen dem Zweck und dem Zustand, der eintreten würde, wenn man nichts täte. Dahinter steht also das Thermostatmodell: Die Temperatur wird konstant gehalten in einer gewissen Variationsbreite, und die Differenz wird immer wieder vermindert, wenn es nötig ist. Ich denke, daß die ganze Zweckrationalität eigentlich immer auf eine Differenzminderung hinausläuft. Man will die Differenz zwischen einem vorgestellten Produktionsziel und dem real erreichten vermindern. Man setzt Ziele und möchte die Realität an dieses Ziel heransteuern.

Wenn man nun aber systemtheoretisch denkt, fragt man sich, welche Differenz man überhaupt vermindern kann – oder in welchem Umfang ein System nicht auch auf der Vergrößerung oder dem Stabilhalten von Differenzen beruht. Kein Rechtssystem würde die Differenz zwischen Recht und Unrecht vermindern. Wann will ein Unternehmen die Differenz zu einem Konkurrenten vermindern? Die Frage ist vielmehr: In welchem Bereich lohnt sich Differenzminderung und in welchem Bereich will man die Differenz gerade verstärken, also zum Beispiel mehr absetzen als die Konkurrenz? Vielleicht kommt es auch gar nicht so sehr darauf an, die Differenz gegenüber den eigenen Zwecken zu verringern, als jene gegenüber der Konkurrenz zu vermehren und den Marktanteil zu vergrößern.

Außerdem bringt im Betrieb jedes Differenzminderungsprogramm gleichzeitig eine Differenzvergrößerung. Wenn man jetzt dieses machen will, und nichts anderes, dann erzeugt man häufig Differenzen: Die Leute müßten mehr arbeiten; irgend etwas muß anders organisiert werden. Die Differenz zur Vergangenheit kann somit vergrößert werden; die Differenz zu den Präferenzen anderer Abteilungen kann sich steigern. Es gibt also immer eine Differenzmehrung um einer Differenzminderung willen.

Das heißt, daß Lösungen für Probleme immer wieder neue Probleme erzeugen...

Ob die Differenzen, die man erzeugt, zum Problem werden, ist dann wieder eine andere Frage.

Jedenfalls erzeugt jede Differenzminderung wieder neue Differenzen, und die können wieder problematisch sein. Man könnte dann zu dem Schluß kommen, man brauche ja gar nichts zu machen, weil ja alles seinen Preis habe. Also schaue ich einfach, was von alleine passiert. Vielleicht ist das sogar das beste. Aber jemand anderer wird dem gegenüber sagen: "So geht das nicht. Ich habe auch eine Verantwortung: Es gibt sehr klare Parameter – und Differenzen, die gewollt und solche, die nicht gewollt sind. Und entsprechend muß ich steuern."

Die Umorientierung der Sprache von Zweckrationalität auf Differenzminderung und Differenzmehrung hat nicht den Zweck, herauszufinden, was man tun soll, sondern nur den einer komplexeren Beschreibung, so daß ich immer mit im Auge behalten muß: Wenn ich hier eine Differenzminderung erreiche oder einen stabilen Zustand anstrebe, erzeugt das woanders Differenzen. Dann muß ich mich fragen: Will ich das oder will ich es nicht?

Das löst aber nicht den Grundwiderspruch, daß mein Unternehmen ein autopoietisches System ist, das ich nicht steuern kann, weil es sich selbst steuert.

In der Maturana-Version heißt es einfach: Autopoiesis ist "natural drift". Es geschieht, was geschieht. Nur weil das Schiff ein strukturdeterminiertes Schiff ist, verhält es sich auf einem bewegten Meer so, wie es sich verhält. Jetzt sagt der Steuermann: "Ich will das Schiff so steuern, daß es sich möglichst wenig bewegt oder daß es seinem konstanten Kurs folgt". Dann setzt er sich ein Ziel. Nun muß er eine Differenz finden zwischen Kurs und Lage – oder zwischem starkem und schwachem Steuern. Also er braucht ein Differenzmeldungsprogramm als Beobachter des Schiffes. Dann setzt er voraus, daß die Autopoiesis funktioniert, also daß das Schiff tatsächlich ein Schiff bleibt und nicht etwa zerbricht oder, auf unser Thema übertragen, daß das Unternehmen zahlungsfähig bleibt. Erst unter diesen Voraussetzungen kann er das Schiff steuern.

Würde Maturana dem zustimmen?

Er würde das Schiff als strukturdeterministisches, aber weniger als autopoietisches System sehen. Wenn man sich einen Esel vorstellt, der einen auf den Berg rauftragen soll, dann hat man dasselbe Bild auf ein autopoietisches System bezogen. Ich kenne keine explizite Steuerungstheorie bei Maturana.

Da gibt es nur Perturbationen...

... ja, Strukturänderungen aufgrund von Irritationen und Perturbationen.

Perturbationen, die mir entsprächen, arbeiten dann völlig autonom in mir und bringen Zustände hervor. Ich habe zwar ein Teilbewußtsein dieser Zustände, und die liefern mir die Autopoiese, aber diese ist durch mich nicht steuerbar.

Das ist richtig – auf der Ebene des biologischen Systems. Bei Maturana fehlt aber die Übersetzung auf soziale Systeme.

Ist diese Übersetzung überhaupt möglich?

Maturana definiert den Begriff "soziales System" anders. Er hat mir einmal gesagt, Kommunikationssysteme könnten autopoietische Systeme sein. Er verweigert ihnen lediglich den Terminus "soziales System", weil er in ihnen Personen für wichtig hält. Aber wenn in einem Kommunikationssystem die Autopoiesis in der Produktion von Entscheidungen durch Entscheidungen liegt, kann man sich natürlich vorstellen, daß per Entscheidung Ziele vorgegeben und Abweichungsgrade von Zielen eingeführt werden. Das geht jedoch nur, solange die Autopoiesis nicht in der Operation "Leben", sondern in der Operation "Kommunikation" funktioniert.

Das autopoietische System ist symbolisiert durch den Esel. Jetzt kann jemand, der mit dem Esel Kommunikation betreibt, versuchen, ihn gewisse Sachen machen zu lassen, die dem Wesen des Esels entsprechen – jemanden auf einen Berg zu tragen etwa. Er bringt ihn sicher nicht dazu, Arien zu singen. Der Esel muß ein Esel bleiben...

Ja, wir müssen das Bild nochmals variieren, wenn wir auf einen Betrieb kommen, weil der Manager sozusagen im Esel ist. Er ist nicht außerhalb. Er kann auch nicht den Esel laufen sehen, sondern sitzt im Esel. Er ist an die Eselautopoiesis angeschlossen und kann nur als ihr Teil wirken. Aber wenn man das auf das soziale System übersetzt, heißt das eben, daß diese Kommunikation über Kommunikation kommunizieren kann oder sie beobachten kann...

... daß der Manager mit anderen kommuniziert über das Eseltum, über das Eselsein?

Ja, aber daß er das auch wieder nur über Kommunikation machen kann. Wenn er bloß denkt: "Ach, wie schrecklich ist das hier; was würde ich alles tun, wenn ich die Möglichkeit hätte", kann ihn das psychisch wieder aufbauen, aber den Betrieb ändert es natürlich nicht. Er muß also kommunizieren, und zwar so, daß er die "Ja" und die "Nein" bekommt – oder daß er jedenfalls Erwartungen bilden kann, wer was annehmen oder ablehnen wird. Und dies muß innerhalb des autopoietischen Systems, unter der Bedingung der Fortsetzung einer Autopoiesis erfolgen.

Diese Bedingung erklärt, weshalb wir so große Probleme haben bei strategischen Überlegungen, die nicht mit der Unternehmenskultur übereinstimmen. Wenn die Strategie zum Beispiel "aktiver Verkauf" lautet, die Organisation aber so strukturiert ist, daß sie die Gehälter nach Dauer der Zugehörigkeit verteilt, dann geht es nicht...

… es sei denn in völligen Krisensituationen. Aber das System ändern kann ich immer nur unter der Haltung der Autopoiesis, also unter Fortsetzung von Kommunikation und Entscheidung. Steuerung ist immer eine Art von Differenzminderungsvorschlag.

Theoretisch lautet das Problem: Wie kann man Selbstbeobachtung, Selbstbeschreibung mit der Autopoiesis verbinden? Das ist ein Punkt, über den ich mich mit Maturana nie wirklich geeinigt habe. Für die Übersetzung des Modells der Autopoiese auf soziale Systeme ist es einfach notwendig, zu sagen, daß die laufende Kommunikation ständig ein Moment der Selbstbeobachtung mitführt: Kommunikation geht gar nicht, ohne daß man weiß, daß kommuniziert wird und wer kommuniziert hat und worüber kommuniziert ist – und ohne daß man jederzeit die Möglichkeit hat, zu fragen: "Warum sagst du das jetzt eigentlich?" oder "Was ist dein Interesse?". Dafür gibt es keine Parallele im biologischen Bereich von Autopoiese. Darin liegt dieses im Verhältnis zum biologischen System unwahrscheinlich große Potential für Strukturänderungen im sozialen System.

Maturana sagt, daß man immer nur im konsensuellen Bereich miteinander lebt und daß man nur über das gemeinsame Kulturspezifische miteinander reflektieren kann. Nur durch einen konsensuellen Bereich habe ich überhaupt Begriffe, und die Sprache geht nur über die Begriffe.

Ja. Man muß die Sprache des andern können, man muß also den Worten denselben Sinn geben können. Insofern hat man einen konsensuellen Bereich. Aber der deckt auch die Ablehnung ab: Man versteht, wenn jemand nein sagt. Das heißt, daß man mit Kommunikation immer eine Bifurkation von Annahme oder Ablehnung, von Ja oder Nein erzeugt – daß Kommunikation sich ständig reproduziert in der Form zustimmender oder ablehnender Weiterführung. Da kommen wir aus dem für Maturana typischen Bereich heraus und haben wieder die Eigenart, daß ein soziales System, das auf sprachlicher Kommunikation gebaut ist, die Neinsager nur im System selbst erzeugen kann und ertragen muß. Das führt zur Struktur von Konflikten, als sozialen Systemen innerhalb sozialer Systeme, die sich aus Ablehnung oder antizipierter Ablehnung entwikkeln. Aber der entscheidende Punkt ist die Unterscheidung zwischen einem Außenbeobachter, der sich auch mit anderen Außenbeobachtern über den Betrieb verständigen kann, und dem, was man selbst – gebunden an die Autopoiesis des Unternehmens – innerhalb dieses Systems effektvoll sagen kann. Ich sage, ich sei der Ansicht, es müsse so und so gemacht werden, und dann sagen die Leute nein. Dieses Nein enthält das Potential zur Erhaltung der Autopoiesis.

Das führt zurück zur Frage der Steuerung. Die Autopoiesis darf nicht gestört werden. Also ich steuere, aber es gibt eine Grenze, über die ich nicht hinausgehen darf. Was heißt das jetzt für meine Steuerungsfähigkeit?

Daß man die Kommunikation auch über ein Nein fortsetzen kann: Wenn man einen Vorschlag macht, der unwillkommen ist, dann sagen die Leute nein und setzen die Kommunikation fort. Damit ist die Autopoiesis gerettet – die Kommunikation geht weiter.

(8*)

Ist die Autopoiesis überhaupt gefährdbar?

Sie ist nicht leicht zu gefährden. Autopoietische Systeme sind extrem stabil. Dadurch, daß sie sowohl den Jakurs als auch den Neinkurs wählen können, sind sie noch stabiler. Variabel ist die Komplexität des Systems, die Größe des Systems, die Zahl der möglichen Sätze, die man sprechen kann, der Bereich dessen, was zumutbar ist. Ein System kann schrumpfen oder expandieren im Bereich dessen, was unter der Bedingung von Autopoiesis kommuniziert werden kann. Aber die Erhaltung der Autopoiesis selbst, wie auch die Erhaltung des Lebens, ist normalerweise kein so großes Problem. Die eigentliche Frage ist: Wie groß ist das Kommunikationsvolumen, die Komplexität der Kommunikation? Was kann alles entschieden werden, was kann nicht entschieden werden?

Ist Autopoiesis haltbar, wenn sie mit Zahlen in Zusammenhang gebracht wird?

Im ökonomischen System – ja. Das ist ja enorm stabil – wenn man denkt, was für Schwankungen in Außenhandelsbilanzen, im Dollarkurs, in Aktienkursen etc. es aushält, ohne daß es irgendwo platzt.

Kann man das Wirtschaftsunternehmen nach diesem Modell auf den Sinn "Zahlungsfähigkeit" reduzieren?

Die Autopoiesis eines Wirtschaftsunternehmens ist natürlich durch die Zahlungsfähigkeit bedingt, auch wenn diese nicht unbedingt nur vom Markt bestimmt ist. Ohne Zahlungsfähigkeit machen Sie Konkurs oder lösen Sie das Unternehmen auf.

Zahlungsfähigkeit ist die Überlebensvoraussetzung. Was sind aber die Gesundheitsvoraussetzungen eines Unternehmens? Gibt es nicht auch im wirtschaftlichen Bereich noch andere Sinnkategorien? Kann sich der Manager wirklich auf die Erhaltung der Zahlungsfähigkeit beschränken?

Die Autopoiesis reicht sicher nicht, um das Unternehmen zu charakterisieren. Eine Schokoladenfabrik hat eine bestimmte Struktur, und jedes Unternehmen hat eine eigene Geschichte, die nicht ohne weiteres umformulierbar ist. Ich vermute überhaupt, daß die Theorie der Autopoiesis nur einige wenige praktische Konsequenzen hat, wie etwa, daß alles nur über Irritation läuft, daß man eigene Strukturen selbst ändern kann und daß die Änderung nur über die Autopoiesis im System, aber nicht von außen durchgeführt werden kann. Der Manager, der Planer ist immer ein Teil des Systems. Wenn er beginnt, ein Modell des Systems zu errichten und sagt: "Das ist meine Vorstellung, dahin soll es gehen", dann wird genau das schon wieder beobachtet, weil er im System arbeitet, an die Kommunikation angeschlossen bleiben muß und alles nur über Entscheidungen des Systems produzieren kann. Das sind Konsequenzen von Autopoiesis. Die Erhaltung der Autopoiesis ist Bedingung dafür, daß es überhaupt geht. Aber welche Strukturen nun aus vorhandenen Strukturen entwickelt werden können, ist eine zweite

Frage. Und in diesem Sinne, glaube ich, ist für die wirklichen Probleme – auch für die Beratungstätigkeit oder für die Information von Betriebsleitungen – mit dem Autopoiesis-Konzept wenig Direktes zu holen, so wichtig es ist, die einfache Ursache-Wirkung-Mentaliät zu überwinden, also die Vorstellung: Ich bin der Manager und dort ist die Trivialmaschine. Da muß ich andere Inputs machen, dann kommen andere Outputs raus. Und ich selbst sitze außerhalb der Trivialmaschine. Ich bin oben, und die sind unten.

Ich habe den Eindruck, daß Sie immer mehr von Praktikern eingeladen werden, obwohl ihnen klar ist, daß diese Systemtheorie eine Meta-Theorie ist, die keine Handlungsanweisungen produzieren kann. Welche Überlegungen sind denn in Ihren Diskursen für Praktiker besonders interessant?

Meine Kontakte sind eigentlich immer kurzfristig, es ist häufig eine intellektuelle Kosmetik. Man kann höchstens manchmal Überraschungen produzieren. Wenn ich in einem Medizinplanungskontext sage: "Ihnen fehlt ja gar nicht das Geld, sondern Ihnen fehlen die Kranken", dann habe ich stereotype Wahrnehmungen mit Irritationen versorgt. In einer Kommission für die Personalpolitik des öffentlichen Dienstes habe ich dies zusammen mit Kollegen durchexerziert. Die ganze Kommission arbeitete unter dem Gesichtspunkt: Beamten- oder Gewerkschaftsmodell? Wir haben sie dann umprogrammiert auf ein Personalmanagement-Modell: Wie bringt es der öffentliche Dienst zustande, die richtigen Leute in die richtigen Positionen zu bringen? Durch die Verschiebung der Problemstellung haben wir das Patt überwunden, und die gesamte Kommission hat schließlich mitgezogen. Die Kosten waren dann, daß das ausgearbeitete Modell nicht realisiert wurde, weil die Änderungen zu umfangreich wurden...

So kommen wir immer wieder auf die Kommunikation zurück. Mich würde interessieren, warum Kommunikation überhaupt funktioniert, obwohl die Schwierigkeiten fast unüberwindbar scheinen...

Ich habe so ein allgemeines Evolutionsmodell. Jedes Bewußtsein ist verkapselt, ein autopoietisches System. Keiner hat einen direkten Zugang zum Bewußtsein des anderen. Warum soll also überhaupt irgend jemand zugleich mit einem anderen – oder kurz danach – eine ähnliche Vorstellung haben? Das ist vom Gehirn her extrem unwahrscheinlich. Das Gehirn ist völlig in sich selbst arbeitendes Bewußtsein. Ich sehe Sie von hier, Sie sehen mich von dort – wieso sollen wir irgendeine Gemeinsamkeit im Kopf haben? Und wenn, warum sollen wir das denn gleichzeitig behalten, im Gedächtnis speichern, so daß wir wieder darüber verfügen? Also ist es zunächst einmal extrem unwahrscheinlich, daß überhaupt eine Koalition solcher autopoietischer Bewußtseinssysteme gelingt. Nun haben wir aber die Sprache erfunden, dieses extrem wahrnehmungsauffällige Sonderphänomen in der normalen Umwelt, so daß wir über die sprachliche Formulierung, auch über die sprachliche Formulierung des Gedächtnisses, eine gewisse Koordination erzeugen können. Die Unwahrscheinlichkeit wird jetzt dadurch reduziert, daß die Sprache Ja und Nein erlaubt. Man möchte etwas nicht – dann sagt man eben nein. So kann die Autopoiesis sowohl im Bewußtsein – Weiterdenken über Nein oder über Ja – als auch in der Kommunikation weiterlaufen. Dann kann man programmieren, unter welchen Bedingungen eine Gesellschaft "Ja" präferiert oder unter welchen Bedingungen "Nein" unterstützt wird. Wenn neue, unsinnige Gedanken kommen, dann sagt man eben nein. Wenn ein überzeugender Vorschlag kommt – "Da sind die Büffel, da müssen wir jetzt hin" –, dann sagt man eben ja.

Die Ausdehnung dieses Mechanismus über die Schrift ermöglicht, daß auch Nichtanwesende – das ist überhaupt völlig unwahrscheinlich, zunächst einmal widerlich –, denen man gar nicht in die Augen gucken kann, die gar nicht interaktionell kontrollierbar sind, auf ihre Folgebereitschaft hin geprüft werden können. Von hier aus entwickelt sich die ganze Sondereigenschaft von schriftlicher Kommunikation: Vollständige Sätze, alle Überzeugungsmittel müssen in den Text miteingearbeitet werden; die Person zählt wenig, es sei denn über Autorennamen. Dann folgt die Buchform. Der Vorgang wiederholt sich immer wieder, in immer größerer Reichweite, größerer Komplexität, in der Wiederherstellung von Unwahrscheinlichkeit und in spezifischen Mechanismen, die darauf wieder abstellen. Also in diesem zunehmenden Sinne habe ich so das Gefühl einer Unwahrscheinlichkeit, die dann immer wieder eingefangen wird durch immer kühnere und unwahrscheinlichere institutionelle Empfindungen, wie schließlich Macht und Geld – oder reputierte Wahrheit: Auch wenn niemand die Forschung wirklich versteht, wenn es von der Wissenschaft kommt, nimmt man an, daß es stimmt.

Auch die Liebe hat ihre Semantik zur Überwindung der Unwahrscheinlichkeit einer Zweierbeziehung, wo es doch so viele Menschen gibt, während die schichtspezifischen Kriterien zunehmend wegfallen und die Liebescodes sich subjektivieren. Da entwickelt sich ein ganzer Katalog von Zusatzeinrichtungen, die Unwahrscheinliches wieder wahrscheinlicher machen.

Ähnliches könnte ich mir auch in Betrieben oder Bürokratien vorstellen. In der erwähnten Kommission haben wir zum Beispiel vorgeschlagen, daß man alle höheren Positionen nur auf Zeit vergibt und die Versorgung sich nicht aus dem letzten Amt ergibt, sondern aus einem Gehaltsdurchschnitt im Laufe eines Lebens. So hätte man einmal fünf Jahre lang, wenn man so im besten Alter ist, eine leitende Position und käme nachher wieder in eine mittlere Ebene – als normale Praxis, nicht als Bestrafung. Das ist natürlich nicht durchgegangen. Aber in der Industrie ist es ja zum Teil so. Das sind so die Fragen: Kann man eine größere personelle Beweglichkeit verkraften? Welche Besoldungsstrukturen gehören dazu? Wie ist das mit Außenrekrutierung und internem Aufstieg koordinierbar? Ich vermute, daß die Normalisierung von biographischem Auf und Ab in einem organisierten Kontext bisher unwahrscheinlicher Kommunikation wieder erhöht wird. Aber der Schlüssel liegt wahrscheinlich nicht in den organisatorischen Netzwerken, sondern in den Personalstrukturen.

Die wachsende Unwahrscheinlichkeit, die durch immer unwahrscheinlichere Einrichtungen aufgefangen wird, hat wohl auch einiges mit der zunehmenden Beschleunigung der Veränderung zu tun. Gibt es eine Form, wie man das besser in den Griff bekommt, oder gibt es Formen, wie man das stoppen kann?

Viele Dinge, die früher möglich waren, sind jetzt nicht mehr möglich, weil es zu schnell geht. Bei der Steuerung will man ja zuerst einmal die Kondition für künftiges Verhalten ändern. Aber immer häufiger wirkt schon die Erklärung, das tun zu wollen, oder das Ereignis – etwa die Diskontsatzsenkung. Zu dem, was man erzielen will, kommt es gar nicht, weil inzwischen schon wieder neue Ereignisse geschehen sind. Man müßte also in der Steuerungstheorie weniger die Frage in den Mittelpunkt stellen, wie künftig Bedingungen geändert werden müssen, damit man sich künftig anders verhält, sondern vielmehr, was geschieht, wenn man Steuerungsmaßnahmen einleitet. Wenn schon die Einleitung der Steuerung die Bedingungen ändert, muß man schon wieder steuern, bevor überhaupt die Effekte eingetreten sind. Ich vermute, daß das in der Geldpolitik schon lange so ist: Man tut etwas, nicht um künftige stabile Zustände zu erreichen, sondern um etwas durch das Tun selbst zu kontrollieren und zu korrigieren. Und man wird beobachtet – als jemand, der Kurse verändern will. Und dann wird damit spekuliert.

Könnte die Häufigkeit der Änderungen von Rechtsvorschriften nicht selbst eine Ressource des Rechtssystems sein, indem man von vornherein nur provisorisch plant? Das Recht braucht nicht mit Ewigkeitsanspruch aufzutreten, sondern nur mit dem Anspruch, vorläufig zu tun, was wir bei dem gegebenen Stand der Informationen für richtig halten.

Das führt dann zu einem anderen Typ von Rechtsstruktur, der nicht mehr in den klassischen, dogmatischen Formen läuft, sondern viel stärker verbunden ist mit der Informationserhebung darüber, was geschieht, wenn ich zum Beispiel im Scheidungsrecht nicht mehr auf Verschulden abstelle. Wachsen die Scheidungsraten – oder nicht? Bekommen dann eher die Frauen oder eher die Männer die Kinder zugesprochen? Variiert das mit dem Alter? Werden gut verdienende Leute überhaupt noch heiraten? Also eine Fülle von Fragen, die man nicht klären kann, wenn man dieses Gesetz erläßt. Aber man sagt dann: Bitte beobachtet mal, was eigentlich geschieht. Dann müssen wir wieder korrigieren.

Das ist genauso im ganzen Bereich der gefährlichen Technologien: Man muß das bauen und sehen, was geschieht, und dann wieder nachändern. Man darf also nicht das Gefühl haben, beim Beginn einer Sache müsse man schon wissen, was herauskommt. Natürlich muß man sich gegen bestimmte sofort-katastrophale Gefahren wehren und darf nichts Unsinniges unternehmen. Aber andererseits darf man auch mit der Zeit und mit dem Erfahrungszuwachs rechnen. Den hätte man ja nicht, wenn man nicht begonnen hätte. Man müßte sich irgendwie auf eine solche adaptive Normalroutine einstellen.

Aber die Begleiterscheinung dieser viel rascheren Veränderungsprozesse ist ja die Unsicherheit, und diese würde durch diese Vorgangsweise ja nicht unbedingt reduziert, sondern eher erhöht werden...

Die Frage ist, ob man prinzipiell Sicherheit auf Statik bauen muß – oder auf Dynamik. Ob man nicht gerade dadurch Sicherheit erzeugt, daß man sagt: Okay, versuchen wir es mal. Wir wissen, daß wir es korrigieren müssen, wenn wir diese und jene Beobachtung machen, und auf diese Punkte kommt es dabei an.

Das ist eigentlich das, was wir unseren Managern sagen: das Lernen, mit Unsicherheiten sicherer zu leben – also eigentlich eine paradoxe Anweisung – statt Sicherheit mit Stabilität oder Starrheit zu verbinden.

Das Problem scheint mir hauptsächlich zu sein, daß die Zeithorizonte in einzelnen Funktionsvarianten sehr unterschiedlich sind. Also, die Wirtschaft, die investieren will, will wissen, ob eine bestimmte Technologie verboten bleibt oder nicht – oder mit Auflagen belastet wird –, aber die Politik sagt es nur für ein halbes Jahr voraus. Das Problem stellt sich auch für die persönlichen Interessen beruflicher Art: Soll ich in die Industrie gehen oder nicht? Soll ich eine Ausbildung machen oder nicht? Was soll ich meinen Kindern empfehlen? Das sind ja ganz lange Zeithorizonte. Da wird wohl nur durch eine elementare Sicherheit im Überlebenssinne – auf einem bestimmten Zivilisationsniveau – Sicherheit zu erreichen sein.

Viel trägt ja der Computer zum Tempo bei. Für mich ist es unheimlich, daß die Computer nichts vergessen werden. Was ein Gehirn nicht braucht, vergißt es von selbst. Aber der Computer hat alles gespeichert, die ganze gespeicherte Vergangenheit. Das fing ja schon mit den Büchern an. Schon der Buchdruck brachte die erste Last von Vergangenheit. Wie kann man im Bereich der Kommunikations- und Speichermedien ein Vergessen organisieren? Leben wir nicht immer mehr von einer Kontrolle, einer Steuerung, die auf einem Vergleich mit gespeicherten Werten beruht? Im Maße des Tempos, des Wandels, der Schnelle, wird dadurch die Vergangenheit rascher obsolet und zugleich wichtiger. Es ist ja kein Zufall, daß wir jetzt diese Neurosen haben mit alten Windmühlen und Fördertürmen und alten Fassaden.

Ist das die Sehnsucht nach nicht so komplexen Strukturen?

Ja, man braucht einfach die Illusion einer Stabilität und pflegt natürlich auch das, was nie wieder kommen wird. Wir werden nie wieder ein Haus mit Türmchen bauen, also muß es bewahrt werden. Das ist dann eine reine Kompensation für die Beschleunigung des Lebenswandels. Sie trägt nichts Wesentliches dazu bei, die Sache selbst in einer kontrollierbaren Form zu erhalten.

Juristisch ist mir das unangenehm, daß man nichts mehr langfristig machen kann. Die ganze Rechtskultur ist aufgebaut auf Gerichtsentscheidungen und auf Gesetzen. Das lange, lange Probieren von Kategorien und Begriffen und Rechtsregeln, getestet nicht an abstrakten Planungen, sondern an Fällen, über zweitausend Jahre eingeschliffen und verfeinert – das alles liegt jetzt in Form einer juristischen Kategoriedynamik vor und ist zunehmend irrelevant. Es wird ersetzt durch Interessen-Abwägungs-Vorschriften – was immer dann als Interesse berücksichtigungswert ist. Das kann sich in jedem Jahr ändern. Da kann man ökologische Interessen oder Fraueninteressen oder was immer einfügen, wenn das gerade aktuell wird. Da bin ich in meinem Gefühl für guten juristischen Stil getroffen. Aber den habe ich natürlich auch nur im Studium gelernt, und wer weiß, ob es darauf ankommt.

Ich möchte ganz zum Schluß wissen, was Sie in nächster Zeit am meisten interessiert. Welche Fragen stehen für Sie im Vordergrund?

Das sind immer viele zugleich. Einerseits steht die Beschreibung der modernen Gesellschaft immer noch im Zentrum. Dann habe ich einzelne Schwerpunkte: Eine Wissenschaftstheorie ist praktisch fertig, bis auf die Kosmetik. Nun folgen, vom Gesamtmodell der Gesellschaft ausgehend, die einzelnen Funktionsbereiche: die Wirtschaft der Gesellschaft, die Wissenschaft der Gesellschaft, die Religionen der Gesellschaft, die Politik der Gesellschaft. Durch Verwendung derselben Kategorien versuche ich auch, das Kategorieninstrument selbst zu testen. Das ist eine Sache.

Andererseits habe ich immer sehr starke Interessen an allen menschlichen Milieus, das ist gelegenheitsabhängig, also Unternehmensberatungen oder Theologen – oder jetzt Chile, Pinochet. Mir fällt da mehr ein als anderen, weil ich theoretische Vergleichsfragen habe. Den Fall, daß man eine Entscheidung für oder gegen Demokratie durch eine Wahl herbeiführt, hat es noch nie gegeben. In einer Situation, die in manchem auch historisch einmalig war – und das vor typisch chilenischen Eigenschaften, enormem Rechtsgehorsam, viel größerer Vorschriftentreue als bei uns in Deutschland –, da hat man die Spezifität eines Ereignisses in einem Kontext, der gleichzeitig sehr informativ ist.

Sie sehen, ich bin nicht nur an meiner Theorie interessiert, obwohl ich das Gefühl habe, wenn ich sie nicht weiter entwickeln kann, dann bleibt sie so stehen, wie sie ist – also will ich so viel wie möglich daraus machen. Aber mein Ziel ist nicht, daß möglichst viele Leute so denken, wie ich denke. Mich interessiert mehr das andere, das Milieu und die schwierigen Gesprächspartner.

Fritjof Capra / Alexander Exner / Roswita Königswieser

Veränderung im Management – Management der Veränderung

Auch im Management spielt sich ein Paradigmenwechsel ab, der jenen in der Wissenschaft und allgemein in der Gesellschaft widerspiegelt. Mit dem nachfolgenden Aufsatz haben Theoretiker und Beratungspraktiker gemeinsam den Begriff des «systemischen Managements» zu klären versucht. Dabei gelangen sie von den Kriterien des systemischen Denkens über die Organisationsprinzipien lebender Systeme zu sieben zentralen Thesen des systemischen Managements. Es zeigt sich, daß systemisches Management nicht ein Über-Bord-Werfen, sondern eine Erweiterung traditioneller Denkweisen und Werthaltungen und damit auch nichts Spektakuläres bedeutet, sondern eher die Ablösung der Grundhaltung des «Machers und Beherrschers» durch jene des «Gärtners und Kultivators», der dafür sorgt, daß in einem ständigen Prozeß des Ausbalancierens immer wieder die Voraussetzungen zum langfristigen Überleben des Unternehmens entstehen.

Paradigmenwechsel im Management

In den letzten Jahren ist immer klarer geworden, daß die Probleme der heutigen Unternehmensführung nicht innerhalb streng getrennter Disziplinen gelöst werden können. Der Kontext des modernen Unternehmens ist so komplex, und seine Rahmenbedingungen ändern sich so rapide, daß der alte Managementstil nicht mehr ausreicht. Ein ganzheitlicher Ansatz ist notwendig.

Diese Situation des Managements ist ein Spiegelbild der allgemeinen Problematik unserer Wissenschaft und Gesellschaft. Auf allen Gebieten zeigt sich immer deutlicher, daß die dringendsten Probleme nicht isoliert verstanden und gelöst werden können. Sie sind "systemische" Probleme, das heißt, sie sind miteinander verknüpft und voneinander abhängig. Ihre Lösung wird nur dann gelingen, wenn wir imstande sind, ganzheitlich zu denken und zu handeln. Im Management – ebenso wie in der Medizin, der Ökonomie oder der Politik – erfordert die Lösung der vielfältigen Probleme unserer global vernetzten Welt einen grundlegenden Paradigmenwechsel – einen Wandel des Denkens, der Weltbilder und Wertvorstellungen.

Ein wesentliches Merkmal dieses Paradigmenwechsels ist es, daß die Welt nicht als Maschine, sondern als lebendes System wahrgenommen wird. Dieser Wandel betrifft unsere Betrachtungsweise: in bezug auf die Natur, den menschlichen Organismus, die Gesellschaft und damit auch das Unternehmen.

Systemdenken ist ganzheitliches Denken, das heute in Grenzgebieten der Wissenschaft und auch in einer wachsenden Zahl von Unternehmen entwickelt wird, wo es oft als "systemisches Management" bezeichnet wird.

In den nächsten Abschnitten wollen wir genauer ausführen, was mit Systemdenken, lebenden Systemen und systemischem Management gemeint ist.

Kriterien des Systemdenkens

Systemisches Denken, wo immer es geübt und entwickelt wird, folgt vier Kriterien, welche als Wandel der Denkweisen und Anschauungen formuliert werden können:

1. vom Teil zum Ganzen

Charakteristisch für die alte Denkweise ist die Annahme, daß in jedem noch so komplexen System die Dynamik des Ganzen aus den Eigenschaften der Teile verstanden werden könne. Im Gegensatz dazu versucht man in der neuen Denkweise, die Teile aus der Dynamik des Ganzen zu verstehen. Im Mittelpunkt der Betrachtung stehen nicht Grundbausteine, sondern Organisationsmuster.

2. von Objekten zu Beziehungen

Aus der Sicht des Systemdenkens wird jedes "Objekt", jeder "Teil", als Muster in einem untrennbaren Netzwerk von Beziehungen verstanden. Die wesentlichen Eigenschaften eines solchen Objekts erwachsen aus dessen Beziehungen zu anderen Objekten. Dies gilt auch für jedes lebende System als Ganzes: Sein Wesen erwächst aus seinen Beziehungen zur Umwelt. Systemdenken ist daher immer auch Umweltdenken.

3. von Strukturen zu Prozessen

Das alte Denken ging von fundamentalen Strukturen aus, die durch Kräfte und Wechselwirkungsmechanismen aufeinander einwirkten und so Prozesse hervorbrachten. Das neue Denken sieht Struktur und Prozeß als komplementäre Begriffe. Jeder Prozeß betrifft Strukturen, und jede Struktur ist Ausdruck von Prozessen. Systemdenken ist Prozeßdenken.

4. von Objektivität zur Konstruktion der Wirklichkeit

Im alten Paradigma glaubte man an eine objektive Beschreibung der Wirklichkeit, unabhängig vom Beobachter und vom Vorgang des Erkennens. Im neuen Paradigma setzt sich immer mehr die Überzeugung durch, daß das Verstehen des Erkenntnisprozesses integraler Teil jeder Naturbeschreibung sein muß. Ein lebendes System konstituiert sich einerseits durch seine Beziehungen zur Umwelt (siehe Kriterium Nr. 2), bringt andererseits aber auch diese Umwelt hervor. Es nimmt Umwelteinflüsse selektiv wahr und konstruiert so seine Umwelt.

LEBENDE SYSTEME

Wir wollen nun den Begriff des lebenden Systems genauer erfassen: Lebende Systeme sind integrierte Ganzheiten, deren Eigenschaften sich nicht auf die kleineren Teile reduzieren lassen. Beispiele dafür gibt es in der Natur in Hülle und Fülle. Jeder Organismus – von der kleinsten Bakterie über den Bereich der Pflanzen und Tiere bis hin zum Menschen – ist ein integriertes Ganzes und somit ein lebendes System. Dieselben Ganzheitsaspekte zeigen sich auch in sozialen Systemen und in Ökosystemen. Alle diese natürlichen Systeme sind Ganzheiten, deren spezifische Strukturen sich aus den wechselseitigen Beziehungen und Abhängigkeiten ihrer Teile ergeben.

Eine auffallende Eigenschaft aller Systeme ist es, daß sie vielschichtige Strukturen – Systeme innerhalb anderer Systeme – bilden. Jedes dieser Systeme ist in bezug auf seine Teile eine Ganzheit, zugleich aber auch Teil einer größeren Ganzheit. So schließen sich Zellen zu Geweben zusammen, Gewebe zu Organen und Organe zu Organismen. Diese wiederum existieren innerhalb von sozialen Systemen und Ökosystemen. Eine der großen Stärken der systemischen Betrachtungsweise ist die Tatsache, daß die gleichen Begriffe auf verschiedene Systemebenen angewendet werden können, wodurch sich oft wichtige Einsichten ergeben.

Eine weitere auffallende Eigenschaft aller lebenden Systeme ist ihr hoher Grad an Stabilität. Diese Stabilität wird nicht durch Starre erreicht, sondern vielmehr durch dynamische, nichtlineare Verkoppelungen (Feedback-Schleifen). Dabei spielen Fluktuationen eine zentrale Rolle. Das dynamische Gleichgewicht eines lebenden Systems zeichnet sich durch ständige, wechselseitig verknüpfte Fluktuationen aller Variablen aus. Um gesund zu sein, muß das System flexibel sein, und seine Flexibilität hängt davon ab, wie viele seiner Variablen in Fluß gehalten werden. Je dynamischer der Zustand des Systems, desto größer seine Flexibilität, desto stärker seine Fähigkeit, sich Umweltveränderungen anzupassen. In Sozial- und Ökosystemen ist außerdem Varietät ein entscheidender Aspekt der systemeigenen Flexibilität und Anpassungsfähigkeit.

Mangelnde Flexibilität drückt sich als Streß aus. Insbesondere tritt Streß dann ein, wenn eine oder mehrere Variablen des Systems bis zu ihren äußersten Werten angespannt werden, was zu verstärkter Unbeweglichkeit im gesamten System führt. Vorübergehender Streß ist ein wesentlicher Aspekt des Lebens, doch anhaltender Streß ist schädlich und wirkt systemzerstörend. Aus diesen Betrachtungen ergibt sich die wichtige Einsicht, daß es im Management von sozialen Systemen (eines Unternehmens, einer Stadt oder einer Volkswirtschaft) darum geht, Optimalwerte für die Variablen des Systems zu finden.

Versucht man, irgendeine einzelne Variable zu maximieren, anstatt sie zu optimieren, so wird dies unausweichlich zur Zerstörung des Systems als Ganzem führen.

Das Verständnis der Stabilität und Anpassungsfähigkeit eines sozialen Systems als Folge eines dynamischen Gleichgewichts, gekennzeichnet durch ständige, wechselseitig verknüpfte Fluktuationen seiner Variablen, legt eine entsprechende Strategie der Konfliktlösung nahe. In jedem lebenden System treten unvermeidbare Gegensätze und Widersprüche auf. In Ökosystemen sind Wachsen und Vergehen einander entgegengesetzte Prozesse, die sich in allen ökologischen Zyklen manifestieren. In ähnlicher Weise treten in der menschlichen Gesellschaft Widersprüche und Konflikte auf, die nicht zugunsten der einen oder anderen Seite gelöst werden können. So brauchen wir Stabilität und Wandel, Ordnung und Freiheit, Tradition und Innovation, Planung und Laissez-faire. Anstatt durch starre Entscheidungen werden diese unvermeidbaren Konflikte besser durch dynamisches Ausbalancieren überwunden.

Nach der allgemeinen Beschreibung einiger wichtiger Eigenschaften lebender Systeme können wir nun den Begriff des lebenden Systems noch mehr präzisieren. Die Frage "Was ist Leben?" wird im Rahmen der Systemtheorie so gestellt: Was sind die Organisationsprinzipien lebender Systeme?

Dabei stellt sich heraus, daß die vielfältigen Prozesse und Phänomene, die für lebende Systeme charakteristisch sind, als verschiedene Aspekte ein und desselben Prinzips verstanden werden können – des Prinzips der Selbstorganisation. Ein lebendes System organisiert sich selbst, das heißt, seine Ordnung wird ihm nicht von der Umwelt auferlegt, sondern wird vom System selbst bestimmt. Mit anderen Worten: Lebende, selbstorganisierende Systeme haben eine gewisse Autonomie. Das heißt aber nicht, daß sie von der Umwelt isoliert sind. Ganz im Gegenteil, sie stehen mit der Umwelt in ständiger Wechselwirkung, doch bestimmt diese Wechselwirkung nicht ihre Organisation.

Der faszinierendste und revolutionärste Aspekt der neuen Theorie von lebenden Systemen ist es, daß der Prozeß des Erkennens als wesentlicher Teil der Selbstorganisation angesehen wird. Die zentrale Einsicht ist die Gleichsetzung von geistigem oder Erkenntnisprozeß mit dem Prozeß des Lebens selbst.

In dieser neuen Theorie ist Erkennen nicht die Darstellung einer unabhängig bestehenden Welt, sondern vielmehr ein ständiges Hervorbringen einer Welt durch den Lebensprozeß selbst. Alle Wechselwirkungen zwischen einem lebenden System und seiner Umwelt sind kognitive Wechselwirkungen – leben heißt erkennen.

Systemisches Management

Die Anwendung der oben umrissenen Ideen und Einsichten auf die Unternehmensführung kann passend als "systemisches Management" bezeichnet werden. Ein von systemischem Denken und Handeln geprägter Führungsstil zeichnet sich zuerst einmal durch eine neue Grundhaltung der Führungskräfte aus. Systemisch denkende Führungskräfte verstehen sich nicht mehr als "Macher und Beherrscher", sondern als "Gärtner und Kultivatoren" von Unternehmen. Um der Natur des Unternehmens als lebendem, selbstorganisierendem System gerecht zu werden, geben sie eher Anstöße als Anweisungen.

Wir wollen nun die wichtigsten Grundprinzipien des systemischen Managements anhand von sieben Thesen erläutern:

1. Unternehmen sind nicht beherrschbar, sie beherrschen sich selbst

Dies ist für viele Manager eine höchst unangenehme bis nichtakzeptable Vorstellung. Sie gehen hartnäckig von der Annahme aus, ein Unternehmen sei wie eine Maschine, bei der man sich nur entsprechend auskennen müsse, um sie zu beherrschen. Auch die alltägliche Erfahrung, daß sich diese Maschine immer wieder anders verhält, als man erwartet, läßt sie nicht an ihrer problematischen Grundannahme zweifeln, sondern animiert sie nur, die Mechanik noch gründlicher und detaillierter zu untersuchen, um sie unter Kontrolle zu bringen.

Wir gehen davon aus, daß Unternehmen – als soziale Systeme – eine so große Komplexität haben, daß sie für den einzelnen unmöglich zur Gänze erfaßbar sind. Wie alle lebenden Systeme entziehen sich Unternehmen der Beherrschbarkeit auch dadurch, daß sie selbstorganisierend sind, das heißt zu einem hohen Ausmaß autonom reagieren, ihre Identität bewahren, indem sie – sich von den für sie relevanten Umwelten unterscheidend – alle Informationen in ihrer eigenen Logik verarbeiten.

So schaffen es Pionierunternehmer immer wieder, sich der Umsetzung einer noch so rationalen, einleuchtenden Planung zu entziehen, weil diese der Kultur dieser Unternehmungen zu fremd ist.

Das bedeutet: Der Manager muß lernen, mit Unsicherheit zu leben. Er handelt in einem sozialen System, das er niemals ganz verstehen, dessen Reaktionsweisen auf Ereignisse er nicht völlig vorhersehen, geschweige denn beherrschen wird.

Er muß vielmehr versuchen, die Eigenlogik und die eigene Rationalität des Unternehmens möglichst gut zu spüren, zu erkennen und diese in einem gewissen Maß zu akzeptieren. Dies enthebt ihn jedoch nicht seiner Verantwortung, Orientierung zu vermitteln, Impulse, möglichst unter Nutzung vorhandener Energie, zu geben und zu versuchen, das Unternehmen in gewünschte Zustände zu bringen und deren Wirkungen zu analysieren.

2. Was ein System ist, wird stark durch dessen Beziehungen zu den relevanten Umwelten bestimmt

Das Wesen eines lebenden Systems erwächst aus dessen Beziehungen zur Umwelt. Wie die Identität eines Menschen durch Erfahrungen, Herkunftsfamilie, Schichtzugehörigkeit, Freunde und Arbeitskollegen stark mitbestimmt wird, so prägt sich auch die Charakteristik eines Unternehmens durch die Beziehungen zu jenen Umwelten, die für seinen Bestand und seine Entwicklung relevant sind, aus.

Die Art und Weise, wie Kunden behandelt werden, welche Gepflogenheiten Lieferanten gegenüber üblich sind, die Standards, in denen Konkurrenz zu Mitbewerbern ausgetragen wird etc., spiegelt sich in der gesamten Identität – und damit auch in der Unternehmensstruktur und -kultur, mit allen Symbolen, Werten, Normen, Organisationsformen und Erwartungsstrukturen – wider.

Einerseits ist die Selbstorganisation eines jeden Systems immer schon Voraussetzung für eigenständiges Handeln, gleichzeitig färben die Beziehungen zu den Umwelten die Charakteristik eines Unternehmens stark ein. Dienstleistungsunternehmen werden eine andere Kultur aufweisen als Produktionsunternehmen. Insofern sind die Spiele, Normen, Erwartungen und Prozesse in Systemen eine Spiegelung, ein Echo ihrer Umweltbeziehungen. Gleichzeitig projizieren Unternehmen ihre eigenen Strukturen und Prozesse auf ihre Umwelt, nehmen diese selektiert wahr und konstruieren so ihre Umwelt auch ein Stück selbst.

Störungen, die im Inneren eines Systems lokalisiert werden, sind daher auch immer im Kontext ihrer jeweiligen Bedeutung für die Beziehungen des Unternehmens zu seiner relevanten Umwelt zu interpretieren.

Zu den relevanten, externen Umwelten eines Unternehmens gehört nicht nur der Markt, sondern auch die natürliche Umwelt – als Lebensgrundlage aller Menschen –, aus der das Unternehmen Energie und Rohstoffe bezieht. Der ökologische Kontext tritt heute sowohl in der Betriebswirtschaft als auch in der Volkswirtschaft immer mehr in den Vordergrund. Dementsprechend wird im systemischen Management das Umweltdenken eine immer größere Rolle spielen.

3. Manager und Mitarbeiter sind die "innere Umwelt" des Unternehmens

Im Mittelpunkt der Beobachtung von Unternehmen als sozialen Systemen stehen die Handlungen und Handlungsmuster, die für das jeweilige Unternehmen charakteristisch sind. Natürlich gibt es ohne Personen kein soziales System und ohne derartige Systeme kein Zusammenwirken von Personen. Was nun die Mitarbeiter eines Unternehmens anbelangt, so gehören aber nur deren für das Unternehmen relevante Handlungsweisen zur Organisation. Die Privatperson ist nur indirekt wichtig.

Mit der weitverbreiteten Ansicht, die Mitarbeiter eines Unternehmens machten das Unternehmen aus, können wir nicht übereinstimmen.

Einerseits greift diese Ansicht zu kurz, weil wesentliche andere Aspekte, wie etwa Ökonomie und Technologie, ausgeschlossen werden, und andererseits respektiert diese Ansicht nicht den Menschen in seiner Ganzheit, die auf jeden Fall mehr ausmacht als seine Rolle und Funktion innerhalb des Unternehmens.

Die Gleichsetzung des Unternehmens mit der Summe der darin tätigen Menschen erinnert an das Sprichwort, man könne "den Wald vor lauter Bäumen nicht sehen". Natürlich gibt es keinen Wald ohne Bäume und kein Unternehmen ohne Menschen. Aber sowohl für den Wald als auch für das Unternehmen sind die Relationen zwischen deren Teilen und die entstehenden (Handlungs-)Muster charakteristisch und dauerhaft, während die Teile als solche sowohl in ihrer Bedeutung geringer als auch in hohem Maß austauschbar sind.

Ohne Zweifel beeinflussen die Mächtigen in Organisationen die Spielregeln eines Unternehmens. Die strukturellen Bedingungen und die Eigendynamik von Systemen werden aber zumeist unterschätzt.

Wir sehen daher Mitarbeiter in einem Unternehmen als relevante innere Umwelten, die natürlich – aufgrund ihrer jeweiligen Motivation, Ausbildung, Geschichte etc. – Handlungen beziehungsweise Muster beeinflussen können, aber dabei doch nur begrenzte Gestaltungsmöglichkeiten gegenüber dem Unternehmen als eigenem, selbstorganisierendem System haben.

Personen, die als Problem etikettiert werden, sind fast immer als Symptomträger für tieferliegende Dysfunktionalitäten/Störungen zu sehen. Möchte man daher im Unternehmen Grundsätzliches verändern, müssen die Interventionen nicht bei Personen, sondern bei Handlungen beziehungsweise Handlungsmustern ansetzen. Es geht nicht darum, Menschen zu verändern, sondern Voraussetzungen zu schaffen, die andere Verhaltensweisen ermöglichen.

4. In jedem System leben Widersprüche

Es muß in jedem System Widersprüche geben, weil es eine Vielfalt von Rollen und Subsystemen mit unterschiedlichen und komplexen Aufgabenstellungen gibt. Das erzeugt unterschiedliche und fallweise auch widersprüchliche Wahrnehmungsmuster und Informationsverarbeitungsmechanismen – damit aber auch die notwendige Flexibilität und Varietät als Grundlage für die Anschluß- und Entwicklungsfähigkeit des Systems an seine Umwelt. Die Art und Weise, in der diese Widersprüche integriert werden, macht einen wesentlichen Teil der Identität eines Unternehmens aus.

Zum Beispiel erzeugen die unterschiedlichen Positionen und Rollen in einem Unternehmen (Innendienst/Außendienst, Chef/Mitarbeiter, Privatleben/Berufsleben) widersprüchliche Erwartungen. Solche Widersprüche kommen auch von den verschiedenen relevanten Umwelten auf das System zu (Kundenbedürfnisse, Interessenverbänderegelungen, Lieferantenwünsche usw.) und auch in den Beziehungen zwischen den Organisationsmitgliedern wirken sich die widersprüchlichen Logiken konfliktbringend aus. Zum Beispiel sollen Mitarbeiter gleichzeitig kreativ und gehorsam sein, sie sollen autonom und loyal sein.

Jeder Zwischenvorgesetzte steht automatisch in einem Spannungsfeld. Um damit umgehen zu können, muß er über ein großes Konfliktlösungspotential und über eine stark ausgeprägte Rollendistanz verfügen. Er soll leistungsorientiert sein, gleichzeitig auf die Bedürfnisse der Mitarbeiter eingehen, soll sie schützen und entwickeln, aber dabei immer der Repräsentant des Ganzen bleiben.

Jedes System muß die Widersprüche ausbalancieren, um lebendig zu bleiben. Es benötigt daher sowohl entlastende, Sicherheit gebende, redundante Routineprogramme als auch flexible, innovative Handlungsmöglichkeiten und Entscheidungsfreiheit, um Varietät zuzulassen.

Ein systemischer Manager weiß, daß beide Tendenzen – je nach Kontext – wichtig sind. Er sieht auch die Funktionalität der Unterschiede und beachtet das Gute im Schlechten und umgekehrt. Sich nur auf die eine Seite eines Widerspruchs zu setzen würde bedeuten, den anderen automatisch zu provozieren. Damit ist aber die Chance, mit diesem Widerspruch zu leben beziehungsweise ihn zu managen, reduziert.

Zur Bewältigung dieses Balanceakts gehört die Gewißheit, daß Konflikte, die beim Austragen von Widersprüchen immer zum Vorschein kommen, funktional sind, daß sie zur Lebendigkeit und Lebensfähigkeit des Systems beitragen und daß nur über das Managen der Konflikte der Umweltkomplexität Rechnung getragen werden kann. Dabei geht es nicht mehr um Nullsummenspiele, sondern um konstruktive Konfliktbewältigung.

Ohne Konflikte gibt es keine Weiterentwicklung. Das chinesische Wort für Krise – wei-chi – ist aus den Worten Gefahr und Chance zusammengesetzt. Es macht den erwähnten Zusammenhang deutlich. Das gilt für zwischenmenschliche Beziehungen wie für Organisationen mit notwendigerweise widersprüchlichen Subsystemen.

5. Es muß etwas geschehen, damit es so bleibt, wie es ist

Die Stabilität eines lebenden Systems ist um so größer, je dynamischer sein Gleichgewichtszustand ist – daher die zuerst paradox klingende Behauptung, es müsse etwas geschehen, damit es so bleibt, wie es ist.

Im Laufe der Geschichte eines Unternehmens bilden sich aus den mannigfaltigen Umwelten die relevanten heraus. Ein Teil der Unternehmensidentität ist dadurch charakterisiert, daß das Unternehmen versucht, seine Relationen zu diesen relevanten Umwelten über längere Zeiträume konstant zu halten. Ein anderer Teil der Unternehmensidentität ergibt sich dadurch, daß sich unternehmenstypische innere Strukturen (z. B. Aufbauorganisation, Ablauforganisation, Werte, Normen, Muster) herauskristallisieren, die ihrerseits die Tendenz haben, so zu bleiben, wie sie sind.

Verändern sich nun die relevanten Umwelten eines Unternehmens – zum Beispiel das Kaufverhalten von Kunden – und will das Unternehmen seine Beziehungen zu diesen Umwelten trotzdem weiterhin aufrechterhalten, so muß es sich in seinen inneren Strukturen ändern (z. B. Marketingmix, Aufbauorganisation, Normen).

Da die Umwelten sich aber permanent verändern, tritt schon allein dadurch die paradoxe Situation auf, daß Unternehmen sich permanent verändern müssen, um ihre identitätsbestimmenden Relationen unverändert zu erhalten. Gleichzeitig müssen sie versuchen, ihre charakteristischen inneren Strukturen zu bewahren.

Mit dem Grundwiderspruch Veränderung/Bewahrung zu leben, ihn "im Sinne des Unternehmens" permanent zu vitalisieren ist eine der herausforderndsten Aufgaben des Managements.

6. Systemisches Denken und Handeln bedeutet: permanent die Schleife Beobachten – Hypothesenbilden – Handeln durchlaufen

Jeder Manager ist letztlich ein Problemlöser. Die immer komplexer werdenden Probleme erfordern frühes Erkennen und Handeln. Ein Problem zu erkennen heißt, es in seiner Verknüpfung mit einer Vielzahl von Einflußfaktoren zu erfassen und dabei den eigenen Beobachter-Standpunkt als selektive Wahrnehmung mit einzubeziehen. Systemisches Handeln setzt voraus, daß man sich Zeit nimmt und die nötige Distanz gewinnt, um sich einen Überblick zu verschaffen. Ohne permanente Situationsdiagnose und Hypothesenbildung – das heißt, ohne Annahmen zu formulieren, wie die tieferliegenden Muster von Prozessen ablaufen – bleibt systemisches Managen intuitives Agieren.

Manager, die unter systemischen Annahmen handeln, wissen, daß es keine Objektivität gibt, daß jede Situationsdiagnose das Ergebnis eines Prozesses zwischen Beobachter und Beobachtungsobjekt ist. Jeder konstruiert sich seine Wirklichkeit. Daher ist es für ein systemisches Management funktional, gemeinsam mit anderen ein Bild von der Situation zu erstellen. Dieser Prozeß selbst bewirkt oft schon den ersten Schritt zu einer Veränderung des Bewußtseins und des Problems.

Systemisch denkende Manager versuchen bewußt, Repräsentanten unterschiedlicher Interessengruppen beziehungsweise widersprüchlicher Tendenzen in den Reflexions- und Entscheidungsprozeß mit einzubeziehen und bereits dadurch die Muster, die Komplexität und die Vernetzungen der relevanten Umwelten in die Problemlösungen zu integrieren.

Die Schleife Beobachten – Hypothesenbilden – Handeln sollte ein permanentes Element systemisch orientierten Managens sein.

7. Der Weg ist das Ziel

In unserer Kultur gehen wir oft von der Vorstellung fester, unverrückbarer Ziele, die es zu erreichen gilt, aus, wobei der Weg dorthin – als etwas von diesem Ziel Abgehobenes – häufig als ein mühevoller erlebt wird. Erreicht man dieses Ziel, so empfindet man zumeist ein Gefühl der Leere und sieht gleichzeitig die Fülle neuer Probleme und Aufgaben – so fühlen sich oft Schüler nach dem Abitur.

Systemdenken ist Prozeßdenken. Geht man von der Vorstellung aus, daß alles ständig in Veränderung ist und die Turbulenzen der Umwelt, die Vielfalt und die Menge des Wissens sowie die Diskontinutität in der absehbaren Zukunft zunehmen, so rücken Begriffe und Vorstellungen wie Lernen lernen, Reflexion und bewußte Prozeßgestaltung (= Weg) in den Vordergrund.

Es gilt also – ohne deshalb klare Zielvorstellungen, Planung oder Visionen, die in diesen Turbulenzen eine wichtige Orientierungsfunktion haben, aufzugeben –, den Weg (Prozeß, Strategie) als etwas dem Ziel Gleichwertiges und damit in Wechselwirkung Stehendes zu sehen.

Die Gestaltung des Weges und die Formulierung der Vision werden somit auch als ein Prozeß der Ko-Evolution von Unternehmen und Umwelt gesehen.

Da man aus dem Prozeß, dem Weg, lernen kann, ist er gleichzeitig das Ziel. So ist zum Beispiel die "corporate identity" einer Firma ein ständig sich weiterentwickelnder Denk- und Bewußtseinsprozeß. Er ist der Weg zum Ziel der Übereinstimmung der eigenen Identität mit dem Markt. Mit der Niederschrift allgemein verbindlicher Regeln ist es nicht getan, denn es geht nicht um Beschwörungsformeln, sondern um Lernen im Prozeß der Anpassung.

Neues Denken – neue Werte

Der Paradigmenwechsel im Management – wie auch in der Wissenschaft und in der Gesellschaft – erfordert eine Erweiterung des Denkens und der Wertvorstellungen. Interessanterweise ist dabei ein auffallender Zusammenhang zwischen dem Wandel der Denkweisen und dem der Werte festzustellen. Wie die nachfolgende Aufstellung zeigt, können beide als eine Verlagerung der Schwerpunkte von der Selbstbehauptung zur Integration verstanden werden.

Denken	**Werte**
rational → intuitiv	Wettbewerb → Kooperation
Analyse → Synthese	Quantität → Qualität
reduktiv → ganzheitlich	Herrschaft → Partnerschaft

Es ist wichtig zu betonen, daß es hier nicht um ein Verwerfen alter, sinnvoller Denkweisen und Werte geht (wie logisches Denken, Ursachenanalyse, Zieldefinitionen usw.), sondern um eine Bereicherung der Grundannahmen und der Grundhaltung, die die notwendige ganzheitliche Sicht ermöglicht.

Die Konsequenzen des neuen Managementstils sind nicht sensationell oder "laut", weil sie sich in erster Linie in der Grundhaltung, den Wahrnehmungskategorien und dem Welt- und Selbstbild des systemisch orientierten Managers äußern. Wie schon betont, versteht er sich nicht als "Macher und Beherrscher", sondern als "Gärtner und Kultivator", der dafür Sorge trägt, daß er die Voraussetzungen zum langfristigen Überleben des Unternehmens mitgestaltet. Durch Freisetzen von Energien, durch Beachtung des Latenten, der Zusammenspiele und Prozesse, der Intuition und Sinnvermittlung von Visionen, durch Orientierunggeben, durch Metakommunikation, Erhöhung der Flexibilität und Förderung der Lernfähigkeit des Systems ergibt sich eine qualitativ andere Auffassung von Management.

Manager und Unternehmer, die täglich unter einem konkreten Leistungs- und Zielerreichungsdruck stehen, werden die Widersprüche zu dem hier beschriebenen Managementstil besonders stark spüren. Die strukturellen Rahmenbedingungen der meisten Unternehmen, die Angst vor Machteinbußen und die allen Menschen gemeinsame Angst vor Veränderung sind zusätzliche Hindernisse. Der steigende Problemdruck und die Verbreitung der Einsicht, daß die Probleme der heutigen Unternehmensführung systemische Probleme sind, lassen jedoch immer mehr Unternehmer und Manager zur Überzeugung gelangen, daß der Übergang zum systemisch-ganzheitlichen Management der beste Lösungsweg sei.

Knut Bleicher

Paradigmenwechsel im Management?

Die wachsende Komplexität unserer Lebensverhältnisse und die gestiegene Dynamik der Veränderung lassen die Schere zwischen den erforderlichen Reaktionszeiten und dem Zeitbedarf immer komplexerer Organisationen zunehmend auseinanderklaffen. Die Anpassunggeschwindigkeit wird zur Determinante des wirtschaftlichen Erfolgs, ja des Fortbestehens von Menschen, Nationen und Regionen. In der Managementlehre tritt anstelle des kritiklos aus den USA übernommenen technokratischen Führungsverständnisses des entscheidungsfreudigen Machers zunehmend ein evolutorisches Führungsverständnis des Kultivators einer «spontanen Ordnung», anstelle der direkten Lenkung die mittelbare Führung über das Organisieren des Dialogs. Damit verbunden ist die Verlagerung von der physischen Investition auf weiche, immaterielle und humane Aktiva als kritische Erfolgsfaktoren, von der Spezialisierung mit der eingebauten «Sinnbremse» zur Generalisierung und «Intrapreneurship», vom asymmetrischen Einfluss von oben zur lateralen Kooperation – etc. Durch die Globalisierung vor allem der Finanzmärkte stehen allerdings das amerikanische, auf kurzfristige Maximierung des Aktienertrags ausgerichtete und die in Europa und Japan stärker verwurzelten mehrdimensionalen Unternehmungsmodelle in direkter Konkurrenz. In einer schwierigen Übergangszeit müssen deshalb beide Führungsansätze miteinander verbunden werden, was Widersprüche und Risiken mit sich bringt. Gerade Traditionsunternehmungen müssen umso dezidierter die Bereiche definieren, wo neuen paradigmatischen Vorstellungen zum Durchbruch verholfen werden soll.

Wandel der paradigmatischen Perspektive

Unter einem Paradigma wird in der wissenschaftlichen Auseinandersetzung eine Art "Supertheorie" verstanden, die grundlegende Probleme und Methoden weiter Bereiche eines Fachs definiert. Der sich daraus entwickelnde Satz von Begriffen, Gesetzen, Theorien und Perspektiven als Inhalte führt zu einem auch sozial zu interpretierenden, akzeptierten Netzwerk von Verpflichtungen einer institutionell zu betrachtenden "community of science". In einer anwendungsorientierten Wissenschaft, wie der Managementlehre, deren neuere Impulse zur fachlichen Weiterentwicklung vielfach aus der Führungspraxis erwachsen sind (Hans Ulrich, Betriebswirtschaftslehre; Knut Bleicher, Wissenschaft), greift der Bezug zur "community of science" allerdings zu kurz. Es erscheint mir daher zweckmäßiger, in deutsch vom Begriff einer umfassenderen "Fachgemeinschaft" auszugehen. Sie wird durch einen Satz gemeinsam getragener Kriterien getragen, der deren Wahl von Problemen und Methoden zu ihrer Beherrschung steuert.

Thomas Kuhn (Revolutionen) hat die für die Fachperspektive des Managements besonders interessante These aufgestellt, daß eine fachliche Entwicklung nicht durch eine fortlaufende Akkumulation von Wissen fortschreitet, die sich über eine Hypothesenbildung und Falsifikationsversuche entwickelt, wie dies etwa von Karl Popper (Logik) angenommen wurde, sondern vielmehr durch einen revolutionären Paradigmawechsel.

Für die Entwicklung der Betriebswirtschaftslehre im Übergang zu ihrem veränderten Verständnis einer Führungs- oder Managementlehre (Hans Ulrich, Paradigmawechsel, Betriebswirtschaftslehre; Werner Kirsch, Führungslehre; Knut Bleicher, Wissenschaft) stellt sich unter Ansehung der gewachsenen Komplexität und Dynamik – unter Einbezug ihres praktischen Anwendungszusammenhanges – die Frage, ob sich diese Fachgemeinschaft derzeit in einer Phase des Pradigmawechsels befindet.

1. Entwicklungen, die einen Paradigmawechsel im Management signalisieren

Einer der erfolgreichen Buchtitel dieser Tage heißt "Wendezeit" (Fritjof Capra). Mit diesem prägnanten Ausdruck wird in treffender Weise darauf aufmerksam gemacht, daß wir uns nicht nur in einer besonders interessanten Zeit des Wandels befinden, die alle unsere Lebensbereiche zu erfassen scheint, sondern auch, daß vielfältige Prämissen und Erfahrungen, die uns bislang geleitet haben, zur Überprüfung anstehen. Dies muß bei der zunehmenden gesellschaftlichen Vernetzung auch für das Wirtschaftsleben – und hier für die Art und Weise, wie wir unsere Unternehmungen im Wettbewerb führen – gelten.

Unsere Welt befindet sich in einem starken Fluß der Veränderung und wir können uns von den vielfältigen Entwicklungen, die uns alle irgendwie berühren, nicht frei machen. Dies betrifft in besonderem Maße Führungskräfte, die für soziale Systeme mit ökonomischen Zielen im ganzen wie in deren Teilen Verantwortung tragen. Gesellschaftlicher, ökonomischer und technologischer Wandel müssen durch sie erkannt, verkraftet und im Miteinander in zukunftsführende Aktionskurse umgesetzt werden, die nicht nur das Überleben, sondern auch die Entwicklungsfähigkeit einer Unternehmung sichern. Die Einflüsse, die es zu verarbeiten gilt, sind vielfältig: Sie reichen vom zunehmenden Bewußtsein für ökologische Zusammenhänge über sich internationalisierende Markt- und Wettbewerbsbedingungen mit verminderten Wachstumserwartungen und technologischen Entwicklungen, die in die Richtung einer zukünftigen Informationsgesellschaft weisen, bis zum Wertewandel, der Mitarbeiter und Kunden gleichermaßen erfaßt.

Unsere Zeit ist aber auch gekennzeichnet durch eine zunehmende Verunsicherung der ökonomischen und gesellschaftlichen Entwicklung. So werden im gesellschaftlichen Umfeld Phänomene wie Zukunftsängste einer jungen

Generation, das Aussteigertum und die "innere Kündigung" von Mitarbeitern diskutiert. Derartige Entwicklungen bleiben nicht ohne Einfluß auf die Problematik, der sich eine Unternehmungsführung gegenübersieht.

Komplexität und Dynamik lassen unser tradiertes Führungsgedankengut auf Grenzen stoßen

Die Art und Weise, wie diese Problematik gelöst wird, hängt von den Entscheidungen von Führungskräften ab, die selbst kulturgeprägt und Vertreter sozial-kultureller und ökonomischer Belange sind. Auf der Zeitachse haben wir ständig größer werdende Veränderungen in immer kürzeren Reaktionszeiten zu bewältigen. Dem steht jedoch in unseren größeren Organisationen der Wirtschaft und Verwaltung eine Tendenz gegenüber, aufgrund hierarchischer Strukturen und bürokratischer Verhaltensweisen zur Problemverarbeitung immer mehr Zeit zu benötigen (die sog. "Zeitschere", vgl. Bleicher, Chancen, 25).

Damit stellt sich die Frage, ob unsere herkömmlichen Ansätze zur Problemerkenntnis und Problembewältigung ausreichend seien, um mit den neuartigen Herausforderungen fertig zu werden. Unter dem Einfluß des zeitlichen Wandels wird eine fast paradigmatische Wandlung unserer Einstellungen zur Führung von sozialen Systemen notwendig, aber auch erkennbar.

Tendenzen auf der Suche nach einem neuen Führungsverständnis

Einstellungen von Führungskräften, die getragen sind von spezifischen unternehmungskulturellen Entwicklungen und die sich selbst in der Führungsphilosophie ausdrücken, tragen letztlich über die Wahl von Strategien und Strukturen den Erfolg einer Unternehmung.

Neuerungen werden sich in unterschiedlichen Kulturkreisen gemäß ihrer Offenheit für Neues und ihrer Bereitschaft, bislang Bewährtes in Frage zu stellen und Veränderungen durchzusetzen, mehr oder weniger schnell verbreiten. Sie tragen damit letztlich zur Positionierung von Unternehmungen spezifischer Kulturkreise im internationalen Wettbewerb nicht unwesentlich bei. In dieser Weise wird die Geschwindigkeit, mit der sich die Führung an veränderte Bedingungen durch ihnen adäquate Konzepte anpaßt, zu einer Determinante des wirtschaftlichen Erfolgs einer Nation oder Region, die selbst das Weiterbestehen ihrer kulturellen Eigenheiten sichert.

a. Vom technokratischen Führungsverständnis zur evolutionären Führungsphilosophie – vom Machbarkeitsanspruch zur "spontanen" sozialen Ordnung

Mit Blick auf die bislang erfolgreiche Wirtschaftsentwicklung der Vereinigten Staaten haben wir zumeist recht kritiklos einen wesentlichen Teil unseres Managementwissens von dort bezogen. Dabei ist – entgegen unserer eigenen soziokulturell geprägten Führungstradition – ein technokratisches Führungsverständnis, orientiert am Bild des entscheidungsfreudigen Machers, in die Chefetagen unserer Unternehmungen eingezogen. Erst in jüngster Zeit ist in den Vereinigten Staaten in einschlägigen Publikationen eine Trendwende feststellbar hin zu einem mehr organischen Verständnis der Unternehmung – weniger dagegen in der Führungspraxis selbst.

Diese Trendwende in der Führungsdiskussion verweist auf ein mehr evolutorisches Führungsverständnis: Die Führungskraft wird eher in einer Rolle des Kultivierens einer "spontanen Ordnung" gesehen, um einen Begriff aufzugreifen, den der Nobelpreisträger Friedrich August von Hayek (Freiburger Studien) bereits vor Jahrzehnten in die wirtschaftspolitische Ordnungsdebatte eingebracht hat.

Wir müssen einsehen, daß unsere Möglichkeiten zum Wahrnehmen und Verändern von komplexen sozialen Systemen außerordentlich beschränkt sind. Wir sollten uns auf das verlassen, was wir wirklich beherrschen können: nämlich die Gestaltung von Rahmenbedingungen, in denen sich eine Evolution auch in ökonomischen und sozialen Systemen vollzieht. Dies verlangt, daß wir Eigengesetzlichkeiten in der ökonomischen und sozialen Entwicklung stärker anerkennen. Führung sollte weniger das Verhalten unmittelbar und direkt lenken als vielmehr mittelbar – durch das Organisieren des Dialogs über strategische Diskussions- und Definitionsprozesse.

James March hat dies an einem bildhaften Beispiel verdeutlicht, das symptomatisch für eine zukünftige Denkweise in der Führung des Wandels ist: "Im Management geht es mehr darum, Schneezäune einzuziehen, damit beim nächsten Schneesturm der Weg zum Ziel frei bleibt"

Aus den USA haben wir ein "hartes Instrumentarium" übernommen. Heute entdecken wir, daß die Bedeutung sogenannter weicher Faktoren im Management zunehmend kritischer wird. Das Gewicht hat sich deutlich in Richtung "software" statt "hardware" und vor allem hin zur Problemlösungsqualität humaner Erfolgsfaktoren verschoben. Unsere Managementinstrumente – und hier insbesondere das Rechnungswesen – laufen dieser Entwicklung in einer immer größer werdenden Distanz hinterher und werden dabei zunehmend obsolet, indem sie eher ein Fehlverhalten begünstigen als eine Steuerung erleichtern.

Qualifizierte Mitarbeiter werden sich, wenn wir die Rahmenbedingungen richtig eingestellt haben, in Situationen, die sich heute kaum prognostisch vorstellen lassen, selbst geeignete Strategien suchen und schließlich auch Strukturen und Systeme bauen, die sie für situationsadäquat halten und in denen sie arbeiten und leben wollen. Die eigentliche Meta-Strategie einer Unternehmung ist daher das strategische Management des Humanpotentials. Ein Management der Human-Ressourcen – der Gesamtheit des Wissens, Könnens und Verhaltens der Menschen in der Unternehmung – ist weiter eine Voraussetzung dafür, daß wir uns mit den vielen Aspekten des Wertewandels überhaupt auseinandersetzen können.

b. Vom "rationalen Gleichgewicht zum "kreativen Ungleichgewicht"

Die bisherige Entwicklung des Managements war geprägt vom rationalen Suchen nach Gleichgewicht durch Strukturen und Systeme, die immer perfekter zu einer Stabilisierung von Unternehmungen in angestammten Bereichen und nicht selten zu einer fortschreitenden Bürokratisierung geführt haben. Darunter haben Flexibilität und Innovationsbereitschaft in einem zunehmend von Strukturbrüchen und Turbulenzen geprägten Umfeld gelitten.

In den Rollentypen des mehr technokratisch geprägten Managers und des sozio-emotional ausstrahlenden Menschenführers ist als Gegenpol zum Verwaltertyp der Unternehmer wiederentdeckt worden, der seine Rolle im Erkennen und

Bewältigen von Ungleichgewichtigkeiten findet: "Entre"- und "Intrapreneurship" vollzieht sich auf der Makroebene einer Volkswirtschaft und der Mikroebene einer Unternehmung (Unternehmer in der Unternehmung) in kleinen Einheiten. In ihnen gedeihen Kreativität und Innovation. Damit begeben wir uns auf die Suche nach Systemen und Strukturen, die unternehmerisches Tätigsein auch in Großunternehmungen auf breiterer Front wieder ermöglichen.

c. Von tiefgreifender Arbeitsteilung und Spezialisierung zur Generalisierung von Aufgaben und Verantwortung

Zunehmende Komplexität wurde bislang durch eine tiefgreifende Arbeitsteilung und Spezialisierung in unseren Systemen abgebaut. Standardisierung und Normierung von Aufgaben, Beziehungen und Prozessen begleiteten diese Systemstrategie. Aufgabenzuschnitte wurden immer kleiner und die Koordinationsnotwendigkeiten in unserer vernetzten Welt damit immer größer, das Maß an Eigenkomplexität von Unternehmungen (Horst Bosetzky, Eigenkomplexität) stieg. Gleichzeitig wirken Arbeitsteilung und Spezialisierung als "Sinnbremse", die die Mitarbeiter verstärkt in eine Sinnkrise führt.

Vor zehn Jahren hat bei uns noch niemand von der Notwendigkeit gesprochen, "Schnittstellen" überwinden zu müssen. Heute ist dies in aller Munde. Bei traditionellem Vorgehen werden zu ihrer Überwindung immer mehr Managementebenen benötigt. Eine Lösung dieser Problematik kann jedoch nur durch Verlassen des mechanischen und Hinwendung zu einem organischen Bild von der Unternehmung erreicht werden.

d. Rahmenbedingungen richten sich auf die Handhabung von Informationen aus

In einer Welt, die an Komplexität und Dynamik zunimmt, wird Wissen zur kritischen Grundlage jeder Unternehmungsführung. Dies "gründet sich auf eine simple Erkenntnis: daß technischer Wandel entscheidend für Wachstum ist und daß die entsprechende Bedingung für eine systematische Mobilisierung des technischen Wandels in strategisch bedrohenden Größenordnungen die Beherrschung eines neuen Rohstoffes ist. Dieser Rohstoff heißt Information!" (Eduard Reuter, Geist, 144).

Zweckbezogenes Wissen ist Voraussetzung für das Entstehen von Information (Waldemar Wittmann, Unternehmung). Information selbst ist instrumental für das Entstehen eines unternehmungspolitischen Netzwerkes, das sich als Intelligenz eines Systems kennzeichnen läßt. Unter Intelligenz kann allgemein die "... menschliche Fähigkeit, sich in ungewohnten Situationen schnell zurechtzufinden, das Wesentliche eines Sachverhaltes oder eines Vorganges richtig und schnell zu erfassen, geistige Beweglichkeit, Anpassungsfähigkeit, Neugierde, die Fähigkeit raschen Denkens und Urteilens verstanden werden" (H. Schmidt, Intelligenz, 302). Übertragen auf soziale Systeme läßt sich Intelligenz als Summe des Wissens- und Erfahrungsschatzes ihrer Mitglieder sehen (Volker Simon, Unternehmungsentwicklung). "Schnelligkeit und Qualität des Erkennens und Reagierens eines Systems kann man als seine Intelligenz bezeichnen. Das System ist um so intelligenter, je besser es laufend diese Aufgabe erfüllt" (Aloys Gälweiler, Unternehmensplanung, 161).

Volker Simon sieht die Intelligenz eines Systems im Zusammenhang mit dem Harmonisationsgrad einer integrativen Gesamtschau der Strategie-Struktur-Kultur-Integration: "Die Intelligenz der Unternehmung bemißt sich dann in der Fähigkeit, eine überlebens- und entwicklungsgerechte Vernetzung dieses interdependenten Entscheidungsfeldes zu höherwertigen Lösungen zu ermöglichen. Damit wird jedoch auch deutlich, daß sich die Intelligenz der Unternehmung nicht alleine auf ihre Kultur reduzieren läßt. Dennoch lassen sich einige Thesen zur Steigerung des Intelligenzgrades aus der sozialen Entwicklungsperspektive ableiten.

Eine Unternehmung wird ihre überindividuell erworbene Intelligenz erhöhen, wenn:

eine gewisse Bandbreite in der Nonkonformität der kulturellen Prägung – und damit die Existenz von Subkulturen – für zulässig erachtet bzw. sogar gefördert wird;

den Selbstlenkungskräften der Unternehmung Freiraum gewährt wird und gestalterische Eingriffe des Managements sich auf das Setzen von entwicklungsleitenden Rahmenbedingungen beschränken; dies zieht zugleich die Forderung nach dezentralen, autonomen Strukturen mit weitgehender Selbständigkeit und den Abschied vom "Genie" des zentralen Entwerfens nach sich;

die qualitative Managementkapazität in ihrer sozialen, kulturellen – und damit symbolischen – Dimension gestärkt wird;

individuelles und institutionelles Lernen gefördert und gratifiziert wird;

die evolutionären Kräfte eines Kulturwandels durch die faktische – nicht nur formal gegebene – Offenheit des Systems Unternehmung unterstützt werden" (Volker Simon, Unternehmungsentwicklung, 349 f.).

e. Von asymmetrischer Einflußgestaltung durch Führung zur symmetrischen (lateralen) Kooperation

Unser Führungsgedankengut beruhte bislang auf der Vorstellung eines asymmetrischen Einflusses, der von der Führung auf die Mitarbeiter ausstrahlt: Führung hat immer mehr zu sagen als Ausführung und braucht deshalb auch eine Legitimationsbasis. Weiter wurde Führung als eigentliche Quelle der Intelligenz und als treibende Kraft in der Unternehmung gesehen. Dieses Führungsverständnis geht mit Sicherheit seinem Ende entgegen. Führung wird immer mehr ersetzt durch laterale Kooperation (Rüdiger Klimecki, Laterale Kooperation) auf gleicher Ebene.

Die Kooperations- und Teamfähigkeit hat sicherlich mit steigendem Bildungsniveau zugenommen, und neue Informationssysteme gehen heute schon vielfach informell am Vorgesetzten vorbei. Führung muß mit der Tatsache leben lernen, daß sie nicht mehr allein steuert, sondern auch gesteuert wird. Als neuer Ausdruck wird die "Paramacht" – die von unten, vom sachverständigen Mitarbeiter ausgeht – in die Diskussion eingebracht.

Bislang sind wir davon ausgegangen, daß in der Unternehmung das Soziale dem Ökonomischen zu dienen habe. Heute müssen wir erkennen, daß beide Dimensionen, die ökonomische und die soziale, bedeutend sind – wenn nicht die soziale Dimension längst wichtiger geworden ist: Das Ökonomische wird vom Sozialen getragen und bewegt.

2. Vor einer globalen Arbitrage national-geprägter Unternehmungsphilosophien?

Vor national unterschiedlich geprägtem Hintergrund haben sich in verschiedenen Teilen der Welt diverse Unternehmungsphilosophien entwickelt, die auf differenzierten Paradigmen beruhen. Diese geraten unter dem Zwang der globalen Betrachtung von weltwirtschaftlichen Verflechtungen in einen Bewährungsstreit. Dies wird vor allem in internationalen Unternehmungen zunehmend deutlich – im Spannungsfeld der paradigmatisch unterschiedlich geprägten Gegenwelten von Stammhaus und einzelnen nationalen Tochtergesellschaften.

Derzeit gerät vor allem das stark vor dem Hintergrund der amerikanischen Kulturentwicklung geprägte formal-ökonomische Paradigma in Konflikt mit dem eher mehrdimensional geprägten sozial-ökonomischen Paradigma, wie es in Europa und Japan vorherrschend ist. Peter A. Wuffli hat deutlich auf die Gegensätzlichkeit aufmerksam gemacht, die derzeit den Unternehmungsphilosophien einzelner Länder zugrunde liegt (Wertsteigerung).

Mit Hinweis auf das Paradigma, das dem St.Galler Management-Modell und diesem Beitrag im Verständnis der Unternehmung als produktives, soziales System zugrunde liegt (Hans Ulrich/Walter Krieg, Modell), verweist er auf den mehrdimensionalen Zielkatalog, dessen Erfüllung die Überlebens- und Entwicklungsfähigkeit der Unternehmung im Zeitablauf sichern soll: “Oberster Zweck des Systems ist demnach sein Überleben. Der institutionelle Fortbestand steht im Vordergrund, und oberste Führungsaufgabe ist es, die Zuteilung der Wertschöpfung auf die interessierten Kreise so vorzusehen, daß diese abgesichert werden kann” (Wertsteigerung).

Ganz im Gegensatz zu dieser Unternehmungsphilosophie wird die paradigmatische Prägung der Lehre an amerikanischen Business Schools und des Verhaltens von Führungskräften in amerikanischen Unternehmungen unter dem Druck einer sie umgebenden, andersartigen (finanziell geprägten) Umwelt gesehen. Ausgehend von der Prämisse eines effizienten Kapitalmarktes muß sich ein Investment “auch auf kürzere Sicht so rentieren, daß der Ertrag in einem angemessenen Verhältnis zum Risiko steht… Oberstes Ziel für die Unternehmungsführung ist es demnach, eine Wertsteigerung für den Aktionär zu erbringen und so sein Vermögen zu mehren. Diesem Ziel sind alle anderen, auch das Überlebensziel der Unternehmung als selbständige Organisation, klar untergeordnet” (Wertsteigerung).

Peter A. Wuffli (Wertsteigerung) thematisiert den Wettbewerbsgedanken zwischen beiden Unternehmungsphilosophien im Zuge einer Globalisierung des internationalen Wettbewerbs: “Die Gegensätze zwischen diesen beiden Unternehmungsverständnissen beruhen neben geographisch-kulturellen und historischen Aspekten vor allem auf unterschiedlichen Voraussetzungen bezüglich der Effizienz der Kapitalmärkte. Sie konnten so lange nebeneinander existieren, als die Finanzmärkte noch weitgehend national organisiert waren. Erst mit deren Globalisierung in den achtziger Jahren wurden Transmissionsmechanismen geschaffen, welche sie miteinander in Wettbewerb treten ließen”.

Unternehmungsphilosophie A	Unternehmungsphilosophie B
Ziel: Überlebens- und Entwicklungsfähigkeit der Unternehmung als System erhalten über Nutzenstiftung gegenüber Interessenten (Mitglieder und Teilnehmer) durch Zuteilung der Wertschöpfung	Wertsteigerung für Eigentümer erzielen ("maximizing shareholders' value") Restrukturierung über Auflösung stiller Reserven durch "asset stripping", Verkauf von "underperforming units" Zukauf unterbewerteter Aktiven und Geschäftseinheiten
Voraussetzung: Langfristige Sicherung der Autonomie hohe Verpflichtung gegenüber einem sachlich gebundenen Leistungsangebot	Kurzfristige Rationalisierung keine Verpflichtung gegenüber einer Sachzielsetzung, sondern Ausschöpfen finanzieller Möglichkeiten
Folgen: Multidimensionale-Zielsetzung: Zielbündel von Wert-, Leistungs- und Sozialzielen harmonisieren	Uni-dimensionale Zielsetzung: Profit-, Cash-flow-, Return-Maximierung
Entwicklungsstrategien mit Investitionsneigung	Ausbeutungsstrategien mit Konsumneigung
Einseitige interne Managementausrichtung (Machtzuwachs durch Wachstum) mit Kontinuität an der Spitze	Externe Orientierung, an Kapitelmarktbewertungen geprägt: Austausch von kurzfristigen "nonperforming" Führungskräften wahrscheinlich: Aktionäre stimmen mit den Füssen ab
Größere Mitarbeitersolidarität, Loyalität und Motivation (Ansätze zur Vertrauensorganisation) mit Risiko der Mittelmäßigkeit	Geringe Solidarität, Loyalität und Motivation der Mitarbeiter (ausgesprochene Mißtrauensorganisation): Job Denken unterstrichen durch "hire and fire"-Praktiken
Kulturprägung duch Appelle an den Gemeinschaftsgeist, geringer Zwang zur flexiblen Anpassung und Mobilität	Kulturprägung durch Verfolgen individueller Interessen, hoher Zwang zur flexiblen Anpassung und Mobilität

Abb. 1: Unternehmungsphilosophien im internationalen Wettbewerb

Sehen wir mit Peter Wuffli auf der einen Seite die hohe Durchsetzungskraft marktwirtschaftlicher Prinzipien, insbesondere dann, wenn diese von einer reduzierten Nominalisierung von Werten in kurzfristiger Perspektive getragen sind, so hätte dies eine Entwertung der Arbeit und der sozialen Kooperation zur Folge, die gerade für die längerfristige Zukunft von Unternehmungen von entscheidender Bedeutung wird, sich aber nicht ausreichend im nominalen Zahlenspiegel ausdrückt.

3. Paradigmenwechsel bei verhaltenssteuernden Strategien, Strukturen und Kulturen

Führen wir die beiden polar dargestellten Unternehmungsphilosophien auf den jeweiligen Satz paradigmatischer Vorstellungen zurück, dann ergeben sich die schematisch in Abb. 2 dargestellten Unterschiede in den lebensweltlichen Grundlagen, ihrer Strukturierung und des Führungsverständnisses im Spannungsfeld eines reduktionistischen und eines holistischen Verständnisses.

Lebensweltliche Grundlagen

Reduktionistisches Weltbild: erklärbare Welt	Holistisches Paradigma: verstehbare Welt
• Menschenbild:	
economic-rational	social-complex
• Raumbild:	
Suche nach Distanz	Suche nach Nähe
konzentrisch	föderalistisch
• Zeitbild:	
linear, kurzzeitlich	zirkular, langzeitlich

Strukturelle Grundlagen

• Systembild:	
Uni-Interessenabhängigkeit	Multi-Interessenbezug
Stabilität	Flexibilität
Inweltorientiert	Umweltorientiert
arbeitsteilig gegliedert	integrativ-vernetzt
Mißtrauen	Vertrauen
• Mitarbeiterbild:	
Hierarchisch	Professionell-vernetzt
Repetitiv-standardisiert	Innovativ-differenziert
Suche nach Lebenserhaltung	Suche nach Singgebung
Isolation	Sozialer Kontakt
Spezialisierung (Tiefe)	Generalisierung (Breite)

Mensch als Ware Instrumentalität	Mensch als intelligenter Träger der Entwicklung
• Führungsverständnis:	
Machbarkeit	Kultivierbarkeit
harte Instrumentenorientierung	weiche Kulturorientierung
Autoritative Vorgabe durch wenige	Partizipative Vereinbarung durch viele
analytische, ereignisorientierte, reaktive Problemlösung	synthetische, musterorientierte, proaktive Problemlösung
Intervention	Moderation

Abb. 2: Paradigmatisches Spannungsverhältnis von reduktionistischem und holistischem Managementverständnis (unter Einbezug von Gedanken von Walter Krieg)

I. Konsequenzen für Unternehmungsphilosophien im Wettbewerb

Wie sollen sich Unternehmungen auf einen dargestellten Wettbewerb von paradigmatisch unterlegten Unternehmungsphilosophien einstellen? Bei der Beantwortung dieser Frage ist zunächst eine grundlegende Prämisse zu prüfen:

Haben wir in der Problembewältigung sozio-ökonomischer Systeme bei allen gegebenen kulturellen Unterschieden einzelner nationaler Kulturen bereits einen Grad der Internationalisierung erreicht, der es erlaubt, von einem undifferenzierten Management zu sprechen – sozusagen als professioneller "Management-Internationale" –, oder sind die kulturgeprägten Perzeptionen und Präferenzen (noch) derart stark, daß einzelne Kulturelemente bewußt zur strategischen Stärkenbildung im internationalen Wettbewerb herangezogen werden können?

Ich möchte hier das letztere behaupten. Es ist anzunehmen, daß sich – auch bei einer zunehmenden Annäherung unterschiedlicher nationaler Kulturen – Bemühungen um die Übernahme gemeinsamer Werte und Normen und der Drang zur Differenzierung über die Betonung des Anders-sein-Wollens die Waage halten werden. Dabei darf nicht darüber hinweggesehen werden, daß es natürlich eine Reihe von kultur-neutralen Führungsmethoden und -instrumenten gibt, die unabhängig von spezifischen nationalen Kulturbedingungen einsetzbar sind. Aber gerade die bei der Art ihrer Wahl und ihres Einsatzes und ihres Einbezuges in strategische und strukturelle Überlegungen zum Ausdruck kommenden Perzeptionen und Präferenzen sind es, die die kulturgeprägten Unterschiede der Führung von Unternehmungen einzelner Kulturkreise ausmachen.

Wie aber können wir unter dem Druck einer Unternehmungsphilosophie, die kurzfristig an der nominalen Bewertung durch Finanzmärkte orientiert ist, überleben mit einer Philosophie, die auf Harmonisation von Strategien, Strukturen und Kulturen – im Ökonomischen und Sozialen – beruht und die längerfristig angelegt ist, wodurch sich ihre Intelligenz schwer bewerten läßt?

Die Antwort auf diese Frage kann meines Erachtens nur in einem Sowohl-als-auch bestehen: Um die Chance zu haben, die Überlebens- und Entwicklungsfähigkeit zur Grundlage und zum Ziel des Verhaltens eines Systems machen zu können, bedarf es der Wertsteigerung für alle Mitglieder und Teilnehmer – auch im Bereich der kurzfristigen Ergebnisgestaltung. Die Multidimensionalität dieses Zielanspruchs – im Hinblick auf einen die Eigentümer (Aktionäre) überschreitenden Interessentenkreis – kann in sich spannungsgeladen sein und den nominalen Ergebnisausweis dann mindern, wenn in ihr nicht eine implizit angelegte Ertragssteigerung zu erwarten ist, die sich über Dialog, Konsens, Motivation und Kohäsion im sozialen System ergibt. Unternehmungen, die sich dennoch diese Voraussetzung für eine langfristige, auf Überleben und Entwicklung angelegte – Unternehmungsphilosophie schaffen wollen, sind daher wie nie zuvor darauf angewiesen, ihre Ressourcen besonders effizient einzusetzen; denn sie müssen den Nachteil eventuell sinkender Ergebnisausweise oder Ertragsausschüttungen an die Eigentümer durch eine multiple Bedienung mehrerer Interessentengruppen durch zusätzliche Ergebnisse kompensieren.

II. Paradigmawechsel – Chancen und Risiken für Unternehmungen in sich

Hier wurde die Frage aufgeworfen, ob wir uns derzeit im Übergang von einem reduktionistischen zu einem neuen holistischen Paradigma befinden. Mit der wachsenden Komplexität und Dynamik unserer gesellschaftlichen Entwicklung ließen sich tieferliegende Ursachen für eine Suche nach veränderten Philosophien, Strategien und Strukturen für den Umgang mit Komplexität und Dynamik in sozialen Systemen finden, die eine Transition von einem zu einem anderen Paradigma wahrscheinlich und auch notwendig machen, wenn Grenzen und Dysfunktionalitäten des alten Paradigmas in der Handhabung von Problemen deutlich werden. Der Autor möchte daher die aufgeworfene Frage mit einem deutlichen "Ja" beantworten.

Während der Zeit des Ringens um die Durchsetzung eines neuen Paradigmas gibt es nach Thomas Kuhn jedoch eine hier dargestellte schwierige Übergangssituation, die die Leitung von sozialen Systemen vor besonders schwierige Anpassungszwänge stellt. So ist davon auszugehen, daß sich das neue Paradigma in den Erwartungshaltungen der Mitglieder und Teilnehmer eines Systems über den allgemeinen Wertewandel eher bemerkbar macht als in der Veränderung der institutionellen Rahmenbedingungen der politisch-gesetzlichen und ökonomischen Umwelt und ihrer Belohnungs- und Bestrafungsmechanismen.

Für Unternehmungen bieten sich unter diesen Umständen Strategien eines Sowohl-als-auch an, nämlich der Versuch, möglichst den Forderungen beider Paradigmen genüge zu leisten. So soll zum Beispiel der Unternehmer einerseits visionären Weitblick und die Fähigkeit zur missionarischen Umsetzung der als notwendig erkannten Veränderungen mitbringen. Andererseits wird vom Management gleichzeitig professionelles Streben nach routinegeprägter Effizienz durch eine Standardisierung arbeitsteilig organisierter Leistung erwartet – alles orientiert an nominalen, ausweisbaren Ergebnissen. Das bedingt ein Suchen nach partizipativ-kooperativen Möglichkeiten der Förderung prozess-orientierter Zusammenarbeit im Rahmen selbstorganisatorischer Entwicklungen genauso wie einen autoritätsgebundenen Zentralismus von Grundsatzentscheidungen innerhalb fremdorganisierter Hierarchien.

Diese Dualität der gleichzeitigen Berücksichtigung von Facetten gegenläufiger Paradigmata kann nicht ohne Widersprüche und Risiken bleiben. Deshalb scheint es mir gerade für "Traditionsunternehmungen" – Systeme mit einer großen und erfolgreichen Vergangenheit auf dem Boden des alten Paradigmas – wesentlich, diejenigen Dimensionen, Funktionen und Bereiche zu definieren, an denen bewusst angesetzt werden soll, um neuen paradigmatischen Vorstellungen zum Durchbruch zu verhelfen. Es sind aber auch Maßnahmen zu definieren, die es gestatten, Spannungsverhältnisse zu den Traditionsfeldern alter Paradigmen zu überwinden. Wohl dem dagegen, der eine Unternehmung auf der "grünen Wiese" plant: Er kann den Paradigmawechsel vermeiden, indem er von Anfang an auf das Entwicklungsfähige und Fortschrittliche eines zukünftigen Paradigmas setzt!

Die Kunst des Fortschritts besteht darin, inmitten des Wechsels Ordnung zu wahren und inmitten der Ordnung den Wechsel aufrechtzuerhalten.

Alfred North Whitehead

Literatur

Bleicher, K.: Betriebswirtschaftslehre als systemorientierte Wissenschaft vom Management in: Integriertes Management, Festschrift für H. Ulrich, hrsg. v. G. **Probst u. H. Siegwart**. Bern-Stuttgart 1985, S. 65-91

Bleicher, K.: Chancen für Europas Zukunft – Führung als internationaler Wettbewerbsfaktor. Frankfurt/Main u. Wiesbaden 1989

Bosetzky, H.: Zur Erzeugung von Eigenkomplexität in Großorganisationen, in: ZfürO 45 (5/1976), S. 279-285

Braun, W.: Konstruktive Betriebswirtschaftslehre, Wiesbaden 1985

Capra, F.: Wendezeit – Bausteine für ein neues Weltbild, Berlin-München 1985

Gälweiler, A.: Unternehmensplanung, Grundlagen und Praxis, Frankfurt/Main-New York 1986

Hayek, F.A. v.: Freiburger Studien, Tübingen 1969

Kirsch, W.: Die Betriebswirtschaft als Führungslehre, München 1977

Klimecki, R.: Laterale Kooperation, Bern-Stuttgart 1985

Kuhn, Th.: Die Struktur wissenschaftlicher Revolutionen, Frankfurt 1967

Lakatos, I.: Falsifikation und die Methodologie wissenschaftlicher Forschungsprogramme, in: Kritik und Erkenntnisfortschritt, hrsg. v. I. Lakatos u. A. Musgrave, Braunschweig 1974, S. 89-189

Popper, K.: Logik der Forschung, 5. Aufl., Tübingen 1973

Reuter, E.: Vom Geist der Wirtschaft, Stuttgart 1986

Schanz, G.: Wissenschaftsprogramme der Betriebswirtschaftslehre, in: Allgemeine Betriebswirtschaftslehre, Bd. 1: Grundlagen, hrsg. v. E. X. Bea, E. Dichtl u. M. Schweitzer, Stuttgart-New York 1982

Schein, E.: Coming to a New Awareness of Organizational Culture, in: Sloan Management Review, Winter 1984, S. 3-16

Schmidt, H. (Hrsg.): Inteligenz, in: Philosophisches Wörterbuch, begründet v. H. Schmidt. 19. Aufl., bearbeitet v. G. Schischoff, Stuttgart 1974

Simon, V.: Soziale Unternehmungsentwicklung, in: Organisation – Evolutionäre Interdependenzen von Kultur und Struktur der Unternehmung, hrsg. v. E. Seidel und D. Wagner. Wiesbaden 1989

Spinner, H.: Theoretischer Pluralismus, Prolegomena zu einer kritizistischen Methodologie des Erkenntnisfortschritts, in: Sozialtheorie und soziale Praxis, hrsg. v. H. Albert, Meisenheim am Glan 1971, S. 17-41

Ulrich, H.: Die Betriebswirtschaftslehre als anwendungsorientierte Sozialwissenschaft, in: Die Führung des Betriebes, Festschrift für Kurt Sandig, hrsg. v. M. Geist u. R. Köhler, Stuttgart 1981, S. 1-25.

Ulrich, H.: Paradigmawechsel in den Wirtschafts- und Sozialwissenschaften? in: Management, hrsg.v. Th. Dyllick u. G. Probst. Bern-Stuttgart 1984, S. 155-167.

Ulrich, H. / W. Krieg: St.Galler Management-Modell. 3. verb. Aufl., Bern-Stuttgart 1974

Wittmann, W.: Unternehmung und unvollkommene Informationen, Köln-Opladen 1959

Wuffli, P.: Wertsteigerung oder Überleben als Institution, in: Neue Zürcher Zeitung vom 16. Nov. 1988, Nr. 268, S. 41

Christian Lutz

Unternehmensführung im Zeitalter der Kommunikationskultur

Unternehmen sind heute im wesentlichen Informationsverarbeitungssysteme. Traditionelle, mechanistische Organisationsstrukturen beruhen auf dem Grundmuster der Einweginformation, das geeignet ist für grosse Mengen gleichförmiger Aufgaben, aber heute zunehmend unterwandert wird von Selbstentwicklungsprozessen, die auf Kommunikation beruhen, d.h. auf Informationsübertragung zwischen sich selbstentwickelnden Systemen. Im Anschluss an eine Darstellung typischer Eigenschaften von Kommunikationsprozessen wird aufgezeigt, dass aufgrund einer Reihe von gesellschaftlichen, wirtschaftlichen und technischen Veränderungen Selbstentwicklungsprozesse in der Unternehmung rasch an Gewicht gewinnen und sowohl innerhalb als auch ausserhalb von Konzernstrukturen zum Unternehmenstyp des «neuen Handwerks» führen. Daraus ergibt sich unter anderem ein neues Rollenverständnis des Unternehmensführers, eine Ausbreitung der Unternehmerfunktionen zur Basis hin, eine wachsende Bedeutung der Unternehmenskultur (als Systemcode), eine zentrale Funktion des unternehmenspolitischen Dialogs mit allen Beteiligten und Betroffenen und eine entwicklungs- und konkurrenzentscheidende Bedeutung des «Humankapitals».

Das Unternehmen als Informationsverarbeitungssystem

Mehr als je ist die menschliche Gesellschaft im wesentlichen ein Informationsverarbeitungssystem, und mehr noch sind es ihre Unternehmungen: Die allerwenigsten Tätigkeiten bestehen im eigenhändigen Bewegen und Verändern von Materie. Der Mensch informiert sich – über die Konkurrenz, den Kunden, die Beschaffungsmärkte, technische Neuerungen; er leitet daraus gewisse Planungen ab, Baupläne, Absatzpläne, Logistikpläne, Organisationspläne; er erteilt Anweisungen – an Mitarbeiter, Auftragnehmer, Maschinen; er informiert sich über die Ausführung der Pläne; er holt sich die nötigen Qualifikationen, um all diese Tätigkeiten ausüben zu können. Kurz – die den physischen Prozessen vor- und nachgelagerte informationelle Welt beansprucht einen zunehmend dominierenden Teil der heutigen Wirklichkeit. Und eine Informationstechnologie, deren Effizienz – Preis, Größe, Geschwindigkeit, Benutzerfreundlichkeit, Vernetzbarkeit, Flexibilität, Universalität – sich ungefähr jedes Jahrfünft verzehnfacht, beschleunigt diese Tendenz und stellt ein riesiges, noch weitgehend ungenutztes und überdies umweltfreundliches Produktivitätspotential in Aussicht. Wie die Informationsverarbeitungsprozesse gestaltet sind, wird damit zur entscheidenden Frage für die Qualität dieser Gesellschaft. Anhand der Optionen, die diese Frage für die Unternehmenswelt beinhaltet, soll hier gezeigt werden, daß die entscheidende Weichenstellung jene zwischen dem mechanistischen Systemverständnis der Vergangenheit und dem dialogischen der Zukunft sein wird und daß ihre zentrale strategische Bedeutung im Standardmanagementwissen von heute noch kaum ihren Niederschlag gefunden hat.

Informationssysteme als Verstärker mechanistischer Organisationsformen

Das heute in der Praxis und einem Teil der Wissenschaft durchaus noch vorherrschende Bild eines Unternehmens – wie auch anderer Organisationen – ist das eines Mechanismus. Das ist kein Wunder, handelt es sich doch einfach um eine Nachbildung jenes Wirklichkeitsmodells, das im Newtonschen Weltbild und im Menschenbild von Descartes enthalten war: das auf seinen analytischen Verstand reduzierte, souveräne menschliche Subjekt und die in ihren Funktionszusammenhängen erklärbare, quantifizierbare, prognostizierbare und entsprechend beherrschbare, planbare Objektwelt. Als Informationsverarbeitungssystem betrachtet ist dies die Welt der Einweginformation – vom Forschungsobjekt zum Beobachter, vom Lehrer zum Schüler, von der Fernsehanstalt zum Zuschauer, vom Manager zum Unternehmen.

Die Informationstechnologie wird denn auch bis heute in erster Linie benützt, um diese Welt der Einweginformation produktiver zu gestalten: Ein Unternehmen ist zunächst einmal eine statische Struktur, die zum Beispiel als Organigramm aufgezeichnet werden kann. Jedes Kästchen in diesem Organigramm hat eine genau definierte Funktion, für deren Ausübung es ausgestattet ist. Innerhalb des damit gegebenen Rahmens nimmt es Anweisungen von oben entgegen und setzt sie in genau definierter Weise in Handlungen um; diese können auch in der Weitergabe von Anweisungen nach unten, von Koordinationsinformationen zu nebengelagerten Einheiten oder von Kontrollinformationen nach oben bestehen. So ist es Aufgabe der Unternehmensführung, solche Systeme zunächst zu planen und zu realisieren. Dann folgt der laufende Betrieb: Das Management erhält Informationen über die Entwicklung des Absatzes, der Produktion, der Lagerbestände und der Anlieferungen – auch über Störungen und Systemmängel – und leitet daraus die entsprechenden Steuerungsanweisungen ab. Es erhält aber auch Meldungen über neuartige Kundenbedürfnisse und technische Möglichkeiten. Daraus ergeben sich neue Systemplanungen.

Moderne Managementinformationssysteme basieren in der Regel immer noch auf der Idealvorstellung, daß jede Stelle im Unternehmen in jedem Augenblick automatisch genau die Art der Information erhält, die sie zur optimalen Erfüllung ihrer Aufgabe benötigt, sei es nun Anweisung, Kontroll- oder Koordinationsinformation. Der explosive Effizienzzuwachs der Informationstechnologie eröffnet in dieser Hinsicht ungeahnte Möglichkeiten. Man denke nur an den vollintegrierten Datenfluß von der Ladenkasse bis zur Logistik – mit den entsprechenden "just-in-time"-Systemen im Einzelhandel – oder an die rund um die Uhr funktionierenden weltumspannenden "real-time"-Informationssysteme innerhalb von Großkonzernen oder in den internationalen Finanzmärkten. Die zunehmende Benutzerfreundlichkeit, Verbilligung, Miniaturisierung, Vernetzbarkeit, Schnelligkeit und Kapazität der Systeme hat zur Folge, daß einerseits immer kleinere Unternehmungen sich in dieser Weise durchrationalisieren und an den weltweiten Informationsfluß anschließen können – und daß andererseits die durch die Informatisierung zusätzlich beschleunigte Vernetzung und Veränderungsrate des Unternehmensumfeldes gewissermaßen in die Unternehmung hinein genommen werden kann, aufgefangen durch weltumspannende und trotz hoher Komplexität rasch reagierende Großstrukturen.

Diese Entwicklung soll hier keineswegs verteufelt werden, einfach weil sie dem unseres Erachtens überholten Weltbild der Einweginformation entstammt. Vielmehr sei sie zum Anlaß für folgende Fragen genommen:

- Unter welchen Bedingungen sind mechanistische Systeme optimal?
- Was sind ihre Konsequenzen?
- Wo stoßen sie an ihre Grenzen?
- Was sind die Konsequenzen für eine zukunftsorientierte Unternehmenspolitik?

Vor- und Nachteile traditioneller Unternehmensorganisation

Die Antwort auf die erste Frage liegt auf der Hand: Die sorgfältige Planung und Realisierung von Systemen, die anschließend ihre Funktion möglichst reibungslos, automatisch und in geplanter Weise erfüllen, lohnt sich vor allem dann, wenn diese Funktion in der möglichst billigen Produktion großer Mengen gleichförmiger Güter und Dienstleistungen besteht, sei das nun in der staatlichen Bürokratie oder in der Wirtschaft. Natürlich bringen moderne Systeme raschere Informationen, geringere Umstellungskosten und höhere Differenzierungsmöglichkeiten mit sich, womit übrigens die optimale Serien- und Betriebsgröße auch in mechanistischen Systemen abnimmt, aber das ändert nichts am Grundsatz der Planung, ihrer Umsetzung in Anweisungen und deren Umsetzung in die prognostizierten Ergebnisse im Rahmen von weitgehend automatisierten Systemen.

Die Konsequenz dieses Prinzips ist vor allem eine maximale Produktivität im Rahmen einer wohldefinierten Zielsetzung sowie eine vollkommene Planbarkeit, Prognostizierbarkeit und Kontrollierbarkeit des Systems, soweit es den Spezifikationen entspricht und das Umfeld sich den Annahmen entsprechend entwickelt. Eine weitere Konsequenz ist, daß der Mitarbeiter im Extremfall total fremdbestimmt ist, weil sein Pflichtenheft, seine Arbeitsplatzausstattung, sein Produktionsrhythmus, seine Einordnung im Organigramm etc. genau definiert sein müssen, damit der Gesamtapparat berechenbar funktioniert – auch wenn dies heute in der Regel nicht mehr jene extreme Aufsplitterung der Arbeitsschritte bedingt, wie wir es vom "Taylorismus" her kennen. Aus dieser Notwendigkeit der genauen Definition jeder einzelnen Tätigkeit wiederum ergibt sich ein ständiger Wettlauf zwischen Mensch und Maschine, der zwangsläufig zur "Aussteuerung" immer höher qualifizierter Arbeitskräfte führt: Je genauer ein Arbeitsvorgang definiert ist, desto leichter ist er bekanntlich durch eine Maschine wahrzunehmen, und angesichts der raschen Weiterentwicklung der maschinellen Fähigkeiten ist das für immer komplexere Aufgaben der Fall. Das bedeutet aber umgekehrt, daß sich unter den Arbeitskräften, die den Wettlauf mit der Maschine noch nicht verloren haben, eine wachsende Zahl nur deshalb in dieser glücklichen Lage befindet, weil sie eine schwer definierbare Tätigkeit ausüben.

Damit rückt bereits die Frage nach den Grenzen mechanistischer Organisationsformen ins Blickfeld. Sehen wir einmal davon ab, daß dem Prozeß der Aussteuerung möglicherweise aus gesamtgesellschaftlichen Gründen Grenzen gesetzt sind und daß die Fremdsteuerung in Organisationen auch gewichtige Fragen für die Innovationskraft, die kulturelle Vitalität und die menschliche Lebensqualität einer Gesellschaft aufwirft. Vom Unternehmen her betrachtet lautet die Grundfrage, welchen Entwicklungen das mechanistische Grundmodell zuwenig Rechnung trägt. Wir können sie als eine Frage des Maßes verstehen: Wenn wir davon ausgehen, daß das Unternehmensumfeld immer turbulenter und komplexer wird, weil sich seine tatsächliche und wahrgenommene Veränderung dauernd beschleunigt und seine tatsächliche und wahrgenommene Vernetzung ständig erhöht, dann können wir fragen, wie lange die Verbesserung unserer Informationssysteme mit diesen sich überstürzenden Umfeldentwicklungen Schritt halten kann. Wir können sagen, je später sie an ihre Grenzen stoßen, desto gravierender ist, angesichts der dann erreichten Größe und Komplexität der Unternehmen, die daraus folgende Katastrophe.

Kommunikation – der Kern der Selbstentwicklung

Wir können aber auch sagen, daß das Modell, wie etwa die Newtonsche Physik, eigentlich schon immer grundsätzlich inadäquat war und daß dies nur nicht früher bemerkt worden ist, weil die als relevant wahrgenommene Wirklichkeit sich noch nicht so weit in die Extrembereiche entwickelt hatte. In Tat und Wahrheit gab es auch in offiziell mechanistisch determinierten Organisationen seit je her Strukturen und Prozesse, die im offiziellen Modell nicht vorkommen oder ihm gar widersprechen, ohne die aber die Organisation gar nicht lebensfähig gewesen wäre. Man denke an die Lähmung einer Bürokratie, in der Dienst nach Vorschrift betrieben wird. Dabei ist es für den Moment gleichgültig, ob es sich bei den Abweichungen vom Modell um definierte Freiräume, um tolerierte informale Vorgänge, um latente, verdrängte, unterschwellige oder um illegitime, subversive, bekämpfte Elemente handelt.

Das Gemeinsame an ihnen ist die "Autopoiese", die Selbstorganisation oder genauer die Selbstentwicklung. Es handelt sich nicht um Vorgänge, die von einem souveränen, außerhalb des Systems stehenden Manager determiniert sind, sondern um solche, die sich spontan entwickeln und somit definitionsgemäß nicht planbar oder prognostizierbar sind. Sie setzen Akteure voraus, die andere Wahrnehmungen, Prioritäten oder Handlungsmuster haben als die im System offiziell vorgesehenen, also gegenüber dem System eine gewisse Autonomie besitzen und gleichzeitig mit dem System in einer Wechselwirkung stehen, ohne aber sein Verhalten determinieren zu können.

Erinnern wir uns nun daran, daß wir es im wesentlichen mit Informationsverarbeitungssystemen zu tun haben. An die Stelle der Einweginformationen des mechanistischen Modells tritt bei den eben beschriebenen Vorgängen die Kommunikation. Kommunikation ist gemäß der hier verwendeten Terminologie die Übertragung von Informationen zwischen autopoietischen – sich selbstentwickelnden – Systemen. In der Regel sind es lebende Systeme, in unserem Zusammenhang menschliche Individuen und soziale Handlungssysteme; theoretisch sind freilich im Zeichen der künstlichen Intelligenz auch sich selbst entwickelnde technische Systeme denkbar.

Die Fähigkeit zur Selbstentwicklung setzt einen Systemcode voraus, der Informationen aus dem Umfeld zu seiner eigenen Weiterentwicklung verwenden kann. Der Systemcode enthält die Informationen, die determinieren, wie das System sich in sich oder bei bestimmten Einwirkungen aus dem Umfeld verhält. Bei menschlichen Individuen nennen wir ihn "Persönlichkeit", bei sozialen Systemen wie Unternehmungen "Kultur". Die in ihm enthaltenen Informationen betreffen die eigene Identität im Unterschied zu anderen Systemen, einschließlich der Vorstellung von den eigenen Stärken und Schwächen, das eigene Bild des relevanten Umfeldes sowie die eigenen Werte und Prioritäten, Wünsche und Befürchtungen. Daraus ergeben sich entsprechende Wahrnehmungsfilter sowie Handlungs- und Ausdrucksmuster.

Daraus leiten sich die typischen Eigenschaften von Kommunikationsprozessen ab:

- Sie leben von der Dialektik zwischen "Auseinandersetzung", das heißt dem Identifizieren der Unterschiede zwischen kommunizierenden Systemen, als Voraussetzung einer tauglichen "Übersetzung", die ihrerseits erst die "Mitteilung" zuläßt, d.h. die Übertragung einer Information, die infolgedessen anschließend in allen kommunizierenden Systemen vorhanden ist. Damit erst hat "Kommunikation" stattgefunden, wörtlich "Schaffen von Gemeinsamkeiten". Daß dies der Fall ist und wie weit die Mitteilung wirklich "begriffen" und nicht etwa mißverstanden worden ist, muß durch einen mehr oder weniger bewußten Rückkoppelungsprozeß sichergestellt werden.
- Jede Kommunikation beeinflußt mehr oder weniger tiefgreifend den Systemcode aller Beteiligten: Der Empfänger hat ein etwas anderes Bild vom Umfeld oder von sich selbst oder wertet es anders als zuvor, und der Sender weiß oder vermutet, daß der Empfänger weiß, das heißt, bei ihm ändert sich auch etwas. Das bedeutet, daß die Struktur und damit das Verhalten aller beteiligten Systeme einschließlich des von ihnen gebildeten Gesamtsystems sich ändert: Nochmals derselbe Impuls würde vom empfangenden System gar nicht mehr als solcher wahrgenommen, weil es ihn bereits integriert hat. Neue Impulse

ähnlicher Qualität lösen bei den beteiligten Systemen eine andere Reaktion als zuvor aus, weil sich ja der Systemcode und mit ihm die Wahrnehmungs- und Handlungsmuster geändert haben. Darin liegt die Unmöglichkeit begründet, sich selbst entwickelnde Systeme zu prognostizieren oder zu planen: Die Wirkungen gewisser Umfeldursachen verändern sich ständig, und sie wirken auf das Umfeld zurück, das seinerseits darauf stets wieder anders reagiert. Würde man den beteiligten Systemen eine Prognose oder auch nur eine Diagnose dieses Zusammenhangs mitteilen, so würde dieser dadurch ebenfalls bereits wieder umgestaltet – Zusammenhänge, die wir an Kommunikationssystemen, wie zum Beispiel Devisenmärkten, immer wieder verfolgen können.

- Da Kommunikationsprozesse Gemeinsamkeiten schaffen, erfüllen sie eine Koordinationsfunktion, indem sie die beteiligten Systeme durch die Herausbildung einer gemeinsamen Kultur an verbindenden Kommunikationssystemen teilhaben lassen. Auf diese Weise ist es zu erklären, daß gemeinsame Orientierungen ohne systemexterne Steuerung zustande kommen, wie das auch etwa in einem Markt der Fall ist.
- Kommunikationsprozesse haben die Tendenz, die Anschlußfähigkeit der beteiligten Systeme zu erhöhen, indem sie das innere Bild und mit ihm die Wahrnehmungsfilter der als relevant wahrgenommenen Wirklichkeit anpassen. Je komplexer dieses Bild und die Wahrnehmungsfilter sind, desto komplexer ist das handhabbare Umfeld; steigende Komplexität heißt aber auch abnehmende Handlungsfähigkeit. Kommunikationsprozesse leisten auch einen Beitrag zur ständigen Ausbalancierung zwischen Anschlußfähigkeit und Handlungsfähigkeit, indem sie durch Selektion zwischen relevanten und weniger relevanten Umfeldern oder – in Organisationen – durch Ausbildung von spezialisierten Subsystemen Komplexitätsreduktion herbeiführen. Hier ist wieder wichtig, daß dies nicht nur durch unilaterale Entscheidungen in der Hierarchie geschieht, sondern durch gegenseitige Abstimmungsprozesse, weil sonst die Gefahr besteht, daß sich das System gerade gegenüber jenen Umfeldelementen abschottet, die für seine weitere Entwicklung wichtig sind.

Wenn wir nun das Unternehmen als Handlungssystem betrachten, so wirken an seinem Beziehungsgeflecht verschiedene sich ebenfalls selbst entwickelnde Handlungssysteme und – direkt oder indirekt – Individuen aus seinem inneren und äußeren Umfeld mit, und einiges spricht dafür, daß Selbstentwicklungsprozesse darin eine wachsende Rolle spielen werden. Natürlich entpuppt sich von hier aus nach rückwärts betrachtet die mechanistische Struktur als Spezialfall der Selbstentwicklung, indem eine vom herrschenden Weltbild geprägte gemeinsame Kultur die dazu passenden Wahrnehmungsfilter, Wirklichkeitsvorstellungen und Strukturen erschuf. Allerdings wich die Wirklichkeit in der Vergangenheit schon vom Modell tiefgreifend ab: Weder gab es das souverän beherrschende menschliche Individuum, noch gab es den Menschen als reines Rädchen in der Maschine – beides schon deshalb nicht, weil es ja auch in der Vergangeheit Innovation gab. Innovation heißt immer Selbsttranszendenz des Systems, und diese ist nur erklärbar, wenn die im System Handelnden gleichzeitig außerhalb des Systems denken und handeln können, beziehungsweise wenn die außerhalb des Systems Denkenden und Handelnden in das System hineinwirken, also auch in ihm handeln können.

Weshalb greifen Selbstentwicklungsprozesse um sich?

Schon die Tatsache, daß dieses inadäquate Weltbild inzwischen überholt ist – ein weiterer sich selbst entwickelnder kultureller Prozeß –, wird dazu beitragen, daß die vom mechanistischen Weltbild geprägten Strukturen zunehmend von spontanen Prozessen unterwandert werden.

Einen zweiten Vorgang, der in diese Richtung wirkt, haben wir bereits erwähnt: Im Wettlauf zwischen Mensch und Maschine werden Menschen, die Maschinenrollen spielen, ausgesteuert. Übrig bleiben die anderen, die lebenden Wesen angemessene Funktionen erfüllen. Das gebietet auch die wirtschaftliche Rationalität der Arbeitsteilung nach dem Grundsatz des komparativen Vorteils: Während der Vorteil der Maschine eben in jener widerstandslosen, raschen und präzisen Erledigung großer Mengen wohldefinierter, gleichförmiger Aufgaben besteht, liegt die Stärke des Menschen in jenem ständig neuen Handeln, das sich aus der Kombination von zwischenmenschlicher Kommunikation, komplexen Gestaltwahrnehmungsleistungen, ständig sich verändernden Bedingungen anpassenden Bewegungsabläufen, Lern- und Assoziationsprozessen, Intuition, sinnlichen und ästhetischen Empfindungen und vom Unbewußten her beeinflußten Wandlungen der emotionalen Richtung und Intensität ergibt.

Anders umschrieben bedeutet diese rationale – komplementäre statt substitutive – Arbeitsteilung zwischen Mensch und Maschine unweigerlich die Verlagerung von unternehmerischer Handlungsautonomie an den Arbeitsplatz, genauer gesagt zu Individuen und Handlungssystemen, die das innere Umfeld des Unternehmens ausmachen. Es gibt also gute Gründe, diesen Prozeß über die "Aussteuerung" hinaus zu beschleunigen, schon weil darin die sinnvolle Antwort auf die Aussteuerung liegt. Das Schlagwort vom "Intrapreneur" hat von daher seine Berechtigung. Behindert wird dieser Prozeß freilich durch die Angst vor dem "Kontrollverlust" seitens der Unternehmensspitze und die Scheu vor der Verantwortung an der Basis. Sollte es sich gelegentlich herumsprechen, daß die zentrale Kontrolle ohnehin nur ein von der Wirklichkeit längst überholter Mythos ist, dessen Anhänger beste Gewähr haben, den Kontakt mit künftigen Realitäten gänzlich zu verlieren, würde sich daran vielleicht etwas ändern.

Hinzu kommt noch etwas: Kaufkraftbedingte zunehmende finanzielle Bewegungsfreiheit des Individuums, wachsende Zeitautonomie und steigendes durchschnittliches Bildungs- und Informationsniveau haben ganz eindeutig dazu geführt, daß die Bereitschaft, sich außenleiten zu lassen, im ganzen abgenommen hat. Zwar sind fundamentalistische, konservative und faschistoide Gegenbewegungen nicht zu leugnen, aber die Mehrzahl der jüngeren Menschen sind als Konsumenten, Arbeitskräfte und Bürger kritischer, aufsässiger und unabhängiger, wenn auch nicht unbedingt sicherer geworden. Als Mitarbeiter setzen sie sich nicht mehr ein, weil der Chef oder die Moral es so will, sondern nur, sofern es für ihre Laufbahn, für ihren Spaß, für ihre Selbstentfaltung oder auch nur für ihre Finanzen einen Sinn hat. Das ruft nach entsprechenden Arbeitsformen.

Dieselbe Entwicklung hat dazu geführt, daß die durch Massengüter zu befriedigenden Grundbedürfnisse aus der Endnachfrage zumindest in Westeuropa fast verschwunden sind – zugunsten eines hochdifferenzierten und individualisierten Wahlbedarfs, der immer mehr kommunikative und kulturelle Leistungen einschließt. Der Waren- und Dienstleistungskorb der durchschnittlichen Haushaltung verschiebt sich zum Individualbedarf und zu hoch personalisierten Dienstleistungen hin; Waren und Dienstleistungen werden zu vielfältigen individualisierten Paketen zusammengefügt – das festliche oder das gesunde unter 150 verschiedenen Broten, die ästhetische Qualität und das Lebensgefühl, das mit dem Ladendesign vermittelt wird, die Beratung und das passende Tiefgefriersortiment zum Mikrowellenofen, das Alarmsystem mit der Hausratversicherung etc.

Dazu gesellt sich von seiten der Produktionstechnik die Entwicklung zur flexiblen Automatisierung, das heißt zur automatischen Maßanfertigung im Zusammenwirken zwischen computergestützten Entwicklungs-, Produktions- und Kommunikationssystemen, die unter Einrechnung der logistischen Ersparnisse nicht oder kaum mehr teurer ist als die Serienfabrikation.

Diese drei Entwicklungen – neue Ansprüche an den Arbeitsplatz, Individualisierung der Nachfrage und individuelle Fertigung – fügen sich zusammen zu einem Strickmuster, das hier als "neues Handwerk" bezeichnet sei, da Handwerk im Kern darin besteht, daß das Produkt aus dem individuellen Dialog zwischen dem Produzenten und seinem Kunden hervorgeht. Da Großserien immer häufiger kaum noch absetzbar und kaum noch billiger sind, greift dieses Strickmuster anstelle der Massenfabrikation zunehmend um sich, nicht nur bei Waren und bei den schon immer stark individualisierten Dienstleistungen gewisser Kommunikations- und Kulturbranchen, sondern auch bei traditionellen Massendienstleistungen – wie etwa Banken und Versicherungen.

Dieser Wandel begünstigt logischerweise den Typus des von der Entwicklung bis zum Kundenkontakt vertikal integrierten Klein- oder Kleinstbetriebs – unternehmerisch autonom geführt von einem sich selbst organisierenden Arbeitsteam. Ob es sich nun um ein Profit Center handelt, das durch zentrale Dienstleistungen einer Konzernzentrale im Koordinationsverbund gehalten wird, oder um ein selbständiges Unternehmen, das vielleicht mit anderen zusammen zentrale Dienstleistungen wie Rechnungswesen, Logistik und Betriebsberatung aufbaut, ist letztlich auf lange Sicht recht belanglos.

Der zunehmend kritische Geist der Bevölkerung, verbunden auch mit einer Polarisierung und erhöhten Konfliktbereitschaft in ideologisch engagierten Kreisen, im Zusammenwirken mit der zunehmend wahrgenommenen weltweiten Vernetzung der Zusammenhänge führt zu einer weiteren Veränderung: Unternehmen bleiben auf die Dauer nur entwicklungsfähig, wenn nicht nur die an ihnen Beteiligten, sondern auch die als Kunden Bedienten und die über Stadtbild, Verschmutzung etc. Betroffenen den Eindruck haben, daß ihre Bedürfnisse und Ängste bei dem Unternehmen gut aufgehoben sind.

Das heißt zusammengenommen, daß der Anteil der Kommunikationsleistungen an der Endnachfrage weiter ansteigen wird, daß ihr Anteil an den Wertschöpfungsprozessen noch rascher zunehmen wird als jener an der Endnachfrage und daß ihr Anteil an der Gesamtbeschäftigung sich noch rascher erhöhen wird als jener an der Wertschöpfung, weil es diese Leistungen sind, die am schwersten automatisierbar sind. Auf die Konsequenzen für die Bildungspolitik sei hier nur am Rande hingewiesen.

Was heißt in Zukunft Unternehmensführung?

Die Konsequenzen all dieser Veränderungen für die Unternehmensführung dürften bereits auf der Hand liegen:

1. Es führt kein Weg daran vorbei, das Unternehmen als ein sich selbst entwickelndes Gebilde von Kommunikationsprozessen zu sehen.
2. Das Rollenverständnis des Unternehmensführers verschiebt sich von jemandem, der über Ziele entscheidet und Anweisungen zu ihrer Realisierung gibt, zu jemandem, der sich für den unternehmenspolitischen Dialog verantwortlich fühlt, der als Katalysator dazu beiträgt, dafür ideale Bedingungen zu entwickeln, und der dem System aufgrund seiner eigenen Auseinandersetzung mit dem Umfeld, dem Unternehmen und seinen persönlichen Visionen vermittelt, was es benötigt und was er vermitteln kann, seien es neue Impulse, sei es Unterstützung für Abwehr- und Selektionsmechanismen, wenn die Komplexität überhandnimmt.
3. Diese Funktion ist nur möglich, wenn der Unternehmensführer einerseits nicht selbst ein Subsystem des Unternehmens ist, also nicht völlig von dessen Funktionsnotwendigkeiten bestimmt ist, anderseits aber auch nicht als souveräner Herrscher völlig außerhalb des Unternehmens steht, da ein solcher streng genommen gar nicht in das System hineinwirken kann. In dieser Zwitterstellung – Umwelt und nicht Teil des Unternehmens zu sein, aber als Unternehmensumwelt mit dem Unternehmen ein Kommunikationssystem zu bilden, also in enger Interaktion oder Symbiose mit ihm zu stehen und insofern nicht unabhängig von ihm zu sein – spiegelt sich, wie erinnerlich, die Quintessenz des systemischen Wirklichkeitsverständnisses überhaupt.
4. In dem Maße, wie die Selbstentwicklung des Unternehmens zur Verlagerung von Unternehmerfunktionen an den Arbeitsplatz, zu unternehmerisch autonomeren Arbeitsteams führt, werden immer mehr Arbeitskräfte in diese Dialogverantwortung in ihrem Tätigkeitsbereich und in diese Zwitterstellung ihm gegenüber hineinwachsen. Was über die Rolle des Unternehmensführers gesagt wurde, gilt damit zunehmend für alle Menschen, auch in ihrer Rolle als Mitgestalter von Familie, Politik, Kultur und allen anderen Lebensbereichen. Wir haben deshalb die zentrale Figur der Kommunikationskultur auch schon den "Lebensunternehmer" genannt.

5. Wenn die mechanistischen, durch unilaterale Anweisungen zu beherrschenden Steuerungsinstrumente an Gewicht verlieren, gewinnt "Unternehmenskultur" entsprechend an Bedeutung – also jenes geteilte Bild von der Identität des Unternehmens oder auch einzelner Organisationseinheiten, welches gemeinsame Vorstellungen über die gegenwärtige, die gewünschte oder befürchtete künftige Wirklichkeit des inneren und äußeren Umfeldes sowie über die Grenzen zwischen innen und außen enthält, aus denen sich dann auch die entsprechenden Wahrnehmungs- und Verhaltensmuster ergeben. Die Analogie zum genetischen Code ist in diesem Zusammenhang besonders einleuchtend: Jede Zelle verfügt über die gesamte Erbinformation und ist so fähig, in Übereinstimmung mit dem Ganzen autonom zu handeln, wobei im Fall der sozialen Organisation Kommunikationsprozesse diese Informationen ständig im Fluß halten und auch Diversifizierungen, das heißt Grenzverschiebungen zwischen innen und außen, mit sich bringen können.
6. Der unternehmenspolitische Dialog muß nicht nur zwischen den Innenwelten, sondern auch mit den Außenwelten des Unternehmens geführt werden, wie das im Modell des "neuen Handwerks" bereits dargestellt wurde. Das bedeutet in letzter Konsequenz, daß die Führungsspitze nicht nur im Dialog mit den "Intrapreneurs", sondern auch in jenen mit den Betroffenen und den Einflußgruppen des äußeren Umfelds – Konsumenten, Lieferanten, Kapitalgeber, Anwohner, Politiker, öffentliche Meinung etc. – Entscheidungen zur Disposition stellen muß. Der Weg von der traditionellen Öffentlichkeitsarbeit über das "Issues Management" zu einem Dialog, der eine echte unternehmenspolitische Interaktion anstrebt, ist womöglich noch beschwerlicher als jener zur Intrapreneurship.
7. Wenn Kommunikationsprozesse ins Zentrum der Wertschöpfung rücken und ganzheitliche – das heißt alle Lebens- und Persönlichkeitsbereiche einbeziehende – unternehmerische Handlungsautonomie von jedem Menschen erwartet wird, so heißt das, daß in noch viel ausgeprägterem Maße als bisher das so unschön benannte "Human-Kapital" zum entscheidenden Entwicklungs- und Konkurrenzfaktor wird. Er umfaßt einerseits die Fähigkeiten und die Motivation jedes einzelnen im erwähnten ganzheitlichen Sinne, und anderseits die Rahmenbedingungen, die der Entwicklung und Ausübung dieser Fähigkeiten sowie ihrem synergetischen Zusammenwirken förderlich sind. Dazu gehört unter anderem auch die Kongruenz zwischen Zuständigkeiten, Verantwortlichkeiten und Beeinflussungsmöglichkeiten. Das bedeutet, daß eine wachsende Zahl jener Elemente des Arbeitsverhältnisses, die heute vorgegeben sind – Pflichtenheft, Ausstattung des Arbeitsplatzes, organisatorische Einordnung etc. – Gegenstand von autonomen Entscheidungen oder Aushandlungsprozessen werden und daß die Verantwortungsträger auch am Erfolg oder Mißerfolg ihres Tuns entsprechend beteiligt sein müssen.

8. Bleibt da überhaupt eine Funktion übrig für die Institution der Unternehmensführung im traditionellen Sinn? Zunächst ist an zwei Dinge zu erinnern: Wir haben hier nicht ein Gegenmodell zur heutigen Realität geschildert, sondern Tendenzen, die um sich greifen. Weiters haben wir darauf hingewiesen, daß das mechanistische Modell in den Bereichen, wo Routineabläufe wichtig sind, überlegen bleibt, wenn es auch menschlicher Funktionäre zunehmend entraten kann. Beides zusammen bedeutet, daß die traditionelle "Entscheidungsträgerfunktion" nach wie vor ihr Gewicht hat, auch wenn es im Abnehmen begriffen ist und ihr Träger tunlichst eine gelassene kritische Distanz zu ihr entwickeln sollte. Auf der anderen Seite wird die Entwicklungsfähigkeit eines Unternehmens gerade in dieser Übergangszeit stark davon abhängen, daß der Paradigmenwechsel nicht bekämpft und auch nicht nur hingenommen, sondern von der Unternehmensspitze her gefördert und gestaltet wird, da der Versuch der Selbsttranszendenz des alten Modells von der Basis oder vom Mittelbau her ohne die Mitwirkung von oben die Gefahr größerer Verwerfungen mit sich bringt, sofern sie überhaupt gelingt. Dies wiederum bedeutet, daß in der Geschäftsleitung eines heutigen Unternehmens jene, die für die Entwicklung der Unternehmenspolitik, für den unternehmenspolitischen Dialog mit dem äußeren Umfeld und für Personal- und Organisationsentwicklung im weitesten Sinn zuständig sind, mindestens ebenso großes Gewicht haben sollten wie die Inhaber der traditionellen Hauptressorts Produktion, Verkauf, Marketing und Finanzen.

Literatur:

Luhmann, Niklas, Funktionen und Folgen formaler Organisation, Schriftenreihe der Hochschule Speyer, Duncker & Humblot, Berlin 41

Lutz, Christian, Die Kommunikationsgesellschaft – Ein Leitbild für die Politik und Wirtschaft Westeuropas, 1986, GDI-Schrift Nr. 45

Lutz, Christian, Kommunikation – Die große Unbekannte in der Unternehmenspolitik, "gdi-impuls" Nr. 1/88

Lutz, Christian, Unsere Zukunft: die Kommunikationskultur, erschienen in "IBM Nachrichten", Heft 296, März 1989, IBM Deutschland GmbH, Stuttgart

Lutz, Christian, Westeuropa auf dem Weg in die Informationsgesellschaft – Kritischer Überblick über Analysen, Prognosen und Optionen, 1984, GDI-Schrift Nr. 25

Naisbitt, John, Megatrends – Ten new directions transforming our lives, Warner Books, N.Y., 1982

Piore, Michael J. und Sabel, Charles F., Das Ende der Massenproduktion – Studie über die Requalifizierung der Arbeit und die Rückkehr der Ökonomie in der Gesellschaft, Berlin Wagenbach 1985

Oswald Neuberger

Widersprüche in Ordnung

Es gibt verschiedene Dimensionen des Versuchs, die Komplexität von Organisationen auf ein handhabbares Mass zu reduzieren – die Regelung interner Beziehungen, die Gestaltung zeitlicher Abläufe, die Abgrenzung gegenüber anderen Systemen und die Pflege des «Grenzverkehrs». Sie alle erzeugen strukturell Widersprüche, Mehrdeutigkeit und Instabilität. Dafür wiederum gibt es Bewältigungsstrategien – in der Dimension der inneren Beziehungen z.B. Dezentralisierung, Bürokratisierung und Standardisierung. Sie sind aber wiederum alle mit unerwünschten Nebenwirkungen verbunden, die im einzelnen aufgezeigt werden. Die Analyse führt zum Schluss, dass die Möglichkeit widerspruchsfreier, konsequenter, eindeutiger Organisationen gar nicht besteht, sondern dass Organisationen eher mit Spielmodellen bzw. mit nicht eindeutig ineinandergreifenden Verhaltenszyklen zu beschreiben sind. Der Autor empfiehlt, diese Einsicht nicht zu bekämpfen und sich auch nicht einfach mit ihr abzufinden, sondern sie als Quelle neuer Handlungsspielräume und eines unbehinderten Einsatzes vorhandener Ressourcen zu begrüssen.

1. Einleitung

Ich habe meinem Beitrag einen mehrdeutigen Titel gegeben, weil es mir um eben diese Mehrdeutigkeit geht. Widersprüche in der (vermeintlichen) Ordnung sind in Ordnung. Der Begriff "Widersprüche" steht hier stellvertretend für einen großen Bereich schlecht handhabbarer Phänomene in Organisationen (zu denen auch Komplexität, Mehrdeutigkeit und Mehrwertigkeit, Intransparenz, Inkonsistenz, Instabilität etc. gehören). Manager aber wollen handhaben (manu agere), sie sind sogar nur dann nötig, wenn die Be-Handelbarkeit von Situationen in Frage gestellt ist. Dabei gebe ich gleich zu Beginn zu, daß ich bei der eingespielten Arbeitsteilung zwischen Wissenschaft und Praxis bleiben und den Praktikern nicht in ihr Hand-Werk pfuschen möchte. Daß Wissenschaftler immer Besserwisser sind, will ich durch eine kleine indische Parabel illustrieren:

Ein Mann sagte zu einem Berg: "Wie dumm du bist! Du weißt nichts über deine Größe, dein Gewicht, deine Gestalt...".

Das stimmt, antwortete der Berg, aber ich bin der Berg."

Manager sind nur die Spitze des (Eis-)Bergs "Organisation". Lassen Sie mich diesen Berg beschreiben; vielleicht trägt das dazu bei, Ihrem Selbstbewußtsein das Lösungsmittel Selbst-Bewußtsein beizumischen.

Man kann Organisationen sowohl aus "systemischer" wie aus "handlungstheoretischer" Perspektive analysieren. Auf der einen Seite stehen die "überwältigende Macht der Verhältnisse" und die "strukturelle Gewalt", die den einzelnen zum Rädchen im Getriebe machen, auf der anderen die Behauptung und Hoffnung, daß es auf den einzelnen ankomme und daß autonome individuelle Handlungen Bausteine von Systemen seien.

Es soll aber hier nicht von einer Entgegensetzung dieser beiden Perspektiven ausgegangen werden, sondern von ihrer Verschränkung: Einerseits werden systemische Strukturen durch (kollektives, soziales, gemeinsames) Handeln hergestellt und aufrechterhalten, andererseits folgen Handlungen Programmen, die nicht aus individuellen Kalkülen der Handelnden resultieren, sondern strukturell bedingt und geprägt sind. Um diese strukturellen Bedingungen geht es im folgenden.

Es werden hier Gründe dafür gesucht, warum sich in Organisationen Phänomene wie Intrigen, Korruption, Informationsmanipulation, Desinteresse, Sabotage, Günstlingswirtschaft, Fehlervertuschung etc. zeigen. Derartige Erscheinungen sollen dabei nicht als Fehlentwicklungen oder Perversionen rationaler Entwürfe (vorab)verurteilt werden, sie werden vielmehr als systembedingte Effekte und zum Teil sogar sinnvolle Strategien aufgefaßt.

Überblick:

Ausgangspunkt ist eine Analyse des üblichen Verständnisses von "Organisation". Jeder weiß, daß Betriebe, Behörden, Banken, Kaufhäuser etc. (wirtschaftliche) Organisationen sind und daß sie sich von Menschenansammlungen in Fußgängerzonen, von Familien und Staaten unterscheiden. Dieses Vorwissen soll benutzt werden, um in einem ersten Teil strukturelle Bestimmungsmerkmale von "Organisation" abzuleiten. Auf dieser Grundlage soll dann in einem zweiten Schritt gezeigt werden, wie Organisationen mit den Problemen, die sich daraus ergeben, umgehen. Der dritte Teil ist dann ein Plädoyer dafür, Mehrdeutigkeit, Mehrwertigkeit und Widersprüchlichkeit in Organisationen nicht als zu beseitigende Störungen, sondern als Bestandsbedingungen und sogar Chance zu sehen.

Zuerst zu den Merkmalen:

2. Die strukturelle Erzeugung von Widersprüchen, Mehrdeutigkeit und Instabilität in Organisationen

Vier Problembereiche, mit denen Organisationen konfrontiert sind und die sowohl ihre Existenz wie ihre jeweils spezifische Erscheinungsform bedingen, werde ich im folgenden behandeln: Komplexität, Zeitbezug, Abgrenzungsbedarf und "Grenzverkehr".

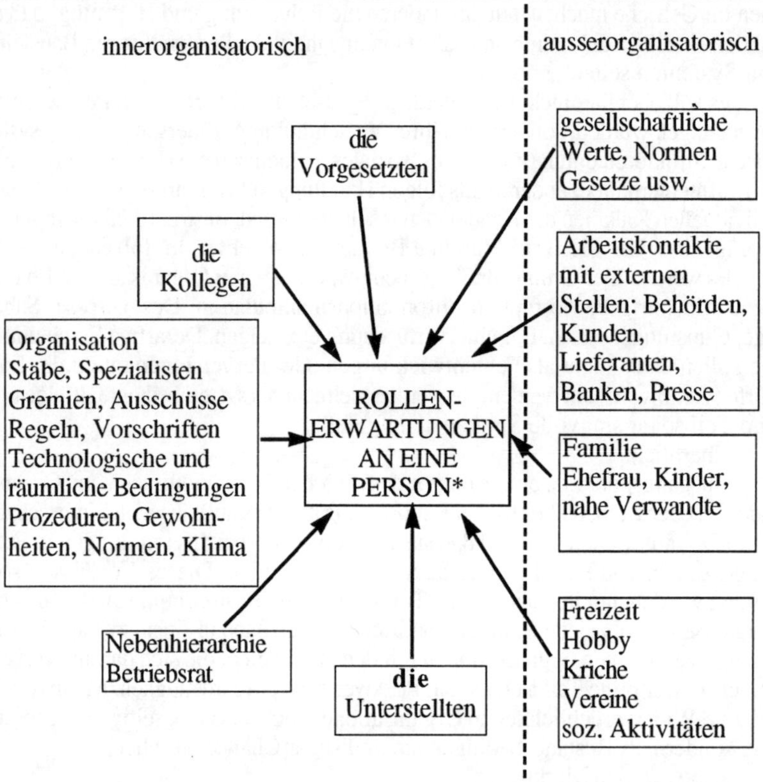

* z.B.: als Unterstellter, Kollege, Fachmann, Arbeitgebervertreter, Vorgesetzter, «Privatmann», Vater, Ehemann, Geschäftspartner, Staatsbürger

Die Person im Zentrum von Rollenerwartungen

2.1 Komplexität und Interpretationsoffenheit von sozialen Beziehungen

Aus der Entfernung betrachtet wirkt eine Organisation als geschlossene Ganzheit mit wohlgeordneter innerer Struktur und effizient geregeltem Handeln (dargestellt etwa in Organigrammen und Ablaufdiagrammen).

Dieses Bild ändert sich, wenn man näher herangeht und sich mit einigen Besonderheiten befaßt.

In Organisationen sind definitionsgemäß so viele Menschen (oder Stellen) vereinigt, daß zwischen ihnen ein unmittelbarer Kontakt ("face-to-face") kaum mehr möglich ist und praktisch auch nicht stattfindet.

Personen, Positionen, Abteilungen etc. sind nicht direkt, sondern grundsätzlich mittelbar verbunden, und zwar vermittelt durch Wahrnehmungen, Kommunikation, Handlungen und deren Folgen. Es geht beim Organisieren nicht um den Menschen (und schon gar nicht steht der Mensch im Mittelpunkt), es geht vielmehr um die Ko-Ordination von Kommunikation, Handlungen, Wirkungen. Personen sind zwar "Aktionszentren", aber es interessieren nicht sie, sondern die vermittelten und vermittelnden Akte. Die gleichzeitige Aktivierung der Vielzahl möglicher Relationen führte zu Überlastung; es kommt deshalb zu Bevorzugung beziehungsweise Ausklammerung von Beziehungsmedien und -partnern und/oder zu deren Standardisierung.

Mit der Zahl der Einheiten (Personen, Gruppen, Abteilungen etc.) als Ausgangspunkten und Adressaten von Handlungen und Beziehungen wächst die Zahl möglicher Verbindungen zwischen ihnen exponentiell. Nicht alle Beziehungsmöglichkeiten werden realisiert; es bilden sich unterschiedliche Beziehungsmuster heraus: normalerweise innerhalb der Einheiten dichte, zwischen den Einheiten lockere Kontakte.

Häufig wird in diesem Zusammenhang von "Teil-Einschluß" (Partialinklusion) gesprochen. Damit ist gemeint, daß Personen grundsätzlich in eine Vielzahl von sowohl latenten wie aktivierten Beziehungen und Verpflichtungen eingebunden sind und daß keine einzelne Verbindung Ausschließlichkeit, also totale oder gar totalitäre Vereinnahmung beanspruchen kann. Rückt man eine Beziehung in den Mittelpunkt der Betrachtung (zum Beispiel die Vorgesetzten-Mitarbeiter-Beziehung), muß man sich bewußt sein, daß dies buchstäblich nur ein Ausschnitt aus einer komplexeren Konstellation ist, in die Personen, Rollen oder Stellen integriert sind. Dabei müssen nicht nur organisationsinterne, sondern auch organisationsexterne Beziehungen, die füreinander Konkurrenten im Wettbewerb um Zuwendung sind, berücksichtigt werden.

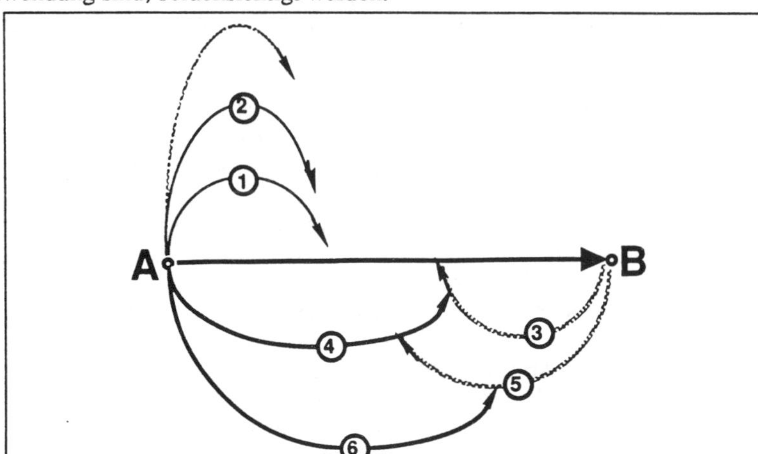

Abb. 1

Um in diesem Beziehungsgeflecht kontrolliert Verbindungen herzustellen und beherrschen zu können, muß die mögliche Vielfalt verringert werden. Eine prominente Stragie ist es, nur bestimmte Beziehungen zuzulassen und andere auszuklammern oder abzuschneiden. Dieses Herauslösen von Zusammenhängen ("Dekontextualisierung") ist nötig, um überhaupt handeln zu können (sonst müßte man vor der Komplexität kapitulieren); andererseits aber werden dadurch Sub-Systeme abgegrenzt, verselbständigt und häufig zu diesem Zweck auch verdinglicht (Auf Probleme subsystemischer Abgrenzungen komme ich unter 2.3 noch einmal zurück). Die Situation wird zusätzlich durch die Möglichkeit kompliziert, daß – angesichts der Vielzahl der Optionen nicht überraschend – unablässig neue Beziehungen aufgenommen werden und bestehende sich in Qualität, Intensität und Inhalt ändern.

Ginge man davon aus, daß die Organisationswirklichkeit richtig "diagnostiziert" werden könne, dann legte schon der Begriff "Diagnose" nahe, eine objektiv existierende Wirklichkeit sei durch Verschleierungen und Vernebelungen hindurch ("dia") erkennbar. Wählte man stattdessen den Ausdruck "Synopse" (Zusammenschau), dann kämen drei Besonderheiten sozialer Wahrnehmung ins Blickfeld:

- Beobachtung ist eine Relation, in der zusammen etwas geschaut wird. Beobachter und Beobachtetes sind nicht unabhängig voneinander, sondern aufeinander bezogen, miteinander verbunden. Beobachtung ist rekursiv, sie verändert den Beobachter und meist auch das Beobachtete.
- Beobachtetes wird "zusammengesehen": als Ganzes, ausgesondert aus dem Umfeld.
- Dieses Ganze wird in aktiver Eigenleistung zusammengefügt (konstruiert), ist also nicht eine "naturgetreue" Widerspiegelung eines an sich existierenden Objekts.

Das Bild, das sich andere von einem Kontaktpartner machen (sollen), wird überdies nicht dem Zufall überlassen, sondern aktiv gestaltet (Image, Profil, Reputation etc.). Ein weiteres Charakteristikum (selbstreferentieller sozialer Systeme) ist, daß die (potentiellen) Kontaktpartner voneinander wissen und sich in ihrem Handeln auf diese Tatsache einstellen (siehe etwa Phänomene wie "vorauseilender Gehorsam" oder "Schere im Kopf").

Die Selbstbeschreibungen, die Handelnde von sich entwerfen und mitteilen, werden von den Empfängern interpretiert und regen diese unter Umständen zu veränderten Sicht- und Handlungsweisen an. Zu jeder realisierten Beziehung können deshalb Reflexionen oder Unterstellungen über Fehlwahrnehmungen oder Täuschungen hinzukommen. so daß die Zahl der möglichen Beziehungen, die es "eigentlich" gibt, praktisch ins Unermeßliche wächst. Der Versuch, das eigene Handeln rational zu kalkulieren, muß im Keim ersticken.

Dies kann in einer einfachen Graphik veranschaulicht werden (Abb. 1):

As Hinwendung zu B kann Gegenstand von As Reflexion sein (1) und diese Reflexion kann reflektiert werden (2). Die vermutete Interpretation oder Reflexion von B (3) kann von A bedacht werden (4), und das B unterstellte Bedenken dieses Bedenkens (5) kann wiederum von A reflektiert werden (6) und so weiter – bis ins Unendliche.

Das aber bedeutet, daß man grundsätzlich zu Auswahl (Selektion), Vernachlässigung, Mißachtung gezwungen ist, wenn man handeln möchte. Darauf hat schon Simon in seiner Kritik der Modell-Annahmen des homo oeconomicus hingewiesen, der ja synoptisch alle Handlungsmöglichkeiten überblickt und deshalb strenggenommen gar nicht entscheiden kann. Handeln kann man nur bei Ignoranz im System.

2.2 Der Zeitaspekt

Beziehungen "in" Organisationen sind immer unter dem Zeitaspekt zu betrachten, denn sie werden durch das leicht verderbliche Gut Kommunikation hergestellt und erhalten. Weil man nicht nicht kommunizieren kann (und deshalb immer auch mit neuen, zustandsverändernden Kommunikationen rechnen muß), bedarf die Aufrechterhaltung einer Beziehung der ständig erneuten Anstrengung, sie gegen Alternativen zu verteidigen.

a) Eine Grundsituation von Organisationen ist ihre unausweichliche "Zeitlichkeit". Man kann nicht alles präsent (!) haben! Wie Einklammerung (Rahmung) Komplexität zu bewältigen hilft, so hilft Temporalisierung (Sequentialisierung, Rhythmisierung, Wiederholung etc.) angesichts der Unmöglichkeit, sich alles zu "vergegenwärtigen". Nichts hat für immer Bestand. Externe und interne Bedingungen ändern sich; der Normalfall ist nicht Stabilität, sondern Wandel, Entwicklung, Zerfall... Insofern ist Schumpeters "schöpferische Zerstörung" Grundprinzip jeder sozialen Organisation.
b) Organisatorisches Handelns ist auf die Zukunft gerichtet. Jeder Beteiligte rechnet mit Handlungsfortsetzungen und -anschlüssen. Dies legt auch den Verzicht auf die Realisierung kurzfristiger Vorteile nahe, wenn dadurch eine langfristige Beziehung gefährdet würde; die Erwartung, daß eine Handlung fortgesetzt wird, ist auch eine wesentliche Voraussetzung für die Ausbildung von Vertrauen als Grundlage zwangfreien sozialen Handelns.
c) Andererseits spielt die "gemeinsame" Vergangenheit (Tradition) eine wichtige Rolle, weil abgelaufene Handlungen nachträglich gedeutet werden und aus dieser "retrospektiven Sinngebung" (Weick 1985) die Schematisierung künftigen Handelns abgeleitet wird. "Die" Vergangenheit gibt es nicht als objektive Größe; sie wird durch Beschreibungen hergestellt. Grundsätzlich aber steht nur vergangenes Handeln für Diagnose und Entwurf zur Verfügung.

Erfahrungen bilden die "chunks" (Modelle von Personen, Handlungen, Situationen), die als komplexe Einheiten gespeichert werden. Innovationen resultieren aus aufgezwungener Verwirbelung von Erfahrung oder hypothetischem Probehandeln. Organisations-Entwicklung ist die Verstörung oder Destabilisierung "bestehender" Systeme im Vertrauen auf ihre spontane Neukalibrierung.

2.3 Abgrenzung und Selbstbezug

Jedes System grenzt sich von anderen Systemen ab und definiert sich dadurch im Doppelsinn des Wortes (Abgrenzung und Wesens-Bestimmung).

Von Organisationen zu reden heißt, Wissen über Nicht-Organisationen zu haben; was im Unterschied zur Organisation als Nicht-Organisation gilt, ist (auch wegen des erwähnten Teil-Einschlusses) nicht trivial.

Die Grenzziehung ist angesichts ständiger neuer Handlungsfelder, Produkte, Technologien, Partner, Konkurrenten etc. eine Daueraufgabe. Insofern sind Poppers Vorschlag der Stückwerks-Technologie (der sich gegen den Sinn und die Möglichkeit von Total-Planung wendet) oder Lindbloms "Durchwursteln" Grundrezepte organisatorischer Unsicherheitsbewältigung. Interne Abgrenzung ist immer auch Selbst-Vereinfachung. Manager müssen und können vereinfachen und nur dadurch entscheiden/handeln. Allerdings ist die Reduktion von Komplexität an den Koppelprozeß des Aufbaus erforderlicher Vielfalt (Komplexität) gebunden. Die Balance zu halten zwischen diesen gegenläufigen Prozessen ist wohl eines der Geheimnisse von Führungserfolg.

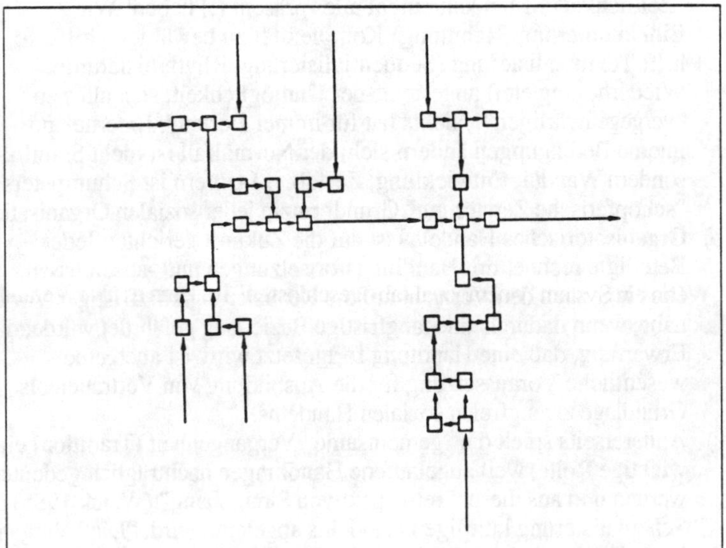

Abb. 3a

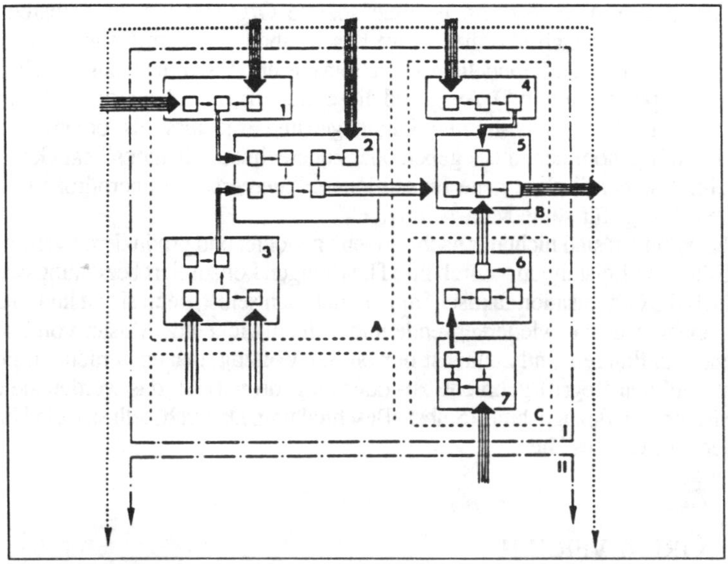

Abb. 3b

In den Abbildungen 3a und 3b ist am Beispiel einer größeren Abteilung veranschaulicht, wie der Arbeitsfluß durch Grenzziehungen überlagert und reguliert wird. Die Steuerbarkeit der Abläufe wird dadurch gesichert, daß "überschaubare" Einheiten voneinander abgekoppelt werden. Abb. a zeigt global die derzeit realisierten Abfolgen und Abstimmungen produktbezogener Handlungen. Abb. b legt die (sub-)systemischen Einheiten offen, denen die Handlungen zugeordnet sind.

Wenn ein System "operational (ab-)geschlossen" ist, kann es über Veränderungen der Umwelt nur dadurch etwas erfahren, daß es Selbst-Veränderungen registriert.

Abb. 4: (aus Weick 1985)

Als abgegrenztes System ist eine soziale Organisation zu Selbstbezug imstande. Sie kann sich überdies selbst beschreiben und zum Gegenstand von Analyse, Bewertung und Handeln machen (s. in diesem Zusammenhang die Thematik von "Corporate Identity"). Aufgrund dieser Schaffung, Erkenntnis und Mitteilung von Identität werden bestimmte Handlungen und Ergebnisse als "organisationstypisch" wahrgenommen, ausgegeben oder zugerechnet: "Siemens" hat Gewinne gemacht, "Siemens" plant neue Investitionen, "Siemens" ist überbürokratisiert, "Siemens" sorgt für seine Mitarbeiter...

Handlungen sind nicht nur nach "außen" gerichtet und produzieren vermarktbare Güter und Leistungen – durch ihre Handlungen konstituiert beziehungsweise verändert die Organisation faktisch immer auch sich selbst, denn sie ist im Grunde nichts anderes als das wiederkehrende und sich entwickelnde Muster von Handlungen. Handlungen sind zunächst nur bloßer Vollzug, der noch nicht "thematisiert" (auf den Begriff gebracht, zu- oder eingeordnet) ist; das werden sie erst durch Rahmung, Bezugnahme, (Selbst-)Beschreibung. Dadurch stellt sich ein Unternehmen "als Ganzes" her.

2.4 "Grenzverkehr"

Organisationen sind willkürlich abgegrenzte Handlungs- und Sinnzusammenhänge (siehe oben). Es gibt kein System ohne Umwelt, denn durch den Akt der Grenzziehung entstehen beide. Die System-Umwelt-Grenze ist hermetisch. Gerade an diesem Punkt zeigt sich die Notwendigkeit eines nicht-materialistischen Systembegriffs, dessen Grundlage die sinnhafte Zurechnung von Handlungen ist. Handlungen aber können sich nicht durchdringen oder "getauscht" werden, sondern sich allenfalls aneinander orientieren oder aufeinander folgen. Dies ist das Kernproblem von Organisationen: das abgestimmte Aufeinander-Bezogensein von Handlungen angesichts der unendlichen Zahl alternativ möglicher Koppelungen sicherzustellen. Ohne sinnhafte Grenzziehung hängt buchstäblich alles miteinander zusammen, und damit ist keinerlei Orientierung mehr möglich. Bestimmte Selbst-Wahrnehmungen und Handlungen werden deshalb "eingeklammert" und dem System, andere "ausgeklammert" und der Umwelt zugerechnet. Scheinbar systemüberschreitende Beziehungen wie Tausch, Selbstdarstellung, Herrschaft, Bündnis etc. sind als Probleme von Handlungskoppelungen zu reformulieren. Dabei zeigt sich, daß das Wesentliche zum Beispiel an der Beziehung "Tausch" nicht die wechselseitige Aushändigung von Gütern durch jeweils autonome Akteure ist, sondern der Übergang von Verfügungsrechten, die durch ein umfassenderes System, in dem beide Tauschenden eingeschlossen sind, garantiert werden. Beide Handelnden haben und benötigen ein Vorwissen über Modelle oder Regeln des Tauschens, um ihre Handlungen aneinander anschließen zu können (wobei dieses Wissen inhaltlich nicht deckungsgleich sein muß). Systeme treten also über geregelte Handlungen miteinander in Beziehung. Weil aber der Satz gültiger Regeln selten zeitlos gültig, abschließend und widerspruchsfrei fixiert ist und weil die Definition der Situation, auf die die Regeln anzuwenden sind, selbst wiederum eine (soziale) Bestimmungsleistung ist, kann grundsätzlich nicht von der Möglichkeit exakter und eindeutiger Beziehungsregulierung zwischen Systemen ausgegangen werden.

Es ist deshalb entscheidend für den Handlungsfortgang, über An-Sichten und Handlungen anderer Systeme und Auswirkungen eigenen Handelns informiert zu sein. Dem Ausbau und der Pflege von Informations-, Kommunikations- und Rückmeldungsprozeduren kommt somit ein hoher Stellenwert zu. Ihre Aufgabe ist es, Informationen über Umweltveränderungen so ins System einzubringen, daß Antworthandeln sich daran orientieren kann.

Als Analogie kann hier Roths (1988) Erinnerung daran herhalten, daß in unserem Zentralnervensystem die Zahlen von Nervenzellen, die jeweils auf Sensorik, Motorik und interne Informationsverarbeitung spezialisiert sind, im Verhältnis von 1:1:100 000 stehen – wir beschäftigen uns also vorwiegend mit uns selbst!

Festzuhalten ist, daß die Grenzziehung zwischen System und Umwelt nicht ein für allemal erfolgt, sondern eine fortwährende Leistung ist. Jedem sozialen System steht es grundsätzlich offen, seine Handlungszusammenhänge anders zu "montieren" und damit die Konturen von System und Umwelt zu verschieben. Weil sich dadurch die privilegierte oder gar exklusive Verfügung über Handlungschancen ändert, ist nachzuvollziehen, daß der Regulierung des "Grenzverkehrs" große Bedeutung zukommt.

3. Die Bewältigung von Widersprüchen erzeugt neue Widersprüche – Strategien und deren unerwünschte Nebenfolgen

Wenn, wie soeben skizziert, soziale Systeme durch extreme Komplexität, Ambiguität, Instabilität, Grenz- und Identitätsverwischung und -veränderung in ihrem Bestand bedroht sind, liegt es nahe, nach jenen Mechanismen oder Strategien zu suchen, mit denen die Gefahren von Mehrdeutigkeit, Ungewißheit, Auflösungstendenzen, Widersprüchlichkeit, Handlungslähmung etc. bewältigt werden können.

Dabei ist ganz generell davon auszugehen, daß jede Bewältigungsstrategie unbedachte neue Probleme erzeugt, die wiederum beherrscht werden müssen.

3.1. Zur Beziehungskomplexität

Bewältigungsstrategien

Schon bei geringen Mitgliederzahlen wird die Menge möglicher Beziehungen unüberschaubar groß. Um sie in den Griff zu bekommen, werden verschiedene Strategien eingesetzt:

1. Schaffung kleiner Einheiten mit überschaubarer interner Beziehungsstruktur ("Dezentralisierung"). Diese Strategie lag der Human-Relations-Bewegung

mit ihrer Betonung der Bedeutung der Kleingruppe zugrunde; sie wurde unter dem Titel "teilautonome Gruppen" im Rahmen der Humanisierung-der-Arbeit-Bewegung wiederbelebt.

2. Festlegung der zulässigen oder normalen Beziehungen (wer mit wem kraft Amtes oder Aufgabe zu tun hat; Dienstweg, Informationsrechte und -pflichten etc.). Dies wird zum Beispiel im Idealtypus Bürokratie gefordert, wie ihn Max Weber skizziert hat.

3. Formalisierung und Standardisierung der Beziehungen: Der individualisierten Ausgestaltung werden durch die verbindliche Vorgabe von Normen oder Klassen richtigen Verhaltens Grenzen gesetzt. Ausblenden aller privaten oder emotionalen Beziehungen: rein sachlicher oder dienstlicher Umgang miteinander. Die extremste Variante ist verwirklicht, wenn alle Beziehungen technisch vermittelt (über die Software der Anlagen gesteuert) sind. Diesem Programm war das Scientific Management Taylors verpflichtet.

Regulierung und Typisierung

Die basale Strategie von Bürokratie-Ansatz und Scientific Management ist es, möglichst alle Handlungen und Beziehungen im System zu regeln. Damit sind nicht nur empirische Regelmäßigkeiten (die Wiederkehr gleichartiger Vorgänge) gemeint, sondern normative Forderungen (sanktionsbewehrte Vorgaben und Ausschlüsse von Möglichkeiten). Charakterisitikum von "Regel" oder "Norm" ist die zeitliche, situative und soziale Generalisierung ihres Geltungsanspuchs: Er ist auf Dauer, in allen relevanten Situationen und von allen betroffenen Personen auch kontrafaktisch (bei tatsächlichem Zuwiderhandeln) zu respektieren. Die ausgeschlossenen Handlungsmöglichkeiten sind jedoch nicht vernichtet, sondern bloß beseitigt und exkommuniziert – sie können sich jederzeit wieder als Alternativen melden. Sie am Wirklichwerden zu hindern erfordert aktive Anstrengung; dies macht den Zwangscharakter organisierter Sozialsysteme aus. Anderseits ist die Festlegung auf bestimmte Handlungsprogramme auch die Vorbedingung für die Möglichkeit gemeinsamen Handelns: Man kann nur dann sozial handeln, wenn das Handlungsfeld überraschungsarm gehalten wird und wenn man weiß, mit welchen Personen und Handlungen man zu rechnen hat.

Es muß also typisiert werden: Sowohl für die Diagnose der Lage wie für das angemessene Handeln gibt es eingeschliffene Muster oder Strukturen, die zugleich beengen und entlasten. Situationen, Handlungen, Erwartungen werden standardisiert und programmiert – jedenfalls (teilweise) dem rationalen Kalkül entzogen. Kreatives individuelles Entscheiden und strategisches Handeln sind somit nicht der Normal-, sondern ein Sonderfall, der vor allem dann auftritt, wenn Routinen versagen.

Damit sie schablonisiert behandelt werden können, müssen Handlungsanlässe, -verpflichtungen und -ziele vorab festgelegt und in handhabbare und zurechenbare Portionen zerlegt werden. Es kommt deshalb zur Spezialisierung (Arbeits-, Verantwortungs-, Befugnisteilung).

Diese Zerlegung schafft Grenzen und damit Ko-Operationsprobleme. Um Verbundhandlen zu sichern, ist der "interne Grenzverkehr" ebenfalls zu regeln; es müssen deshalb neben der Zuweisung von abgegrenzten Verantwortungsbezirken weitere Steuerungstechniken eingeführt werden, die auf einem unbestimmteren Niveau reglementiert sind und die übergreifende Montage der aufgeteilten Handlungsbereiche sicherstellen, also quasi Meta-Regeln folgen (hierarchischer Eingriff, Ressourcenzuteilung, Selbstabstimmung, Werte-Infusion, Zielvorgabe etc.). Analog funktioniert "Gleichschaltung" durch Selektion oder Sozialisation eines homogenen Typus von Organisationsmitgliedern; das verspricht berechenbare Muster.

Unerwünschte Nebenfolgen

Es ist sofort sichtbar, daß alle diese Strategien unerwünschte Nebenwirkungen haben. Kleingruppenbildung erhöht die Transaktionskosten zwischen den Gruppen und verstärkt (unerwünschte) interne Emotionalisierung (starker Zusammenhalt, Mobilitätsminderung, Konformität, Gruppenegoismus, Zielabweichungen etc.). Versachlichung kann Distanzierung und Engagementabbau bewirken. Standardisierung schläfert Initiative und Kreativität ein, legt auf "Dienst nach Vorschrift" fest und versagt bei sich ändernden Bedingungen oder Zielen. Abkoppelung isoliert die Organisation von Entwicklungsimpulsen, die aus der Umwelt stammen. Die Reduktion der Komplexität, Ungewißheit, Mehrdeutigkeit, Mehrwertigkeit und Widersprüchlichkeit in einem Bereich baut sie in anderen neu auf. Bei diesem verschränkten Prozeß der Reduktion von Umweltkomplexität und des Aufbaus von Eigenkomplexität besteht die Gefahr, beide Male zu viel des (an sich) Guten zu tun. Türk hat (1976) in seiner Organisationspathologie ausführliche Erscheinungsweisen und Probleme von Übervereinfachung, Überkomplizierung und Übersteuerung diskutiert.

Was die Stabilisierung und Kontrolle innerorganisatorischen Handelns durch Regeln und Normen anbelangt, so liegen mit den sogenannten bürokratischen Teufelskreisen genügend Belege vor, die zeigen, welch endlose Eskalation von unerwünschten Folgen resultiert, wenn Verhalten mit rigiden Regulierungen gesteuert werden soll (Beispiel: Regeln fördern Schemadenken. Dieses wird mit neuen Regeln bekämpft. Oder: Regeln lassen Schlupflöcher. Diese werden mit weiteren Regeln verstopft, was einen Kreativitätsschub zur Entdeckung von Umgehungsmöglichkeiten auslöst, was wiederum mit noch raffinierteren Regeln bekämpft wird und so weiter). Auch die Praxis des "Diensts nach Vorschrift" belegt, daß eine Unternehmung handlungsunfähig werden kann, wenn (alle) Vorschriften tatsächlich pedantisch genau befolgt werden. Es kommt also auf "gesunden Menschenverstand" und "Augenmaß" an – Metaprinzipien, deren Vagheit ebenso groß wie ihre Unentbehrlichkeit ist.

Angesichts interner und externer Komplexität und Dynamik ist es nicht möglich, alles Handeln zu regulieren, zu standardisieren und zu programmieren – vor allem dann nicht, wenn eine Unternehmung auf externe und interne Veränderungen reagieren muß, anstatt sie diktieren zu können (wenn zum Beispiel standardisierbare Serienproduktion durch marktnahe Einzelfertigung abgelöst wird). In dem Maße aber, wie statt Algorithmen Heurismen eingesetzt werden, müssen andere Überwachungs- und Steuerungsformen gefunden werden.

Die systemische Notwendigkeit von Typisierung konkretisiert sich – wie gesagt – auf mehrfache Weise:

- vereinfachte, aufs "Wesentliche" (?) beschränkte Modelle der Situation;
- standardisiertes Handlungsrepertoire ("Standard Operating Procedures");

– eindeutige Verknüpfungsprogramme zwischen Situations- und Handlungsklassen;
– Stabilisierung dieser Bedingungen ("Einfrieren").

Das aber bedeutet, daß Abweichungen, Sonderfälle und Neuartigkeit prinzipiell nicht zur Kenntnis genommen werden (können), sondern buchstäblich eliminiert, das heißt aus den Grenzen der Organisation verwiesen, werden. Alles wird normalisiert, verdurchschnittlicht. Diese Verringerung des Artenreichtums führt zu einer Monokultur, die zwar – mit ständig steigender chemischer Unterstützung – Spitzenleistungen erzielt, aber neuen Schädlingen leicht zum Opfer fällt, weil die Abwehrkräfte im Kampf gegen eine Vielzahl von Widersachern nicht trainiert wurden. Paradoxerweise gilt also: Je mehr typisiert wird, desto wichtiger wird der Spezialist (!) fürs Untypische.

Spezialisierung bedeutet kleinere Handlungsumfänge und größeres Expertentum in diesen Ausschnitten; das erste vermehrt die Kontrollmöglichkeiten, das letztere verringert sie. Spezialisierung macht außerdem eine Intensivierung der Koordinationsbemühungen nötig und erfordert Maßnahmen, die Verselbständigung, Zielverschiebung und blinde Konkurrenz eindämmen – und gerade diese Maßnahmen werden oft genug bezeichnenderweise von Spezialisten (der Personal-, Organisationsentwicklungs-, Revisions-, Controlling-Abteilung etc.) wahrgenommen. Sie neigen "natürlich" dazu, ihre eigenen professionellen Standards (seien diese nun Exaktheit und Quantifizierung oder soziales Gespür und Kompromißbereitschaft) zu verabsolutieren, und müssen deshalb ihrerseits wieder von Gegeninstitutionen in Schach gehalten werden.

Eine andere Form der "Spezialisierung" ist die Abschottung der Organisationsmitglieder von externen Beziehungen und Verpflichtungen, so daß "totale Institutionen" (wie sie etwa Klöster, Militär, Gefängnisse darstellen) geschaffen werden und damit die irritierende Partialinklusion aufgehoben wird.

Eine der wichtigsten Einrichtungen zur Koordination des Differenzierten und Typisierten ist eine spezialisierte Einrichtung: die Hierarchie (Oder sollte etwa gar – wie einige Autoren dies vorschlagen – die Argumentation umgedreht werden: Um Hierarchie zu etablieren, muß man differenzieren; teile, um zu herrschen!). Grenzüberschreitende Kontakte und Entscheidungen werden enteignet und "nach oben" verlagert; es kommt zur Entmündigung der Spezialisten durch die Generalisten. Deren trainierte Inkompetenz wird nicht durch die Liebe zur Sache behindert, sondern ermöglicht erst – um des Erfolgs willen – das Darüberstehen und Überblicken. Solche Über-Menschen haben dann einen Über-Blick, dem nichts mehr entgeht. Letztlich wird hier eine Art monotheistischer Mythos aktiviert: Es möge "ganz oben" jemanden geben, der alles weiß und alles kann.

Wenn Vor-Gesetzte Entscheidungskompetenz monopolisieren, wird es für Unterstellte zur durchaus sinnvollen Strategie,

– privilegierte Beziehungen zu den Entscheidern zu suchen ("Radfahren", "Vitamin B");
– Cliquen oder Koalitionen zu bilden, um Eigentinteressen größeres Gewicht zu geben;
– Informationen zu filtern oder zu färben, um positivere Bewertung und Behandlung zu erfahren;

- verdeckt um Vorzugsbehandlung zu kämpfen oder zu werben und Konkurrenten auszustechen (Intrigen, Grabenkämpfe, Gerüchte etc.);
- Informationsflut zu produzieren, um eigene Anliegen möglichst eindrucksvoll zu präsentieren oder negativ berwertbare Details in einem unüberschaubaren Umfeld zu verbergen.

Weil die vorgesetzten Entscheider ihrerseits "ihrer Sache" nicht sicher sind, neigen sie dazu, sich durch Stäbe oder externe Fachleute beraten zu lassen (wodurch sie zuweilen unwillkürlich entmündigt werden) oder in jene Krankheit organisatorischer Gehirne zu verfallen, die scherzhaft "Meetingitis" genannt wird: der Triumph des Sitzfleisches über das Gehirn.

3.2. Zum Zeitaspekt

Ein zentraler Beitrag von Strukturbildung ist die Entlastung von ständig neuer Problemlösung durch die schablonisierte Anwendung bewährter Sicht- und Vorgehensweisen. Um hohen Änderungsraten und den daraus resultierenden Unsicherheiten zu entgehen, werden Bedingungen und Ziele über bestimmte Zeitstrecken hinweg konstant gehalten (das zeitliche Pendant zur Einklammerung) – was jedoch auf der anderen Seite zu sklerotischer Erstarrung und damit verminderter Anpassungsfähigkeit führen kann. Das Denken in endlosen hypothetischen Meta-Spiralen ("Wenn ich so handle, wird sie so handeln und darauf werde ich so reagieren, was sie zu folgendem Handeln veranlassen wird, worauf ich...") kann durch kurzzyklische und voneinander unabhängige Einzelvollzüge gestoppt werden – was perspektivenlose Kurzsichtigkeit und Bereichsegoismus bewirken kann. Die unvermeidliche Einschränkung von Handlungsspielräumen und der Zeitspanne, über die hinweg Entscheidungsfolgen ins Kalkül gezogen werden, führt zu Kurzatmigkeit, Hektik und reparativen statt konstruktiven Problemlösungen.

Handeln wird primär an Modellen aus der Vergangenheit ausgerichtet ("Wie wir es immer gemacht haben..."). Dies fördert zwar die Verhaltenssicherheit, mindert aber die Flexibilität: Bei neuartigen Herausforderungen ist keine trainierte Bewältigungskompetenz vorhanden, wenn es nicht zu den genannten System-Verstörungen und Destabilisierungen kommt.

Zu erinnern ist an Marchs Verdikt eines guten Gedächtnisses: Es hindert einen, auf neue Ideen zu kommen.

3.3. Zu Abgrenzung und Selbstbezug

Die Grenzziehung zwischen "Innen – Außen", "Wir – Sie", "System – Umwelt", die jedes System konstituiert, kann sehr präzis und detailreich sein und so profilierte Selbst- und "Feind"-Bilder bieten. Damit aber geht man der Vorteile von Unschärfe, Mehrdeutigkeit und Globalität verlustig, die es erlauben, bei veränderten Umständen oder Zielen neue Akzentsetzungen vorzunehmen. Verschwimmende oder zumindest flexible Grenzen erlauben nämlich Neudefinitionen, ohne die Identität aufs Spiel zu setzen. (Eine Autofirma sucht und präsentiert zum Beispiel eine neue Identität als High-Tech-Konzern, um ihre Zukäufe aus Elektronik oder Raumfahrttechnik "unter einem Dach" integrieren zu können.)

Angesichts der oben beschriebenen internen Beziehungsvielfalt ist es schwierig, eine zugleich umfassende und informative Identitätsbestimmung der "Firma-als-Ganzes" zu erreichen. Dieses Problem wird vor allem im Rahmen des sogenannten Unternehmenskultur-Ansatzes diskutiert, wenn es darum geht, die Eigenständigkeit von Sub-Kulturen gegenüber einer "einheitlichen" Gesamt-Kultur zu vertreten.

Abgrenzung und Identität sind keine rein immanenten und stofflosen Vorgänge, sondern werden aktiv bekanntgemacht. Die Selbst-Anschauung muß der Welt zur Anschauung gebracht und daher symbolisiert (vergegenständlicht, konkretisiert) werden, zum Beispiel durch Namen, Logos, Sprachregelung, Zeichen, Kleider, Architektur etc. Diese Tatsachen (Fakten) sind unverzichtbare Identitätsmarkierungen (Selbstverständigung) und Bezugspunkte kollektiven Handelns im ansonsten mehrdeutigen und alles durchmischenden Strom der Ereignisse.

Jede Festlegung (in Sprachregelungen, Sinn-Bildern, Artefakten etc.) schließt andere aus, ist aber gegenüber unterschiedlichen Deutungen offen (siehe zum Beispiel Vorschriften zur Kleidung, Haartracht, Benehmen, wie sie etwa bei Banken ausdrücklich oder stillschweigend eingeführt sind). Andererseits wirkt Symbolisierung wie ein "Identitätsanker" und stellt damit eine Art Trägheitstendenz dar, die die Unternehmung vor allzu raschem und unbewährtem Wandel schützt.

3.4. Zum "Grenzverkehr"

a) Hier geht es zum einen um die innerorganisatorischen Grenzziehungen. Die Existenz dieser Methoden verweist auf die Problemhaltigkeit der Beziehungen zwischen System beziehungsweise Systemen und ihren Umwelten: Die gegenseitige Klärung von "Erwartungserwartungen" ist Gegenstand sehr vieler Techniken im Rahmen der sogenannten Organisationsentwicklung (siehe dazu im einzelnen: Comelli 1984). Als Beispiele seien genannt:

- 3-D-Analyse oder "organisationale Spiegelung": Jedes System beschreibt sich selbst, beschreibt das andere System und beschreibt, wie es erwartet, vom anderen System beschrieben zu werden – und alle diese Beschreibungen werden ausgetauscht und diskutiert.
- Datenerhebung-Rückkoppelung: In allen Subsystemen werden Befragungen durchgeführt; die Ergebnisse werden – angereichert durch Bereichs- oder Unternehmensdurchschnitte – wieder an alle zurückgemeldet.
- "Konfrontations-Sitzungen": Abteilungen, die Probleme miteinander haben, werden zur offenen und konstruktiven Klärung ihrer Schwierigkeiten angehalten.

- "Rollen-Verhandlung": Innerhalb eines Netzes verbundener Rollen wird von jeder veröffentlicht, welches Verhalten sie von der jeder anderen erwartet und was sie als Gegenleistung für eine entsprechende Veränderung zu geben bereit ist und so weiter.

In all diesen Fällen von "Beziehungsklärung" spielt die Frage von Glaubwürdigkeit, Echtheit und Vertrauen eine zentrale Rolle, weil ja kein System in der Lage ist, quasi "in" das andere einzudringen, sondern es nach seinen (Kommunikations-)Handlungen und den dadurch ausgelösten Veränderungen im betroffenen System beurteilen muß.

b) Grenzziehung erfolgt aber auch nach außen, bedeutet Abschottung und verlangt Grenzsicherung und -kontrolle. Darin liegen neue Probleme und Herausforderungen. Abschotten ist "Dichtmachen" im Sinne eines reduzierten, vorgegebenen und überwachten Repertoires von Antworthandlungen, die eventuell zudem von spezialisierten Stellen ("Grenzrollen") monopolisiert werden. Andere Stellen von solchen Kontakten auszuschließen heißt auch, sie vom Zugewinn an Flexibilität und Handlungsmodellen, den die Auseinandersetzung mit vielfältigen Herausforderungen mit sich bringt, auszuschließen.

   Die Verringerung der Außenkontakte korrespondiert mit einer Erhöhung der Binnenkontakte ("Selbstbeschäftigung", hohe Kohäsion), die ebenfalls die Fähigkeit zur Auseinandersetzung mit neuartigen "von außen" aufgezwungenen Anforderungen verringern kann.

   Das Auferlegen oder Vereinbaren von handlungsleitenden Regeln stabilisiert Anschlußhandeln, läßt es aber auch zur gedankenlosen Routine erstarren, der neue Chancen entgehen.

   Damit Handeln aber nicht zu bloßem Reagieren ohne jede Zukunftsperspektive verkümmert, versuchen Systeme ihren Handlungsspielraum und die Zeitstrecke selbstbestimmten Handelns (time span of discretion) auszuweiten. Dazu gibt es verschiedenen Möglichkeiten:

   - Das "Gesetz des Handelns" diktieren, das heißt, Verfügungsrechte über Personen oder Sachen zu monopolisieren, so daß andere zu Anschlußhandeln gezwungen werden können.
   - Erhöhte Planungssicherheit kann auch dadurch erreicht werden, daß gemeinsam verpflichtende Regeln etabliert oder vereinbart werden, so daß Handlungsketten überschaubar werden.
   - Schließlich ist es denkbar, daß Gesetz- oder Regelmäßigkeiten des Handelns der je anderen Seite entschlüsselt werden, so daß vorab bekannt ist, mit welchen Fortsetzungshandlungen zu rechnen ist.
   - Weil soziale Systeme nicht nur gegenseitig Erwartungen über mutmaßliches Handeln entwickeln, sondern "wissen" oder erwarten, daß die andere Seite solche Erwartungen hat ("Erwartungserwartungen"), kommt ein erheblich komplizierendes Moment in soziale Beziehungen, das dadurch beherrscht werden kann, daß diese Meta-Erwartungen kommuniziert werden – wobei natürlich das Problem der Aufrichtigkeit solcher Mitteilungen besteht.

Die Kontrolle des Grenzverkehrs kann auch darin bestehen, eigenes Handeln zu beschränken und zu konzentrieren. In der Unternehmenspraxis hat es sich zum Beispiel eingebürgert, von der Festlegung "strategischer Erfolgspositionen" (SEP) eine Bündelung der Energien und damit höhere Handlungskontrolle zu erwarten. Erfolgt die Selbst-Beschränkung und -konzentration jedoch zu rigoros, wird Anpassungsfähigkeit, die bei rasch sich wandelnden Märkten unter Umständen überlebensnotwendig ist, reduziert. Jede Konzentration auf bestimmte Märkte ist gleichzeitig eine Vernachlässigung anderer, so daß die Züchtung einer Monokultur einem Unternehmen langfristig die Fähigkeit zur Bewältigung komplexer vernetzter Probleme nimmt: Je perfekter aufgepaßt, desto gefährdeter! Aus diesem Grund hat auch der Portfolio-Gedanke bei der Zusammenstellung unternehmerischer Aktivitäten so breite Resonanz gefunden. Allerdings bedeutet "Diversifikation" nicht, daß automatisch Synergie-Effekte freiwerden. Dazu müssen Kommunikations- und Entscheidungsmuster geschaffen werden, die die Balance zwischen Überschaubarkeit (Anschluß an das bisherige Denken) und Innovation (Setzung neuer Impulse) erlauben – wiederum ein Prozeß, für den es nachweisbare Bestlösungen nicht gibt.

Eine zu exakte und restriktive System-Umwelt-Trennung trägt auch die Schuld an der Externalisierung sehr vieler Kosten (zum Beispiel Umweltzerstörung). Die Unzuständigkeitserklärung für unerwünschte und unbeabsichtigte Folgen und deren Überwälzung auf die Allgemeinheit ist grundsätzliche Bestandsbedingung jedes wirtschaftlichen Systems, denn niemand kann alle Folgen bedenken und beherrschen. Wollte man das, könnte man nicht mehr handeln. Einzelwirtschaftlicher kapitalistischer Logik entsprechend sind solche Folgen erst dann zu internalisieren und damit zu bearbeiten, wenn sie die Verhandlungsposition des Unternehmens bei der Beschaffung von Ressourcen (Kapital, Personal, Informationen, Rechte, Chancen etc.) beeinträchtigen. Wie bei jeder komplexen "Verhandlung" stehen gleichzeitig sehr viele Optionen zur Diskussion, deren Zahl und Pay-off-Relationen überdies nicht genau bekannt sind, so daß auch hier eine eindeutige "technische" Lösung dieses Problems nicht möglich ist.

4. Widersprüche? In Ordnung!

Die bisherigen Überlegungen sollten verdeutlichen, daß zu den Konstruktionsbedingungen wirtschaftlicher Systeme Ambiguitäten (Mehrdeutigkeiten), Ambivalenzen (Mehrwertigkeiten) und Widersprüche gehören. Diese systemische Bedingtheit verbietet auch simple Ratschläge zur Heilung vermeintlicher Fehlentwicklungen (etwa Appelle, die Gesamtinteressen in den Mittelpunkt zu rücken, Flexibilität zu zeigen, ehrlich und offen zu informieren usw.). Die Widersprüche liegen in der spezifischen Ordnung begründet, die "gewählt" wurde, und sie sind Bestandsbedingung dieser Ordnung und darum in Ordnung. Oder anders: Funktionierende Ordnung kann es nur wegen oder auf Grund von Widersprüchen, Inkonsistenz, Ambiguität, Ambivalenz geben.

Polaritäten

Man muß also mit Ungewißheit, Mehrdeutigkeit und Widersprüchen leben. Dies heißt nicht, das Lob von Chaos und Anarchie zu singen. Um zu überleben und Erfolg zu haben, muß man durch einen unklar definierten Korridor zwischen Scylla und Charybdis hindurchsteuern.

In jedem System findet man zugleich:

Stabilität	Wandel
Gewißheit	Ungewißheit
Sicherheit	Unsicherheit
Transparenz	Undurchschaubarkeit
Vollkommenheit	Fehlerhaftigkeit
Vollständigkeit	Lückenhaftigkeit
Berechenbarkeit	Unvorhersehbarkeit
Stimmigkeit	Dissonanz
Berherrschbarkeit	Ausgeliefertsein
Echtheit	Täuschung
Expertise	Laienhaftigkeit
etc.	

Man sollte sich nicht auf eine Seite schlagen oder ein Plädoyer für blindzufallsgesteuerten Aktionismus, rückgratloses Lavieren oder gleichmütige Schicksalsergebenheit abgeben. Sinnvoller scheint es, nach Steuerungsverfahren zu suchen, die den beschriebenen Bedingungen angemessen sind. Offenbar gibt es – aufs Ganze gesehen – nicht die Möglichkeit rationaler (widerspruchsfreier, konsequenter, eindeutiger) Gestaltung der organisatorischen Verhältnisse. Diese Option steht nur für abgegrenzte Sub-Bereiche zur Verfügung, die isolierbar sind und deren Milieu kontrolliert werden kann. Es kann also keine Gesamt-, sondern nur "lokale" Rationalität geben. Diese allerdings wird mit Eifer und Erfolg realisiert: Man muß nur an so verbreitete durchrationalisierte Systeme denken, wie sie in der Logistik von Material- und Fertigungswirtschaft verwirklicht sind, oder Verfahren der Gehaltsabrechnung, des Rechnungswesen, der Qualitätssicherung etc. Das Problem wird dadurch jedoch nur an die Schnittstellen dieser "durchrationalisierten" Sub-Systeme verlagert, die füreinander Umwelt sind.

Die Spielmetapher

Für das Gesamtsystem scheint ein anderes Denkmodell als das der rationalen Entscheidung und Gestaltung angemessener: das des Spiels (Crozier & Friedberg 1979). Es vereint Freiheit und Zwang, Berechenbarkeit und Spontaneität, Zufall und Gesetzmäßigkeit, Kreativität und Konventionalität, Konkurrenz und Kooperation, Taktik und Regeltreue, Fairneß und Täuschung etc. An die Stelle exakter Diagnosen und präziser Handlungsanweisungen treten Gespür, Intuition, Chancennutzung, strategisches Kalkül, Risikobereitschaft, Freude an Varianten und Überraschungen. Marchs (1976) Plädoyers für eine "technology of foolishness" und für "playfulness" haben darin ihren tieferen Sinn. Voraussetzung eines Spiel-Modells ist allerdings, daß die Spiel-Regeln beachtet werden (oder ihnen

Beachtung verschafft werden kann). Diese Spielregeln müssen zulassen, daß es für die meisten Situationen mehrere Handlungsmöglichkeiten gibt und nur Grenzbedingungen (Einsatz, Gewinn, Beginn, Abbruch, Ende, Sanktionen bei Verstößen etc.) eindeutig geregelt sind. Spiele werden letztlich durch konsequenterweise recht unscharfe Meta-Regeln reguliert (zum Beispiel Fairneß, Engagiertheit, Respektierung des anderen, Interesse an der Fortsetzung, Einvernehmen über den Spielstand), die es auch erlauben, während des Spiels einige Regeln außer Kraft zu setzen oder zu ändern. "Spiel" ist deshalb eine so attraktive Metapher für die Organisationsanalyse, weil es einige Grundmerkmale organisatorischen Geschehens zu integrieren erlaubt. Es macht Handlungsfortsetzung in mehrsinnig interpretierbaren Situationen erklärbar und läßt verstehen, wie durch die Kumulation locker verkoppelter Aktionen und Re-Aktionen überraschende oder sogar neuartige Lagen entstehen, die auf unterschiedliche und nicht festgelegte Weise bewältigt werden können. Für die Handlungsregulierung bedeuten Ambivalenz, Ambiguität, Widersprüchlichkeit, Instabilität etc., daß gleichsam ein Zufallsgenerator zwischen die einzelnen Handlungsabschnitte geschaltet wird, der es wahrscheinlicher macht, daß das Spiel weitergeht.

Der Evolutionsvorteil von Widersprüchen

In diesem Zusammenhang sei eine formale Überlegung aus Weicks evolutionstheoretisch inspiriertem Organisationsmodell angeführt: Weick "montiert" organisatorisches Geschehen aus "ineinandergreifenden Verhaltenszyklen". Solche Zyklen entstehen und stabilisieren sich, wenn eine Handlung des Akteurs A vom Akteur B so beantwortet wird, daß A diese Antwort nützlich, vorteilhaft, befriedigend usw. erlebt und seine Folgehandlung wiederum für B attraktiv ist. In diesen Grundbausteinen sind die Handlungen von A und B füreinander wechselseitig Mittel und Zweck. Die "doppelten Interakte" oder "ineinandergreifenden Verhaltenszyklen" werden nach Auffassung von Weick durch "Montage-Regeln" miteinander zu größeren Handlungsmustern verbunden; damit werden Konstellationen oder Strukturen ezeugt, die nicht mehr unbedingt der ursprünglichen Mittel-Zweck-Logik folgen, weil sie unüberschaubar werden und Eigengesetzlichkeiten entwickeln, so daß zum Teil ungewollte und sogar unbeherrschbare Effekte resultieren.

Weick hat (1985, S. 166 f) einige Beispiele für solche Montage-Regeln aufgeführt; zur Illustration gebe ich hier einige in imperativischer Umformulierung wieder:

- Minimiere den Aufwand!
- Tu das Gewohnte!
- Tu das Bewährte!
- Tu das Sicherste!
- Sei auf schnelle Ergebnisse aus!
- Komme mit gegebenen Ressourcen aus!
- Stelle die Handelnden, Betroffenen zufrieden!

Nicht alle diese simplen Montage-Regeln bewähren sich und haben Bestand. Der Kern des Modells besteht nun darin, daß Weick ein feedbackreguliertes, kreisprozeßartiges Modell konzipiert, das von der Regulation individuellen Handelns ausgeht, aber kollektives oder organisiertes Handeln ebenfalls erklären kann:

Eine "Gestaltung" G (Handlung, die man selbst oder ein anderer ausgeführt hat) wird aus dem komplexen Bedingungsfeld, in dem es sich befindet, herausgelöst, um näher untersucht zu werden ("Selektion", S). Auf der Basis der gespeicherten Ursachenkarte und des Interpretationsschema ("Retention", R) wird die so isolierte Gestaltung interpretiert. Falls diese rückblickende Sinngebung befriedigt, werden weitere Gestaltungen nach diesem Programm entworfen oder realisiert.

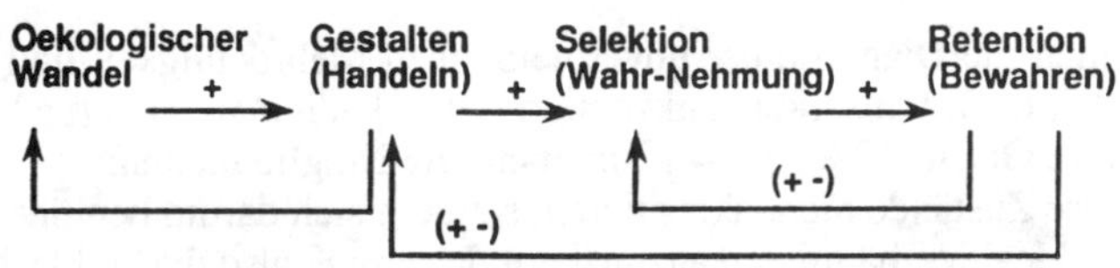

Die Zusammenhänge sind in der Abbildung 5 veranschaulicht.

Oder – anders dargestellt:

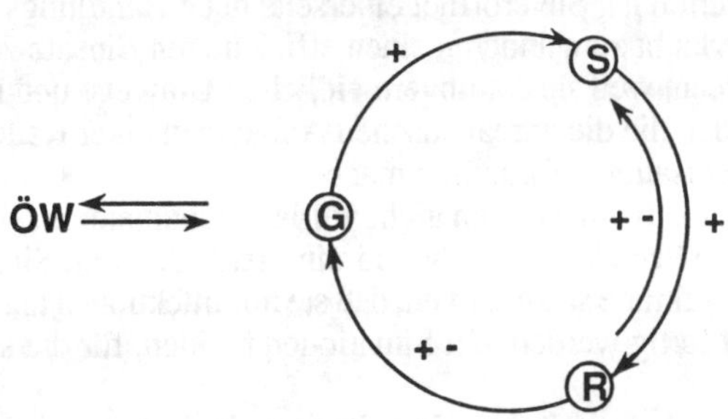

Die Reformulierung des Weick'schen Grundmodells als Kreisprozeß

Zentral an diesen Überlegungen ist nun, daß zwei (Rück-)Koppelungen in diesem Modell uneindeutig sind, das heißt sowohl Plus wie Minus kodiert werden können. Aus dieser Retention (dem Speicher, Gedächtnis) werden der Selektion mehrdeutige Informationen oder konkurrierende Interpretationsmöglichkeiten rückgemeldet, die anstelle eingeschliffener Sichtweisen (Selektionen) neuartige Deutungen erlauben. Analoges gilt für die Beziehung zwischen R und G: Gestaltungen (Handlungen) folgen nicht nur eingeprägten Mustern, sondern können sich davon lösen. Damit wird die Möglichkeit geschaffen, daß das Alte und

Bewährte nicht blind und unterschiedslos wiederholt wird, sondern "spontane" Veränderungen erfolgen. (Nur angemerkt sei, daß bei Weick Entwicklungsimpulse auch aus externem "ökologischem Wandel" herrühren können.)

Weick liefert damit eine systemische (und systematische) Begründung für das oben beschriebene ungenaue, mehrdeutige und antagonistische Bild, das Organisationen bei näherer Betrachtung zeigen. Mit Ambiguität und Ambivalenz der Koppelungen wird eine Art Zufallsgenerator eingeführt, der bewirkt, daß sowohl die explosive Aufschaukelung des Systems wie seine Erstarrung verhindert werden.

5. Widersprüche mit Widersprüchen beherrschen!

Falls man die Diagnose der unvermeidlichen Mehrdeutigkeit und Widersprüchlichkeit in Organisationen akzeptiert – was kann man dann tun?

March & Olsen (1986, S. 24 ff) nennen drei Möglichkeiten:

- Diese Zustände nicht akzeptieren, sondern sich darum bemühen, sie den Ideal-Verhältnissen anzunähern. Man muß also die "schlechte" Organisationspraxis so ändern, daß sie den vernünftigen Annahmen der klassischen Organisationstheorie entspricht.
- Sich mit der Lage der Dinge abfinden und lernen, damit leben. Sich also von den heroischen und unrealisitischen Annahmen der Rationaltheorien verabschieden und durch geschicktes Taktieren Chancen zu nutzen versuchen. Durchlavieren!
- Zuletzt kann man davon ausgehen, daß diese Situation positiv zu bewerten ist. Sie eröffnet einerseits neue Handlungs-Spielräume, und sie erlaubt zum anderen einen effizienteren Einsatz vorhandener Ressourcen, weil sie die unvermeidlichen Umwege und Reparaturen vermeidet, die die unrealistischen Annahmen einer Rationaltheorie der Organisation erforderlich machen.

Man kann Organisationen nicht völlig mechanisieren, sie nicht "sterilisieren" und beschützen vor einer "verunreinigten" Umwelt. Sinnvoller ist es, ihre eigenen Abwehrkräfte so zu stärken, daß sie mit Infektionen und Verletzungen aus eigener Kraft fertig werden und Situationen meiden, für die sie nicht präpariert sind.

Es ist eine Art magisches Verhalten zu glauben, daß dadurch, daß man die Augen vor einer unerwünschten Wirklichkeit verschließt, diese Wirklichkeit zu existieren aufgehört habe.

Das ist so ähnlich, als schreckten Ärzte davor zurück, bestimmte Körperprodukte zu untersuchen, weil diese nach allgemeinem Urteil ekelhaft, anstößig oder unrein sind (Kot, Urin, Schleim, Speichel, Eiter, Ausflüsse etc.), oder schenkten nur noch Röntgenaufnahmen Glauben, ließen die Anamnese des Patienten oder sein äußeres Erscheinungsbild aber völlig unbeachtet. Kein verantwortlicher Arzt wird darauf verzichten, alle Hinweise zu nutzen, die eine realistische Diagnose ermöglichen.

Die Abwehr von Einsichten, die nicht in ein vorgefaßtes Bild organisatorischer Wirklichkeit passen, ist vermutlich deshalb so stark, weil sie zentrale Mythen gefährdet: die Mythen der Rationalität, Machbarkeit und Beherrschbarkeit. Der Preis, den die trotzige Aufrechterhaltung dieser Mythen kostet, ist zu hoch, als daß er länger bezahlt werden sollte. Es läßt sich unverkrampfter leben, wenn man sich einläßt auf die Chancen, die Ambiguität, Ambivalenz und Widersprüchlichkeit bieten. Das Trugbild gefügiger technischer Machbarkeit wird ersetzt durch dosierte, erfahrungsgestützte Erschütterung, die das System Ordnung dazu anregt, sich neu einzupendeln und andere innere Strukturen auszubilden, die – vielleicht – neue Herausforderungen erkennen und bewältigen können.

Literatur:

Comelli, G.: Training als Mittel zur Organisationsentwicklung; München & Wien (Carl Hanser) 1984

Crozier, M., Friedberg, E.: Macht und Organisation – Die Zwänge kollektiven Handelns; Königstein (Athenäum) 1979

Luhmann, N.: Soziale Systeme – Grundriß einer allgemeinen Theorie; Frankfurt (Suhrkamp) 1984

March, J., Olsen, J. P.: (Eds:): Ambiguity and Choice in Organizations; Bergen u.a. (Universitetsforlaget) 1976

March, J., Olsen, J. P.: Garbage Can Models of Decision Making in Organizations; in: March, J. G., Weissinger-Baylon; R. (Eds.): Ambiguity and Command: Organizational Perspectives on Military Decisions. Marshfield (Pitman) 1986, p. 11.35

Neuberger, O.: Organisationstheorien; in: **Roth, E.** (Hrsg): Enzyklopädie der Psychologie, Bd. Organisationspsychologie. Göttingen u.a. (Verlag für Psychologie) 1988, S. 203-250

Roth, G.: Autopoiese und Kognition: Die Theorie H. R. Maturanas und die Notwendigkeit ihrer Weiterentwicklung; in: **Schiepek, G.** (Hrsg.); Systeme erkennen Systeme – Individuelle, soziale und methodische Bedingungen systemischer Diagnostik; München und Weinheim (Psychologie Verlags-Union) 1987, S. 50-74

Türk, K.: Grundlagen einer Pathologie der Organisation; Stuttgart (Enke) 1976

Weick, K.: Der Prozeß des Organisierens; Frankfurt (Suhrkamp) 1985

Manfred Lueger

Macht und Herrschaft in Organisationen

Organisation wird als Mittel der Interessendurchsetzung verstanden, für deren Effizienz die systembedingte Wechselbeziehung zwischen Macht und Herrschaft ausschlaggebend ist. Dabei wird Macht verstanden als soziale Beziehung, die Akteure veranlaßt, ihre Interessen aufgrund von Motivationsleistungen anderer zurückzustecken und Forderungen zu akzeptieren, während Herrschaft die Institutionalisierung von Machtbeziehungen und damit auch ihre Loslösung von einzelnen Personen ist. Die Organisation benötigt beides. Aber die durchaus erklärbare Tendenz, in Krisensituationen Herrschaftsmechanismen zu verstärken, wird im heutigen Umfeld immer gefährlicher, weil gerade die wachsende Turbulenz und die Vielfalt der Ansprüche des inneren und äusseren Umfeldes mehr Selbststeuerungs- und Innovationspotential erfordern. Die frühzeitige Ausschöpfung der Organisationsreserven durch verstärkten Einbezug von Mitarbeitern und Konsultationen auf allen hierarchischen Ebenen sowie die Früherkennung von Krisenpotentialen können Flexibilitätserfordernisse besser erfüllen, selbst wenn sie zuweilen rein rechnerisch suboptimale Entscheidungen produzieren.

1. Problemstellung

Immer wieder geraten Organisationen in Krisensituationen, die auf unterschiedlichste Weise entstehen: Einmal ist es die Expansion eines Unternehmens, die neue Anforderungen an die interne Kooperation stellt, ein anderes Mal ist es eine ungünstige Marktentwicklung, die Rückentwicklungsprozesse auslöst. Aber nicht nur wirtschaftliche Veränderungen sind Auslöser für Probleme, auch politischer, rechtlicher oder technologischer Wandel erfordert organisationsinterne Strategien zu deren Bewältigung. Auffällig ist dabei, daß Betriebe auf extern oder intern ausgelöste Krisen bevorzugt auf zwei Arten reagieren (siehe dazu auch Murray 1987): Wenn die Bedrohung als kurzfristig, schwer kontrollierbar, aber nicht besonders gefährlich für den Organisationsbestand erlebt wird, so zeigt sich eine minimale Bereitschaft für interne Änderungen bestehender Prozesse und Strukturen. Akute Schwierigkeiten führen dagegen bevorzugt zu einer härteren Vorgangsweise, indem formale Autorität betont, Kontrolle verschärft und Sparprogramme eingeführt werden, wobei das Arbeitsklima merklich abkühlt. Beide Strategien des Umganges mit Problemen sind aber zur tatsächlichen Krisenbewältigung nur beschränkt tauglich.

Diese Arbeit versucht nun zu klären, weshalb solche Maßnahmen häufig vorzufinden sind, obwohl sie betriebswirtschaftlichen Kalkülen zumeist zuwiderlaufen. Besonders bedeutsam für die Bewältigung organisatorischer Problemlagen ist die Relation von Machtbeziehungen und Herrschaftsverhältnissen, die im Zentrum dieser Ausführungen steht. Um Probleme organisatorischen Wandels für das Management besser verstehen zu können, ist zu zeigen, daß:

- Organisationen nicht vollständig determinierbare Systeme sind, sondern Mehrdeutigkeiten reduzieren müssen, um Handlungsfähigkeit in einer sich ständig wandelnden Umwelt zu gewährleisten (2. Teil);
- die Genese von Machtbeziehungen untrennbar mit der Organisierung komplexer Sozialsysteme verbunden ist (3. Teil);
- der Übergang von Machtbeziehungen zu Herrschaftsverhältnissen einen wesentlichen Beitrag zur Trivialisierung und Stabilisierung von Organisationen erbringt (4. Teil);
- Machtbeziehungen und Herrschaftsverhältnisse in einer dynamischen Wechselbeziehung stehen, aber abhängig von der Anschlußfähigkeit zur Umwelt sind (5. Teil);
- Herrschaftsausübung speziell in akuten Krisen zwar eine naheliegende, aber nicht unbedingt effiziente Form der Bewältigung darstellt (6. Teil).

Der letzte Abschnitt bildet ein Plädoyer für die Stärkung des Selbstorganisationspotentials in Organisationen und für die Konzentration von Managementfunktionen auf die interne und externe Vermittlungs- und Integrationsfunktion.

2. Organisieren als sozial prekäre Handlungskoordination

Weick definiert die Tätigkeit des Organisierens "als durch Konsens gültig gemachte Grammatik für die Reduktion von Mehrdeutigkeit mittels bewußt ineinandergreifender Handlungen." (Weick 1985: 11) Bereits diese Bestimmung umreißt einige wesentliche Charakteristika dessen, was in Organisationen vorgeht:

- Ereignisse sind nicht eindeutig interpretierbar, sondern eröffnen immer mehrere Deutungsmöglichkeiten (Mehrdeutigkeit),
- deren Vielfalt geordnet und reduziert werden muß, um Handlungsfähigkeit zu gewährleisten (Selektionsleistung).
- Dies vollzieht sich nach anerkannten Regeln (Konsens),
- die Einzelhandlungen zu komplexen Handlungszyklen zusammenfügen (Kooperation).
- Die Grammatik der Koordination von Handlungszyklen resultiert aber aus der Interpretation früherer Handlungen (Geschichte).

Organisationen sind nicht deterministische Systeme – wie etwa Trivialmaschinen (siehe dazu von Foerster, 1985), die bei einem definierten Input einen festgesetzten Output liefern – sondern jeden Input wird intern interpretiert und entsprechend seiner ihm von den Akteuren zugemessenen Bedeutung bearbeitet. Die Akteure nehmen die auftretenden Ereignisse (oder Inputs) unterschiedlich wahr, sie haben für sie nicht die gleiche Relevanz und sie interpretieren sie daher unterschiedlich. Diese Mehrdeutigkeiten müssen im Organisationskontext unentwegt in selektiv gestaltete Ordnungen, die Handlungen zyklisch miteinander verbinden, transformiert werden. Diese Transformation produziert Geschichte und Erfahrung, welche die Übertragung von Selektionen, das heißt die erfolgreiche und erfolglose Durchsetzung von Handlungen und Interpretationen, spiegelt. Aber das Handeln ist auch über verbindliche Regeln nicht vollständig kalkulierbar, was zwar geplante Steuerung erschwert, aber flexible und dynamische Reproduktion der Organisation unter instabilen Umweltbedingungen ermöglicht.

Organisationen sind, wenn man diese soziale Dimension der Systemreproduktion betrachtet, politische Konstrukte der Regulierung von Herrschaftsausübung und Interessenrealisierung, denen Machtbeziehungen zugrunde liegen, die aber diese Machtbeziehungen gleichzeitig beschränken. Die Basis bildet nicht ein gemeinsames Ziel, sondern die Organisation gewährt gemeinsame Mittel zur Erreichung vielfältiger Zwecksetzungen, die auch außerhalb der Organisation liegen können (Weick 1985: 133f.)

Hier findet sich auch der Grund, weshalb die soziale Dimension einer Organisation immer der Sachdimension vorgeordnet ist: denn jede Maßnahme zur Verwirklichung komplexer Zielsetzungen (die im übrigen auch sozial generiert werden) benötigt eine dafür geeignete, dauerhafte Relationierung der sozialen Beziehungen zwischen den Akteuren (wie Organisationsmitgliedern oder Subsystemen). Die soziale Dimension ist also die Grundlage jeder Aufgabenerfüllung, die zeitliche Dimension stimmt die einzelnen Handlungszyklen synchron und diachron ab. Die Regelung der Beziehungen zwischen Akteuren beziehungsweise deren Handlungen oder Erwartungen ist sozial festgelegt. Soziale Relationierungen, speziell jene der Über- und Unterordnung in komplexen Sozialsystemen, sind daher immer auch anders denkbar, sie sind vorübergehend, prekär und damit zumindest potentiell Verhandlungsthema.

Trotz gesellschaftlich abgesicherter Arbeitsverträge ist die Leistungserbringung keineswegs erzwingbar, auch wenn die zugrundeliegenden Pläne oder Vorstellungen über optimale Organisationsprozesse noch so brillant konzipiert sind. Organisationen sind soziale Systeme, die einer sozialen Integration und Abstimmung unterschiedlichster Interessen bedürfen. Es reicht nicht, wenn das Management seine Einzelinteressen mit dem Argument ökonomischer Notwendigkeiten durchsetzen will, sondern es ist notwendig, die jeweiligen Handlungsbedingungen und Interessenslagen der anderen Akteure hinsichtlich deren Relevanzsysteme zu berücksichtigen. Und neben dem Management versucht mit hoher Wahrscheinlichkeit eine Vielzahl von Akteuren, ihre Interessen auch gegen den Willen anderer mittels machtstrategischer Kalküle zu realisieren. Organisation bedeutet daher vorrangig Interessendurchsetzung – und das verweist auf Machtbeziehungen in Organisationen.

3. Die Genese von Machtbeziehungen in komplexen Sozialsystemen

Die Bedeutung organisationaler Machtphänomene ist in der Integrationsproblematik komplexer Sozialsysteme begründet, die nun näher zu erläutern ist. Grundlegende Voraussetzung für Integrationsnotwendigkeit sind voneinander differenzierte Teile (oder Subsysteme). Für Organisationen ist eine solche interne Differenzierung (etwa als Untergliederung in Arbeitsgruppen, Abteilungen oder Bereiche) aus zwei Gründen sinnvoll: Erstens läßt die Unterteilung in segmentierte Teilbereiche Gefährdungen durch eine unkontrollierbare Umwelt besser abfangen (defensive Reserve), und zweitens erhöht arbeitsteilige Spezialisierung die Komplexität des Systems und damit die Verarbeitungskapazität für Umweltanforderungen (Leistungssteigerung). (Luhmann 1974: 124). Differenzierung ist daher eine Reaktion auf Anforderungen, die die Umwelt an ein System heranträgt und die vom System bewältigt werden müssen.

Aber die bloße Existenz voneinander differenzierter Teile erzeugt noch keinen Integrationsdruck. Interdependenz als zusätzliches Erfordernis kann diesen Integrationsbedarf schaffen, sofern Interessenwidersprüche zu lösen sind (Willke 1978: 236). Wir können davon ausgehen, daß in Organisationen die einzelnen ausdifferenzierten Subsysteme nicht voneinander isoliert agieren, sondern spezifische Funktionen im Gesamtkontext erfüllen und damit in wechselseitige Abhängigkeitsverhältnisse eintreten. Jede Abteilung ist auf spezifische Vor- und Nacharbeiten anderer angewiesen, genauso wie ihre Leistung für die Funktionserfüllung anderer wichtig ist. Aber die einzelnen Subsysteme sind in der Bewältigung ihrer Aufgaben vor jeweils spezifische Probleme gestellt. Der von Subsystemen wahrgenommene eigene Zweck, für den die Organisation Mittel bereitstellt, erscheint nämlich aus der Perspektive der Gesamtorganisation häufig als bloßes Mittel zur Erreichung kollektiver Zielsetzungen. Und die Subsysteme unterscheiden sich voneinander in dem, was sie für sich und die Organisation als relevant und wichtig oder irrelevant und unwichtig erachten. Dazu gehören verschiedene Vorstellungen über anzuwendende Vorgangsweisen – selbst bei übereinstimmenden Zielen. Diese Konfliktpotentiale erzwingen zusammen mit der relativen Autonomie der Subsysteme (als Freiheit im Rahmen akzeptierter Regeln) die Notwendigkeit einer Integration zur Herstellung nach innen und außen gerichteter Anschlußfähigkeit und kollektiver Handlungskompetenz.

Integration wechselseitig abhängiger Subsysteme erfordert, daß die Akteure ihr Handeln sinnhaft aneinander orientieren. Um aber die eigene Reproduktionsfähigkeit zu sichern oder zu steigern, liegt der Versuch nahe, auf Handlungen (oder Unterlassungen) anderer relevanter Akteure zurückzugreifen. Zu diesem Zweck sind mit Selektionen verknüpfte Motivationsleistungen zu erbringen, wobei sich eine kombinierte Vorgangsweise anbietet: erstens die Verknüpfung erwünschter Selektionen mit einem Angebot der Förderung der Reproduktion anderer Akteure (etwa Problemlösung für andere), während zweitens unerwünschte Selektionen mit für die anderen Akteure ungünstigen Folgen verbunden werden können (z. B. Verweigerung einer für andere wichtigen Problemlösung). Genaugenommen müssen alle Beteiligten relativen Nutzen aus einer Selektion ziehen können (dazu gehört auch Schadensbegrenzung). Die Akteure haben dabei die Möglichkeit, sich der ihnen verfügbaren Ressourcen (Machtmittel) zu bedienen, müssen aber auf Interessen, Systemerfordernisse oder Handlungspotentiale der Kontrahenten Rücksicht nehmen. Die Kontrahenten müssen die gestellten Forderungen wahrnehmen und prinzipiell erfüllen können und auch darauf vertrauen können, daß die Kombination von Selektionen mit deren Folgen auch tatsächlich vom anspruchstellenden Akteur realisiert wird. Ist dies nicht der Fall, so ist die Auswahl von Selektionen von eventuellen Folgen entkoppelt, die dadurch ihren Anreizcharakter verlieren. Letztlich definieren immer alle beteiligten Parteien die Machtbeziehungen als gelungen oder gescheitert (bzw. über Verhandlungen prolongiert), indem Ansprüche akzeptiert, abgelehnt, ignoriert oder verhandelt werden.

In einer Situation, in der die Organisation auf ihre Mitglieder oder Subsysteme zur Leistungserbringung und Bestandssicherung angewiesen ist und umgekehrt diese Einheiten zu ihrer eigenen Reproduktion die Möglichkeiten der Organisation benötigen, sind folgende Voraussetzungen für Machtbeziehungen vorhanden:

a) Wir können eine Mehrzahl von Akteuren mit jeweils spezifischen Interessen und Ereignisauslegungen unterscheiden. Sie sind in ihren relativ autonomen Handlungen im Regelfall nicht vollständig von außen determinierbar (Differenzierung).
b) Aber trotz ihrer Handlungsautonomie stehen sie in wechselseitiger Abhängigkeit, weil die Subsysteme einander und die Gesamtorganisation für ihre Reproduktion benötigen und im Gegenzug die Akteure die Gesamtorganisation absichern (Interdependenz).
c) Die Durchsetzung eigener Selektionsleistungen erfordert Motivierung zur Akzeptanz von Ansprüchen (Tauschrelation).

Macht kann demzufolge nur als soziale Beziehung aufgefaßt werden, indem bestimmte Akteure ihre Interessen gegenüber anderen aufgrund von Motivationsleistungen zurückstecken und Forderungen akzeptieren. Aus einer Machtbeziehung resultieren immer drei Konsequenzen, die auch die Grundlage für künftige Machtbeziehungen bilden:

1. die Definition der Beziehung als Verhältnis der Über- und Unterordnung oder als – speziell im Verhandlungsfall – gleichrangig (sozial);
2. die Erfüllung oder Ablehnung (bzw. Verhandlung) eines Anspruchs (sachlich);
3. die Sequenzierung von Einzelhandlungen (Aufforderung oder Rahmenbedingung – Entscheidung über Akzeptanz – Konsequenzen aus der Entscheidung) und Verbindung vergangener Ereignisse mit künftigen Handlungsprämissen (zeitlich).

Subsysteme sind in diesem Sinne eigendynamische Gebilde, deren Entscheidung für oder gegen eine Alternative – im Sinne von Machtbeziehungen – so zu verändern versucht wird, daß eine unwahrscheinliche Alternative wahrscheinlich wird. Jedoch bleiben außenstehenden Beobachtern die Prozesse der Reduktion möglicher Handlungsvielfalt verschlossen. Die anspruchstellenden Akteure müssen daher Annahmen darüber treffen, was andere mit mehr oder weniger hoher

Wahrscheinlichkeit zu einem bestimmten Handeln veranlaßt hat oder veranlassen wird. Die Akteure müssen also nach Luhmann (1984: 156) "im Verhältnis zueinander Indeterminiertheit und Determinierbarkeit unterstellen", das heißt, das Verhalten eines Akteurs wird als nicht vorbestimmt, aber aus seiner Umwelt beeinflußbar angenommen.

Aber es wäre eine zu enge Betrachtungsweise, Machtbeziehungen als einfache Kausalrelationen zu begreifen. Tatsächlich greifen Machtbeziehungen weit darüber hinaus, weil sie in Organisationen keineswegs als sporadische oder singuläre Beziehungen auftreten. In zyklischen Prozessen schaffen erfolgreiche Machtbeziehungen Prämissen für andere Beziehungen, wobei neue Themen bearbeitet und alte Beziehungsmuster aktualisiert werden. So kann Ridder auch behaupten: "Wir würden Macht nicht nur in der Bewirkung von Wirkungen erkennen, sondern auch in der Verursachung von Ursachen." (Ridder 1979: 20) Machtbeziehungen sind insofern keine isolierten Phänomene, weil jede Übernahme einer Alternative eine Reduktionsleistung für die Beziehung erbringt und den Kontext für andere Entscheidungen verändert. Dies gilt nicht nur für die unmittelbar an einer Machtbeziehung beteiligten Akteure, sondern ebensogut für jene, die indirekt an Entscheidungen beteiligt oder von den Folgen betroffen sind (oder waren). Die Folgen einer Machtbeziehung vervielfachen sich durch die Einbindung in den unentwegten Prozeß des Organisierens.

4. Die Transformation von Machtbeziehungen in Herrschaftsverhältnisse

Ein Dauerstrom stochastischer Bewegungen, ausgelöst durch unkoordinierte Durchsetzungsprozesse ohne übergeordnete stabilisierende Faktoren, würde jede Organisation zerstören. Diesen ständigen Fluktuationen wirken jedoch mehrere Prozesse entgegen: Dazu gehört etwa die der Macht inhärente Dynamik zum Monopol, wonach die Akteure versuchen, ihren eigenen Spielraum möglichst abzusichern und auszuweiten, den der anderen aber möglichst zu begrenzen und berechenbar zu gestalten (Friedberg 1988: 43). Für das dauerhafte Überleben eines Systems ist es generell notwendig, Strukturen herauszubilden, die die Beziehungen stabilisieren und von den konkreten Akteuren loslösen. Die damit verbundene Reduktion des Kommunikationsaufwands in interaktiven Machtbeziehungen deutet auch auf eine Effizienzsteigerung eines formalisierten Systems. Der Versuch außengesteuerter Determinierung von Akteuren setzt ohnehin voraus, Regeln der Systemreproduktion zu erkennen und danach das eigene Handeln im Verhältnis zu den Handlungsoptionen anderer auszurichten.

Machtbeziehungen können aber nur dann auf Dauer gestellt und als Herrschaft institutionalisiert werden, wenn:

1. Ressourcen zur Erbringung von Motivationsleistungen permanent verfügbar sind;
2. bestimmte Situationen wiederholt auftreten;
3. bestimmte Leistungsansprüche wiederholt auftreten;

4. jene Akteure, welche Machtansprüche akzeptieren sollen, nicht aus der sozialen Beziehung austreten können. (Siehe auch Popitz 1986: 42f.)

Den ersten Schritt im Übergang zu Herrschaft bilden drei Formen der Erwartungsgeneralisierung:

a) Soziale Generalisierung verweist auf andere Akteure, die den Anspruch ebenfalls akzeptieren (bzw. Herstellung von Konsens).
b) Sachliche Generalisierung schlägt sich in Rollenübernahmen nieder und verweist auf die vergleichbare Anerkennung eines Anspruches in ähnlich gelagerten Fällen (bzw. Schaffung von Kompatibilität).
c) Zeitliche Generalisierung verfestigt Systemgeschichte in anerkannten Normen und läßt die Akzeptanz einer Forderung mit früherer Akzeptanz begründen (bzw. Projektion der Vergangenheit in die Zukunft).

Diese Verallgemeinerung von Erwartungen bildet ein erstes Set von Regeln zur Legitimierung von Anforderungen und deren Erfüllung und trägt maßgeblich zur Stabilisierung sozialer Beziehungen bei. In einem zweiten Schritt ist es möglich, spezifische Regeln der Verknüpfung von Handlungsselektionen und Folgeleistungen verpflichtend zu gestalten und in formale Vorschriften zu transformieren. Diese Institutionalisierung schafft auf einer übergeordneten Ebene Substitute für Machtbeziehungen in Form von:

a) Hierarchien, die einen Vergleich von Positionen erlauben und definieren, welche Akteure welche Ansprüche stellen dürfen (oder müssen) und welche Akteure zur Folgeleistung verpflichtet sind;
b) Arbeits- und Mitgliedschaftsrollen, die Einflußbereiche inhaltlich begrenzen;
c) Systemgeschichte in Form von früheren Entscheiden, die als Präzedenzfälle allgemeine Verbindlichkeit erlangen und in ihrer Gesamtheit ein Bezugsystem für erfolgreiche Durchsetzung bieten.

Solche Machtsubstitute als "funktionale Äquivalente für Machtmessung und für Machttests als Entscheidungsvoraussetzung" (Luhmann 1975: 10) ermöglichen die Loslösung von Machtbeziehungen von konkreten Akteuren. Machtbeziehungen gerinnen auf einer institutionellen Ebene zu Herrschaftsverhältnissen, Machtpotentiale (verbunden mit Durchsetzungsmitteln) werden normiert, von einzelnen Akteuren losgelöst und in Positionsgefüge gefaßt. Zugangsregeln zu "Herrschaftspositionen" fixieren soziale Verhältnisse gegenüber Veränderungsbestrebungen und teilen die Organisationswelt in anordnungsbefugte und zur Folgeleistung verpflichtete Akteure. Das Gefüge veralltäglichter Über- und Unterordnung ersetzt den direkten kommunikativen Rekurs durch komplementäres Erwarten. Mögliche Forderungen und Handlungskonsequenzen werden antizipierbar: "Der Machthaber braucht gar nicht erst zu befehlen, auch seine unbefohlenen Befehle werden schon befolgt." (Luhmann 1975: 36) Daraus resultiert eine symbolisch vorstrukturierte soziale Ungleichheit in komplexen Sozialsystemen, die Grenzen für Machtbeziehungen setzt und komplexe Kooperationsbeziehungen routinisiert.

5. Macht und Herrschaft als systembedingte Wechselbeziehung

Das Wechselspiel von Macht und Herrschaft kann nun als Verhältnis von Interaktion und Struktur interpretiert werden. So bedürfen Herrschaftsverhältnisse konkreter Interaktionen, die sie schaffen und reproduzieren. Andererseits sind sie wesentliche Grundlage für die Ordnung und Stabilität sozialer Interaktionen (auch auf der Basis von Selbstverständlichkeiten).

Herrschaftsverhältnisse selektieren und begrenzen den Spielraum für Machtbeziehungen, indem sie die Mehrdeutigkeit von Ereignissen strukturell reduzieren und Handlungsalternativen vorselektieren. Sie bilden den Rahmen und die Grammatik der Zusammenführung komplexer Handlungszyklen. Sie erzeugen damit hohe Erwartungssicherheit und Berechenbarkeit der Handlungsabläufe, reduzieren aber die Anpassungsfähigkeit an Umweltveränderungen sowie kreative Weiterentwicklung. Anschlußfähigkeit an die Umwelt (wirtschaftlich, politisch usw.) ist damit aber nur unter extrem stabilen Umweltbedingungen möglich.

Diese Verkrustungstendenz erfordert Mechanismen, die Organisationen ihrer internen und externen Umwelt gegenüber lernfähig halten. Und diese Mechanismen sind strukturell in der Integrationsproblematik komplexer Sozialsysteme angelegt. Die daraus emergierenden Machtbeziehungen verschlingen aber nicht nur beträchtliche Energien, sondern das System droht ständig, an seiner eigenen Dynamik zu zerbrechen. Die in einem Moment etablierten sozialen Verhältnisse sind immer nur begrenzt (zeitlich: bestimmte Perioden oder Fristen; sachlich: bestimmte Inhalte; sozial: Konsens zwischen direkt oder indirekt involvierten Akteuren). Ein machtdominiertes System ist zwar hochgradig flexibel und daher einer durch rasche Veränderungen charakterisierten Umwelt gut angepaßt, aber schlecht berechenbar, nicht zentral steuerbar und – trotz einer sich selbst erzeugenden heterarchischen Ordnung – extrem labil.

Beide Extremformen sind für Organisationen nur theoretisch denkbar und in der Praxis nicht überlebensfähig. Sie sind zusammengehörige Seiten der Handlungsregulierung in komplexen Sozialsystemen: Machtbeziehungen regenerieren und erneuern Herrschaftsverhältnisse, können aber selbst nur labile Gleichgewichte herstellen. Indem Machtbeziehungen zur Institutionalisierung tendieren und neue Lösungsformen für Probleme der Organisierung anbieten, sind sie Voraussetzung zur Schaffung und zugleich Auflösung von Herrschaftsverhältnissen. Diese wiederum sichern eine dauerhafte formalisierte Arbeitskoordinierung – unabhängig von einzelnen Akteuren – und ermöglichen erst systematische Planung. Aber die Anschlußfähigkeit gegenüber neuen Anforderungen ist stark reduziert. Herrschaftsverhältnisse stabilisieren und formalisieren Machtbeziehungen und entkoppeln sie von konkreten Akteuren. Eine solche Beziehung wird im günstigsten Falle zur selbstverständlichen Über- und Unterordnung (etwa im Fall rechtlich abgesicherter Organisationsgewalt), ansonsten zur asymmetrischen, entpersonalisierten, zumeist hierarchisch aufgebauten Beziehung, in der die Akteure keinerlei Verantwortung für ihre Handlungsfolgen tragen, sofern sie die Vorschriften beachten. Und da Vorschriften niemals alle Eventualitäten vorwegnehmen können und nicht vollständig überprüfbar sind, ergeben sich gerade hier Freiräume. Überdies binden Regeln immer auch jene, die sie erlassen haben.

Auf einen kurzen Nenner gebracht: Machtbeziehungen bedürfen der Herrschaftsverhältnisse zur Absicherung ihrer Reproduktionsgrundlagen, und im Gegenzug sichern Machtbeziehungen eine flexible strukturelle Koppelung von Herrschaftsverhältnissen mit Umweltanforderungen. Aber Herrschaftsverhältnisse behindern parallel dazu die freie Entwicklung von Machtbeziehungen, und letztere unterminieren ständig die Herrschaftsbasis.

6. Die trügerische Kraft der Herrschaftsausübung

Eingangs wurde erwähnt, daß seitens des Managements als bedrohlich perzipierte Krisenentwicklungen vorwiegend zu einer verstärkten Formalisierung und einer Beschränkung des Handlungsrahmens der Mitarbeiter führen. Typische Maßnahmen sind: Einschränkung des Budgetrahmens und des Entscheidungsspielraums der Führungskräfte im mittleren Management, verstärkte Kontrollmaßnahmen, Einsparungen (eventuell verbunden mit Entlassungen), formale Regelung der Handlungsabläufe, Zentralisierung von Planung und Steuerung der Organisation, Umstrukturierungen ohne Rücksicht auf interne Beziehungsmuster und Handlungsinterpretationen der Akteure. All diese Strategien herrschaftsbezogener Organisierung sind aber nur in spezifischen Kontexten effizient im Sinne ökonomischer Kriterien. Dazu gehören:

– eine Umwelt, mit gut berechenbaren Bezugssystemen (z.B. Konkurrenz, Politik, Wissenschaft) in sozialer Hinsicht, arbeitsteiliger Organisation mit geringer Arbeitskomplexität aus der Sachperspektive und zeitlich betrachtet einer hohen Kontinuität mit abschätzbaren Entwicklungstendenzen;
– im organisationsinternen Bereich vereinzelte Akteure mit geringer Wahrscheinlichkeit kollektiver Gegenmachtbildung (sozial), vorwiegend klar umrissene Aufgabenstellungen und/oder repetitive Tätigkeiten (sachlich) und klare Verkoppelung der Handlungszyklen bei abgesteckten Zeithorizonten (zeitlich).

Die moderne Wirtschaftsentwicklung zeichnet sich aber durch folgende Tendenzen aus (Wimmer 1989: 137):

– Es herrschen unsichere Rahmenbedingungen für wirtschaftliches Handeln auf internationaler (Druck auf internationales Engagement aufgrund der Wirtschaftsverflechtung) und nationaler Ebene (keine neuen stabilisierenden Strukturen).
– Die Marktentwicklung ist immer schwieriger zu kalkulieren, der Sättigungsgrad ist fortgeschritten, und der Wettbewerbsdruck auf die Unternehmen steigt.
– Die rasant fortschreitende Technisierung bringt neue Abhängigkeiten, eine verkürzte Verwertungsdauer von Innovationen und schrumpfende Innovationsvorsprünge.

- Für die Unternehmen bedeutet dies ein Operieren unter höherem Risiko bei reduzierten Planungshorizonten.

Auch auf betrieblicher Ebene ist eine Loslösung von bürokratischen Steuerungsformen zu konstatieren, die Anforderungen an Prozeßintegration (allerdings häufig definiert als technozentrierter Entwicklungspfad) und Produktionsflexiblität (als Produktdifferenzierung und Möglichkeit rascher Produktionsumstellungen) steigen; im Dienstleistungsbereich sind verstärkt individuelle Vorgangsweisen gefordert.

Zum einen widersprechen herrschaftsbezogene Maßnahmen den modernen Wirtschaftsentwicklungen, zum anderen sind die dadurch ausgelösten, nicht bewußt intendierten Folgen einer solchen Prozeßdynamik nicht unbedingt geeignet, den Arbeitsablauf effizient im ökonomischen Sinne zu gestalten:

- Eine Folge restriktiver Vorgangsweisen ist eine verstärkte Tendenz der Akteure, den eigenen Handlungsspielraum abzusichern. Dies kann zu wechselseitigen Behinderungen führen – es wird versucht, die eigene Leistung verstärkt zu maximieren. Damit sinkt aber die Kooperationsbereitschaft und möglicherweise der wirtschaftliche Gesamterfolg der Organisation.
- Ein zweiter Punkt ist die durch negative Sanktionen ausgelöste Problemverschiebung. Straffe Führung verführt zu verschärfter Kontrolle mit Strafdrohungen, weil die Reaktion auf Abweichungen kostengünstiger erscheint als die Belohnung des erwünschten Verhaltens, das als selbstverständlicher Bestandteil der Mitgliedschafts- und Arbeitsrolle verstanden wird. Zwar kann damit an der Oberfläche Fehlverhalten reduziert werden, aber häufig verschwindet es nur aus dem sichtbaren und kontrollierbaren Bereich – oder das Problem verlagert sich.
- Wenn die Interessen relevanter Akteure bei Umstrukturierungen unberücksichtigt bleiben, so nehmen diese Veränderungen nicht immer einfach hin, sondern entwickeln kollektive oder individualistische Gegenstrategien. Dies muß nicht unbedingt aktiver Widerstand sein, aber "Dienst nach Vorschrift" ist in vielen Fällen geeignet, die Irrtümer der Organisationsführung zu belegen. Es werden daher immer mehr Regeln benötigt (und teilweise auch von Untergebenen gefordert), die die Handlungsspielräume immer weiter einengen und den informellen Fehlerausgleich behindern, ohne das Problem zu beseitigen.
- Die Unzufriedenheit der Organisationsmitglieder mit der Arbeitssituation kann steigen, was Rückzugstendenzen, Passivität, Widerstand oder Mitgliederfluktuationen mit nicht unbedingt positivem Selektionseffekt fördert.

Tendenziell vernichtet man damit das Selbststeuerungspotential und die kreativen Ressourcen organisationaler Subsysteme, die für die Krisenbewältigung einen wichtigen Stellenwert einnehmen. Erfolgversprechend ist eine solche Strategie nur dann, wenn die Mehrzahl der Akteure einen Bedarf nach zentraler Steuerung verspürt und die gesetzten Maßnahmen auf Akzeptanz stoßen.

Aber es gibt gute Gründe, die eine Stärkung zentralistischer Herrschaft für das Management lukrativ machen:

- Organisationskrisen bringen das Spitzenmanagement in eine fatale Situation, denn einerseits wird diesem der Mißerfolg zugerechnet, andererseits fehlt die Möglichkeit vollständiger Kontrolle über die Organisation.
- Eine straffe Führung demonstriert nun nach außen, daß alles Denkbare zur Krisenbewältigung unternommen wird. Und dafür werden Rezepte gewählt, die kurzfristig Erfolge versprechen (Reduktion der Kosten) und die in Krisen wahrgenommene mangelnde Kontrolle über die Organisation zurückgeben.
- Zentrale Regulierung ersetzt langwierige Abstimmungsprozesse und behandelt die Akteure als berechenbare Größen (Trivialisierung). Genaugenommen ersetzen sie durch Erwartbarkeit und Berechenbarkeit die Planungsnotwendigkeit in Organisationen.
- Ein solches Szenario verspricht Kontrolle, Steuerbarkeit, Ordnung, Transparenz, Einfachheit und Stabilität. Die Position des Managements wird abgesichert, wobei gesellschaftliche Rahmenbedingungen diese Bestrebungen legitimieren (siehe auch Lueger 1989). Machtbeziehungen behindern dagegen zentrale Steuerung und Planung.
- Eventuelle Mißerfolge können auf bestimmte Weise zugerechnet werden: entweder auf die ungünstigen Marktverhältnisse oder auf unfähige und uneinsichtige Mitarbeiter auf unterer Ebene (externe Schuldzuweisung).

7. Verhandlungsformen als Ausweg?

Sowohl die Entwicklung umweltbezogener Rahmenbedingungen als auch die der internen Bedingungen moderner Organisationen und die ungünstigen Folgeerscheinungen unreflektierter Herrschaftssicherung zeigen, daß flexible Formen der Organisierung nötig wären (siehe dazu auch Probst 1987: 113f.). Flexibilisierung als Antwort auf Krisenerscheinungen bedeutet aber, die Krisenursache in einer inadäquaten Umweltbearbeitung zu orten und als Strategie das Organisationspotential zu stärken. Letztlich erfordert dies besondere Anstrengungen hinsichtlich der Organisationsintegration (auch als Stärkung der kollektiven Organisationsidentität), wobei alle Mitarbeiterebenen einzubinden sind. Murray (1987: 1780f.) charakterisiert dieses Szenario folgendermaßen: verstärkter Einbezug von Mitarbeitern und Konsultationen auf allen hierarchischen Ebenen bei selektiven Einsparungen und Investitionen, Reduzierung von Sanktionsdrohungen und Zurücknehmen formaler Autoritäten unter Ausweitung von Handlungsspielräumen.

Organisationen lassen sich in einem sich veränderndem Umfeld nicht wie Trivialmaschinen behandeln: Weder sind sie vollständig kalkulierbar, noch können sie ihren Erfolg langfristig auf Kosten ihrer sozialen (oder auch natürlichen Umwelt) maximieren, ohne selbst Schaden zu erleiden (oder gesellschaftliche Probleme zu erzeugen). Speziell Krisensituationen erfordern Vorgangsweisen, die das verfügbare Wahrnehmungs-, Interpretations-, Problemlösungs- und Handlungspotential einbeziehen und stärken. Und es ist notwendig, Krisensignale frühzeitig zu erkennen und zu beachten und nicht auf "ungefährliche" Bedrohungen mit Minimalreaktionen zu antworten. Die Krise führt sonst zu Panikreaktionen zum Zweck der Kontrollgewinnung – ohne ausreichende Analysen der Krisenauslöser und der potentiellen Folgen spezifischer Maßnahmen.

Es wäre zeitgemäß, sich von der Vorstellung absolutistischer Vorstandsherrschaft zu verabschieden und die Selbststeuerungskapazität zu nutzen, indem man auch die unteren Ebenen in die Veränderungen partizipativ einbezieht. Insbesondere in akuten Krisenfällen ist eine neutrale Zustandsanaylse der internen und externen Organisationsbedingungen vonnöten, um überhaupt adäquate Handlungsoptionen entwickeln zu können. Dabei ist es wichtig, unterschiedliche Interpretationen zu berücksichtigen, denn dadurch wird die Wahrnehmung alternativer Handlungsmöglichkeiten geschärft. Die solcherart fruchtbar gemachte Mehrdeutigkeit darf nicht vernichtet, sondern sollte in einer Weise reduziert werden, die die interne und externe (markt- bzw. gesellschaftsbezogene) Integration der Organisation fördert. Und hier legt die theoretische Analyse Partizipationsformen nahe, die Konfliktregelung und Interessenverhandlungen ermöglichen. Aus wirtschaftlicher Perspektive sind dabei "suboptimale" Entscheidungen auf Konsensbasis oft gewinnbringender, als "optimale" autoritativ gegen unterschwelligen oder offenen Widerstand durchzusetzen.

Entscheidungen dürfen nicht ausschließlich für die Gesamtorganisation nützlich sein, sondern müssen auch Vorzüge für die Akteure bieten. Es ist auch nicht möglich, jede Krise mit vermehrtem Druck und mit ständigen Forderungen nach Mehrleistungne zu bewältigen, denn irgendwann verliert die Organisation an Attraktivität und setzt auch die Legitimität ihrer Forderungen aufs Spiel, wenn nicht Kompensation geboten wird. Es ist daher immer notwendig, die Arbeitsbedingungen für die Akteure erträglich zu gestalten.

Man muß nicht auf eine Krise warten, um zu handeln. Man kann solche Verhandlungsforen (eventuell auch projektbezogen) unter Einbezug aller jeweils relevanten und betroffenen Subsysteme periodisch einsetzen. Besonders hilfreich könnte sich die begleitende Mitwirkung einer externen, systemisch orientierten Beratung auswirken (siehe dazu auch Exner u. a. 1987), die allerdings von den beteiligten Akteuren akzeptiert sein sollte (nicht der Vorstand sollte hier im Alleingang entscheiden). Die gemeinsam ausgehandelten Entscheidungen sollten in periodischen Abständen anhand der Erfahrungen revidierbar sein, woraus sich mittelfristige Planungshorizonte ableiten.

Man sollte auch bedenken, nicht ständig alle Organisationsreserven auszuschöpfen, denn in Krisenzeiten erweisen sich diese möglicherweise als wichtige Fangnetze. Generell ist objektive wie subjektive Ausbeutung zu vermeiden, vielmehr sollte die Organisation eine symbiotische Beziehung zu ihrer sozialen (Mitglieder, Abteilungen, andere Organisationen, Bevölkerung etc.) und natürlichen (Rohstoffe, Emissionen etc.) Umwelt eingehen und nicht ständig ihren Erfolg maximieren, sondern ihr Verhältnis zu anderen relexiv abstimmen. Ein solcher Ausgleich zwischen Herrschaftsverhältnissen und Machtbeziehungen macht eine dauerhafte und befriedigende Bewältigung des Organisationsalltages wahrscheinlich. Am schmerzhaftesten wird dabei sein, daß sich die Organisationsführung verstärkt auf ihre Vermittlerrolle besinnt und die formale Autorität zurücksteckt.

Literatur:

Exner, Alexander / Königswieser, Roswita / Titscher, Stefan: Unternehmensberatung – systemisch. Theoretische Annahmen und Interventionen im Vergleich zu anderen Ansätzen. In: DBW 1987/3, S. 265-284.

Foerster, Heinz von, 1985: Sicht und Einsicht. Versuche zu einer operativen Erkenntnistheorie. Braunschweig-Wiesbaden: Vieweg.

Friedberg, Erhard, 1988: Zur Politologie von Organisationen. In: **Küpper, Willi / Ortmann, Günther** (Hrsg.): Mikropolitik. Rationalität, Macht und Spiele in Organisationen. Opladen: Westdeutscher Verlag, S. 39-52.

Lueger, Manfred, 1989: Das Verhältnis von Macht und Herrschaft als politische Wechselbeziehung in Organisationen. In: **Sandner**, a.a.O. S. 185-203.

Luhmann, Niklas, 1974: Soziologische Aufklärung. Aufsätze zur Theorie sozialer Systeme, Bd. 1. Opladen: Westdeutscher Verlag, 4. Auflage.

Luhmann, Niklas, 1975: Macht. Stuttgart: Enke.

Luhmann, Niklas, 1984: Soziale Systeme. Grundriß einer allgemeinen Theorie. Frankfurt: Suhrkamp.

Murray, Victor V., 1987: Rückentwicklung von Organisationen und Führung. In: **Kieser, Alfred / Reber, Gerhard / Wunderer, Rolf** (Hrsg.): Handwörterbuch der Führung. Stuttgart: Poeschel, S. 1770-1784.

Popitz, Heinrich, 1986: Phänomene der Macht. Tübingen: Mohr.

Probst, Gilbert J.B., 1987: Selbst-Organisation. Ordnungsprozesse in sozialen Systemen aus ganzheitlicher Sicht. Berlin-Hamburg: Paul Parey.

Ridder, Paul, 1979: Prozesse sozialer Macht. Bindende Entscheidungen in Organisationen. München-Basel: Ernst Reinhardt.

Sandner, Karl (Hrsg.), 1989: Politische Prozesse in Unternehmen. Berlin-Heidelberg: Springer.

Weick, Karl E., 1985: Der Prozeß des Organisierens. Frankfurt: Suhrkamp.

Willke, Helmut, 1978: Zum Problem der Integration komplexer Sozialsysteme. Ein theoretisches Konzept. In: Kölner Zeitschrift für Soziologie und Sozialpsychologie 1978/2, S. 228-252.

Wimmer, Rudolf, 1989: Die Steuerung komplexer Organisationen. Ein Reformulierungsversuch der Führungsproblematik aus systemischer Sicht. In: **Sandner**, a.a.O. S. 131-156.

Fritz B. Simon

"Harte" und "weiche" Wirklichkeiten

Das Ideal der «harten» Wissenschaft ist die Trennung zwischen dem untersuchten Gegenstand und dem aussenstehenden, unbeeinflussten Beobachter. In der Anwendungspraxis sozialer Handlungssysteme behindert gerade dieser Anspruch die «Lebensfähigkeit» wissenschaftlicher Konzepte, weil hier die «harten» Probleme immer in einer «weichen» Wirklichkeit angesiedelt sind, in der der Akteur die Wirkungen seiner eigenen Handlungen beobachten können muss. Für diese hinterfragende Verbindung zwischen Innen- und Aussenperspektive haben sich systemische Konzepte als besonders nützlich erwiesen, vor allem mit Hilfe externer Beratung. In einem Krankenhausbeispiel zeigt der Autor, wie Wirklichkeitskonstruktionen das menschliche Verhalten und damit das Funktionieren einer Institution prägen und gegebenenfalls verändern. Deutlich wird auch, dass soziale Systeme nur durch ständige, seinen Regeln entsprechende Aktivitäten zu erhalten sind und dabei ungelöst gebliebene Probleme zuweilen schon durch die Frage gelöst werden können, wie es die Beteiligten schaffen, das Problem aufrecht zu erhalten.

Die Bedeutung der Wirklichkeitskonstruktion für ein verändertes Handeln

1. Die Innen- und Außenperspektive der Beobachtung: Ein Unterschied zwischen Theorie und Praxis

Der Reiz kybernetischer und systemischer Konzepte besteht in ihrem hohen Abstraktionsgrad und der damit verbundenen allgemeinen Anwendbarkeit. Wie Mathematik und Logik bieten sie einen formalen Rahmen, der mit den verschiedensten Inhalten gefüllt werden kann. So können Familien, Organisationen, Unternehmen, Märkte und Staaten ebenso als selbstorganisierende Systeme betrachtet werden wie der Mensch, die Menschheit, die Psyche, ein Hühnerei oder auch die Milchstraße. Die ganze Welt läßt sich aus dieser neuen und ungewohnten Perspektive betrachten. Aus solch einem Wechsel des Blickwinkels ergeben sich aber leider nicht selbstverständlich und automatisch neue Optionen für das alltägliche Handeln des Praktikers (z. B. eines Managers). Denn die Gefahr, die mit der Anwendung solch abstrakter Modelle verbunden ist, liegt gerade in dem, was auch ihren Vorzug ausmacht: in ihrer Abstraktheit.

Während der Wissenschaftler häufig schon am Ziel seiner Wünsche angekommen ist, wenn er ein Phänomen beschreiben, verstehen oder erklären kann, gewinnt für den Praktiker die Theorie nur dann einen Sinn, wenn sie ihm ganz konkrete Richtlinien für sein Handeln und seine Entscheidungen beim Lösen von Problemen liefert. Wissenschaftliche Modelle, aus denen keine konkreten Handlungsanweisungen ableitbar sind, folgen einem Abstraktionsmuster, das sich durch den bekannten erkenntnistheoretischen Kalauer illustrieren läßt: "Wußten Sie schon, daß die Alpen einen ganz traurigen Anblick bieten, wenn man sich die Berge einmal wegdenkt?!" (1) Wirklichkeitskonstruktionen, seien es die der Theoretiker oder die der Praktiker, müssen sich stets daran messen lassen, ob die Informationen, die sie liefern, nützlich für das Überleben sind. *Ernst von Glasersfeld* (2) führt dafür den Begriff der "Viabilität" (Lebensfähigkeit) ein; er beschreibt damit die Tatsache, daß es mit ganz unterschiedlichen Modellen der Wirklichkeit möglich ist, in dieser Wirklichkeit zu überleben. Es gibt niemals nur eine "richtige" und "wahre" Beschreibung der Wirklichkeit, sondern sehr viele verschiedene – je nachdem, welche Kriterien der Beobachter für die Auswahl seiner Informationen zugrunde legt, welche Unterscheidungen und Bewertungen er vornimmt und aus welcher Perspektive, mit welchem Interesse und welchen Zielen er einen Sachverhalt betrachtet. Was beispielsweise für einen Wissenschaftler überlebensnotwendig und deshalb wichtig ist, kann für den Praktiker völlig belanglos sein – und ist es meistens auch. Dies dürfte die Erklärung dafür sein, daß häufig auch sehr erfolgreiche Wissenschaftler scheitern, wenn sie mit der Lösung praktischer Probleme betraut werden: Ihre Modelle sind nicht viabel.

Versucht man systemtheoretische und kybernetische Konzepte für die Alltagspraxis der Unternehmensführung und/oder -beratung nutzbar zu machen, so stößt man zunächst auf dieselben Schwierigkeiten wie bei der Anwendung anderer (z. B. volks- und betriebswirtschaftlicher) wissenschaftlicher Theorien. Denn nicht nur die Erkenntnisinteressen, sondern auch die -methoden des Wissenschaftlers unterscheiden sich prinzipiell von denen des Praktikers. Das Bild der Wirklichkeit, das die Wissenschaft zu zeichnen versucht, basiert auf der Idee der Trennung zwischen dem Subjekt und dem Objekt der Erkenntnis. Ein außerhalb des untersuchten Gegenstands (Systems) stehender Beobachter versucht, dieses von ihm unabhängige Objekt, seine Strukturen, Eigenschaften und Verhaltensweisen etc. zu beschreiben. Die subjektiven Bedingungen und Merkmale solch eines Beobachters sollten (so lautet zumindest das Ideal "objektiver Erkenntis") keinen Einfluß auf die Aussagen haben, die er über das betrachtete Objekt macht. Praktisch anwenden läßt sich solch ein Wissen aber nur dort, wo man es mit Objekten zu tun hat, denen man auch in der Praxis als außenstehender Beobachter gegenübertreten kann.

Dies gilt beispielhaft für die Anwendung neuer Technologien und Produktionsverfahren. Es ist der Bereich der unbelebten Wirklichkeit, der relativ "hart" ist, in dem man mit Methoden der "hard sciences" – zum Beispiel der klassischen Physik – Aussagen über die Welt machen kann. Darüber, was in diesem Bereich als “wirklich”, “wahr”, “richtig”, “falsch”, “gut” oder “schlecht” zu betrachten ist, kann zwischen verschiedenen Beobachtern relativ einfach Einigung erzielt werden.

Viel schwieriger erweist sich die “Objektivierung” irgendwelcher “Wahrheiten” – das heißt das Erreichen eines solchen intersubjektiven Konsenses über das, was beobachtet wurde – dann, wenn Aussagen über einen Wirklichkeitsbereich gemacht werden sollen, zu dem auch der oder die Beobachter selbst gehören. Die säuberliche Trennung zwischen Subjekt und Objekt der Erkenntnis bricht in diesen Fällen zusammen, der Beobachter – das “erkennende Subjekt” – ist innerhalb des vermeintlichen “Objekts” lokalisiert, ist ein Teil von ihm. Aus dieser Selbstbezüglichkeit resultieren die Schwierigkeiten, auf welche die Praktiker bei der Anwendung wissenschaftlicher Erkenntnisse häufig stoßen. Sie können sich nur selten als außenstehende, “objektive” Beobachter betrachten und zwischen sich und dem Gegenstand ihrer Erkenntnis trennen. Ihnen wäre aber auch nicht damit gedient, wenn sie es könnten: Sie, beziehungsweise ihr Verhalten, sind stets Element solcher von außen so schön beschreib- und analysierbarer “Objekte”, zum Beispiel von Unternehmen, Organisationen oder irgendwelchen anderen Interaktionssystemen. Was der Praktiker braucht, ist ein Modell aus der Innenperspektive des teilnehmenden Beobachters, das ihn selbst als Akteur miteinschließt und die Wirkungen seines Handelns reflektiert. Der Wirklichkeitsbereich, um den es sich hier handelt, ist sehr viel “weicher”, da alles Wissen und jede Aussage über ihn selbstbezügliche Wirkungen zeitigen: Sie beeinflussen diese Wirklichkeit. Sobald auch nur ein Mitglied eines solchen Interaktionssystems seine Sicht des Systems ändert, besteht die Chance (oder Gefahr), daß das ganze System sich verändert.

Dies ist der Hintergrund für die Schwierigkeiten all der Wissenschaften, die sich mit sozialen Phänomenen beschäftigen; mit den Worten von *Heinz von Foerster*: “Die ‘hard sciences’ sind erfolgreich, weil sie sich mit den ‘soft problems’ beschäftigen; die ‘soft sciences’ haben zu kämpfen, denn sie haben es mit den ‘hard problems’ zu tun.” (3) Es sind dieselben “harten Probleme”, mit denen auch diejenigen zu tun haben, die in einem Unternehmen Entscheidungen zu treffen haben, die sich nicht nur auf die “harten” Fakten (z. B. rein technische Probleme) beziehen, sondern Auswirkungen auf die Mitarbeiter, ihre Motivation, Arbeitszufriedenheit, Kreativität, ihr Engagement und ihre Identifikation mit der Firma, die Steigerung oder Verminderung ihrer Leistung, ihre Kooperation oder die Konflikte zwischen ihnen, den Krankenstand oder die Fluktuation und so weiter haben. Und das sind – bei näherer Betrachtung – die meisten Bereiche unternehmerischen Handelns. Hier beginnt die Nützlichkeit systemischer Konzepte für Praktiker, da sie es ihm erlauben, die Innen- und Außenperspektive der Beobachtung so zueinander in Beziehung zu setzen, daß er Folgerungen für seine Entscheidungen ziehen kann. Er kann ein Modell seiner (Unternehmens-) Wirklichkeit konstruieren, in dem nicht nur seine eigene Wirklichkeitskonstruktion (selbstbezüglich) vorkommt, sondern auch die seiner Mitarbeiter. Die stillschweigenden (rationalen und irrationalen) Vorannahmen, die sein Handeln und das der anderen Beteiligten leiten, können dadurch in Frage gestellt und ihre Nützlichkeit überprüft werden.

2. Funktions-Muster als Spielregeln

Wer als außenstehender Beobachter (z. B. als Berater) ein soziales System (z. B. ein Unternehmen, eine Institution, eine Familie) beobachtet, kann sich damit begnügen, Verhaltensweisen und die Muster, nach denen sie ihm miteinander verknüpft erscheinen, zu beschreiben: "Wenn die Person A die Verhaltensweise Xa zeigt, dann zeigt die Person B die Verhaltensweise Xb und so weiter … und wenn die Person N die Verhaltensweise Xn zeigt, dann zeigt die Person A die Verhaltensweise Xa." Mit solchen beschreibenden ("deskriptiven") Regeln lassen sich Verhaltensmuster wertfrei und neutral darstellen. Unterschiedliche Interaktionssysteme lassen sich durch (mehr oder weniger) unterschiedliche Interaktionssequenzen charakterisieren. Für den Wissenschaftler stellt sich dabei nicht die Frage, ob das Verhalten von A die Ursache für das Verhalten von B oder aber das Verhalten von N die Ursache für das Verhalten von A sei. Er sieht stattdessen die Zirkularität, in der die Verhaltensweisen miteinander verknüpft und vernetzt sind. Wollte man die Ursache, beziehungsweise Schuld, für das Entstehen solch eines Musters einem der Beteiligten zuschreiben, so wäre das so, als wollte man als Zuschauer eines Fußballspieles im Verhalten eines Spielers die Ursache dafür sehen, daß einundzwanzig andere sich der Abseitsregel unterwerfen. Für den außenstehenden Beobachter sind weder die Eigenschaften und besonderen Motive der beteiligten Person, weder ihre Fähigkeiten oder Beschränktheiten, ihre guten und bösen Absichten, noch die Frage, ob sie sich bewußt oder unbewußt so verhalten, von Interesse. Um das untersuchte System zu beschreiben, reicht es völlig, sich mit der Beschreibung von Verhaltensweisen zu begnügen und die Regeln solcher "Wenn-dann-Verknüpfungen" von Verhaltensweisen anzugeben.

Ganz anders stellt sich die Situation für denjenigen dar, der sich an der Interaktion solch eines Systems beteiligen will oder muß. Wenn er sein Verhalten nicht von Zufälligkeiten bestimmen lassen will (und so mutig, ihre Entscheidungen auszuwürfeln, sind nur wenige), so braucht er mehr als nur beschreibende Regeln; er benötigt zusätzlich vorschreibende ("präskriptive") Regeln (4), die ihm sagen, was er wann zu tun oder zu lassen hat. Und er muß ein geradliniges Ursache-Wirkungs-Konzept zugrunde legen, das heißt, er muß so tun, als seien seine eigenen Handlungen (das, was er tut oder läßt) die Ursache für erwünschte oder befürchtete Wirkungen. Er ist Mitspieler in solch einem Spiel, und er braucht zu seiner Orientierung einen Bewertungsmaßstab, der ihm die Auswahl unter allen denkbaren Verhaltensweisen (was manchmal mehr, manchmal weniger als die möglichen sind) erlaubt. Im Unterschied zu einem Fußballspiel, bei dem die Regeln vor Spielbeginn festgelegt sind, ist beispielsweise in dem Spiel "Unternehmensführung", das der Manager zu spielen hat, keineswegs klar, welche Spielregeln zur Anwendung kommen. Diese sind häufig offen, und weder sie noch die Kriterien für gute oder schlechte Spielzüge sind allgemein verbindlich oder unveränderbar. Da gibt es sicherlich einen gewissen allgemeinen ökonomischen Rahmen als "harte Realität", an welche jeder sich anzupassen hat. Doch daneben gibt es einen "weichen Realtiätsbereich", in dem der Spielraum und die Gestaltungsmöglichkeiten des einzelnen erheblich größer sind. Es ist die Kehrseite dieser "Weichheit", daß es erheblich schwieriger ist, die Wirkung der eigenen Handlungen angemessen einzuschätzen oder gar vorauszuberechnen.

Der Grund dafür ist die zwangsläufig begrenzte Perspektive des Teilnehmers an der Interaktion: Er sieht lediglich die direkten Wirkungen seines eigenen Verhaltens auf den anderen. Wenn er die Person A aus dem Beispiel oben ist, so sieht er wahrscheinlich jeweils nur, daß Person B auf sein Verhalten (Xa) hin das Verhalten Xb zeigt; der Mechanismus, wie sein Verhalten zu dem Verhalten Xn der Person N führte, bleibt ihm meistens verborgen – zumal dann, wenn mit Zunahme der Zahl der Beteiligten die Komplexität der Verknüpfungen rasant wächst und zu völliger Unübersichtlichkeit führt. Er sieht sich dann zwangsläufig als jemanden, der auf das Verhalten von N "reagiert", nicht aber, wie er indirekt selbst an der Auslösung dieses (und damit seines eigenen) Verhaltens beteiligt war. Die Möglichkeiten, die er selbst zur Veränderung solcher Zirkel hätte, kann er daher nicht ausschöpfen.

Unser alltägliches geradliniges Ursache-Wirkungs-Denken, in dem wir stillschweigend voraussetzen, daß wir es mit Objekten zu tun hätten, die unabhängig von unseren Handlungen so seien, wie sie sind, macht es uns schwer, derartige Vernetzungen und Rückkoppelungsprozesse zu erfassen.

Dies führt dann manchmal dazu, daß wir uns mit unserem Handeln in Paradoxien verstricken und bestimmte Ziele so lange nicht erreichen, wie wir es versuchen – sie aber gerade dann erreichen, wenn wir unsere Versuche aufgeben...

Der Sinn oder Unsinn von Entscheidungen und Handlungen (auch der ökonomische) ist eben stets von dem interaktionellen Kontext bestimmt, in dem sie erfolgen – und er ist aus der Innenperspektive nur begrenzt erfaßbar. Der Blick aus der Außenperspektive hingegen kann ihn verdeutlichen. Er ermöglicht es, die Wirkungen des eigenen Handelns an den Zielen und Absichten zu messen und gegebenenfalls alternative Strategien zu entwickeln.

Aus systemischer Sicht ist die Einführung von Außenbeobachtungen eine der wesentlichen Funktionen, die eine externe Beratung im Unternehmens- und Institutionsbereich leisten kann. Es ist eine Form der Beratung, die keine Verantwortung für systeminterne Entscheidungen übernimmt, sondern lediglich die solchen Entscheidungen zugrundeliegenden Vorannahmen und Wirkungen verdeutlicht und dadurch die Möglichkeit, nach alternativen Optionen zu suchen, eröffnet.

3. Unterschiede, die Unterschiede machen

Die erste Frage, die sich dabei ergibt, ist die nach den relevanten Informationen. Wie der Oxforder Logiker *G. Spencer Brown* nachgewiesen hat, lassen sich alle Formen der Wirklichkeitskonstruktion auf einen einzigen Prozeß zurückführen: den Vollzug von Unterscheidungen. (5) Information ist, so läßt sich sagen, "ein Unterschied, der einen Unterschied macht". (6) Es handelt sich dabei also nicht um irgendetwas "Objektives": Stets ist es der Beobachter, der bestimmt, welche Unterschiede für ihn einen Unterschied machen. Der Blick aus der Außenperspektive zeigt nur allzu häufig, daß die eigenen Verhaltensstrategien gerade deswegen scheitern, weil falsche – das heißt nicht nützliche – Unterscheidungen vorgenommen wurden.

Auch hier bestimmt der Kontext weitgehend, wovon schadlos abstrahiert werden darf und wovon nicht. Wer eine Reise von Deutschland nach Italien plant, der kann sich bei den Alpen ohne weiteres die Berge wegdenken – falls er das Flugzeug benutzt. Wenn er hingegen wie Hannibal mit Elefanten oder wie Goethe mit der Postkutsche reist, so wird er sich Gedanken darüber machen müssen, wo er einen geeigneten Paß finden kann.

Ein praktisches Beispiel mag die Schwierigkeit, die passenden Unterscheidungen zu treffen, verdeutlichen: Zur Planung eines Krankenhausneubaus wurde unter anderem auch die Zusammenarbeit zwischen dem Labor beziehungsweise den Laborant/inn/en und dem Pflegepersonal auf den Stationen untersucht. Dabei zeigten sich die Arbeitsabläufe folgendermaßen organisiert: Jeden Morgen brachte von jeder Station eine Krankenschwester oder einer der Pfleger die Blut- und Urinproben in das im Keller befindliche Labor. Um ins Labor zu gelangen, mußten sie den Fahrstuhl oder aber – was erheblich länger dauerte, aber merkwürdigerweise dennoch sehr beliebt war – die Treppe benutzen. Nach einigen Minuten Fußweg erreichten sie so das unter einem Nebengebäude lokalisierte Labor. Hier gaben sie jemandem vom Laborpersonal die Proben mit den jeweils beigefügten Laborzetteln, auf denen vermerkt war, welche Untersuchungen angefordert wurden. Im allgemeinen war die Übergabe der Proben mit einem weniger formalisierten Austausch von Informationen verbunden. So gab das Pflegepersonal Hintergrundinformationen über die Patienten, denen die Untersuchungen galten: von der Anamnese über den aktuellen Gesundheitszustand, den Verlauf der Krankheit, bis hin zu den Schwierigkeiten, die der behandelnde Arzt mit diesen Patienten hatte. Daneben wurde Klatsch getauscht. Meist vergingen fünf bis zehn Minuten (eine "Zigarettenlänge"), bis die Übergabe der Proben beendet war. Insgesamt dauerte es etwa 20 bis 25 Minuten, bis die Pflegekraft, die ins Labor gegangen war, wieder auf der Station war.

Dieser Zeitaufwand erschien bei der Neuplanung der Klinik als unökonomisch, so daß die Installation einer Rohrpostanlage für den Transport der Proben ins Labor und den Rücktransport der Befunde auf die Station beschlossen wurde.

Bereits wenige Wochen nach Inbetriebnahme der neuen Klinik zeigte sich, daß die durchgeführten Veränderungen nicht die gewünschten Rationalisierungswirkungen hatten: Der Krankenstand beim Laborpersonal stieg – scheinbar unerklärlich – an, und die Qualität der Laborleistungen sank. In den folgenden Monaten dramatisierte sich die Situation. In Notfällen kam es zu zeitlichen Verzögerungen, die die angemessene Versorgung der Patienten gefährdete. Am Ende des ersten Jahres nach Inbetriebnahme der Klinik mußte eine starke Fluktuation beim Laborpersonal festgestellt werden.

Eine Befragung derer, die ihre Stelle gekündigt hatten, ergab, daß – aus ihrer Sicht – die Einführung der Rohrpost der Unterschied war, der den Unterschied zwischen einer gut und einer schlecht funktionierenden Laborabteilung machte. Während das Laborpersonal vorher das Arbeitsklima sowohl in der Klinik im allgemeinen als auch speziell im Labor als gut und die Arbeitszufriedenheit als hoch eingeschätzt hatte, verkehrten sich diese Einschätzungen nun ins Gegenteil.

Aber nicht nur die Klinik und das Labor wurden nun anders beschrieben: Die Mitarbeiter beschrieben und bewerteten sich selbst und ihre Rolle nunmehr auch anders. Vorher waren sie wichtig und hatten das Gefühl, in einer direkten Beziehung zur Krankenversorgung zu stehen. Auch wenn sie die Patienten nicht oder nur selten persönlich kannten, so wußten sie doch einiges über sie. Vor allem hatten sie eine Vorstellung davon, wozu die angeforderten Untersuchungen nötig waren und welchen Wert die eigene Arbeit für den Patienten und alle diejenigen, die an seiner Behandlung beteiligt waren, hatte.

Die wesentliche mit der Einführung der Rohrpost verbundene Veränderung war offenbar nicht die Beschleunigung des Transports von Blut- und Urinproben, sondern ein Eingriff in weit komplexere Regulationsmechanismen: die Interaktions- und Kommunikationsmöglichkeiten zwischen den Stationen und dem Labor. Dieser Wandel der organisatorischen Struktur der Klinik führte beim Laborpersonal zu einer Änderung der Wirklichkeitskonstruktion – das heißt des Bildes von Klinik und Labor und von sich selbst –, die weitreichende Wirkungen auf der Verhaltensebene hatte.

Ob die Kosten-Nutzen-Analyse dieser aus der Außenperspektive des Planers vorgenommenen Rationalisierungsmaßnahme langfristig ein positives Ergebnis ausweist, soll hier nicht diskutiert werden. Sie kann aber als Beispiel dafür dienen, daß bei derartigen Eingriffen in ein organisatorisches Gefüge nicht so ohne weiteres von den Wirklichkeitskonstruktionen derer, die diese Veränderung aus der Innenperspektive erleben, abstrahiert werden kann.

Unter "Wirklichkeitskonstruktion" muß dabei die Gesamtheit der Denk-, Gefühls- und Verhaltensmuster verstanden werden, die jeder einzelne im Laufe seines Lebens aufgebaut hat. (7) Der Mensch als ein sich selbst beschreibendes System verhält sich seiner Beschreibung entsprechend: Ändert sich seine Selbstbeschreibung, so ändert sich sein Verhalten. Und da Interaktionssysteme sich aus solchen Verhaltensweisen zusammensetzen, so ändern sich auch ihre Strukturen, wenn sich die Wirklichkeitskonstruktionen der Teilnehmer an der Interaktion verändern.

4. Beharrung und Veränderung

Ein weiterer Unterschied zwischen "harter" und "weicher" Realität, zwischen unbelebter und belebter Welt, zwischen einem Unternehmen und den Alpen, wird leicht übersehen: Stabilität und Wandel sind in beiden Bereichen unterschiedlich organisiert. Die Alpen behalten – zumindest in dem unserer Beobachtung zugänglichen makroskopischen Bereich – ihre Struktur so lange, bis eine von außen kommende Kraft auf sie einwirkt und ihre Struktur verändert. Erst wenn irgendwelche Sprengkommandos auftauchen und Löcher in die Berge bohren, wandelt sich deren Struktur. Es handelt sich hier um eine passive Stabilität: Alles bleibt ganz "selbstverständlich", wie es ist, bis irgendwer (oder -was), der (oder das) außerhalb des Systems lokalisiert ist, es ändert.

Ein soziales System muß dagegen seine Struktur und Stabilität aktiv aufrechterhalten: Alles ändert sich, es sei denn, irgendwer, der innerhalb des Systems lokalisiert ist, sorgt dafür, daß alles so bleibt. Da solche Systeme als Muster von Verhaltensweisen zu verstehen sind, ist ihr Überleben immer davon abhängig, daß irgendjemand diese spezifischen Verhaltensweisen anwendet. Jede Kultur stirbt in dem Moment, wenn niemand mehr ihren Regeln (den deskriptiven wie auch präskriptiven) folgt, Fußball gibt es nur, solange jemand spielt, jede Sprache, die nicht gesprochen wird, stirbt; und die Strukturen eines Unternehmens bleiben nur so lange so, wie sie sind, solange irgendwelche Mitarbeiter die Verhaltensweisen zeigen, welche solch eine (erwünschte oder unerwünschte, effektive oder ineffektive) Struktur erzeugen.

Wird dieser Unterschied zwischen den belebten und unbelebten Systemen übersehen, so muß dies zu Fehleinschätzungen darüber führen, wie eigene oder fremde Verhaltensweisen zu bewerten sind. Am deutlichsten wird dies im allgemeinen bei der Berwertung von Tätigkeiten, die erst auffallen und wahrgenommen werden, wenn sie nicht oder nicht effektiv durchgeführt werden. Sie sind die Voraussetzungen dafür, daß die vermeintlich vorgegebenen ("selbstverständlichen") Strukturen und Ordnungen erhalten bleiben. Es sind Arbeiten, die mit denen einer Hausfrau verglichen werden können – deren Aktivitäten (z. B. Geschirrspülen) auch erst dann auffallen, wenn sie unterlassen werden.

In Betrieben sind erfahrungsgemäß die Personalabteilungen beziehungsweise ihre Mitarbeiter häufig in solch einer Rolle. Dies führt auf individueller Ebene häufig zu dem Gefühl, nicht genügend geschätzt zu werden, was in der Folge im ungünstigeren Fall zu größeren personellen Problemen auf gesamtbetrieblicher Ebene führt, im günstigeren Fall – wiederum analog zur Situation mancher Hausfrauen – zu einem erhöhten Beratungsbedürfnis. Ein zweiter Grund, warum dieser Unterschied zwischen belebten und unbelebten Systemen wichtig ist, sind die mit ihm verbundenen, jeweils sehr verschiedenen Möglichkeiten, Probleme zu lösen. Erweist sich in einem Interaktionssystem irgendeine Struktur, das heißt irgendein Zusammenspiel von Verhaltensweisen, als problematisch, so gilt auch dafür, daß es von den beteiligten Personen aktiv hergestellt wird.

Von außen betrachtet kann man sagen, daß jeder Mitarbeiter eines Betriebs dafür bezahlt wird, daß er bestimmte Probleme löst (z. B. Schrauben in irgendwelche Bohrlöcher befördert, in die sie nicht von allein hineinwollen). Da er für diese Probleme eine Lösungsstrategie (Technik) kennt, sieht er diese Probleme (aus der Innenperspektive) selbst nicht als "Probleme", ihre Lösung nicht als "Lösung", sondern als Ausführung seiner normalen beruflichen Tätigkeit, für die er auch bezahlt wird. "Probleme" (in Anführungszeichen = Innenperspektive) sind für ihn nur solche Probleme (ohne Anführungszeichen = Außenperspektive), für die er keine Lösung kennt oder findet. Solche "Probleme" entstehen immer nur und erst dann, wenn die Lösung eines Problems ohne Erfolg versucht worden ist und die üblichen Problemlösungsstrategien für gescheitert erklärt worden sind. In der Art und Weise, wie jemand ein "Problem" beschreibt, ist immer schon eine Idee darüber enthalten, wie es gelöst werden könnte oder sollte. Die Verhaltensweisen, die er daraus ableitet, sind stets an der Herstellung dessen beteiligt, was er als "Problem" beschreibt. Auch hier handelt es sich um eine der selbstbezüglichen Auswirkungen von Wirklichkeitskonstruktionen, die in die Paradoxie führen – daß nämlich die versuchte Lösung das "Problem" produziert. (8) Es chronifiziert, wenn die erfolglos erprobte Lösungsstragtie weiterhin (natürlich wiederum erfolglos) angewendet wird.

Als Berater oder betreffender Mitarbeiter muß man sich also die Frage stellen: Wie schaffen es die Beteiligten (ich/wir), das Problem herzustellen und aufrechtzuerhalten? Wenn diese Frage beantwortet ist, so braucht man häufig nicht einmal mehr nach einer konstruktiven Alternative für solch eine problematische Interaktionstruktur zu suchen; es reicht vollkommen, dieses Muster zu stören.

In der Praxis kann dies dann so aussehen, daß eine bestimmte Verhaltensweise, die Teil einer sich selbst erhaltenden Rückkopplungsschleife ist, unterlassen oder verhindert wird. Auf diese Weise können vom Aufwand her minimale Variationen von Handlungen zu gravierenden Änderungen führen – etwas nicht zu tun ist meist weniger teuer und leichter zu realisieren, als eine "Lösung" zu finden. Die Lösung findet sich dann von allein.

5. Die Viabilität organisatorischer Strukturen

Genausowenig wie jede Wirklichkeitskonstruktion eines Individuums lebensfähig (viabel, das heißt nützlich im Blick auf das Ziel des Überlebens) ist, sind alle organisatorischen Strukturen eines Unternehmens lebensfähig. Der subjektiven Wirklichkeitskonstruktion des Individuums entspricht in seiner Funktion die interaktionelle Struktur des sozialen Systems. So wie das Verhalten eines einzelnen Menschen in seiner Umwelt von seinem persönlichen Weltbild bestimmt wird, ist das Verhalten eines Unternehmens in seiner Umwelt von dem bestimmt, was die Beschäftigten mit- oder gegeneinander tun. So wie es die Funktion der individuellen Wirklichkeitskonstruktion ist, das Überleben des einzelnen in seiner Umwelt zu ermöglichen, ist es die Funktion der Struktur eines Unternehmens, das Überleben des Unternehmens in seiner Umwelt zu sichern. Gelingt dies, so ist die Struktur lebensfähig, gelingt dies nicht, dann eben nicht. Ein wesentlicher Unterschied zwischen individueller Wirklichkeitskonstruktion und Unternehmensstruktur besteht also vor allem in der Definition dessen, was als Überlebenseinheit betrachtet wird: ein Individuum oder ein soziales System. Der Tod ist der Bankrott des individuellen Lebens – und der Bankrott der Tod des Unternehmens.

Für beide gilt – das muß betont werden –, daß die jeweilige Umwelt lediglich die Grenzen der Viabilität festlegt; das heißt, daß durch die Umwelt bestimmt ist, was nicht geht, nicht jedoch, was alles geht. Der Kreativität und Phantasie ist sowohl in der individuellen Wirklichkeitskonstruktion als auch in der Strukturierung eines Unternehmens viel Spielraum gelassen. Denn die Wirklichkeit, zu der diese Strukturen passen müssen, ist "weich": Auch die Wirtschaft und der Markt sind selbstbezügliche Systeme, deren Merkmale sich verändern können, wenn man sie anders beschreibt und sich diesen Beschreibungen entsprechend verhält.

(1) *Gernhardt et al.* (1969) S. 124
(2) *von Glasersfeld* (1978)
(3) *von Foerster* (1972) S. 17
(4) vgl. *G. H. von Wright* 1963

(5) vgl. *Spencer Brown*, 1969. Eine ausführliche Erörterung der theoretischen Konzepte von *Foersters*, von *Wrights* und *Spencer Browns* findet sich bei *Simon* 1988 und 1990
(6) vgl. *G. Bateson* (1979)
(7) Ausführlicheres zu den Grundlagen des "Konstruktivismus" findet sich bei *Watzlawick* (1981) sowie in den im Literatutverzeichnis aufgeführten Büchern *Ernst von Glasersfelds* und *Heinz von Foersters.*
(8) *Watzlawick et al.* (1974) haben ausführlich dargestellt, wie Lösungen zum Problem werden können.

Literatur

Bateson, G. (1979): Geist und Natur. Frankfurt (Suhrkamp) 1982

v. Foerster, H.: Die Verantwortung des Experten; in: v. *Foerster, H.* (1985): Sicht und Einsicht. Braunschweig (Vieweg) 1972; S.17-23

Gernhardt, R. / F. W. Bernstein / F. K. Waechter: Welt im Spiegel 1964 - 1976. Frankfurt (Zweitausendeins) 1969, 1979

v. Glasersfeld, E.: Adaption and Viability. In: v. *Glasersfeld, E.* (1987): The Construction of Knowledge. Contribution to Conceptual Semantics. Seaside, Ca. (Intersystems Publications) 1978; p. 65-75

Simon, F. B. : Unterschiede, die Unterschiede machen. Klinische Epistemologie: Grundlage einer systemischen Psychiatrie und Psychosomatik. Berlin-Heidelberg-New York (Springer) 1988

Simon, F. B. (1990): Meine Psychose, mein Fahrrad und ich. Zur Selbstorganisation der Verrücktheit. Heidelberg (Carl Auer), 2. Aufl. 1991

Spencer Brown, G.: Laws of Form. New York (Dutton) 1969, 1979.

Watzlawick, P. / J. H. Weakland / R. Fisch (1974): Lösungen. Zur Theorie und Praxis menschlichen Wandels. Bern (Huber) 1974.

Watzlawick, P. (Hrsg.) (1981): Die erfundene Wirklichkeit. Wie wissen wir was wir zu wissen glauben? Beiträge zum Konstruktivismus.

v. Wright, G. H. (1963): Norm und Handlung. Eine logische Untersuchung. Königstein (Scriptor) 1979.

Alexander Exner

Unternehmensidentität

Identität als das Gefühl, jemand zu sein, der trotz innerer und äusserer Veränderung derselbe bleibt, ist für Unternehmungen wie für Individuen ein Instrument der Bewusstseinserweiterung und damit der Identifizierung und auch Ausweitung des Handlungsspielraums. Sie konstituiert sich erstens aus der Qualität der Umweltbeziehungen, vor allem der länger dauernden, zweitens aus den inneren Strukturen, einschliesslich der Unternehmenskultur, welche die Handlungsmöglichkeiten auf eine sinnvolle Anzahl reduzieren und eine gewisse Gleichartigkeit der Impulsverarbeitung gewährleisten, und drittens aus dem Sinn, der über die Überlebensfähigkeit hinaus auch die Originalität des Unternehmens erfasst. Die Auseinandersetzung mit der Identität bewahrt die Unternehmensstrategie vor der Illusion völlig beliebiger Gestaltbarkeit, fördert die Einheitlichkeit des Entscheidens und Handelns der Mitarbeiter und erleichert den Umgang mit Widerständen gegen tiefgreifendere Veränderungen.

Wozu Arbeit an der Unternehmensidentität?

Die Arbeit an der Unternehmensidentität stellt einen Versuch dar, das Unternehmen in einem Modell abzubilden, das das Unternehmen in seiner Ganzheit erfaßt und mehr als die Summe seiner Teile darstellt.

Wie jede selbstreflexive Tätigkeit dient auch die Arbeit an der Unternehmensidentität der Bewußtseinserweiterung. Höheres Bewußtsein im Unternehmen über das Unternehmen selbst zu erlangen heißt, den Freiheitsgrad seiner Entscheidungsmöglichkeiten zu erhöhen. Es gewinnt mehr Klarheit über Sein und Wollen – als komplexes soziales System in einer unüberschaubaren und bewegten Umwelt. Die Grenzen des Systems, wichtige Relationen, innere Strukturen und Muster sowie auch Sinn treten deutlicher hervor und werden in ihren Vernetzungen sichtbarer.

Es geht darum, daß sich das Unternehmen in seiner Eigenart versteht und akzeptiert. Auch bei Unternehmen wird oft sehr viel Energie aufgewandt, um – aus der Sicht des Unternehmens – unangenehme, störende und behindernde Dinge im Unbewußten zu halten, anstatt zu akzeptieren, daß sie eben ein Teil der Identität sind und es für das Unternehmen viel nützlicher ist, sich zu überlegen, welche Funktion – bezogen auf Sinn – diese Erscheinungen haben.

Die Arbeit an der Unternehmensidenität wird überwiegend durch Mitarbeiter des Unternehmens durchgeführt. Durch das "Erarbeiten der Unternehmensidentität" entsteht ein gemeinsames Verständnis wichtiger Handlungsträger (Eigentümer, Manager, Mitarbeiter) über das "Eigenleben" des Unternehmens. Denn auch ein Unternehmen versucht – wie jedes andere lebende System –, in seiner ganz spezifischen Art seine Lebensfähigkeit zu erhalten.

Das deutliche Erkennen der Unternehmensidenität ist für jeden Mitarbeiter, besonders aber für Manager und Unternehmer eine wichtige Erfahrung. Für manche ist es ein irritierendes Erlebnis, weil es an der traditionellen Vorstellung, daß Unternehmen durch einzelne Menschen beherrschbar seien, rüttelt. Der moderne Manager hat mit dem Bewußtsein zu leben, daß Unternehmen nicht direkt beherrschbar sind, seine Möglichkeiten zur Einflußnahme sich jedoch durch besseres Kennen der Unternehmensidentität vermehren.

Womit kann man die Identität eines Unternehmens beschreiben?

Idenität einer Person kann mit dem Gefühl beschrieben werden, jemand zu sein, der trotz sich ändernder Lebensumstände, Körperbeschaffenheit und Beziehungen gleichbleibt, also Kontinuität und Kohärenz (Zusammenhalt) aufweist (1).

Das gleiche gilt auch für Unternehmen. So kann man sich zum Beispiel einen erfolgreich gewachsenen Betrieb vorstellen, der seit hundert Jahren besteht, am Anfang eine Schlosserei im Zentrum der Stadt und in Familienbesitz war. Heute produziert dieses Unternehmen Bauelemente für Hochhäuser, mit einer modernen Teilfertigung in einem Industriegebiet am Stadtrand und ist mehrheitlich Besitz von Aktionären. Trotz der gravierenden Änderung die dieses Unternehmen erfahren hat, ist es möglich, daß die Mitarbeiter, Kunden, Lieferanten etc. von der Firma XY sprechen und dabei eben dieses Empfinden von Kontinuität und Kohärenz haben.

Was sind nun die Elemente, die die Gestalt eines Unternehmens im Sinne von Idenität über längere Zeiträume erkennen lassen, obwohl sowohl die Umwelt als auch das Unternehmen permanente Veränderungsprozesse durchlaufen? Wir meinen, daß dies drei Elemente, die miteinander in unauflösbarer Wechselwirkung stehen, sind:

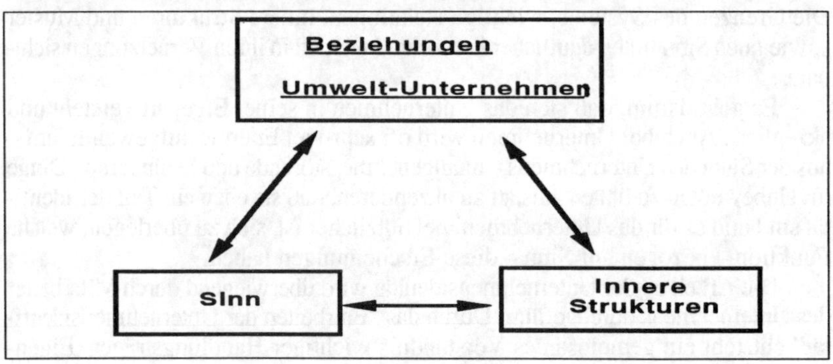

In der symbolischen Darstellung der Unternehmensidenität möchten wir diese drei Elemente so darstellen:

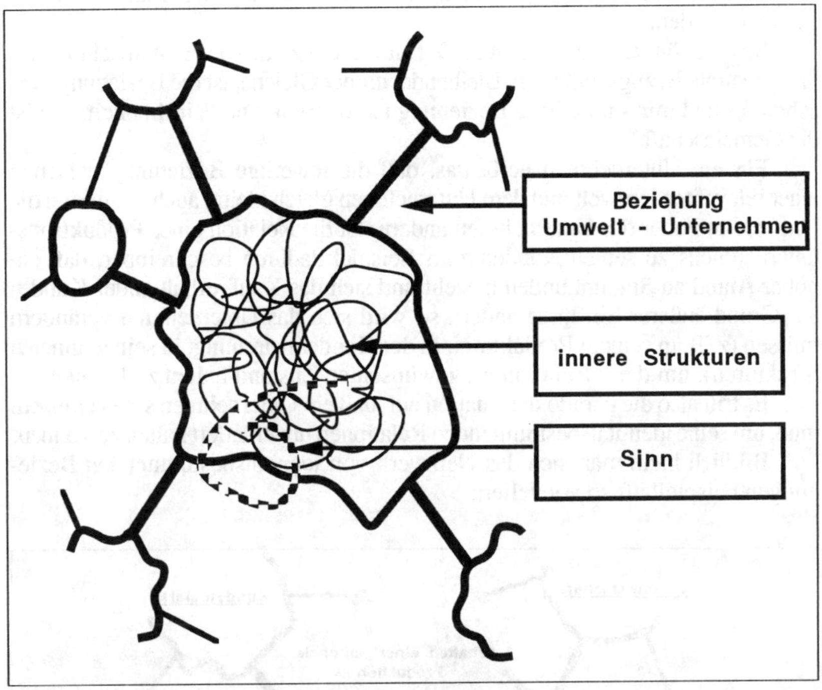

Im folgenden werden nun diese drei Elemente der Unternehmensidenität näher beschrieben.

1) Beziehungen Unternehmen – Umwelt

Jedes Unternehmen ist in eine Umwelt eingebettet, deren Ausmaß an Komplexität die Aufnahme- und Verarbeitungsfähigkeit des Unternehmens auf jeden Fall weit übersteigt. Es kristallisieren sich im Laufe der Zeit für das Unternehmen relevante Umwelten heraus.

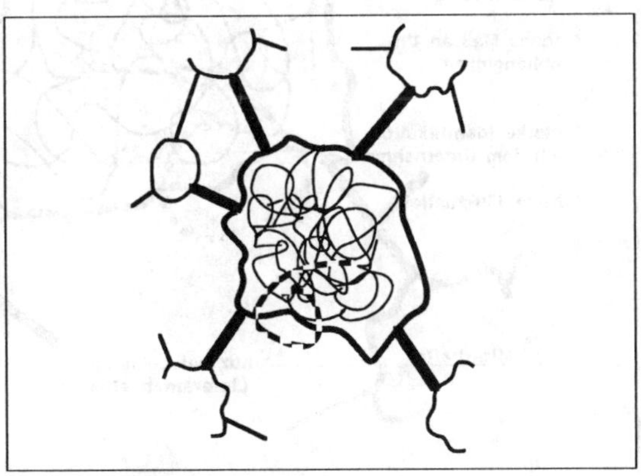

Ein Teil der Unternehmensidenität ist durch die Qualität der Relationen zwischen den relevanten Umwelten und dem Unternehmen beschreibbar, wobei jeweils die Relationen von Bedeutung sind, die über lange Zeiträume konstant gehalten werden.

Sehr schön verdeutlicht diese Definition ein Zitat von E. Wanschura (2): "Der zentrale Bezugspunkt, das Bleibende, immer Gleiche, ist die Beziehung zwischen dir und mir – und diese Beziehung ist Identität. Die Wirklichkeit, das ist die Gemeinschaft."

Für ein Unternehmen heißt das, daß die jeweilige Beziehung zwischen einer relevanten Umwelt und dem Unternehmen gleich bleibt, auch wenn sich die Umwelt und/oder das Unternehmen ändern. Ist die Relation eines Produktionsunternehmens zu seinen Kunden zum Beispiel dadurch beschreibbar, daß ein hoher Anteil an Stammkunden besteht und sich das Kaufverhalten der Kunden auf Grund äußerer Einflüsse ändert, so wird sich das Unternehmen verändern müssen (z. B. in seinem Produktmix, in der Kundenbetreuung, in seinen inneren Strukturen), um diese Relation im gewünschten Zustand halten zu können.

Es tritt also die paradoxe Situation auf, daß ein Unternehmen sich verändern muß, um seine identitätsbestimmenden Relationen unverändert halten zu können.

Bildlich kann man sich das Netzwerk von idenitätsbestimmenden Beziehungen beispielhaft so vorstellen:

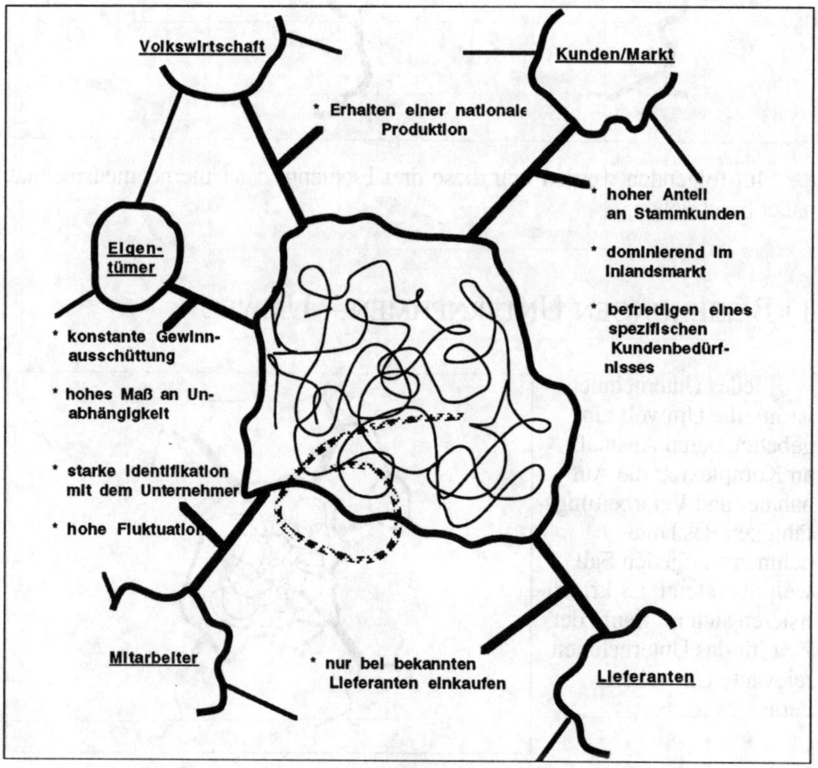

Über langjährige Zeiträume hinweg betrachtet können sich natürlich auch identitätsbestimmende Relationen verändern. Diese Veränderungen können sowohl bei den relevanten Umwelten als auch in der Qualität der Beziehungen vor sich gehen.

So kann zum Beispiel ein Eigentümerwechsel – vom Familienbesitz zur Aktiengesellschaft – stattfinden. Wichtige Kundengruppen wie Einzelhändler können durch Verbrauchermärkte ersetzt werden, oder es werden neue – andere – Kundenbedürfnisse befriedigt.

Die Veränderungen der Qualitäten der jeweiligen Beziehungen können über die Zeitachse von Vergangenheit, Gegenwart und dem derzeitigen Wollen für die Zukunft – aus der Sicht des Unternehmens – idealtypisch in den drei Formen Gleichbleiben, Evolution und Revolution beschrieben werden.

Qualität der identitätsbestimmenden Relation		VERGANGENHEIT wir waren	GEGENWART wir sind	ZUKUNFT derzeitiges Wollen für die Zukunft	SYMBOL
Gleichbleiben	wir waren, wir sind, und wollen so bleiben	→	→	→	→
		z. B. dominierend im Inlandsmarkt			
Evolution	wir waren, wir sind, ...aber wir wollen es weiterentwickeln	→	↗	→	↗
		z.B. wir waren und sind primär produktorientiert und wollen in der Zukunft auch in Produkt/Marktkombinationen denken und handeln			
Revolution	wir waren, wir sind jetzt etwas ganz anderes als wir in der Zukunft sein wollen	→	↗	→	↯
		z.B. wir waren und sind Erzeuger von tiefpreisigen Massengütern, aber wir wollen kundenorientierte Produzenten von hochqualitativen Einzelprodukten sein.			

Trägt man die zu einem gewissen Zeitpunkt angenommene Entwicklung in unser voriges Beispiel, so erhält man folgendes Bild:

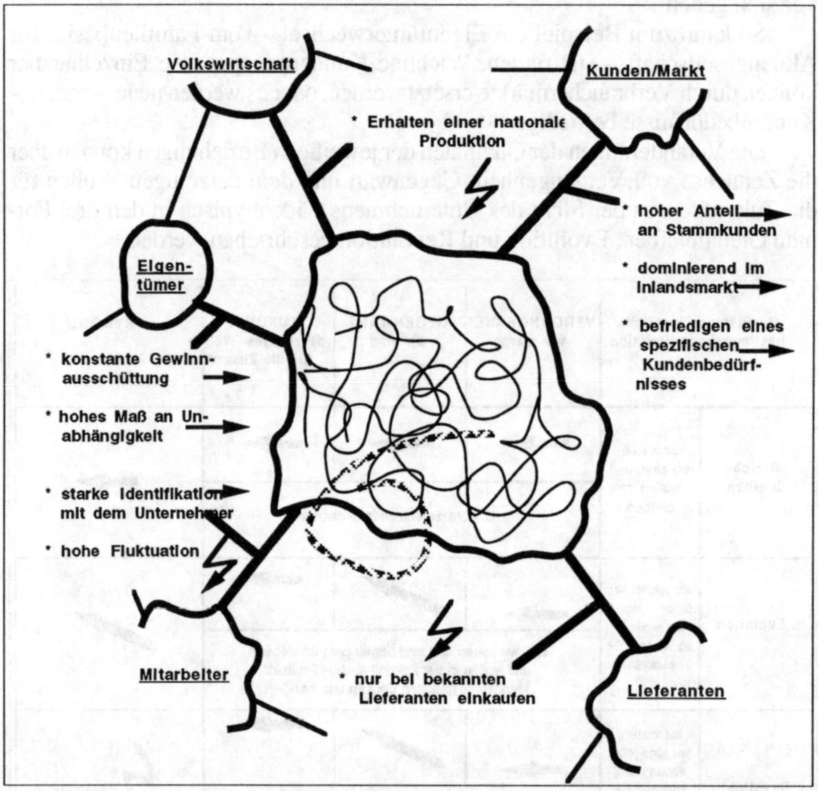

Betrachtet man in diesem Bild die angenommenen Entwicklungen, so bekommt man ein Gefühl für die Entwicklung der Identität. Wichtig ist auch zu beachten, wie die einzelnen Entwicklungen der Relationen zueinander passen beziehungsweise widersprüchlich sind. Bei vielen Unternehmen kann man beobachten, daß "angesagte revolutionäre Entwicklungen" nie stattfinden, aber einen festen Bestandteil im jeweiligen Wollen des Unternehmens bilden.

Solange die tatsächlichen Veränderungen einen ausgewogenen Anteil zwischen "Gleichbleiben – Evolution – Revolution" haben, wird sich das Unternehmen in einem gewissen Maß den Erfordernissen der sich verändernden Umwelt anpassen, aber gleichzeitig seine Gestalt in der sich weiterentwickelnden Welt so weit bewahren, daß es als lebensfähige Organisation weiterbestehen kann.

2) Innere Strukturen

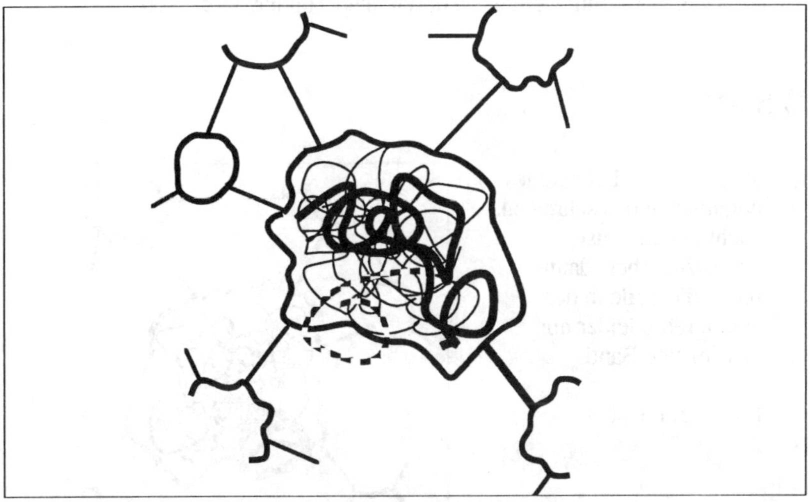

Einerseits hat das Unternehmen, um in seiner Eigenart fortbestehen zu können, die Bereitschaft, sich seiner sich verändernden Umgebung weitgehend anzupassen, um die für es wichtigen Beziehungen in der gewünschten Qualität langfristig aufrechterhalten zu können. Andererseits hat das Unternehmen im Laufe seiner Geschichte auch innere Strukturen aufgebaut. Unter inneren Strukturen verstehen wir die Aufbau- und Ablauforganisation, die Unternehmenskultur mit ihren charakteristischen Werten, Normen und Mustern sowie die systemspezifische Form, Komplexität von Umwelt – und Unternehmensmodellen aufzubauen beziehungsweise zu reduzieren.

Die Funktion der inneren Struktur besteht darin, die unendliche Vielfalt von Handlungsmöglichkeiten des Unternehmens auf eine sinnvolle Anzahl zu reduzieren sowie dafür zu sorgen, daß Impulse, die auf das Unternehmen einwirken, mit einer hohen Wahrscheinlichkeit in einer sich wiederholenden systemspezifischen Art und Weise verarbeitet werden.

Beispiele für einzelne *Elemente innerer Strukturen* eines Unternehmens aus der Unternehmensidentität:

Aufbauorganisation: Erfolgsverantwortliche Organisationseinheiten, die möglichst autonom und zielgruppenorientiert agieren.

Ablauforganisation: Wir wollen die kurz bis mittelfristig zu erzielenden Deckungsbeiträge der einzelnen Abteilungen im Rahmen eines klaren Planungskalenders jährlich neu festlegen, wobei wir im Management bei den wichtigen Entscheidungsstufen Transparenz haben wollen, die Entscheidung aber bei der Geschäftsführung liegt.

Werte: Wir sind ein gewinnorientiertes Unternehmen und wollen es auch bleiben.

Normen: Sei begeisterungsfähig – auch wenn du nicht alle notwendigen Fakten und Konsequenzen kennst!

Muster: In einem Unternehmen werden neue Topmanager in der ersten Phase vom Eigentümer sehr hoch eingeschätzt, scheitern aber am "Widerstand" der Organisation. Daraufhin werden sie durch neue Topmanager ersetzt…

3) Sinn

Wer will was Lebendiges
erkennen und beschreiben,
sucht er den Geist
herauszutreiben, dann
hat er die Teile in der
Hand, fehlt, leider nur
das geistige Band.

(Goethe, Faust I)

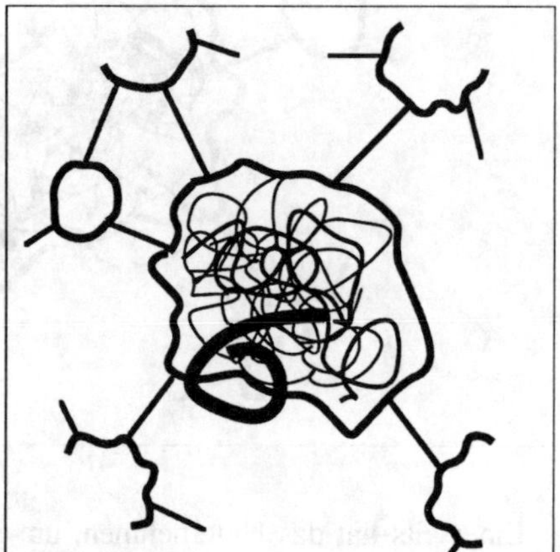

Jedes Unternehmen hat – wie jeder andere lebende Organismus – seinen Sinn. Der Sinn konstruiert sich sowohl aus der System-Umwelt-Beziehung als auch aus sich selbst heraus. Bezogen auf Umwelt muß jedes System auf Dauer eine Funktion – einen Daseinsgrund – in dieser Welt erfüllen, um bestehen zu können. Sinn hat auch für das Unternehmen die Funktion, die unendliche Komplexität, die auf das Unternehmen einstürmt, auf ein für dieses verarbeitbares Maß zu reduzieren. Andererseits hat jedes Unternehmen aus sich selbst heraus – gewissermaßen angeboren – seinen ganz individuellen Sinn, den es auch zu erhalten und zu verteidigen gilt, unter Umständen sogar soweit, daß das zum Untergang führen kann (z. B. starke Ortsgebundenheit, Produktionsorientierung).

Sinn steht in Wechselwirkung zur Gestaltung der System-Umwelt-Beziehungen und zum Aufbau der inneren Strukturen und gestaltet auch den Umgang des Widerspruchs zwischen diesen beiden.

Über Sinn konstituieren sich immer auch Unternehmensgrenzen. Im Zuge der Arbeit an der Unternehmensidentität ist immer die Frage nach der Grenze des Unternehmens – das heißt, welche Handlungen sind dem sozialen System "Unternehmen" zuzuordnen und welche nicht – zu stellen.

Je nach Sinn des Unternehmens kann zum Beispiel ein exportierendes Unternehmen die Handlungen einer Auslandstochter als innerhalb beziehungsweise außerhalb seiner Grenzen empfinden und damit ein völlig anderes Bewußtsein für seine Gestalt haben.

Sinn ermöglicht, über die Funktionalität von beobachteten Phänomenen in einer unternehmensspezifischen Art nachzudenken. Es ist fast immer hilfreicher, sich beim Auftreten von als unangenehm empfundenen Identitätsaussagen bei den Elementen Relationen beziehungsweise innere Strukturen zu überlegen, welcher Zusammenhang mit der Unternehmensidentität besteht, als diese einfach revolutionär verändern zu wollen. So kann etwa ein hohes Maß an Chaos und Unordnung, das störend erlebt wird, bei einem Unternehmen, welches einen Teil seines Sinnes darin sieht, auf einem gewissen Markt der Hecht im Karpfenteich zu sein, durchaus funktional sein.

Ein Teil des Sinnes ist es, wie bei jedem lebenden System, die Lebensfähigkeit des Unternehmens zu bewahren. Das allein ist jedoch zu wenig – genauso wie für den Menschen Gesundheit zu haben als Lebenssinn zu kurz greift –, es gibt immer auch noch die Originalität des Unternehmens zu erfassen.

Zur Illustration möchten wir einige Beispiele von Aussagen zu Sinn anführen:

"... soll eine Beratergruppe sein, die klein bleibt (sonst ist direkte Kommunikation nicht mehr direkt möglich) und hochqualifizierte, maßgeschneiderte und ganzheitliche Beratung macht..."

"... unsere innere Struktur: alle Berater sind gleichberechtigte Geschäftsführer..."

"... sind spezialisiert auf kundenorientierte Fertigung und zugleich lagerhaltender Serienhersteller..."

"... steht unter dem Primat, die Entscheidungsfreiheit des Eigentümers zu wahren..."

Wann ist Arbeit an der Unternehmensidentität angebracht?

Im folgenden möchten wir auf Grund unserer praktischen Erfahrungen drei typische Situationen, bei denen Arbeit an der Unternehmensidentität angebracht ist, darstellen.

1) Strategische Unternehmensplanung (SUP)

Oft entsteht bei der Beobachtung von herkömmlichen strategischen Planungsprozessen der Eindruck, daß Unternehmungen strategische Ziele ohne Rücksicht auf die Unternehmensidentität, ja oft sogar im Gegensatz dazu erreichen wollen. Die Betriebe sollen einer Logik folgen, die zwar in irgend einem Kontext sicher sinnvoll erscheint, die es jedoch aus der Sicht des Unternehmens leider nicht ist.

SUP geht häufig von der Annahme völlig beliebig gestaltbarer Unternehmen aus. Bei unserer Vorstellung von der Identität eines Unternehmens ist dies nicht möglich, sondern es geht darum, das Unternehmen in seiner Eigenart zu verstehen, um dann zu versuchen, es durch entsprechende strategische Impulse in die gewünschte Position beziehungsweise den gewünschten Zustand zu bekommen. Wenn man nicht von der Identität des Unternehmens – sowohl ihrer angenehmen wie unangenehmen Seite – ausgeht, begibt man sich in die Gefahr, völlig abgehobene Planungen zu machen, die nur sehr geringe Chancen auf Realisierung haben.

SUP liegt im Spannungsfeld der oft eher unbewußten Unternehmensidentität und der sehr bewußten Ebene von Buchhaltung, Kostenrechnung und betriebswirtschaftlicher Rationalität, was vermutlich auch erklärt, warum in der Praxis die Ergebnisse von SUP häufig eher Rechenwerken als auf das Unternehmen abgestimmten Strategiebündel gleichen.

Die Arbeit an der Unternehmensidentität ist daher, wenn an der SUP gearbeitet wird, als ein eigenständiges Arbeitsfeld zu betrachten, dem entsprechend Aufmerksamkeit und Kraft zu widmen sind. Die jeweilige Unternehmensidentität wird natürlich auch die Art und Weise, wie SUP durchgeführt wird, prägen. Wichtig für SUP ist auch das "Wollen" aus der Identität heraus. Dieses Wollen in seiner oft scheinbaren Irrationalität zu begreifen und in die strategische Planung einzubeziehen erhöht die Einflußchancen auf das Unternehmen ungemein.

Zum Beispiel: Ein Großhandelsunternehmen bei dem seit mehreren Eigentümergenerationen eine zentrale, wichtige Relation die partnerschaftliche Betreuung und Belieferung von Fachhändlern war und dessen Identität in dieser Beziehung auf "Gleichbleiben" eingestellt ist, konnte erst dann in neue Vertriebskanäle einsteigen, als dies bewußt wurde. Vorher war es immer "ganz klar", daß man zum Beispiel auch Supermärkte beliefern "müsse", aber auf ganz eigentümliche Weise mißlangen alle Strategien, die in diese Richtung zielten. Erst als man sich seiner Identität bewußt wurde, konnte man entsprechende strukturelle Impulse durch Gründung einer neuen Vertriebstochter mit eigenem Management geben, um diese – für das Unternehmen revolutionäre – Entwicklung zu ermöglichen.

Der Zusammenhang von SUP und Unternehmensidentität in einem divisionalisierten Unternehmen ist im folgenden Bild dargestellt.

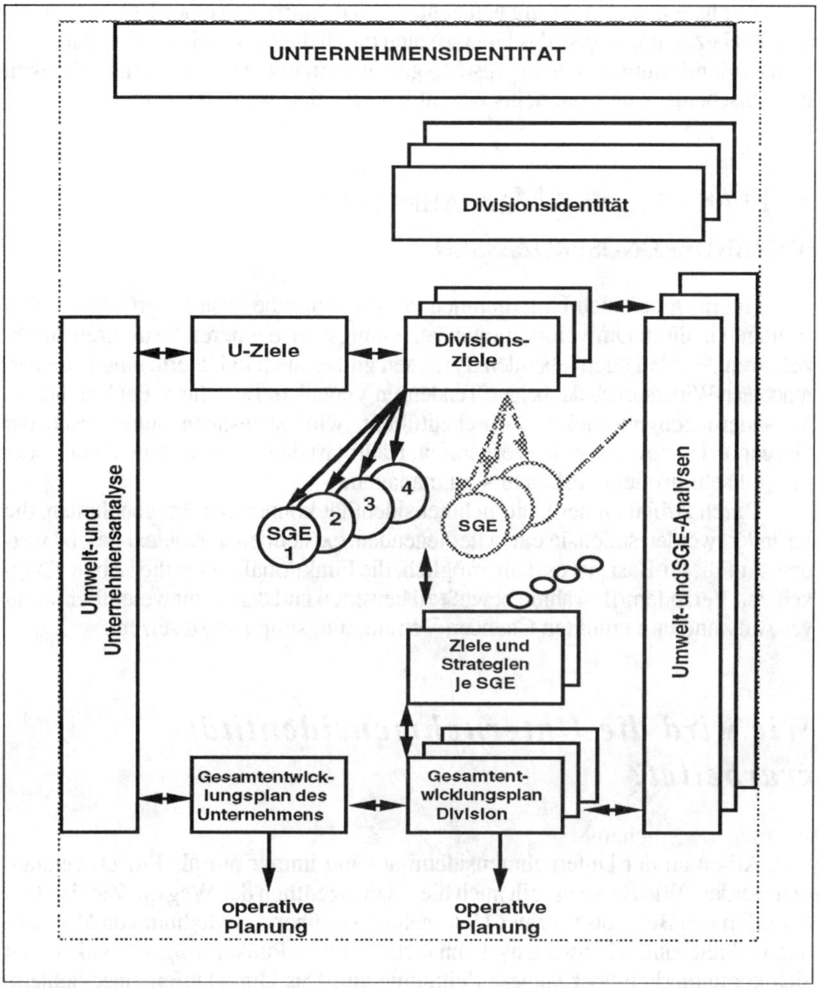

2) Orientierung für Mitarbeiter

Mitarbeitern eines Unternehmens fällt es in Zeiten mit immer mehr zunehmenden Turbulenzen immer schwerer, Orientierung für ihr Handeln im Unternehmen zu gewinnen. Klare, eindeutige Handlungsanweisungen, die für jede Situation Gültigkeit haben, gibt es nicht. Es ist daher wichtig, daß über die Aussagen einer Unternehmensidentität die Handlungsrahmen für das möglichst selbständige Arbeiten der Mitarbeiter abgesteckt werden.

Wir haben die Erfahrung gemacht, daß das Erarbeiten einer Unternehmensidentität beziehungsweise das Überarbeiten durch die Mitarbeiter eines Unternehmens Orientierung in hohem Ausmaß geben kann und damit die Einheitlichkeit des Entscheidens und Handelns wesentlich gefördert werden kann.

3) Flankierende Maßnahmen bei Veränderungsprozessen

Häufig sehen sich Unternehmen vor die Aufgabe gestellt, größere Veränderungen in ihren Umweltrelationen beziehungsweise inneren Strukturen durchzuführen. Wie bei allen lebenden Systemen gibt es auch in Unternehmen den permanenten Widerspruch der beiden Tendenzen Verändern/Bewahren. Bei Versuchen, Veränderungen unreflektiert durchzuführen, wird sozusagen automatisch der Gegenpol des Bewahrens hervorgerufen. Häufig ist dieser Widerstand nicht – oder nur mit sehr großem Aufwand – zu managen.

Durch Arbeit an der Unternehmensidentität können die Begebenheiten, die verändert werden sollen, in einen tiefliegenden, existentiellen Kontext gesetzt werden. Auf dieser Basis ist es dann möglich, die Funktionalität für die Lebensfähigkeit von Verändern/Bewahren bewußt zu bewerten und damit mit wesentlich weniger Aufwand und erhöhten Chancen Veränderungsimpulse zu setzen.

Wie wird die Unternehmensidentität erarbeitet?

Arbeit an der Unternehmensidentität kann immer nur als Prozeß verstanden werden. Wie für so oft gilt auch hier, daß eigentlich der Weg das Ziel ist. Das Schaffen von Bewußtsein eines Unternehmens – über das Medium von Mitarbeitern und relevanten Umwelten – kann nicht in einem Punkt erfolgen, sondern baut sich kontinuierlich über längere Zeiträume auf. Das Durchlaufen einer Schleife der Bewußtseinsbildung über Unternehmensidentität dauert in der Praxis erfahrungsgemäß ein halbes bis ein ganzes Jahr.

Das Arbeiten an der Unternehmensidentität erfolgt in Projektform. Wichtig ist, daß an einem solchen Projekt möglichst alle Mitglieder des Top-Managements, eine repräsentative Anzahl des Middle-Managements und zumindest einer Kontrollgruppe der übrigen Mitarbeiter beteiligt sind.

Sehr bewährt hat es sich auch, wichtige relevante Umwelten (z. B. Kunden, Lieferanten, Eigentümer) zur Mitarbeit einzuladen, was in der Praxis – entgegen vielen Vorurteilen – fast immer positiv aufgenommen wird und für die Arbeit sehr befruchtend ist.

Eine Vorgangsweise, die sich als praktikabel herausgestellt hat, ist die Erstellung eines Unternehmensidentität-Szenarios:

Von wichtigen Mitarbeitern und relevanten Umwelten werden die Meinungen und Sichtweisen zu den drei Elementen der Unternehmensidentität eingeholt. Als Arbeitsform hat sich die Kombination von schriftlichen Einzelarbeiten und Einzel- bzw. Gruppeninterviews bewährt.

Diese Aussagen werden von einer Projektgruppe zu einem Szenario verdichtet. Dieses Szenario wird dann durch eine oder mehrere Arbeitsgruppen in mehreren Workshops auf die wesentlichen Identitätsaussagen verdichtet. Diese Workshops vernetzen auch immer wieder aufs neue in schleifenförmigen Vorgängen die bereits in den vorherigen Workshops erarbeiteten Aussagen mit den jeweils neu gefundenen Aussagen.

In allen Phasen dieses Prozesses arbeiten wir zusätzlich zu analytisch beschreibenden Methoden – wie z. B. Erwartungsstrukturen, Normogramm – mit intuitiven Verfahren – wie z. B. Zeichnen von Bildern, Beschreibungen in Form von Metaphern, Errichten von Skulpturen. Mit Hilfe dieser Verfahren ist es in einem gewissen Ausmaß möglich, tieferliegende, latente Strukturen spürbarer und sichtbarer zu machen.

Eine Schwierigkeit in diesem sehr hohe Komplexität erzeugenden Prozeß ist es, die vielen Informationen und deren Vernetzungen auf ein überschaubares Maß zu reduzieren. Diese Reduktionsleistung ist nur dann befriedigend, wenn es gelingt, die tieferliegenden Identitätsaussagen herauszuarbeiten und nicht nur eine quantitative Reduktion durchzuführen, und ist nur dann zu erreichen, wenn für den Gesamtprozeß der Erarbeitung der Unternehmensidentität genügend Energie, Zeit und Reflexionsmöglichkeit zur Verfügung gestellt sind.

Das schriftliche und bildliche Ergebnis dieser Arbeit unterscheidet sich häufig äußerlich nicht sehr stark von den in der Praxis oft extern beziehungsweise intern getexteten "Unternehmensphilosophie, Leitlinien, Visionen". Der Unterschied liegt in der Wirkung auf das Gesamtsystem, die relevanten Umwelten und auf die Personen, die daran mitgearbeitet haben.

(1) Simon und Stierlin: Die Sprache der Familientherapie, Stuttgart, Klett Cotta 1984

(2) ORF Radiokolleg Folge 2, Systemtheorie 04.08.1984

Alexander Exner, Roswita Köngiswieser, Stefan Titscher

Unternehmensberatung – systemisch

Beratungsansätze; Organisationstheorie; Systemische Beratung; Systemtheorie; Unternehmensberatung

Berater sind immer auch Beobachter des betrieblichen Geschehens. Um in dieser Rolle effizient sein zu können, müssen folgende Bedingungen gegeben sein: eine angemessene Theorie, die Bereitschaft, sich trotzdem auf die Sichtweise des Klienten einzulassen, und die Kenntnis der entsprechenden Interventionsmethoden. Der Komplexität von Unternehmen werden am ehesten systemtheoretische Zugänge gerecht. Über Erfahrungen mit wirkungsvollen Interventionen verfügen zur Zeit nur Manager, die ja ebenfalls auch Beobachter sind, und Familientherapeuten. Hier werden Grundzüge einer systemischen Sichtweise von Organisationen mit den daraus ableitbaren Konsequenzen für die Unternehmensberatung verbunden. Leistungsfähigkeit und Grenzen systemischer Organisationsberatung sollen durch einen Vergleich mit vier idealtypischen Beratungsansätzen abschätzbar gemacht werden.

Theoretische Annahmen und Interventionen im Vergleich zu anderen Ansätzen

Zugänge zur systemtheoretischen Praxis

Nach etlichen Jahren Erfahrung mit Organisationsforschung und Fachberatung und etwa fünf Jahren praktischer und theoretischer Auseinandersetzung mit Konzepten der Organisationsentwicklung kamen wir – im Zuge unserer eigenen Weiterbildung – mit systemischen Therapieansätzen in Kontakt (1). Unserer Meinung nach kann das sehr heterogene Feld systemischer Ansätze im wesentlichen durch drei Strömungen beschrieben werden:

Eine Reihe familientherapeutischer Schulen verfügt mittlerweile über langjährige und erfolgreiche Praxis. Für die Arbeit mit Organisationen erscheint uns die um Selvini-Palazzoli in Mailand entstandene Gruppe besonders bedeutsam (2).

Unabhängig davon gibt es in den Naturwissenschaften eine breite systemtheoretische Strömung. Als besonders bedeutsam wird dabei die von Maturana und Varela (Maturana/Varela 1987) entwickelte Definition von Leben als Autopoiese (Selbstorganisation) angesehen. In den Sozialwissenschaften ist sicherlich Luhmann der prominenteste Vertreter dieser Richtung. Sein Grundriß einer allgemeinen

Theorie (1984) baut auch Maturanas Entdeckung ein, ist der bisher komplexeste Entwurf und bietet reichhaltigen Anlaß für intensive Beschäftigung und Auseinandersetzung. Diese sehr grobe Skizze ist noch um folgende Feststellungen zu ergänzen, die die Ausgangslage unseres Versuches abstecken:

Die Familientherapeuten verfügen über eine ganze Reihe von Annahmen und ein eindrucksvolles Instrumentarium für den therapeutischen Umgang mit Klientensystemen. Erst seit relativ kurzer Zeit bemühen sie sich um die breitere theoretische Fundierung ihrer Arbeit (3). Die großen Theoretiker beobachten diese Entwicklung teils wohlwollend, teils skeptisch und wundern sich, in welchen Zusammenhängen ihre Ideen verwendet werden.

Insgesamt besteht wohl noch eine große Kluft zwischen konkreten Interventionstechniken, denen systemisches Denken zugrunde liegt, und anspruchsvollen Theorieentwürfen, die sich als Paradigmen etablieren (4).

Diese Lücke wird besonders jenen auffallen, die sich Organisationen zum Feld ihrer Forschungs- oder Beratungsprofession gewählt haben. Sucht man sie durch betriebswirtschaftliche Arbeiten zu schließen, so findet man unseres Wissens nach nur die Publikationen der von Ulrich geprägten Betriebswirte in St. Gallen (5). Sie liefern eindrucksvolle Belege für die Perspektiven, die sich aus der Anwendung kybernetischer und evolutionärer Denkweisen auf die Beschreibung von Unternehmen gewinnen lassen. Schwachstellen weisen die Konzepte dann auf, wenn man nach konkreten Hinweisen für Interventionen in Organisationen sucht und Unternehmen als Systeme auffaßt, deren Aktivitäten erst durch aufeinander bezogene Handlungen vorstellbar werden.

Aus dieser Sichtweise der gegenwärtigen Praxis und Theorielage ergibt sich, daß wir für den Versuch, die Beratungstätigkeit anleitende Annahmen zu formulieren, zwei Zugänge kombinieren: die eigenen Erfahrungen mit familientherapeutischen Haltungen beziehungsweise Interventionen (die in der betriebswirtschaftlich orientierten Beratungsliteratur bisher negiert werden) und die Grundgedanken von Luhmanns Systemtheorie, die in wesentlichen Teilen auch auf Organisationen Bezug nimmt (6).

Mit dieser Vorgangsweise wollen wir unterstreichen, daß systemisches Denken mehr beinhaltet als verbreitete Schlagworte – wie Wechselwirkung oder "vernetztes" Denken – und systemische Beratung nicht nur aus originellen Analysen besteht, sondern auch eine entsprechende Einstellung erfordert und kongruente Interventionen benötigt. Diese Behauptungen stellen wir auf, weil sie – trotz etlicher Fehler, die wir immer wieder machen, und teils noch unausgereifter theorietischer Vorstellungen – die uns notwendig erscheinenden Leitlinien beinhalten und in stürmischen Beratungsepisoden quasi eine Ankerfunktion haben.

Zum Theoriebedarf von Beratung

Einer der wenigen empirischen Untersuchungen über den Einsatz von Unternehmensberatern zufolge stehen viele Unternehmen externen Beratern positiv gegenüber, sehen auch eine breite Einsatzmöglichkeit, sind aber nur oberflächlich informiert. Kenntnisse über Kriterien für die Auswahl fehlen vielfach

(Szyperski/Klaile 1983). Diesen Ergebnissen entsprechen die Überlegungen von Cyert u.a. (1977): Die Selektion orientiert sich an Referenzen beziehungsweise Prestige, das heißt am Bekanntheitsgrad in einschlägigen Wirtschaftskreisen, direkten (persönlichen) Beziehungen und vermuteten Kompetenzen bezüglich des nachgefragten Beratungsinhalts.

Unserer Meinung nach tragen die Vielzahl unterschiedlicher Beraterauffassungen und die meist nicht explizite Formulierung des vertretenen Ansatzes zur Situation bei: Diese Ausgangslage ist gut für Überraschungen, da man mit der Vergabe eines Beratungsauftrages auch die den Beratern eigene Auffassung einkauft.

Jeder Berater kommt mit seinem Klienten in der Rolle eines Beobachters in Kontakt. Seine Wahrnehmung organisiert er nach den ihm eigenen Selektionen, das heißt, er geht mit Annahmen über das zu beratende "Objekt" an das Unternehmen heran. Außerdem hat er handlungsleitende Vorstellungen, implizite Alltagstheorien oder explizite Theorien über die gedachte Wirkung der eigenen Handlungen. Diese Interventionsannahmen hängen mit der Organisationstheorie zusammen und bilden in ihrem Zusammenwirken den jeweils spezifischen Beratungsansatz.

Dieser Zusammenhang wurde bisher noch nicht dargestellt. Auch dieser Artikel leistet diese Arbeit nicht, er soll aber einige Grundsätze für die Entwicklung theoretisch abgesicherter Hypothesen und ihre Verbindungslinien zu Interventionstechniken beziehungsweise Vorgehensweisen von Unternehmensberatern aufstellen.

Wozu brauchen Organisationsberater komplexe Theorien? Unserer Erfahrung nach binden die in Unternehmen ablaufenden Prozesse innerhalb kürzester Zeit die Aufmerksamkeit des Beraters: Geht man nicht von eigenen klaren Vorstellungen aus, ist das meiste unverständlich. Man wird mit unterschiedlichen Interpretationen konfrontiert und in widersprüchliche Interessenlagen verwickelt; die einen lehnen die Berater ab, die anderen wollen sie in ihre Machtspiele einbeziehen. Wer ist der Klient? Fühlt man sich dem Unternehmen verpflichtet, so hilft nur Distanz. Die wichtigste Hilfe bei den Versuchen, sich nicht ins System hineinziehen zu lassen, stellen klare Hypothesen dar. Theoriegeleitete Annahmen ermöglichen es den Beratern, die Beobachterrolle beizubehalten und auch in Krisensituationen nicht in die Rolle eines Mitakteurs zu verschwinden (7).

Zuletzt ergibt sich Theoriebedarf auch dann, wenn die Frage nach Erfolg beantwortet werden soll. Wir gehen davon aus, daß Erfolgskriterien nicht nur vom Klientensystem aufzustellen, sondern auch vom Berater – und zwar vor dem Hintergrund seiner theoretischen Annahmen – anzulegen sind.

Organisation als System – Unternehmensberatung als systemische Beratung

Im folgenden werden einige Annahmen formuliert und erläutert, die unserer Meinung nach zentrale Bedeutung haben, will man Organisationen als soziale Systeme charakterisieren. Der Anspruch dieser Darstellung liegt nicht darin, ein geschlossenes Theoriegebäude zu referieren; wir orientieren uns an der vermuteten Erwartung, eine Skizze jener Auffassungen zu erhalten, die das Bild systemischer Unternehmensberater bestimmen und somit auch für deren Handeln eine bestimmte Größe sind.

Den einleitenden Bemerkungen entsprechend, orientieren wir unsere theoretischen Annahmen stark am neuesten Entwurf von Luhmann, adaptieren diesen für unsere Zwecke und verbinden diese Sichtweise mit Hinweisen auf ihre Konsequenzen für Unternehmensberatung.

Organisierte Handlungszusammenhänge

Unternehmen als soziale Systeme aufzufassen bedeutet, Mitglieder dieser Organisation der inneren Systemumwelt zuzurechnen. Zwar gibt es ohne Personen keine sozialen Systeme, ohne derartige Systeme kein Zusammenwirken von Personen – es gehören aber nur die der Organisation zuzurechnenden Handlungsweisen der Mitglieder zur Organisation: die Anfrage des Verkaufsleiters in der EDV-Abteilung, seine Erwartung an die unterstellten Mitarbeiter etc., nicht aber zum Beispiel seine psychischen Dispositionen oder seine außerorganisatorischen Interessen und Verpflichtungen, die mit betriebsspezifischen Anforderungen konkurrieren. Technische Gegebenheiten, zu technischen Systemen zusammengeschlossene Maschinenkonfigurationen, die der Produktion oder Informationsverarbeitung dienen, werden als Rahmenbedingungen gesehen, die bestimmte Handlungsweisen und Aufeinanderfolgen von Handlungen wahrscheinlicher machen als andere. Ebenso sind betriebswirtschaftliche Programme, wie etwa ein Kostenrechnungssystem oder ein Marketing-Mix, Ergebnisse von Entscheidungen und Ausdruck einer ganzen Reihe von aufeinander abgestimmten Erwartungen, die mit einer gewissen Wahrscheinlichkeit für das jeweilige System typische Handlungen nach sich ziehen und Einschränkungen treffen.

Aus diesen Annahmen (8) folgt, daß Diagnosen und Interventionen nicht bei Personen anzusetzen haben, sondern bei Handlungen und deren Voraussetzungen beziehungsweise Folgen. Die Arbeit richtet sich nicht auf Probleme, die jemand hat, sondern auf die Zusammenhänge, in deren Licht bestimmte Verhaltensweisen von anderen als problematisch angesehen und auch aufrechterhalten werden.

Die Berücksichtigung psychischer Komponenten einzelner Personen ist für systemisch vorgehende Berater insofern bedeutsam, als diese Faktoren (z. B. Lebensgeschichte, Persönlichkeitsstruktur, Selbstkonzept) die Beobachtungsschemata mit prägen, Prädispositionen für Handlungsmöglichkeiten darstellen und auch von Kollegen, Mitarbeitern, Vorgesetzten eingeschätzt und als Basis für die Erwartungsbildung herangezogen werden.

Diese Überlegungen haben uns wichtig erscheinende Konsequenzen:

- Systemische Berater sind nicht für die Veränderung von Personen zuständig. Hat jemand im Klientensystem schwerwiegende persönliche Probleme, so sollte das der Berater zwar diagnostizieren können, zur Hilfeleistung aber einen anderen Fachmann heranziehen beziehungsweise empfehlen. Es geht um die Respektierung persönlicher Freiräume der Mitglieder als innerer Umwelt des Klientensystems, die Erhaltung der Handlungsfähigkeit als System-Berater, also das Akzeptieren von Grenzen. – Mit einem vielleicht etwas gewagten Vergleich könnte man Analoges für die äußere Umwelt behaupten: Die Beratung bei der Erarbeitung von Marketingstrategien setzt zwar Informationen über Branchen und Wissen um Umfelddaten und -entwicklungen voraus, beinhaltet aber nicht Interventionen bei Konkurrenten oder "Beratung" von Kunden.

- Die vertragliche Verpflichtung geht man nicht mit einzelnen Personen ein, sondern mit dem Klientensystem. Ziel ist die Unterstützung der Bemühungen, neue Differenz-, Erwartungs-, Kommunikations- und Handlungsstrukturen aufzubauen. Aus diesem Punkt läßt sich auch einer der Gründe für das relativ hohe Maß an Abstinenz systemischer Berater ableiten: Fast immer wird man von jemandem geholt, der von dieser Arbeit eine Unterstützung seiner eigenen Interessen erwartet. Und auch nach dem Erstkontakt sind Versuche, Bündnisse zu schließen, sowohl von Klienten- als auch von Beraterseite häufig Versuchungen, die zur Übernahme einer bestimmten Perspektive führen (9).
- Die Konzentration auf organisationstypische Handlungsmuster und die damit verbundene Ablehnung personzentrierter Beobachtungen und Interventionen ist einerseits aus allgemeinen Attributionstendenzen heraus schwierig, andererseits widerspricht sie der üblichen Praxis auch aus folgendem Grund: Schwierigkeiten werden selten in den Erwartungen, Strukturen etc. geortet, sondern sehr viel eher bei Personen lokalisiert – zum Beispiel bei einem Produktmanager, der nicht in der Lage ist, ein neues Produkt entsprechend durchzusetzen. Egal in welch direkter oder indirekter Form dem Berater meist schon frühzeitig der Problemfall präsentiert wird, die Wahrscheinlichkeit ist hoch, daß Personenattributierungen und die damit verbundene entlastende Annahme, nur einer müsse sich ändern oder ausgetauscht werden, zu sogenannten "designierten Patienten" führen. Anders ausgedrückt: Symptome werden gerne an Personen (und -gruppen) festgemacht; diese Lokalisierung dient auch als Strukturschutz.

Selbstreproduktion und Zirkularität

Unternehmen sind als soziale Systeme autopoietische Organisationen, also selbstreproduktiv. Ihre konstitutiven Elemente sind Handlungen, die Handlungen bewirken und durch Handlungen erzeugt werden. Diese Ereignisse (Handlungen, Entscheidungen) sind durch unternehmenstypische Prozesse miteinander verkoppelt; das daran Charakteristische sind systemeigene Strukturen, die die Aufeinanderfolge steuern; sie werden durch die Handlungen selbst wieder reproduziert. Diese zirkuläre Verkettung macht soziale Organisationen bis zu einem gewissen Grade autonom; sie wird durch die Selbstreferenz ermöglicht: Das System kann zu sich Beziehung herstellen und sich von Umwelten unterscheiden.

So ziehen etwa Entscheidungen immer wieder Entscheidungen nach sich, die wiederum frühere Ereignisse bekräftigen oder neu zur Disposition stellen (10). Man entscheidet sich gegen die Geschichte, nimmt sie also als Grundlage für den Aufbau einer neuen Struktur. Diese Zirkel machen Bemühungen, komplexe Zusammenhänge in lineare Ursache-Wirkungs-Zusammenhänge aufzulösen, zu manchmal sinnvollen, immer aber willkürlichen Unterfangen. Solche Interpunktionen schneiden Beziehungsgefüge ab (vgl. dazu Watzlawick u.a. 1974, S. 36).

Selbstreferenz manifestiert sich etwa, wenn in Betrieben die Unternehmensidentität formuliert wird. Man trifft Aussagen über die gesamte Organisation, über einzelne Funktionsbereiche und ihre Beziehungen zueinander, über die Stellung gegenüber inneren und äußeren Umwelten. In diesem Prozeß werden Erwartungen kommuniziert, die das nachfolgende Handeln als konform oder abweichend klassifizierbar machen und die Orientierungsleistung des erarbeiteten Identitätskonzepts beeinflussen. Zugleich wirken die kommunizierten Inhalte auf den Erarbeitungsprozeß, und die Art der Auseinandersetzung schränkt den Möglichkeitsspielraum der Identitätsformulierung ein.

Sieht ein Berater – im Unterschied zur hier vertretenen Sichtweise – eine Organisation nur als Instrument zur Zielerreichung an, das durch geplante Eingriffe in einen prognostizierbaren Zustand verbesserter Mittel-Zweck-Relationen überführt werden kann, so sind damit bestimmte Vorstellungen von Machbarkeit, Zweckmäßigkeit und von Eingriffsstrategien verbunden, die einer Vielzahl von Beratereinsätzen und Forschungsarbeiten zugrunde liegen – und das, obwohl die Akteure wahrscheinlich leugnen würden, dieses Verständnis von Organisationen zu haben.

Dieses verkürzt dargestellte Gegenbild soll einen Hintergrund abgeben, vor dem systemische Beratung schärfere Konturen bekommt: Das Kürzel Selbststeuerung verweist auf die reduzierten Einflußmöglichkeiten Außenstehender, kann also den Berater vor möglichen Größenphantasien bewahren und verpflichtet ihn jedenfalls zur Suche nach Anschlußfähigkeit des Beraterhandelns am Handlungsmuster des Klienten.

- Die zweckrational aufgebaute Intervention kann die beabsichtigte Wirkung völlig verfehlen, da der als veränderungsnotwendig apostrophierte Zustand (z. B. bestimmte Interaktionsmuster bei der Auftragsbearbeitung) in ein kompliziertes Netz weiterer, rückwirkender Zusammenhänge eingebunden ist. Interventionen sind somit nicht Eingriffe von Beratern, die eine ganz bestimmte beabsichtigte, linear zurechenbare Wirkung verursachen wollen, sondern Anregungen zur Selbststeuerung (vgl. Willke 1984).
- Mehr als nur Zufallstreffer werden Interventionen, wenn ihnen klare Hypothesen zugrunde liegen und sie anschlußfähig, das heißt dem Klientensystem verständlich, sind. Oberflächlich drückt sich dies in der Übernahme betriebsspezifischer Bilder und Sprachgewohnheiten aus; Voraussetzung dafür ist, daß die Berater ein Bild von der Informationsaufnahme und -verarbeitung des Systems haben, das dessen Selbstwahrnehmung nahekommt.

Die Annahme, daß Selbststeuerung über zirkuläre Prozesse ablaufe, hat auf der Ebene des Beratungshandelns ihre Entsprechung: Im Unterschied zu verbreiteten Diagnosemethoden, die Fragen nach individuellen Motiven, Einstellungen, Sichtweisen, Reaktionen etc. sowie nach gruppenspezifischen Merkmalen und nach sachlichen Fakten zur Informationsgewinnung benützen, sind für die systemische Diagnostik Hypothesenbildung, Intervention und "zirkuläre Fragen" die zentrale Technik (11).

- Mit zirkulären Fragen werden die Beziehungen zwischen Befragten (und nicht anwesenden anderen) thematisiert und Wirkungen dieser Relationen auf die Befragten sichtbar gemacht. Dieses Vorgehen ermöglicht es, Informationen über Beziehungsnetze und die dafür konstitutiven Differenzierungskategorien zu erhalten. – Aus diesen Bemerkungen läßt sich übrigens auch ableiten, daß in der Diagnose vor allem Gruppeninterviews durchgeführt werden. – Einfache Beispiele sind etwa folgende Fragen: Wie sieht Ihr Vorgesetzter die Beziehung zwischen Verkaufs- und Marketingsbereich? Wie reagiert der Vorstand, wenn Sie Ihren Kollegen unterstützen? Was machen Sie – in den Augen Ihrer Mitarbeiter – anders als Ihr Vorgänger?
- Zirkuläres Fragen zielt – insbesondere in der allerersten Phase der Informationssammlung – darauf ab, den Interviewpartnern die Rekonstruktion und Darstellung ihrer Beziehungsstruktur und des seitens der Firma gewünschten Beziehungsmodells zu ermöglichen. Voraussetzung dafür ist unter anderem, daß die personelle Zusammensetzung entsprechend organisiert wurde. – Diese Präsentation wird vom Beratersystem hinterfragt und bestärkt, keinesfalls kritisiert. Es wird angenommen, daß dieses kommunizierte Modell der Wirklichkeit(en) auf die tatsächlichen Relationen um so mehr zurückwirkt, je besser die Berater ihre Neutralität wahren können und je weniger die im Gespräch aufgetretenen Unterschiede nivelliert werden. Diese über die Informationssammlung und Hypothesenbildung hinausgehende Wirkung zeigt sich erst in Situationen ohne Berater als Anregung für weitere Diskussionen in der betrieblichen Realität.
- Fragen, die eine Selbstdarstellung in Relationen und Differenzen fördern, bieten die Basis für Metakommunikation, die ein wesentlicher Aspekt der Selbstreferenz ist. Dadurch wird die Verarbeitungskapazität bzw. Lernfähigkeit eines Systems erhöht. Ein wesentliches Beratungsziel auf der kognitiven Ebene besteht darin, diese Zusammenhänge noch reflektierbar zu machen, das heißt, den Klienten systemische Denkkategorien nahezubringen.

Steuerung durch Erwartungsstrukturen

Die in einem Unternehmen beobachtbaren Handlungen weisen gewisse Regelmäßigkeiten und – erst von daher als solche erkennbar – Besonderheiten,

“Ausreißer”, auf. Interaktionsmuster sind Ausdruck für Ordnung. Dahinterliegende Strukturen schränken die zwischen Handlungen möglichen Relationen ein und erlauben Selbst- und Fremdbeschreibung.

“Mit dem strukturellen Aufbau oder den Lenkungsstrukturen eines Systems sind hier jedoch nicht einfach Organigramme oder etwas Ähnliches gemeint, sondern auch Regeln, Normen, Vorschriften, Organisationsbestimmungen, das Gefüge von Denkvorstellungen, tragende Verhaltensprinzipien, das Machtgefüge, das Beziehungsnetz von Sympathie und Antipathie etc. Struktur und Verhalten sind eng miteinander verkoppelt, das heißt, das Verhalten wird als notwendige Folge der Systemstruktur betrachtet, die Struktur – und dies gilt für soziale Systeme in besonders offensichtlichem Maße – geht aus dem Geschehen und den Ereignissen hervor, die untereinander verbunden sind und auf sich selbst kreisförmig zurückwirken.” (Probst 1985, S. 195)

Strukturen sind also Prämissen, die der Steuerung interner Prozesse dienen. Sie sind generalisierte Verhaltenserwartungen, schränken Möglichkeiten ein, stellen Zusammenhänge zwischen Handeln (Ereignissen) her, machen es damit erst möglich, reproduzieren es.

Mit der internen Strukturierung, also dem Aufbau eigener Regeln zur Informationsverarbeitung bzw. der Sicherstellung von Redundanz, grenzt sich das System von seiner Umwelt ab. An den Rändern der Organisation verlieren viele Erwartungen ihre bindende Wirkung. Grenzstellen (wie zum Beispiel Außendienstmitarbeiter) kommen in typische Rollenkonflikte. Interventionen aus der Umwelt werden eigenen Differenzschemata zufolge gefiltert und nicht unverarbeitet übernommen.

Für Berater stellt sich – ebenso wie für Manager – die Frage, welche Funktionalität die vorzufindenden Differenzierungen des Unternehmens haben. Das läßt sich nur aus einem Vergleich zwischen System und Umwelt annähernd beantworten, da die interne Gliederung (z. B. nach erfolgreichen/erfolglosen Maßnahmen, Zusammengehörigkeit von Kommunikationswegen, Abteilungen, Geschäftsfeldern) das Modell wiedergibt, das die Organisation (als Beobachter) von ihrer Umwelt hat und das anzeigt, wie sich das System in seinem Selbstverständnis von der Außenwelt unterscheidet. Daher ist das Sinnsystem (die Identität) der Unternehmung Bezugspunkt für die Einschätzung der Funktionalität (12).

Zur Verdeutlichung dieser theoretischen Überlegungen soll das folgende verkürzte Beispiel dienen:

In der Geschäftsführung einer großen Firma kommt immer wieder das Thema auf, es sei endlich eine strategische Planung zu konzipieren. Wer auch immer diesen Punkt bringt, ein anderes Mitglied wird ihm entgegenhalten, daß die gegenwärtige ökonomische Situation nicht Konzepte, sondern aktives Auftreten am Markt verlange. Beklagt jemand das geringe Engagement wichtiger Mitarbeitergruppen, so wird ein anderer – durchaus auch jemand, der gegen Planung auftritt – diagnostizieren, daß dies in Anbetracht der mangelhaften Orientierungsmöglichkeiten kein Wunder sei.

Es liegen also beobachtbare Muster vor, Handeln wird erwartbar und hat einen – den Akteuren nicht unbedingt bewußten – regelhaften Ablauf.

Spinnen wir die Geschichte weiter, so ist es durchaus möglich, daß vor dem Hintergrund der ökonomischen Situation Trainer geholt werden, die den Mitarbeitern jene Fähigkeiten beibringen sollen, die den Umsatz und die schlummernde Motivationspotentiale heben können.

In dieser Version ist die Annahme plausibel, daß die Geschäftsführung ein Symptom zum Problem deklariert, das die eigentliche Pattstellung verschleiert. Die Hinwendung auf die Themen der Motivation und Fähigkeiten erspart der obersten Leitung die konfliktreiche Erarbeitung einer Unternehmensstrategie. Daß diese Festlegungen unterbleiben, ist sinnvoll, da die Firma keine klare Identität hat: Die Positionierung am Markt fällt aus vielerlei Gründen schwer, in der Geschäftsführung stehen in absehbarer Zeit massive Veränderungen an. Die von außen (von Mitarbeitern und nicht konkurrierenden Beobachtern) eventuell als unbefriedigend qualifizierte Gleichgewichtssituation wird durch nicht thematisierbare (latente) Strukturen aufrechterhalten, die eine Schutzfunktion haben.

Zieht man aus diesen Annahmen Schlüsse für systemische Beratung, so läßt sich zumindest festhalten:

- Die Veränderung von Systemen setzt die Änderung von Strukturen voraus. Daher hat der Berater die den beobachtbaren Mustern zugrundeliegenden Erwartungen ins Zentrum seiner Aufmerksamkeit zu rücken. Strukturell bedeutsam sind dabei jene Regeln, die Handeln gestalten, das heißt mit normativer Kraft ausgestattet sind.
- Diese Leistung kann nur dann erbracht werden, wenn die Berater bereit sind, die Suche nach den systemtypischen Strukturen nicht ausschließlich an den eigenen Mustern zu orientieren. Damit das wenigstens partiell gelingt, lassen sich für ein Vorgehen nach diesem Ansatz zwei Absicherungen empfehlen: die Arbeit in einem Staff und eine Ausbildung, die den Beratern das nötige Maß an Selbstreflexion ermöglicht.
- Unserer Ansicht nach haben Strukturen immer auch einen latenten Aspekt. Manifeste Themen haben Dimensionen, die den Organisationsmitgliedern nicht bewußt sind und – psychoanalytisch gesprochen – abgewehrt werden; Latenz schützt das System, indem zentrale Aspekte unhinterfragt bleiben: In dem vorherigen Beispiel wird etwa die Macht der Geschäftsführung geschützt, da der bald ausscheidende Vorsitzende die anderen durch ein Denkmal der strategischen Planung nicht binden kann, die Kollegen wiederum seine Initiativen vor dem Mitgliederpublikum nicht einfach übergehen können. Latenz hat also immer auch eine Funktion, die beachtet werden muß.

Aus eigener Erfahrung mit mißlungenen Interventionen wissen wir, daß es für Berater Lernphasen gibt, in denen sie aus Stolz über die eigene Analysefähigkeit oder aus einem aufklärerischen beziehungsweise missionarischen Rollenverständnis latente Dimensionen ansprechen und als Thema durchzusetzen versuchen. Die Reaktionen des Klientensystems richten sich dann auf die Verhinderung befürchteter Veränderungen, von den Beratern werden sie als Widerstand gedeutet. Um Reaktionen als Abwehr zu qualifizieren, bedarf es aber eigener Ziele, die man durchzusetzen trachtet. Aus diesem Blickwinkel betrachtet sind Interventionen auch dann nicht anschlußfähig, wenn sie das System (zum Beispiel durch zutreffende Deutungen) überfordern.

Grenzziehung gegenüber Umwelten

Systeme sind Zusammenhänge und als solche von der Umwelt abgegrenzt. Damit werden Grenzerhaltung und Austausch mit inneren und äußeren Umwelten zu Dauerthemen: Die Komplexität der Welt muß auf ein intern verarbeitetes Maß reduziert werden, und diese Transformationsleistung muß, um überhaupt erbracht werden zu können, latent bleiben. – Bestünde, was auch theoretisch unmöglich ist, in jedem Moment Bewußtheit über die durch Selektion ausgeblendeten Möglichkeiten, kämen Umweltsituationen im Verhältnis 1 : 1 im System wieder, die Orientierungs- und Verarbeitungsleistung wäre gleich Null.

Die Grenzziehung erfolgt mit Hilfe der systemeigenen Struktur. Sie schränkt die zwischen Handlungen zugelassenen Relationen ein, und ihre Komplexität bestimmt die Verarbeitungskapazität einer Organisation (13). Ein hohes Maß an Redundanz bedeutet Gleichförmigkeit, erwartbare Aktionen und Reaktionen, reduziert die Komplexität und hat dank größerer Übersichtlichkeit eine Entlastungsfunktion, die mit einem Verlust an Varietät erkauft wird.

Redundanz läßt sich auf dreierlei Arten herstellen: Entscheidungsprogramme (z. B. Planungskonzepte, Festlegung von Routinen) machen Entscheidungen prognostizierbar – umgekehrt kann man mit der Analyse von Entscheidungen auf dahinterliegende Prämissen schließen und so das Ausmaß (Themenbereiche, soziale Reichweite, Fristigkeit) an programmierten Orientierungen abschätzen. Die Festlegung der Kommunikationswege (des Aktenflusses, der Gesprächsabfolge in Sitzungen etc.) soll sicherstellen, daß je nach Thema die als zuständig erachteten Stellen ihren Standpunkt einbringen. Die Besetzungen von Posten mit Personen, die man kennt, soll die Vorhersehbarkeit von Entscheidungen ermöglichen. So wird über die Kombination von programmatischen, netzwerkartigen und personalen Entscheidungsprämissen – über Aufgaben, Abteilungen und Personen – die Wiederholung bestimmter Ereignisse beziehungsweise Verhaltensweisen wahrscheinlicher –, es entstehen Muster. Entscheidungen werden festgelegt und zwingender verkoppelt.

Die Berührungspunkte und möglichen Austauschprozesse zwischen Organisation und Umwelt werden durch eine Erhöhung der Varietät vielfältiger. So kann zum Beispiel die Entscheidung für eine Zustellung mit firmeneigenen Lastkraftwagen die Frage nach sich ziehen, inwieweit man ins Speditionsgeschäft einsteigen sollte. Die Wahl neuer Geschäftsfelder, das Aufsuchen sogenannter Marktnischen, die Hinwendung zu neuen Kundengruppen setzen vielfältigere Entscheidungen voraus und bedingen sie, machen das System komplizierter und verringern die Redundanz.

In Phasen organisatorischer Umstrukturierung wird ein neues Verhältnis zwischen Varietät und Redundanz gesucht, eine Neubestimmung der System/Umwelt-Beziehungen angepeilt. Die Diagnose außenstehender Berater müßte den Bedarf an Strukturierung und an Reaktionen auf Umweltveränderungen abschätzbar machen. Luhmann (1986, S. 31) kommt zur Feststellung, daß beide Faktoren die Stabilität erhöhen oder vermindern können: "Entscheidend für die Rationalität (wenn dies denn so heißen darf) bleibt, daß das System zu einem Führungswechsel zwischen Redundanz und Varietät befähigt bleibt. Das System sollte demnach gesichert hohe Redundanz auch als Möglichkeit sehen können, sich mehr an Varietät zu leisten; und es sollte umgekehrt Tendenzen zur Auflösung in Adhocratie und nur noch situationsabhängiges Entscheiden als Anlaß zur Straffung – sei es mit programmatischen, netzwerkartigen oder persönlichen Mitteln – auffassen können."

Wir glauben, daß damit ein für systemische Beratung zentrales Feld angesprochen ist:

– Ihre Leistung besteht unter diesem Gesichtspunkt darin, diesen Perspektivenwechsel zu unterstützen. Die vorher erwähnte Zielsetzung, das Lernen sozialer Systeme zu unterstützen, läßt sich mit Hilfe dieser theoretischen Annahmen inhaltlich präzisieren.
– Außerdem bieten die Überlegungen eine Abstützung der Warnungen, strategische Planung könne zu Inflexibilität, zu "strategischer Lähmung" (Roventa/Müller 1981) führen. Die Arbeit an der Formulierung einer Unternehmensidentität und den daraus ableitbaren Plänen greifen wir heraus, weil sie ein Kernstück von Beratungsprozessen sein könnte und darauf abzielt – ganz im Sinne der oben angesprochenen Metakommunikation und Selbstreferenz und in deutlicher Abhebung zu vielen Vorgehensweisen mit diesem Etikett –, die interne Komplexität (zumindest zunächst) zu steigern und die Problemverarbeitungskapazität der Organisation auf einem höheren Niveau zu stabilisieren. Diese "obersten" Entscheidungsprogramme führen unserer Erfahrung zufolge dann weniger leicht zu übergroßer Redundanz, wenn diese Festlegungen in einem nachvollziehbaren Prozeß geschehen, der Varietät zuläßt und nicht auf die Fixierung von Zielgrößen (Marktanteil, Zuwachsraten etc.) fixiert ist. – Diese Forderung nach Prozeßreflexion ist aber nicht mit der (unter 3.2.4. behandelten) Programmatik "geplanten Wandels" gleichzusetzen.
– Das interne Differenzschema Redundanz/Varietät ist auch auf die Klienten/Berater-Beziehung anzuwenden und kann bereits beim Erstkontakt die Hypothesenbildung unterstützen: Ist die Anfrage als Reaktion auf Umweltveränderungen und Ausdruck von Varietät zu sehen, so ist die Wahrscheinlichkeit hoch, daß die Berater als Quelle möglicher Hilfeleistung definiert werden; wird gefordert, die Beziehung bisherigen (eventuell sogar nicht eindeutig abgeschlossenen) Beraterverhältnissen entsprechend zu gestalten, sind legitimatorische Absichten eher zu vermuten als Versuche der Neuformierung des System/Umwelt-Bezuges oder der Selbstanpassung.

Die Bedeutung von Grenzen ist nicht nur von theoretischem Interesse, sondern findet auch in der systemischen Beratung, zum Beispiel in folgenden Überlegungen ihren Niederschlag:

– Wie das Klientensystem zu definieren ist, läßt sich (s. 2.1.) nicht über Personen definieren, sondern über Handlungszusammenhänge. Konkret sitzen dem Beratersystem natürlich Personen gegenüber, die Zusammensetzung dieses Personenkreises ist aber keineswegs von vornherein gegeben oder selbstverständlich. Diesbezügliche Fehleinschätzungen, denen wir öfters unterlegen sind, lassen sich vor

allem auf zwei Momente zurückführen: die Konzentration auf formal wichtige Positionen und Zusammenhänge; die Nichtbeachtung der Abwesenheit von Einflußreichen, die sich der Beratung entziehen und somit eine Metaposition einnehmen, aus der heraus sie über Erfolg und Mißerfolg der Arbeit entscheiden.
- Im Laufe eines Beratungsprozesses wird es von Anfang an immer wieder Versuche geben, die Berater in das System hineinzuziehen. Diese verständlichen Bemühungen zielen darauf ab, das intermediäre System – bestehend aus Interventionen und Kommunikation zwischen den Organisationsmitgliedern – aufzulösen und die Veränderungswirkung abzuschwächen.

Diese "Störversuche" könne von harmlos erscheinenden Fragen oder Ersuchen nach Erklärung der Intervention bis zu Angeboten reichen, sich in der Firma doch stärker zu engagieren oder gar Karriere zu machen. Bei diesem Thema ist darauf hinzuweisen, daß die Wirksamkeit derartiger Klientenstrategien von den Fähigkeiten der Berater abhängen werden, sich selbst als System aufzustellen und die eigenen Grenzen klar darzulegen. Hilfsmittel sind dafür zum Beispiel:
- Hypothesenbildung aufgrund des Erstkontaktes und vor jeder Arbeit mit den Klienten;
- Arbeit in einem Staff, der auch während und zwischen Berater/ Klienten-Begegnungen zusammentritt;
- Neutralität bzw. Distanz zu den Mitgliedern des beratenden Unternehmens;
- Abstände zwischen den Sitzungen, die eine Wirkung der Interventionen im Klientensystem ermöglichen.

Nicht zuletzt ist natürlich auch der Auftrag ein Mittel, das eine Regelung der Erwartungen (und damit der Grenzen) ermöglicht. Das Aushandeln dieses Vertrages ist selbst schon Beratungsthema und sollte vor allem durch Kosten- und Zielaufwand klar definierte Bindungen enthalten. Gewinnen juristische Aspekte besonders hohe Bedeutung, so ist mit derartigen Absicherungsmaßnahmen zu rechnen, daß die Veränderungsbereitschaft im Klientensystem nicht zum Durchbruch kommen wird.

Sinn als Steuerungsinstanz

Versteht man Unternehmen als von der Umwelt abgegrenzte organisierte Zusammenhänge, so stellt sich die Frage, wie sich diese Zusammenhänge ergeben. Handlungen – die Elemente eines Systems – verknüpfen sich und sind einem System zurechenbar durch die sinnhafte Ordnung der Strukturen und Prozesse: Sie bewirken eine systementsprechende Orientierung der Akteure und ermöglichen, daß eine Handlung im System eine Funktion erfüllt. Dieser Orientierungsrahmen läßt bestimmte Handlungsalternativen sinnvoller erscheinen als andere und vermittelt die Möglichkeit, Vorstellungen davon zu gewinnen, welche Effekte und Reaktionen nachfolgen. Handlungen erscheinen (dem Beobachter) erst im Kontext sinnvoll und lassen sich dadurch interpretieren beziehungsweise als Teile von Mustern identifizieren.

Der Sinn einer Organisation hat seine steuernde Wirkung als (selektivierendes) Netzwerk von Selektionsregeln: Umweltzustände werden typisiert, aktuell Gegebenes von Möglichem unterschieden, die Welt wird in einer bestimmten Art und Weise gesehen. Diese sinnbezogene Vorauswahl entsteht in der Zeit, wird also auch durch Überlieferung weitergegeben, bildet sich in Auseinandersetzung mit den (erwarteten und kommunizierten) Erwartungen der Umwelt und bestimmt die interne Differenzierung.

Unternehmen haben zunächst Sinn als Organisationen des Systems Wirtschaft. Im Innenverhältnis stimmen sie die Funktionen ab, die es ihnen möglichen machen, auf Arbeitsmärkten, Gütermärkten etc. als Abnehmer, Lieferanten, Abgaben zahlende Wirtschaftseinheit aufzutreten. Im Austauschverhältnis muß man sich (durch Einhaltung oder Umgehung) an den dort entsprechenden Regeln orientieren. Intern schlägt sich diese Ausrichtung (ebenfalls) in dem Leitprinzip nieder, die erbrachten Funktionen und ihre Abstimmung in Geldeinheiten verrechenbar zu gestalten.

Sinn ist immer auf die Umwelt bezogen, hängt also vom größeren umgebenden Zusammenhang (Kontext) ab. Als Wirtschaftseinheit ist der Betrieb über Geld, Zahlungen, Haben und Nicht-Haben mit der Gesellschaft verkoppelt. Aber daraus ergibt sich noch nicht die Identität etwa eines bestimmten Autoherstellers, der sich von konkurrierenden Unternehmen unterscheidet.

Die Möglichkeiten am – wie auch immer definierten – Markt sind erheblich vielfältiger als die jeweils aktuell realisierten und die geplanten Maßnahmen. Betriebe verdienen auf Märkten, die sie verdienen; es können nur die Chancen wahrgenommen werden, die man wahrnimmt. Und die Positionierung in der Umwelt erfordert Selbstdarstellung und Wahrnehmung durch andere.

Die "Eigenleistung" des Systems besteht in der Entwicklung eigener Werte, Normen und Regeln, die konkretem Handeln Orientierung geben, es erwartbar machen. Die Balancierung dieser Identität ist eine Daueraufgabe und umfaßt die Bemühungen, die eigene Sinngebung mit den Erwartungen der internen und externen Umwelt abzustimmen. Es geht um Grenzerhaltung – die Grenzen sind Sinngrenzen.

Nach außen hin stellt sich eine Organisation dar und versucht das Bild zu prägen, das Lieferanten, Konkurrenten und Abnehmer von ihr haben sollen. So ist zum Beispiel die Erarbeitung einer Corporate Identity als Regie zu verstehen, mit deren Hilfe das Publikum das gespielte Stück im gemeinten Sinn aufnehmen soll (vgl. dazu Weber 1985).

Der Sinn ermöglicht als Ordnungsform menschlichen Erlebens Reduktion von Komplexität und steuert somit die Informationsaufnahme und die Verarbeitung von Handlungen, die erlebt werden. Er drückt sich in Sprache, Mythen und Ritualen aus und steckt hinter den durch Werbung vermittelten Bildern (14). Analog zur Untersuchung von manifesten/latenten Funktionen gehen wir davon aus, daß es auch zwei Sinnebenen gibt. Verborgene Tagesordnungen bei Sitzungen, nichtbewußte Handlungsabsichten und Sinnzuschreibungen durch Beobachter beziehungsweise nicht kommunizierte Interpretation sind einfache Beispiele für eine Ebene der Orientierung, die nicht ausdrücklich benannt werden kann oder soll. Dementsprechend wird eine treffende Deutung von Beratern (als Beobachter) betroffen machen und Abwehr provozieren, da Latenz die Funktion des Strukturschutzes hat (s. dazu auch 2.3).

Für systemisch vorgehende Berater läßt sich aus diesen Überlegungen folgern:

– Die Annahme, soziale Systeme seien sinngesteuert, unterstreicht die Forderung, Unternehmen nicht eine von außen kommende Rationalität oktroyieren zu wollen. Berater haben zuallererst den hinter eingerichteten Strukturen und beobachtbaren Abläufen stehenden Sinn zu verstehen.
– Ergebnisse dieser Deutungsversuche sind Annahmen, die die wesentliche Grundlage für – im Staff auszuarbeitende – Interventionen sind, dem Klientensystem also meist nur indirekt vermittelt werden.
– Eine direkte Arbeit am Sinnsystem eines Unternehmens leisten wir dann, wenn in einem mehere Monate in Anspruch nehmenden Prozeß die Unternehmensidentität rekonstruiert wird (s. dazu 2.2). Die Berater moderieren dabei die Reflexion der von der Unternehmensleitung und von wichtig erachteten Mitarbeitergruppen als zentral angesehenen Werte und Normen, die sowohl das Innenverhältnis prägen als auch die Positionierung in der Umwelt beeinflussen. Unserem Konzept zufolge geht es dabei zunächst um das Herausarbeiten der Differenzschemata, die die Grundlage der Wahrnehmung innerer und äußerer Umwelt bilden: So wird zum Beispiel untersucht, wie Zielgruppen definiert werden, wodurch Kunden von Nichtkunden unterschieden werden und welche Raster die Unterscheidung von Kundengruppen leiten. In weiterer Folge lassen sich daraus Informationssammlung und -analyse organisieren, neue Sichtweisen erarbeiten und daraus resultierende Vorgehensweisen ableiten. Insgesamt wird also Unternehmensidentität als eine Beschreibung wichtiger – über längere Zeiträume konstant zu haltender – Relationen zwischen Unternehmen und relevanten Umwelten herausgearbeitet, die natürlich auch die interne Strukturierung prägt. Der Prozeß richtet sich aber nicht nur in die Zukunft, sondern hat auch retrospektive Rationalität: "Ein großer Teil der Sinngebung … kann verstanden werden als das Schreiben von plausiblen Rechenschaftsberichten, Geschichten und Sequenzen für die Gestaltung. Mehrdeutigkeit wird beseitigt, wenn die Gestaltung mit einer Geschichte beliefert wird, welche sie hervorgebracht haben könnte" (Weick 1985, S. 278).

Steuerung durch Widersprüche und Veränderung

Die Arbeit an der Rekonstruktion des Sinns sozialer Systeme trägt die Tendenz in sich, die Geschichte zu glätten und das Unternehmen gleichsam stromlinienförmig auf eine planbare Zukunft auszurichten. Führt ein derartiger Prozeß zu solchen Vorstellungen, so wurde verkannt, daß jeder Sinn widerspruchsfähig ist (Luhmann 1984, S. 494), jedes System sehr widersprüchliche Erwartungen an das Handeln stellt: Die Mitarbeiter sollen kreativ sein, aber mitdenken; sie sollen sich an feste Arbeitsregeln halten und zugleich ihr Potential an Fähigkeiten mobilisieren; der Betrieb muß wachsen oder gar neue Märkte erobern und trotzdem abgesichert sein.

Daß Unternehmen als ausschließlich an widerspruchsfreien Zwecken orientierte Zusammenschlüsse anzusehen sind, ist auch schon deshalb nicht aufrechtzuerhalten, weil die interne Differenzierung (zum Beispiel nach Linie/ Stab) Differenzen, widersprüchliche Erwartungen, Selektionen und Informationsverarbeitungen voraussetzt und bedingt (s. dazu Titscher/Königswieser 1987).

Widersprüche haben zwar eine warnende, alarmierende Funktion und dienen als "Immunsystem" (Luhmann 1984, zum Beispiel S. 506), sie werden aber üblicherweise als unlogisch und schlecht bezeichnet und zu unterdrücken versucht. Kein Wunder, daß Grenzstellen (Kellner, Außendienstmitarbeiter etc.) und Vorgesetzte mit der Aufgabe betraut werden, sie zu begradigen oder auszubalancieren:

"Für abgestimmtes Handeln in Organisationen muß man sich aufeinander verlassen und aus der Gegenwart in die Zukunft extrapolieren können. Dies bedeutet, daß handlungsbestimmende Regeln, Werte, Einstellungen, Strukturen erhalten und verankert werden müssen. Konstanz, Stabilität, Tradition schaffen Verhaltenssicherheit und Transparenz – aber sie gefährden dann Bestand und Entwicklung, wenn Menschen und Umwelten sich ändern und das Festhalten am Bewährten zur Verkrustung führt und zur Anpassung unfähig macht. Deshalb ist es gleichzeitige Aufgabe des Vorgesetzten, zu erneuern, Veränderungen auch gegen Widerstand durchzusetzen und Entwicklungen einzuleiten, die Bestehendes entwerten – ganz im Sinne der Maxime der schöpferischen Zerstörung, die Schumpeter für den kapitalistischen Unternehmer geprägt hat" (Neuberger 1984, S. 54).

Aus dem Zitat geht auch der enge Zusammenhang zwischen Widersprüchen, Krisen und Veränderungen hervor: Einerseits erfordert die Existenz unvereinbarer Erwartungen ständige Anpassungsleistungen, andererseits können diese Modifikationen die Anpassungsfähigkeit beeinträchtigen und Wendepunkte (Krisen) herbeiführen, die einen tiefgreifenden Wandel erforderlich machen. Diese Behauptung faßt folgende Annahmen zusammen:

- Die Veränderung von Handlungsweisen (Systemelementen, die nur eine punktuelle Existenz haben) allein bedeutet noch keine dauerhafte Zustandsänderung des Systems.
- Eine Organisation ändert sich, wenn die handlungsleitenden Strukturen neu formiert werden. Lernen höherer Ordnung (s. Bateson 1981, S. 234 f.) erfordert die Umstrukturierung von Relationen, die Änderung von Erwartungen.
- Derartige Situationen ergeben sich – folgt man der Leitdifferenz System/Umwelt – dann, wenn die Diskrepanzen zwischen Betrieb und Mitarbeitern beziehungsweise Außenwelt nicht mehr verarbeitet werden können, wenn Ko-Evolution blockiert ist.
- In Krisensituationen zeigt sich, ob das System in der Lage ist, zur Bewältigung neue Regeln auszuarbeiten, oder ob es mit alten Mustern eine Veränderung der Struktur zu verhindern sucht.

- Krisenbewältigung erfordert auch eine Neuverteilung der Rollen. Im kreativen Fall beinhaltet dieser Prozeß Phasen von Versuch und Irrtum; überwiegen Machtinteressen, so ergeben sich Phasen von Versuch und Niederlage.

Zur Unterscheidung der angesprochenen Arten von Veränderung wird häufig die von Ashby eingeführte Bezeichnung herangezogen:

- Ein Wandel erster Ordnung gleicht Abweichungen aus, ermöglicht die Anpassung an wenig turbulente Umwelten. Vermehrte Redundanz ohne Ausweitung der Varietät (s. 2.4) ist eine entsprechende Strategie.
- Die Veränderung zweiter Ordnung bedeutet Strukturwandel: Sie gründet sich auf positive, die Abweichung verstärkende Regelkreise, ist nicht linear und hat qualitative Umformungen zur Folge. Diese Strategie erfordert Lernen und meist auch (nachträgliche) Reflexion eingelebter oder tradierter Problemlösungsmuster (vlg. 2.2), also "Sinneswandel".

Wie auch aus der tabellarischen Zusammenfassung in Abschnitt 3.3 hervorgeht, ist die Einstellung zur Veränderungen einer der Punkte, in dem sich systemische Beratung am stärksten von anderen Ansätzen unterscheidet:

- Externe Unterstützung wird meist in Krisensituationen herangezogen. Ob das System lernen kann – Umweltereignisse und Beraterinterventionen zum Anlaß für Strukturgewinn nimmt –, wird wesentlich von der Konstellation bzw. Entwicklung der widersprüchlichen Kräfteverhältnisse abhängen. Aus Erfahrung weiß man (vgl. dazu auch Selvini-Palazzoli 1984), daß Berater häufig von jenen geholt werden, die im Prozeß der Neuformierung von Rollen einen Machtverlust befürchten.
- Sieht man die positive Funktion von Widersprüchen und ihre Notwendigkeit, so läßt sich – zusammen mit den vorherigen Feststellungen – daraus für Berater folgern, daß sie sich nicht auf eine Seite des Widerspruchs setzen sollen und ihre Unterstützung vor allem in Angeboten zu liegen hat, die ein Deblockieren der Relationen ermöglichen.
- Die hinter diesen Empfehlungen stehende Haltung läßt sich auch aus den vorangegangenen theoretischen Annahmen ableiten: In jedem System gibt es zugleich verändernde und auf Strukturbewahrung gerichtete Erwartungen. Jeder Berater tritt von außen an ein Unternehmen heran und beobachtet die darin ablaufenden Handlungen mit seiner Rationalität. Daß er andere Differenzierungs- bzw. Wahrnehmungsraster hat, befähigt ihn zur Hilfe und grenzt auch seine Möglichkeiten ein: Keiner kann die Folgen von Veränderungen und ihre Sinnhaftigkeit für die Organisation exakt abschätzen. Hinzu kommt noch, daß Selbstreproduktion auch die Implikation hat, daß ein Strukturwandel nur systemeigenen Prozessen folgen kann. Ein systemisch orientierter Berater wird daher Angebote machen, die Vor- und Nachteile des Status quo und mögliche Arten des Wandels anzuschauen, er wird aber nicht auf Veränderungen drängen.

– Diese Grundgedanken finden auch in konkreten Interventionsstrategien ihren Niederschlag. Am deutlichsten zeigt sich dies in der bei Therapeuten weitverbreiteten paradoxen Intervention, die hier kurz skizziert werden soll (s. dazu Simon/Stierlin 1984, S. 267 ff.). Diese zum Beispiel als Symptombeschreibung angewendete Technik unterstreicht die positive Funktion einer im Klientensystem bisher ausschließlich negativ bewerteten Verhaltensweise. Mit dieser Umformulierung erscheinen Störungen in einem neuen Licht; außerdem wird es kaum möglich, Widerstand zu leisten, ohne das Symptom beizubehalten: Vom Berater wird erwartet, daß er Veränderungen vorschreibt, er vertritt aber eine Gegenposition, konfrontiert die Klienten mit einem Gegenparadoxon und zwingt sie damit, die Verantwortung für Beibehaltung oder Veränderung des als problematisch bezeichneten Zustandes selbst zu übernehmen. Werden diese Maßnahmen als Aufträge formuliert, so wird damit der Überzeugung systemischer Berater Rechnung getragen, daß ein möglicher Wandel außerhalb der Beratung stattfindet. In der auf die Verschreibung folgenden Sitzung können dann erste Reaktionen beobachtet werden. Solche Interventionen sind also immer auch operationalisierte Hypothesen und werden daher zur Überprüfung der Beraterannahmen eingesetzt.

Systemische Beratung im Vergleich zu anderen Ansätzen

Zielsetzung dieses Kapitels ist es, systemische Beratung in Relation zu anderen "idealtypischen Beratungsansätzen" darzustellen und damit deutlicher zu machen. Wir stellen diese Ansätze und ihre Relationen im Kontext zu den vorangegangenen Ausführungen dar, reduzieren also die vergleichende Übersicht – eben auf die Basis dieses Modells.

Es gibt in der Praxis eine derartige Fülle verschiedener Beratungsansätze einzelner Berater beziehungsweise Beratungsorganisationen, daß jede Typisierung sicherlich keine unzulässige Reduktion darstellt. Dazu kommt noch, daß für viele Berater die Diskussion über den theoretischen Zugang gar kein explizites Thema darstellt und auch zwischen Beratungstheorien und dem praktischen Handeln beträchtliche Differenzen liegen.

Wir gehen davon aus, daß keiner der hier unterschiedenen vier idealtypischen Beratungsansätze beziehungsweise die systemische Beratung besser oder schlechter, mehr oder weniger wert ist, sondern daß je nach Situation des Klientensystems und je nach Möglichkeiten der Berater der passende auszuwählen ist. Welcher der verschiedenen Zugänge dem System entspricht, wird vorwiegend von dessen Erwartungen abhängen. Die Wahrscheinlichkeit, den funktional "richtigen" Ansatz zu benutzen, steigt sicherlich mit dem erhöhten Bewußtsein über die jeweiligen Gemeinsamkeiten beziehungsweise Unterschiede der Ansätze. Wir haben trotz dieser Schwierigkeiten versucht, fünf "idealtypische" Beratungsansätze herauszudestillieren. Als Basis dazu haben wir unsere persönlichen Erfahrungen mit Unternehmensberatungen reflektiert, Selbstdarstellungen von ca. 100 Beratungsfirmen aus Österreich, Deutschland, der Schweiz und multinationalen Beratungsunternehmen durchgesehen sowie entsprechende Literatur herangezogen.

Kriterien für die Differenzierung der Ansätze

In der Literatur wird eine Vielzahl von unterschiedlichen Beratungsansätzen bzw. -typologien herausgearbeitet (15). Die folgende Auswahl soll einen Eindruck von der uneinheitlichen Sichtweise vermitteln.

Szyperski/Klaile (1983) unterscheiden für ihre Typisierung von Klientenerwartungen folgende Beraterrollen:

- Informationslieferant,
- Problemlöser,
- Katalysator,
- Trainer.

Einen Literaturüberblick über Aktorenkonzepte aus der Sicht des geplanten Wandels geben Kirsch u.a. (1979). Sie erwähnen zum Beispiel den Change Agent und Change Catalyst, den Pacemaker, den Interventionist, die Promotoren und Opponenten, die Garanten und den Projektmanager.

Wohlgemuth (1982) unterscheidet aus der Sicht der Organisationsentwicklung: Feuerwehrmann, Arzt, neutralen Dritten, Prozeßberater, Interventionist und Promotor.

Erwartungen an den Berater beziehungsweise an das Beratersystem durch den Klienten sollen hier anhand der Auflistung von Scharen (1977) aufgezeigt werden:

- Analysefähigkeit, das heißt Fähigkeit zur Problemexplikation und Lösung;
- Umfassende Sachkompetenz, das heißt Zugriff auf das zur Problemlösung notwendige methodische Know-how (inhaltlich und sozial);
- Erfahrungen aus früheren gleichen oder ähnlichen Beratungsfällen;
- Anbieten von "maßgeschneiderten" – das heißt auf die spezifische Beratungssituation zugeschnittenen – Lösungen;
- verständliche Sprache;
- Unvoreingenommenheit, Neutralität;
- Bereitschaft, auch auf unbequeme Wahrheiten hinzuweisen und diese zu diskutieren;
- Vertrauenswürdigkeit, Verantwortungsbewußtsein, Diskretion.

Die Gemeinsamkeiten und Unterschiede zwischen den verschiedenen Beratungsansätzen wollen wir anhand der folgenden Kriterien herausarbeiten:

1) Grundannahmen und -haltungen des Beraters, Beraterteams, Beratersystems
   a) Weltbild
   b) Organisatonstheorie, -modell

c) Werte, Normen (charakteristische Werte und Normen, Umgang mit dem Widerspruch verändern/nicht verändern, wo findet die Veränderungsarbeit statt)

2) Relation zwischen Klientensystem und Berater, Beraterteam, Beratersystem
   a) zeitlich (Beratungsbeginn, Beratungsdauer, Beratungsfrequenz)
   b) sozial (Rollen/Erwartungen, Abgrenzung zwischen Klientensystem und Beratersystem)
   c) inhaltlich (Beraterkompetenz, Umgang mit Problemen des Kunden)

3) Beratungsfeld
   a) Beratungsobjekt
   b) Beratungsinhalte
   c) Stellenwert von Ist-Zustand, Diagnose
   d) manifeste/latente Ebene
   e) Kontexte

Besonders klärungsbedürftig erscheint uns Punkt 1a): Ein zentraler Unterschied zwischen systemischer Beratung und den von uns definierten idealtypischen Beratungsansätzen liegt in den implizit bzw. explizit angenommenen Weltbildern. Je nach konstruktivistischen, mechanistischen oder systemischen Grundannahmen ergeben sich völlig verschiedene Organisations-, Beratungstheorien und Beratungshaltungen (Werte, Normen). Für Anhänger des mechanistischen Weltbildes wird das Problem des Managers, des Gestaltens und Lenkens sozialer Systeme, um gewünschte Zustände zu erreichen und unerwünschte zu vermeiden, zu einer Aufgabe der internen Optimierung (Gewinnmaximierung, Investitionsrechnung, Operations Research sind Beispiele dafür). Hat man eine systemisch-evolutionäre Sichtweise verinnerlicht, so stellt sich die Herausforderung als Balancieren dar. Dann geht es nicht um die Konstruktion widerspruchsloser Zielsysteme, sondern um die Anerkennung notwendigerweise widersprüchlicher Handlungen beziehungsweise Erwartungen und die Balance zwischen System und Umwelt (vgl. dazu Malik 1984, S. 25).

Eine Typologie von Beratung

Anhand dieser Differenzierungskriterien ergeben sich unserer Erfahrung zufolge – die allerdings nicht durch eine empirische Untersuchung abgesichert ist – folgende fünf Cluster, die wir als idealtypische Beratungsansätze bezeichnen:

- Gutachten,
- Manager bzw. Spezialist auf Zeit (Fachberatung 1),
- prozeßorientierte Fachberatung (Fachberatung 2),
- Organisationsentwicklung,
- systemische Beratung (die im vorangegangenen Kapitel charakterisiert wurde).

Gutachten

Vom Gutachter wird verlangt – und in der Regel nimmt er das auch für sich in Anspruch –, unparteiisch, das heißt sachlich objektiv, emotional neutral und formal korrekt, uneigennützig und kollektiv orientiert, allein mit Hilfe seines Fachwissens und technischer Mittel und lediglich auf einen Ausschnitt der Problemstellung konzentriert, zur Lösung von Handlungs- und Interessenskonflikten beizutragen, auf deren Optimierung er weder Einfluß nehmen kann noch soll (Haubl/Pleimes 1984). Ein Gutachten hat die Funktion, die Zustände und Möglichkeiten einer Organisation (Klientensystem) innerhalb eines Fachgebietes als Legitimationsfunktion nach innen beziehungsweise außen zu bewerten.

So wurde etwa ein Großbetrieb daraufhin untersucht, ob seine funktionale Vorstandsstruktur den heutigen internationalen Erfordernissen angepaßt sei. Ein Mittelbetrieb holte ein Gutachten ein, ob seine EDV-Konfiguration noch zeitgemäß sei.

Der Gutachter wird entweder vom Klientensystem selbst, aber auch häufig von Systemumwelten beauftragt, wie zum Beispiel Aufsichtsrat, Betriebsrat. Der Gutachter muß von den relevanten Umwelten (z. B. Aufsichtsrat, Eigentümer, Manager) als Sachverständiger anerkannt sein, damit seine Arbeit Wirkung erzielen kann. Eine charakteristische Werthaltung des Gutachters liegt in der Annahme, daß es eine Wahrheit gibt, die von außen feststellbar ist. Der Gutachter achtet strikt darauf, über seine Tätigkeit zur Informationsgewinnung hinaus, nicht mit dem System in Interaktion zu treten. Das Ergebnis dieser spezifischen Form der Beratung ist ein schriftlicher Bericht, der eine klare Stellungnahme beinhaltet und als Hilfsmittel zur Vorbereitung eines Entscheidungsprozesses dient (vgl. Eichhorn 1985, S. 409). Die Entscheidung, was mit dieser Stellungnahme geschehen solle, liegt allein beim Klientensystem, da der Gutachter mit der Abgabe und Erklärung des Gutachtens seine Tätigkeit beendet hat. Sofern Veränderungsarbeit zu leisten ist, ist sie mit dem bestehenden Muster des Systems durchzuführen. In Selbstdarstellungen von Beratern kommt diese Leistung zum Beispiel in folgender Formulierung zum Ausdruck:

"... Möglichkeiten im Sinne von Kosten-Einsparen aufzeigen. Ich bin dabei kein Ersatz für den Unternehmer und treffe auch keine Entscheidungen."

Manager bzw. Spezialist auf Zeit (Fachberatung 1)

Der Berater ist persönlich kompetent und verantwortlich für die Lösung eines durch den Auftraggeber genau definierten Problems. Häufig ist der Auftraggeber nicht Mitglied des zu beratenden Systems bzw. Subsystems.

Zum Beispiel beauftragte eine Bank einen Berater als Krisenmanager für sechs Monate zur Sanierung eines Mittelbetriebes. Es gibt Designer, die für ein geringeres Basishonorar aber für eine zusätzliche Erfolgsbeteiligung am Umsatz an den von ihnen entwickelten Produkten arbeiten.

Der Berater übernimmt die volle Verantwortung, daß Veränderung geschieht und in welcher Form sie von sich geht. Die Veränderungsarbeit wird durch ihn selbst geleistet oder durch ihn gemanagt. Dem Berater wird höhere Fachkompetenz als die im System vorhandene zugesprochen und zusätzlich wird auch Durchsetzungsvermögen von ihm erwartet: "Die Literatur zur Unternehmensberatung weist an zahlreichen Stellen darauf hin, daß die Konsultation eines externen

Beraters in besonderem Maße dann ratsam sei, wenn es der Unternehmung an Fachwissen fehlte, um ein anstehendes Problem aus eigener Kraft zu lösen" (Klein 1974, S. 9). Die Vertragsgestaltung paßt sich dieser Aufgabenstellung an, indem es Pauschalhonorare, aber fallweise auch erfolgsabhängige Anteile bei der Honorarfestlegung gibt. Der Klient kann erwarten, daß sein Problem durch den Berater persönlich gelöst wird. Beispiele aus Selbstdarstellungen von Beratungsunternehmen:

– Unsere Aufgabe ist die Lösung Ihrer Probleme.
– Wir beweisen Ihnen, daß Sie mit uns mehr Geld verdienen können.
– Betrachten Sie uns einfach als spezialisierte externe Mitarbeiter, wie es Ihr Rechtsanwalt oder Steuerberater ist.

Prozeßorientierte Fachberatung (Fachberatung 2)

Dieser Beratungsansatz versteht Organisation als sozio-technisches System. Er geht von einem Modell aus, das Fach- und Prozeßebene bewußt auseinanderhält. Der Fachberater wird als Experte für bestimmte Themen geholt, dem man höhere Kompetenzen als den intern vorhandenen zuspricht. Zusätzlich wird jedoch großes Augenmerk darauf gelegt, daß die Mitarbeiter, die nach dem Ausscheiden des Beraters mit den Veränderungen leben müssen, auch motiviert sind, diese aufrechtzuerhalten. Es ist daher für den Berater wichtig, über den Fachinput hinaus, die Veränderungsprozesse so zu gestalten, daß aus den durch die neuen Gegebenheiten "Betroffenen Beiteiligte werden". Das erfordert vom Berater spezifische Kompetenz zur Gestaltung dieser Prozesse. Die Veränderungarbeit erfolgt durch das Erstellen von Expertisen durch den Berater, fallweise gemeinsam mit dem Klientensystem, die Auseinandersetzung über die Expertise und deren Realisierung, auf jeden Fall gemeinsam mit dem Klientensystem – wobei vom Berater die Bereitschaft erwartet wird, seine Meinung in einem gewissen Ausmaß der Originalität des Unternehmens anzupassen.

Als Beispiel könnte man die Einführung eines strategischen Planungssystems in einem Unternehmen anführen. Der Fachberater stellt erfolgreiche, in der Praxis bewährte Planungssysteme (Elemente, Prozesse, Inhalte) vor. Nach einer Phase der Begriffsdefinition und nach dem Aufbau eines gemeinsamen Verständnisses von strategischer Planung wird durch den Berater und ein internes Projektteam ein für dieses Unternehmen adäquates Planungssystem aufgebaut.

Die Gewichtung zwischen Experteninput und Prozeßberatung kann je nach Aufgabenstellung und Beratervorstellung über Prozeßberatung (Mensch als zu motivierender Produktionsfaktor, Organisationsentwicklung, systemische Sichtweise) stark variieren. Dazu ein Beleg aus Selbstdarstellungen von Beratungsunternehmen:

"Wir organisieren die interne Arbeitsform, leiten und steuern die Zusammenarbeit am Projekt sowie die Realisierung der als richtig erkannten Maßnahmen. Wir helfen Ihnen nicht mit Gutachten oder Einzelvorschlägen."

Organisationsentwicklung (OE)

Organisationsentwicklung ist ein mittlerweile häufig gebrauchter Ausdruck, der jedoch in der Praxis bei sehr verschiedenartigen Vorgehensweisen verwendet wird. Die Spanne reicht von ausbildungsorientierten Workshops bis zu groß angelegten Strukturreorganisationsprojekten von Unternehmen. Schwierig ist auch, daß der vielfach erhobene Einwand, es gebe keine Theorie der OE, unserer Meinung nach zutreffend ist, so daß es auch von dieser Seite her problematisch ist, den idealtypischen Ansatz der OE herauszufiltern. Ziele der Organisationsentwicklung werden auf zwei Ebenen definiert (Kubicek u.a. 1979):

Organisationale Ziele:
- Innovationsfähigkeit,
- Anpassungsfähigkeit,
- Effektivität.

Individuelle Ziele:
- Humanisierung der Arbeit,
- Autonomie,
- Selbstverwirklichung.

Eine zentrale Grundannahme der OE besteht darin, daß Effizienz und Humanität positiv korrelieren, wobei versucht wird, über Gestaltung humaner Arbeitsbedingungen die betriebliche Effizienz zu erhöhen. Luhmann (1984, S. 486) drückt dies folgendermaßen kritisch aus: "Im übrigen versteht man unter OE etwas ganz anderes, als der Ausdruck erwarten lassen könnte – nämlich eine Zeit in Anspruch nehmende, sozialpsychologisch durchdachte Anpassung des Personals an die Erfordernisse der Organisation."

Man kann Organisationsentwicklung auch als geschichtliche Reaktion auf den tayloristischen Ansatz – im Sinne einer "Vermenschlichung der Organisation" – sehen, der den Menschen in den Mittelpunkt der Betrachtung und Intervention setzt. Wir möchten den hier angenommenen Beratungsansatz der OE wie folgt definieren:

- Zielsetzung der OE ist es, geplanten Wandel in der Organisation zu ermöglichen, so daß verschüttete humane Ressourcen zur Erhöhung der betrieblichen Effizienz frei werden und gleichzeitig das individuelle Wohlbefinden der Organisationsmitglieder steigt.
- Die OE-Berater fühlen sich für die Prozeßgestaltung des geplanten Wandels verantwortlich, wobei sie das pädagogische Konzept verfolgen, die im Unternehmen tätigen Menschen so weit zu bringen, daß diese nach einiger Zeit – unabhängig von den Beratern – selbst derartige Prozesse planen und steuern können.
- Geplanter Wandel hat auf der personalen Ebene – im Sinne von Verhaltens- und Einstellungsänderungen – und auf der strukturellen Ebene (Aufbauorganisation, Vorschriften etc.) zu erfolgen. Durch die Gleichgewichtung der strukturellen Ebene unterscheidet sich unser "idealtypischer OE-Beratungsansatz" sehr stark von der Mehrheit der OE-Praktiker, die den personalen Ansatz stärker betonen.
- Die Berater sind Experten für die Gestaltung der Veränderungsprozesse, wobei sie von der Annahme ausgehen, daß im Unternehmen Fach-Know-how ausreichend vorhanden sei und durch Veränderungsprozesse stärker als bisher wirksam werden sollte. Der OE-Berater bringt daher kein Fachinput ein.
- Veränderungsarbeit findet im wesentlichen in Workshops und Trainings gemeinsam mit den Beratern statt.

– Wesentliche Werthaltungen des OE-Beraters sind:
  • Es ist möglich, Unternehmens- und Mitarbeiterziele auf einen Nenner zu bringen.
  • Partizipation ist ein Grundwert, der auf jeden Fall im Unternehmen zu verstärken ist.
  • Die zu bearbeitenden Widersprüche sind: Individuum-Gruppe-Organisation, Humanität-Effizienz.

Ein Unternehmen erarbeitete im Rahmen seiner strategischen Planung gewisse Basistrategien, bezogen auf Marktposition, Stellung gegenüber Lieferanten, Produktion etc. Auf der gleichen Ebene der strategischen Planung wurde auch OE als eine Basisstrategie entschieden und ein Beratungsunternehmen zur Realisierung dieser Strategie beauftragt. In einem über sechs Jahre laufenden Projekt wurden Veränderungsprozesse auf struktureller und personeller Ebene konkret durchgeführt und gleichzeitig das Unternehmen gelehrt, solche Prozesse in Zukunft selbständig durchzuführen. Die Arbeit der Beratung bestand in der Unterstützung der Gestaltung dieser Veränderungsprozesse – sowohl im Rahmen der Jahresplanung (makro) als auch bei der Durchführung von Workshops und Besprechungen (mikro). Als flankierende Maßnahme wurden von den Beratern Trainings durchgeführt (z. B. Arbeits- und Besprechungstechnik, Konflikt, Moderation).

Möglichkeiten und Grenzen systemischer Unternehmensberatung

Aus den in Kapitel 2 angestellten Überlegungen läßt sich ableiten, daß dieser – in der Unternehmensberatung bisher kaum vertretene – Ansatz nur dann sinnvoll ist, wenn die Problemlage eine Arbeit an den für die Organisation typischen Handlungsmustern erforderlich macht und die System/Umwelt-Differenz als Leitdifferenz gewählt werden kann. Eine genauere Spezifizierung ergibt sich aus dem Vergleich mit den vorher unterschiedenen Beratungsansätzen. Wir meinen, daß systemische Unternehmensberatung dann nicht angebracht ist:

– wenn die Unterstützung ausschließlich der Legitimation anstehender oder bereits getroffener Entscheidungen dienen soll oder
– Manager auf Zeit bzw. Krisenmanager nötig sind;
– wenn ein klar definiertes fachliches Defizit behoben werden soll oder
– bestimmte Organisationsvorstellungen, Verfahren oder Instrumente vom Berater zu realisieren oder durchzusetzen sind.

Unserer Erfahrung zufolge ist aber allein schon für die Diagnose derartiger Problemlagen systemorientiertes Denken hilfreich.

Unterschiede und Gemeinsamkeiten der Beratungsansätze

Die Charakterisierung der fünf Beratungsansätze anhand der Differenzierungskriterien ist in nachstehender Tabelle "Charakterisierung der fünf Beratungsansätze anhand der Differenzierungskriterien" stichwortartig zusammengefaßt.

<table>
<tr><th>1. Grundannahme und Grundhaltung des Beraters bzw. BS</th><th>Gutachten</th><th>Fachberatung 1</th><th>Fachberatung 2</th><th>OE</th><th>systemische Beratung</th></tr>
<tr><td rowspan="2">1.1 Weltbild</td><td colspan="4">mechanistisch, konstruktivistisch
linear, Ziel-Mittel, Ursache-Wirkung</td><td rowspan="2">systemisch-evolutionär</td></tr>
<tr><td></td><td></td><td></td><td>geschichtliche Reaktion auf tayloristischen Ansatz ("Vermenschlichung" der Org.)</td></tr>
<tr><td rowspan="4">1.2 Organisationstheoriemodell</td><td colspan="2">Das Unternehmen hat eine Organisation</td><td colspan="2">Organisation ist ein sozio-techn. System</td><td rowspan="4">soziale Systeme gestalten sich autopoietisch. Wechselwirkung System-Systemumwelt

Organisation als soziale Handlungssysteme bezogen auf Sinn

Mensch als relevante innere Umwelt. Handlungen im Mittelpunkt der Betrachtung</td></tr>
<tr><td colspan="3">Organisation ist zweckgerichtetes Instrument
Betriebswissenschaftliche Rationalität hat Priorität</td><td>stimmt auch latent bei OE</td></tr>
<tr><td></td><td></td><td></td><td rowspan="2">Mensch ist in der Org.

Mensch als wichtigstes Element d. Org. betrachtet</td></tr>
<tr><td colspan="2">Produktionsfaktoren: Mensch, Maschine, Material</td><td></td></tr>
</table>

1. Grundannahme und Grundhaltung des Beraters bzw. BS	Gutachten	Fachberatung 1	Fachberatung 2	OE	systemische Beratung
1.3 *Werte, Normen* 1.3.1 Charakteristische Werte, Normen	es gibt eine absolute Wahrheit ↓ Das Klientensystem muß sich selbst entscheiden, was damit geschieht	↓ der Berater hat sie durchzusetzen	↓ Der Berater hat sie gemeinsam mit dem Klientensystem an das Unternehmen anzupassen	geplanter Wandel ist möglich Grundannahme: positive Korrelation zwischen Humanität und Effizienz Partizipation als Selbstwert in das Unternehmen hineinbringen Unternehmens- und Mitarbeiterziele, -bedürfnisse, -ängste usw. auf einen gemeinsamen Nenner bringen	Identitätsbestimmung und Del. von Funktionsfähigkeit ist Sache d. Klientensystem selbst Alles hat seine Funktion in Relation zum Sinn Persönliche Bedürfnisse, Ängste usw. von Mitarbeitern werden als Pradispositionen für Handlungsmöglichkeiten angesehen Nicht für die Veränderung von Personen zuständig
1.3.2 Umgang mit Widerspruch verändern/nicht verändern	liegt beim Klientensystem, aber klare Empfehlung in Form des Gutachtens	Berater ist für Veränderung zuständig und verantwortlich	Berater ist für den Veränderungsvorschlag verantwortlich. Realisierung liegt beim KS, wobei Berater versucht, Veränderung durch entsprechende Prozeßgestaltung, -unterstützung zu fördern	Berater, Beraterteam ist für Prozeßgestaltung für den geplanten Wandel verantwortlich Inhalte des geplanten Wandels liegen beim Klientensystem	Berater öffnet Widersprüche bzgl. verändern/nicht verändern von Handlungsmustern. Das Klientensystem trifft Entscheidung
1.3.3 Wo findet Veränderungsarbeit statt	im Klientensystem allein	mit und durch den Berater	gemeinsam beim Zusammentreffen von Berater, -team und Klientensystem		ohne Beratersystem (gibt nur den Impuls). Ob neue Handlungsmuster entstehen, läßt sich nur im “Alltag” feststellen.

2. Relation Berater, -team, BS ↔ KS	Gutachten	Fachberatung 1	Fachberatung 2	OE	systemische Beratung
2.1 *Zeitlich* Beratungsbeginn	Beratung beginnt mit Auftragserteilung				Beratung beginnt mit Erstkontakt (Anfang liegt schon vor 1. Kontakt)
Beratungsdauer	Projektmäßig festgelegt	bzw. Berater auf Zeit		langfristiger Entwicklungsprozeß In der Praxis dauern OE-Projekte 3-6 Jahre	Projektmäßig festgelegt In der Praxis dauern diese Projekte 0,5-2 Jahre
Beratungsfrequenz	sehr intensiv		mittel	mittel	gering
2.2 *Sozial* Rollen/Erwartungen	Gutachter (muß von relevanten Umwelten als Gutachter anerkannt sein, z.B. Eigentümer, Mitarbeiter) strenge Trennung von Gutachter + KS	Spezialist, Manager auf Zeit ↓ nach mir/uns ist das Problem gelöst In Machtstruktur des Klientensystems eingebunden	Experte, der aus "Betroffenen" Beteiligte macht ↓ Entstehung eines neuen Subsystems (Berater + KS) zur Problemlösung gemeinsames Erarbeiten von Problemlösungen	change agent Hilfe zur Selbsthilfe Berater, -team bleiben vom KS getrennt, suchen aber Anschlußpunkte (interne change agents, Machthaber)	Prozeßbegleiter eines Entwicklungsvorganges, der verantwortlich ist, daß er stattfindet und vom System selbst gestaltet wird. BS + KS sind *zwei* Systeme, die streng getrennt bleiben. jedoch für gemeinsames Lernen ein (intermediäres) System bilden. Beratersystem muß selbst ein stabiles Sytem sein (Qualifikation d. Beratersystems ist mehr als die der einzelnen Berater

2. Relation Berater, -team, BS ↔ KS	**Gutachten**	**Fachberatung 1**	**Fachberatung 2**	**OE**	**systemische Beratung**
2.3 *Inhaltlich* Kompetenz des Beraters	Berater sind externe Quellen, denen man andere bzw. höhere *Fachkompetenz* als die der vorhandenen Ressourcen zuspricht	+ Durchsetzungs-kompetenz	+ Prozeßkompetenz	geplanten Wandel als permanenten Prozeß im Unternehmen zu installieren	dem KS die Möglichkeit zu einem Wandel 2. Ordnung anzubieten (Entscheidung liegt bei KS)
Umgang mit Problemen des Kunden	Know-how input Interaktion endet mit schriftlichem Gutachten Prozeß wird unterbrochen bevor Interaktion zwischen Gutachter und BS entsteht Ergebnis soll mit alten Mustern weiterbearbeitet werden Gutachten kann auch von anderen Stellen (z.B. Aufsichtsrat) angefordert werden	Problem wird durch Berater gelöst	Berater fühlt sich für Qualität und Realisierung der Problemlösung verantwortlich → bekommt teilweise die Kompetenz der Problemdefinition zugesprochen → gibt Fachinput – soweit benötigt → gibt Input zur Prozeßplanung und -steuerung – soweit erforderlich	nach uns ist der Wandel als permanenter Prozeß im Unternehmen installiert	Orientierung an der immanenten Logik und Funktionalität des beratenen Sytems Deblockierung jener Tendenzen, die Lebensfähigkeit behindern Probleme des Klientensystems nicht zu Problemen des Beratersystems machen Interventionen setzen bei Handlungen ihre Voraussetzungen bzw. Folgen an
3. Beratungsfeld 3.1 *Beratungsobjekt*	Häufig Einleitung in "klassische Funktionsbereiche" (Rechnungswesen, Verkauf, Produktion...) bzw. in übergeordnete Begriffe (Marketing, Logistik, Personalwesen...)			Das Unternehmen/-bereiche und die darin tätigen Menschen	Systeme bzw. Subsysteme

3. Beratungsfeld	Gutachten	Fachberatung 1	Fachberatung 2	OE	systemische Beratung
3.2 *Beratungsinhalte*	Arbeiten am Mangel				Grundwiderspruch: verändern / nicht verändern
		↘ Erhöhen der Effizienz im Sinne betriebswirtschaftlicher Kategorien	↙	am Widerstand arbeiten (ist Auseinandersetzung mit den Beratern) Wichtigste Themen: Neurose der Mächtigen Pathologie d. Org.	Was ist die Funktionalität des Mangels? Strukturen, Muster, Normen in ihrer Bedeutung (Sinn) erkennen
					Arbeiten an den Widersprüchen des Systems
				Zentrale Widersprüche, die fokussiert werden Individuen, Gruppe, Organisation Humanität-Effizienz	Nicht auf einer Seite der Widersprüche stehen, sondern Neutralität
				Reflexivität des Systems erhöhen Lernfähigkeit des Systems erhöhen (lernen)	
					Erhöhen der Lebensfähigkeit des Klientensystems
3.3 *Stellenwert von "IST-Zustand", Diagnose*	IST-Zustand = Wahrheit, Realität			Diagnose = Wahrheit Realität	Diagnose = Hypothese

(16)

3. Beratungsfeld	Gutachten	Fachberatung 1	Fachberatung 2	OE	systemische Beratung
3.4 manifeste / latente Ebene	Arbeiten an / auf der manifesten Ebene				
			+ Arbeiten auf der latenten Ebene		
3.5 *Kontexte*	Theoretisches Fachwissen und Erfahrung mit ähnlichen / vergleichbaren Beratungsfällen des Beraters / BS				
		Lösungen auf Grund von Erfahrungen mit ähnlich gelagerten Problemstellungen			
	andere Gutachter		Mitarbeiter, die mit den Veränderungen leben müssen	Organisationsgeschichte einbeziehen	
					relevante Umwelten (äußere und innere) und deren Relationen
				Lebensgeschichte der Mächtigen OE als eine Strategie des strategischen Managements bzw. strategischer Planung Mitarbeiter, die als wesentlichste Teile der Organisation verstanden werden	

Charakterisierung der fünf Beratungsansätze anhand der Differenzierungskriterien

Anmerkungen:

(1) An dieser Stelle möchten wir S. Hirsch (Brüssel) danken, bei dem wir von Mitte 1983 bis Anfang 1986 eine Ausbildung in systemischer Arbeit gemacht haben. Ihm verdanken wir die Kenntnis einer ganzen Reihe von Ideen und Techniken und vor allem die Einsicht in die Bedeutung der mit systemischer Arbeit verbundenen Haltung.

(2) Einen kurzen und einführenden Überblick über verschiedene familientherapeutische Ansätze bietet zum Beispiel Metsch (1985).

(3) Die unseres Wissens nach eindrucksvollsten Belege liefern: Simon, Stierlin (1984) und Dell (1986). Diese Entwicklung läßt sich auch an den Beiträgen der seit 1981 in Dortmund erscheinenden "Zeitschrift für systemische Therapie" (hrsg. v. J. Hargens) verfolgen.

(4) Ein Beispiel für die Popularisierung systemischer Beratung liefert ein Bericht über die Erfolge einer Handballmannschaft, in: Der Spiegel 1986, Nr. 40, S. 231 und 234. Siehe dazu den entsprechenden Artikel von Grau u.a. (1986).

(5) Siehe dazu die Arbeiten von Malik (1984) und Probst/Siegwart (1985).

(6) Daß wir diese Theorie für unsere Zwecke heranziehen, geht auch auf die persönliche Arbeit mit Herrn Luhmann zurück. Wir danken ihm für die geduldige Auseinandersetzung mit unseren Vorstellungen von seiner Theorie.

(7) Eine analoge Annahme für den Bereich der Psychotherapie referiert Kind (1986).

(8) Eine andere systemtheoretische Perspektive zeigt zum Beispiel Sorge (1985, S. 62) auf.

(9) Für diese Koalitionen und Bündnisse bringen Selvini-Palazzoli u.a. (1984) eine Reihe von Beispielen.

(10) Zur Bedeutung von Entscheidungen als Element von Unternehmen vgl. Titscher/Königswieser (1985).

(11) Sie geht auf die Arbeiten der Mailänder Therapeutengruppe (Selvini-Palazzoli u.a. 1981) zurück; eine ausführliche und theoretisch aktualisierte Darstellung bietet Deissler (1986).

(12) Vgl. dazu die verbreiteten Bücher von Porter (1984, 1986), dessen Konzept die Bedeutung der Umweltanalyse – in Form einer Untersuchung von fünf Faktoren, die die Branchenstruktur bestimmen – stark betont. Seine Zentrierung rückt unserer Meinung nach die Umwelt/Organisation-Beziehung zu sehr in den Hintergrund und vernachlässigt die Bedeutung der Systemidentität.

(13) Zu den Ausführungen über Redundanz und Varietät vgl. Luhmann (1986), dessen Manuskript diese Vorstellungen entnommen sind. Hinweise auf die Bedeutung von Varietät für die Steuerung von Unternehmen finden sich bei Malik (1984); der Begriff der Redundanz wird von Bateson (1981) ausführlich behandelt.

(14) Dem Stellenwert dieses Phänomens versuchen Konzepte zum Thema "Organisationsstruktur" gerecht zu werden; s. dazu die zusammenfassende Darstellung von Neuberger (1985).

(15) Einen guten Überblick über Beratungsauffassungen vermittelt Fleischmann (1984). Die Sammlung von über 450 einschlägigen Titeln von Elfgen u.a. (1985) zeigt, daß die Literatur zur Unternehmensberatung sozialwissenschaftliche oder gar therapeutische Erkenntnisse fast völlig negiert.

Literatur

Bateson, G. (1981): Ökologie des Geistes, Frankfurt (zuerst 1972) 1981

Cyert, R. M. / Dill, W. R. / March, J. G. (1977): Die Rolle der Erwartungen bei unternehmerischen Entscheidungen. In: **E. Witte / A. L. Thimm** (Hrsg.): Entscheidungstheorie, Wiesbaden, S. 109-126 (zuerst in: Administrative Science Quarterly 1958/59)

Deissler, K. G. (1986): Rekursive Informationsschöpfung. Zirkuläres Fragen als Erzeugung von Informationen (InFaM). Marburg 1986

Dell, P. F. (1986): Klinische Erkenntnis. Zu den Grundlagen systemischer Therapie. Dortmund 1986

Elfgen, R. u.a. (1985): Dokumentation deutsch- und englischsprachiger Literatur zur Unternehmensberatung. Stuttgart 1985

Eichhorn, P. (Hrsg.) (1985): Verwaltungslexikon. Baden-Baden 1985

Fleischmann, P. (1984): Prozeßorientierte Beratung im strategischen Management. Dissertation. München 1984

Grau, U. / Möller, J. / Gunnarson, I. (1986): Zur Beratung von Trainern im Mannschaftssport durch Psychologen. Entwurf eines systemisch orientierten Beratungskonzepts. In: Zeitschrift für systemische Therapie, 4. Jg (1986) Heft 2, S. 120-130

Haubl, R. / Pleimes, V. (1984): Klinische Psychologie. Begutachtungsprobleme bei Empfehlung psychosozialer Interventionen. In: **H. Hartmann / R. Haubl** (Hrsg.): Psychologische Begutachtung. München 1984, S. 163-191

Kind, H. (1986): Gibt es spezifische Faktoren in der Psychotherapie? In: Praxis der Psychotherapie und Psychosomatik, 31. Jg (1986), S. 191-196

Kirsch, W. u.a. (1979): Empirische Explorationen zu Reorganisationsprozessen. München 1979

Klein, H. (1974): Die Konsultation externer Berater. In: **H. Klein / J. Knopp**: Entscheidungen unter Außeneinfluß. Tübingen 1974, S. 3-108

Kubicek, H. / Leuck, H. G. / Wächter, H. (1979): Organisationsentwicklung: entwicklungsbedürftig und entwicklungsfähig. In: Gruppendynamik, 10. Jg (1979), S. 297-318

Luhmann, N. (1984): Soziale Systeme. Grundriß einer allgemeinen Theorie. Frankfurt 1984

Luhmann, N. (1986): Organisation. Unveröffentl. Manuskript.

Malik, F. (1984): Strategie des Managements komplexer Systeme. Ein Beitrag zur Management-Kybernetik evolutionärer Systeme. Bern/Stuttgart 1984

Maturana, H. / Varela, F. J. (1987): Der Baum der Erkenntnis. Bern (zuerst 1984) 1987

Metsch, H. (1985): Familientherapie. In: **D. Revenstorf**: Psychotherapeutische Verfahren, Bd. IV, Stuttgart 1985, S. 64-116

Neuberger, O. (1984): Führung. Ideologie-Struktur-Verhalten. Stuttgart 1984.

Neuberger, O. (1985): Unternehmenskultur und Führung. Universität Augsburg (mimeograph.) 1985

Porter, M. E. (1984): Wettbewerbsstrategie. Methoden zur Analyse von Branchen und Konkurrenten. Frankfurt, New York (zuerst 1980) 1984

Porter, M. E. (1986): Wettbewerbsvorteile. Spitzenleistungen erreichen und behaupten. Frankfurt/New York (zuerst 1980) 1986

Probst, G. J. B. (1985): Regeln des systemischen Denkens. In: **G.J.B. Probst / H. Siegwart** (Hrsg.): Integriertes Management Bern/Stuttgart 1985, S. 181-204

Roventa, P. / Müller, G. (1981): Marktattraktivität. Ein dialektisches Beratungskonzept. In: Die Unternehmung, 35. Jg (1981) 4, S. 229-251

Scharen, F. (1977): Der Unternehmensberater – heute nötiger denn je! In: Management Zeitschrift 10, 46. Jg (1977), S. 99-103

Selvini-Palazzoli, M. (1981): Paradoxon und Gegenparadoxon, 3. Aufl., Stuttgart (zuerst 1975) 1981

Selvini-Palazzoli, M. u.a. (1981): Hypothetisieren – Zirkularität – Neutralität. Drei Richtlinien für den Leiter der Sitzung. In: Familiendynamik (1981), S. 123-139

Simon, F. B. / Stierlin, H. (1984): Die Sprache der Familientherapie. Ein Vokabular. Stuttgart 1984

Sorge, A. (1985): Informationstechnik und Arbeit im sozialen Prozeß. Arbeitsorganisation, Qualifikation udn Produktivkraftentwicklung. Frankfurt/ New York 1985

Szyperski, N. / Klaile, B. (1983): Die Nachfrage nach externer Unternehmensberatung. Universität Köln (mimeograph.) 1983

Titscher, S. / Königswieser, R. (1987): Konflikte als Führungsproblem. In: **A. Kieser / G. Reber / R. Wunderer** (Hrsg.): Handwörterbuch der Führung. Stuttgart 1987, Sp. 1233-1240

Titscher, S. / Königswieser R. (1985): Entscheidungen in Unternehmen. Zur Theorie und Praxis des Umganges mit Krisen wechselseitiger Abhängigkeit. Wien 1985

Watzlawick, P. / Weakland, J. H. / Fisch, R. (1974): Lösungen. Zur Theorie und Praxis menschlichen Wandels. Bern 1974

Weber, J. (1985): Unternehmensidentität und unternehmenspolitische Rahmenplanung. München 1985

Weick, K. E. (1985): Der Prozeß des Organisierens. Frankfurt (zuerst 1969) 1985

Willke, H. (1984): Zum Problem der Intervention in selbstreferentielle Systeme. In: Zeitschrift für systemische Therapie 2. Jg (1984), S. 191-200

Wohlgemuth, A. C. (1982): Das Beratungskonzept der Organisationsentwicklung. Bern 1982

Niklas Luhmann

Kommunikationssperren in der Unternehmensberatung

Solange es eine von Beobachtung unabhängige Realität gibt, ist ein Berater umso besser, je besser er weiß, was man wissen kann. Seit aber selbst die Wissenschaftstheorie von dieser Bedingung abgerückt ist, ist Beobachtung von Systemen nur möglich aufgrund jener letzten eigenen Unterscheidung, die der Beobachter selbst nicht mehr hinterfragt, also des spezifischen blinden Flecks, den er selbst nicht zu beobachten vermag und den er für seine eigene Weiterentwicklung (Autopoiesis) benötigt. So ist es die Differenz zwischen den jeweiligen blinden Flecken, welche in Beratungsprozessen neue Beobachtungsmöglichkeiten und andere Problemsichten zutage fördern kann. Diese Differenz führt auch zu unüberwindlichen Kommunikationssperren, die man im Sinn der "gepflegten Inkongruenz" für weitere Beobachtungen nutzen kann, statt sie im Sinn der "gepflegten Illusion" der Gemeinsamkeit überwinden zu wollen. Die Wahl des Beraters entspringt unter diesen Umständen einer unüberwindbaren Willkür. Es kann für eine Beratergruppe im Sinn der Erhaltung der Differenz zu ihrem Klientensystem sinnvoll sein, als Leitdifferenz Theoriegrundlagen zu wählen, die dem Kunden nicht zugänglich sind. Darüber kommunizieren zu wollen wäre eine "paradoxe Intervention". Umgekehrt steht der Berater vor der Wahl, wieweit er die blinden Flecken des Kundensystems, also dessen dem Beobachter zugängliche Latenzen, offenlegen soll. Die Nähe dieses Unternehmensberatungsansatzes zu anderen systemischen Therapieformen und ihr Unterschied zur naiven Wissenschaftsanwendung im Sinn einer Simulation und Verbesserung einer objektiven Wirklichkeit ist offenkundig.

Das Problem der Wissenschaftsanwendung in komplexen Systemen

Wenn von Unternehmensberatung die Rede ist, denkt der Laie (und dazu zählen praktisch alle Wissenschaftler) zunächst an angewandte Wirtschaft. Es mag strittig sein, ob mehr betriebswirtschaftliche, finanzwissenschaftliche, sozialpsychologische oder gar soziologische Ansätze zugrunde zu legen sind. Das mag sich nach den Problemen des Einzelfalles richten, und bei komplexen, mehrere Disziplinen berührenden Problemen gelten dann "interdisziplinäre" Orientierungen als empfehlenswert. Die Grundlage der Beratung ist in all diesen Disziplinen eine spezifische Kompetenz, die sich aus empirisch bewährten Generalisierungen ergibt. Man kennt statistisch gesicherte Wahrscheinlichkeiten und überträgt sie, obwohl sie für den Einzelfall gerade nichts besagen, auf den Einzelfall. Man begeht verschwiegene Fehler und kompensiert dies durch detaillierte Untersuchungen am Objekt, die im seltenen Falle dann auch für Kontrolle und Korrektur der wissenschaftlichen Hypothese ausgewertet werden.

In diesem Modell der Beziehung zwischen Beratern und Unternehmen gibt es keine tiefliegenden Kommunikationsprobleme. Die Berater mögen, aus welchen Gründen auch immer, geneigt sein, ihr Wissen als gesichert und ihre Vorschläge als sorgfältig erarbeitet darzustellen und dabei die Realität in einer Weise zu überbieten, die ihrerseits nicht mitkommuniziert werden kann. Wie bei anwendungsbezogener Forschung im allgemeinen sind auch sie Betreiber und Opfer einer "rhetoric of application" (1). Sie werden, gerade wenn sie aktiv sind, aus wirtschaftlichen oder anderen Gründen, damit zum Opfer der Schwierigkeit, in einer kommunikativen Beziehung über diese Beziehung zu reden. (Die Palo-Alto-Schule sah und sieht bekanntlich dieses Problem als Anlaß für paradoxe Kommunikation.) Darin liegen jedoch, wenn man dem Wissenschaftsanwendungskonzept einmal traut, keine grundsätzlichen Schwierigkeiten, sondern allenfalls Anlässe für Störungen und Entgleisungen der Kommunikation. Wenn man dem Wissenschaftsanwendungskonzept traut, traut man der entsprechenden Kommunikation; denn was wäre Wissenschaft schließlich, wenn sie nicht kommuniziert werden könnte?

Die Schwierigkeiten, die hierbei in der Praxis aufgetreten sind, hat man lange Zeit a conto "Komplexität" abgebucht. Seit einem berühmten Aufsatz von Warren Weaver, aus dem inzwischen eine Menge Literatur hervorgegangen ist (2), weiß man, daß es für große und komplexe Systeme (und das sind Wirtschaftsunternehmen auf jeden Fall) keine adäquaten wissenschaftlichen Verfahren und Erkenntnisse gibt; denn die Wissenschaft habe Methoden nur für Systeme, die klein genug sind, um mit wenigen Variablen beschrieben werden zu können, oder für große, aber gleichförmige Mengen, mit denen man statistisch arbeiten kann. Angesichts dieses Forschungsengpasses blieb aber nur der Rat, es trotzdem zu versuchen und die wissenschaftliche Kompetenz in Kenntnis dieses Problems der Komplexität allmählich zu erweitern. Dabei konnte es eine Richtlinie der Komplexitätsreduktion sein, sich nach den Besonderheiten des Einzelfalles zu richten und Generalisierung zu vermeiden. Innerhalb von Unternehmensberatungsfirmen werden daraufhin "Erfahrungen" kultiviert, die bei einer großen Zahl von Einzelprojekten zusammenkommen. Und es wird zum Problem, wie diese Erfahrungen innerhalb der Beratergruppe festgehalten, bekanntgemacht und diskutiert werden können – gleichsam in Klausur und außerhalb der laufenden Geschäfte. Das führt aber nur erneut zurück auf das Problem der Induktion, auf das Problem der unzulässigen Generalisierung, und gibt den Erzählungen und den durchschlagskräftigen "Beispielen aus der Praxis" ein fragwürdiges Übergewicht.

Einige Kommunikationsschwierigkeiten klären sich, wenn man annimmt, der Berater sei wissenschaftlich kompetent und müsse in der Kommunikation mit der Firma diese Kompetenz mitkommunizieren. Dies kann expressiv geschehen – durch weiße Kittel und weise Mienen. Das genügt aber nur, wenn die Ratschläge rein technisch funktionieren können, "rein technisch" heißt hier: ohne Kenntnis des Theoriezusammenhanges. Das ist in dem hier diskutierten Anwendungsbereich – eben wegen dessen Komplexität – nicht der Fall. Theorien müssen hier im Anwendungsprozeß "verstanden" werden. Man muß in der Anwendung überprüfen, ob die impliziten Randbedingungen auch zutreffen und weiterhin zutreffen – oder ob die Vorschläge modifiziert oder gar aufgegeben werden müssen, wenn neue Informationen ihre Voraussetzungen tangieren. Will der Berater vermeiden, als Dauereinrichtung in den Handlungszusammenhang des Unternehmens inkorporiert – also abgeworben und "angestellt" – zu werden (3), muß er so viel Information übertragen, daß die Firma nicht nur aufgrund seiner Vorschläge sondern auch aufgrund der Theorie handeln kann, die diesen zugrunde liegt. Das läßt sich jedoch in dem Maße weniger realisieren, in dem Theorien in Theoriezusammenhänge eingebettet sind, also in dem Maße weniger, in dem deren wissenschaftliche Qualität wächst (4). Wie das Wissenschaftssystem selbst sieht auch der Berater, der versucht, seine Vorschläge wissenschaftlich zu fundieren, sich genötigt, in der Kommunikation nach draußen zu vereinfachen, zu popularisieren, die Sprache zu wechseln. Und nicht zuletzt fällt auf, daß im Forschungsbereich der Unternehmenstheorie (theory of the firm) laufend Moden wechseln, deren nichtsbesagende Titel ("Organisationsentwicklung", "strategic planning" usw.) zugleich eine Neuorientierung der Forschung und der Beratung suggerieren, sich also als Etiketten der Selbstauszeichnung innerhalb der wissenschaftlichen und innerhalb der ökonomischen Konkurrenz von Beraterfirmen eignen (5).

Es kann nun nicht darum gehen, das Wissenschaftsanwendungsmodell wegen dieser Schwächen ganz aufzugeben und mit fliegenden Fahnen zum Gegenmodell überzugehen. Kein solches Gegenmodell liegt auf dem Tisch. Wir wollen nun fragen, ob es zutrifft, daß alles, was der Berater weiß oder ermittelt, auch wie Wissenschaft kommunizierbar ist; und weiter, ob es Konzepte geben könnte, die empfehlen, gerade solches nichtkommunizierbares Wissen zu pflegen.

Die Funktion der Inkommunikabilität

Während das Wissenschaftsanwendungsmodell suggeriert, es komme auf die Herstellung eines möglichst großen Maßes an Übereinstimmung an und Kommunikation sei das Mittel dafür – sie sei nur schwierig und müsse unter dem Gesichtspunkt ihrer Eigenprobleme verbessert werden –, kann eine systemtheoretische Analyse ganz andere Gedanken nahebringen. Beraterfirmen sind an der Erhaltung ihrer eigenen Praxis interessiert (6). Sie legen Wert auf Systemgrenzen, die sich an ihren eigenen Operationen reproduzieren. Sie müssen verhindern, daß ihre besten Mitarbeiter von den beratenen Firmen abgeworben werden. Sie müssen zu lange dauernde Beratungsverhältnisse beenden können, auch wenn dies vom Klienten nicht verlangt wird, ja gegen seinen ausdrücklichen Wunsch geschieht. Sie werden oft die Vielzahl der Aufträge, die Ähnlichkeit oder Verschiedenartigkeit der Problemlagen in den beratenen Firmen und die Methodik der eigenen Vorgehensweise als Lernbedingungen sehen, mit denen sie langfristig ihre Position am Markt, aber auch Interesse und Motivation ihrer Mitarbeiter verbessern.

Während die Nachfrage nach Unternehmensberatung oft durch interne Konflikte in den Firmen ausgelöst wird (und zwar bei erfolgreichen wie bei weniger erfolgreichen oder gar praktisch schon ruinierten Firmen), müssen die Berater Wert darauf legen, sich gegenüber den Firmenkonflikten neutral verhalten zu können. Wenn sie der einen Seite recht geben, muß dies als "Zufall" erscheinen und, wenn möglich, mit Gründen gerechtfertigt werden, die für den firmeninternen Disput neu sind. Oft wird es gerade angesichts firmeninterner Konflikte ratsam erscheinen, dritte Wege zu suchen, die nicht als Option für einen schon diskutierten Parteistandpunkt aufgefaßt werden können. Beratung hat also oft – sei es offen, sei es latent – einen konflikttherapeutischen Sinn, und es mag dann eine Nebenfrage werden, wie sich ihr Effekt in der Bilanz der Firma ausdrücken wird.

Systemtheoretisch gesehen erhält und reproduziert sich eine Beratergruppe also in einer für sie gegebenen, durch ihre eigene Ausdifferenzierung entstandenen Umwelt. Ihre Erhaltung und Reproduktion als System in einer Umwelt läßt sich nicht auf eine Summe von System-zu-System-Beziehungen reduzieren, auch nicht, wenn man die Summe dieser Einzelbeziehungen in einer Geldsumme pro Zeiteinheit als Gewinn oder Verlust der Beraterfirma ausdrücken kann. Mit der Unterscheidung von System/Umwelt-Beziehungen und System/ System-Beziehungen gewinnen wir also eine Problemstellung, die für die Behandlung von Kommunikationsproblemen Bedeutung gewinnen kann; denn kein System kann mit seiner Umwelt kommunizieren. Zur Kommunikation ist immer ein Adressat, also ein anderes System, erforderlich, das seinerseits, wenn man mit ihm kommunizieren will, als System in einer eigenen Umwelt aufgefaßt werden muß (7).

Das heißt: Weder die Einheit eines an der Kommunikation beteiligten Systems noch die Einheit seiner Umwelt kann in die Kommunikation gegeben, in der Kommunikation geäußert oder entäußert werden. Die Einheit der Differenz von System und Umwelt wird in der Kommunikation nur reproduziert. Wenn man die Unterscheidung von System und Umwelt als Systemtheorie zugrunde legt (was man nicht muß, was Entscheidung eines Beobachters ist und bleibt), gewinnt man einen bestimmten Zugang zum Problem der Inkommunikabilität. Und in unserem Falle: Daß eine Beratergruppe sich selbst nicht vollständig kommunizieren kann (aber darüber, daß sie das nicht kann, intern noch kommunizieren kann), liegt daran, daß Kommunikation die Operation ist, mit der sie ihre eigene Autopoiesis fortsetzt, also ihre eigene Einheit und deren Differenz zur Umwelt regeneriert.

Blinde Flecken – Ausgangspunkte neuer Problemsichten

Diese allgemeine Einsicht soll jetzt am Fall der Unternehmungsberatung in mehreren Schritten expliziert werden. Die Parallelen, die sich dabei im Verhältnis zu anderen Therapieformen (Psychotherapie, Familientherapie, Systemtherapie usw.) ergeben, werden offensichtlich sein; sie sind auch durch Kontakte aus Anlaß wissenschaftsnaher Kommunikation ein Moment des Selbstverständnisses mancher Unternehmensberater geworden. Wir werden aber dieser Ausweitungsmöglichkeit im folgenden nicht nachgehen, sondern uns auf Unternehmungsberatung beschränken.

Im Anschluß an die oben behandelte Komplexitätsthematik kann man jetzt die positive Funktion einer bisher eher als negativ beurteilten Schwierigkeit erkennen. Die Komplexität des Theoriezusammenhanges, der den Beurteilungen und den Vorschlägen der Berater zugrunde liegt, ist nicht nur ein Hindernis auf dem Wege zum Erfolg. Sie sichert zugleich die bleibende Nichtidentität der Systeme. Das Akzeptieren anspruchsvoller Theoriegrundlagen bietet der Beratergruppe die Möglichkeit, ihre Eigensprache anzusondern und zu verhindern, daß sie in die Positionskämpfe und Fraktionsbildungen des Klientensystems hineingezogen wird. Unverständlichkeit kann in diesem Sinne als Schutz dienen. "Theoriegeleitete Annahmen ermöglichen es den Beratern, die Beobachterrolle beizubehalten und auch in Krisensituationen nicht in die Rolle des Mitakteurs zu verschwinden" (8). Ob solche Theorien nach wissenschaftlichen Kriterien wahr oder unwahr (oder wie zumeist: nur aussichtsreich und anschlußfähig) sind und ob sie sich bewähren oder nicht, ist für dieses Problem nur in zweiter Linie relevant. Sie markieren und schützen die Einheit des Systems, das sie verwendet. Diese Funktion kann für beide Seiten, sie muß jedenfalls für die Klientenseite der Beraterbeziehung latent bleiben. Wollte man in der Beziehung darüber kommunizieren, würde die Kommunikation im genauen Sinne der Systemtherapie "paradox" werden.

Wenn man dies einmal akzeptiert, öffnen sich weitere Perspektiven. Der Berater kann dann Theoriegrundlagen suchen und verwenden, die von ihrer Struktur her dem beratenen Unternehmen nicht zugänglich sein können. Er kann sich in besonderem Maße für "latente" Strukturen und Funktionen interessieren. Sobald der Berater zu beobachten beginnt, wie das Unternehmen beobachtet oder wie im Unternehmen beobachtet – das heißt unterschieden und bezeichnet – wird, kann er den Problemen dieses Systems einen Sinn geben, über den das System selbst nicht verfügen kann. Und selbst wenn dieser Sinn übertragbar wäre, würde er in der Übertragung seine Bedeutung wechseln und ein anderer werden; und auch dies würde verschieden beobachtet werden – je nachdem, von welchem System aus man es sieht. Die Einsicht in latente Probleme, Funktionen und Strukturen schließt also den Versuch, diese Latenz in die Kommunikation einzubringen und – im Sinne der Psychoanalyse – das "Unbewußte" bewußt zu machen und genau dadurch Effekte zu erzielen, nicht zwingend aus. Der Sinn des Schemas latent/manifest reicht aber weit über diese Umsetzung in Beratungsstrategien hinaus. Der Berater, der mit diesem Beobachtungsschema arbeitet, steht damit vor der Wahl, ob er latente Funktionen oder Strukturen offenlegen soll, oder ob sich dies nicht empfiehlt. Und gerade wenn er sieht, daß die Latenz selbst eine Funktion hat – etwa die Funktion der Verdrängung unlösbarer Probleme –, wird er mit der Offenlegung eher zögern, wenn er deren Effekte nicht überblicken und nicht kontrollieren kann – "Katastrophe" hier im Sinne der Notwendigkeit eines anderen Prinzips der Stabilität, also wahrscheinlich einer anderen "Lebenslüge".

Latenz ist nicht irgendeine Art von Abwesenheit. Es geht nicht um den normalen Nebeneffekt struktureller oder operativer Selektionen, der daraus hervorgeht, daß etwas Bestimmtes anstelle von irgend etwas anderem ausgezeichnet wird. Latenz ist eine spezifische Art von Abwesenheit, eine "tragende" und – fast könnte man sagen – "subjektive" Art von Abwesenheit, die strukturelle Selektionen erst ermöglicht. Es geht auch nicht um so etwas wie den "unmarked space", die Farblosigkeit des Lichts, die Geräuschlosigkeit der Luft, die Weiße des Papiers, also nicht um das Medium, das die festeren Kopplungen spezifischer Formen erst ermöglicht. Es geht vielmehr um eine spezifische Art von Verbot, das seinerseits operativ unzugänglich bleibt.

Das kann man theoretisch verschieden interpretieren – etwa im Sinne von Sigmund Freud oder im Sinne von René Girard. Im hier zugrunde gelegten Theorievorschlag (der sich selbst auf ein solches Verbot stützt) geht es darum, daß jede operativ eingesetzte Unterscheidung ihrerseits unterschieden werden kann, aber daß irgendwann dann nicht mehr gefragt werden kann: wovon und weshalb (9).

Nachdem heute das Parfum der Psychoanalyse an Aufdringlichkeit und Faszination verloren hat, kann man mit Hilfe der Kybernetik des Beobachtens zweiter Ordnung dem hier aufgegriffenen Problem eine allgemeinere Fassung geben. Es geht einfach darum, daß der Beobachter eines Beobachters die Möglichkeit hat – und sie nutzen (oder nicht nutzen) kann – zu sehen, was der beobachtete Beobachter nicht sehen kann. Alles Beobachten (auch das zweiter Ordnung) verfährt mit den eigenen Unterscheidungen naiv. Es muß deren Referenz voraussetzen, das heißt davon ausgehen, daß mit der Unterscheidung (z. B. Ursache/Wirkung, schuldig/nichtschuldig, gewinnbringend/verlustbringend, umweltschützend/umweltzerstörend) etwas Reales bezeichnet wird. Es benutzt mit anderen Worten die eigene Unterscheidung als blinden Fleck, der die Möglichkeit des Beobachtens organisiert und nur im Tausch gegen einen anderen Blindfleck ersetzt werden kann. Die jeweils eigene Unterscheidung wird damit zu einer für das System natürlichen Notwendigkeit, die Unterscheidung der anderen dagegen zu einer artifiziellen, kontingenten, gewählten und auswechselbaren Schematik. Aber genau dies kann man nur sehen, nur kommunizieren, wenn man nun dieser Unterscheidung von natürlich/artifiziell traut und sie naiv anwendet, nämlich zugrunde legt (10).

Diese Wendung zur Kybernetik zweiter Ordnung kann im Vergleich mit klassischen Reflexionstheorien verdeutlicht werden. Formuliert man das Problem als Reflexion der Reflexion, gerät man einerseits in einen infiniten Regreß und, schlimmer noch, in eine hierarchische Architektur, die Überlegenheit signalisiert. Die Reflexion der Reflexion findet auf einer "höheren" Ebene statt, sie verspricht bessere Einsicht, obwohl man auch weiß, daß es im infiniten Regreß nicht immer besser werden kann, sondern sehr bald, ökonomisch gesprochen, ein Grenznutzen erreicht wird. Die Kybernetik zweiter Ordnung gibt diese Gesamtarchitektur auf und läßt damit jede Überlegenheitsgeste fallen (11). Beobachtungsverhältnisse bleiben – wie immer intrikat und anspruchsvoll und wie immer rekursiv geordnet – strikt horizontale Beziehungen. Gerade was den entscheidenden Punkt, die operativ notwendige Naivität in bezug auf die jeweils eigenen

Unterscheidungen, angeht, gibt es keine Hierarchie, sondern allenfalls die Frage, was wofür ergiebig ist und wieviel Komplexität man über die Anschlußfähigkeit eigener Unterscheidungen und Bezeichnungen aufbauen kann.

Inzwischen gibt es eine Fülle von theoretischen Konzepten, die – offen oder verdeckt – jene Möglichkeit nutzen, zu beobachten, was beobachtete Beobachter nicht beobachten können. Ein Unternehmensberater kann zum Beispiel erkennen (oder zu erkennen glauben), daß ein hohes Maß an personaler Attribution von Erfolgen und Mißerfolgen zugleich der Verdeckung von strukturellen Problemen dient, die man nicht anfassen kann, ohne sich die Finger zu verbrennen. Man spricht dann von "designierten Patienten". "Symptome werden gerne an Personen (und Gruppen) festgemacht; diese Lokalisierung dient auch als Strukturschutz" (12). Das entspricht der allgemeinen Einsicht der Systemtherapie (die sich oft gerade um dieser Einsicht willen Systemtherapie nennt), daß Probleme zumeist nicht an den Stellen kuriert werden können, wo sie vom Klienten lokalisiert werden. Eine Variante dieser Theorie ist die Theorie des Imitationskonflikts und der dadurch ausgelösten Gewalt, die nicht die Ursachen des Konflikts, sondern ausgewählte Opfer betrifft (13). Das Problem liegt danach in der Rivalität, also in der unerträglichen Gleichheit der Bedürfnisse und Wünsche, die zur Etablierung gewaltsamer Differenzierungen führen (während die sogenannte Palo-Alto-Schule der Systemtherapie genau umgekehrt das Kollabieren von Differenz zum Ausgangspunkt ihres Problemfindungsverfahrens genommen hatte).

Derartige diagnostische Theorien sind ihrerseits Unterscheidungen – aber Unterscheidungen, die nicht übertragen werden können auf den, dessen Probleme damit verschoben werden. Sie dienen nur dem Berater als Instrument der Konstruktion funktionaler Äquivalenzen oder auch als Hintergrundannahme für die Konstruktion von "Weisungen", mit denen das System zu einer anderen, weniger schmerzhaften Problemsicht gebracht werden soll.

Wir stellen hier nicht den wissenschaftlichen Wert derartiger Eingriffskonzepte zur Diskussion, und wir lassen auch offen, wie weit sie in der bisherigen Praxis erfolgreich gehandhabt werden konnte. Uns interessiert die ihnen zugrundeliegende Annahme. Sie unterstellt, daß ein System durch Einsicht in (Kommunikation über) seine eigenen Strukturen überfordert sein könnte. Der alte Begriff der "latenten" Strukturen hatte nur Regelmäßigkeiten vor Augen, die sich erst mit den Mitteln besonderer Datenerhebung und statistischer Auswertung erkennen lassen (14). Dann steht man nur vor methodischen Problemen, eventuell vor Problemen der Komplexität, nicht aber vor Kommunikationsproblemen. Die andere, aus der Psychoanalyse stammende Version von Latenz läßt schon eher die Frage zu, ob Aufklärung zu verantworten sei oder eher destruktive Folgen habe und deshalb "abgewehrt" werde. In der Sichtweise der Kybernetik zweiter Ordnung wird dieses Konzept nochmals variiert. Jetzt erscheinen spezifische Latenzen, nämlich die Nichtunterscheidung der Unterscheidung, mit der man jeweils kognitiv operiert, als Bedingung der Möglichkeit von Erkenntnis schlechthin. Damit wird die Differenz von Unterscheidungen selbst zum Problem, wobei es nicht hilft, Unterscheidungen zu unterscheiden, weil damit das gleiche Problem nur wiederholt wird.

Kommunikationssperren nutzen

Spaltet man das, was als "unmarked space" (im Sinne von Spencer Brown), als "Materie" (im Sinne der aristotelischen Philosophie) oder als "Welt" (im Sinne Husserls) gegeben ist, mit Hilfe der Unterscheidung von System und Umwelt auf, so tritt ein merkwürdiger Effekt ein. Die beiden Seiten dieser Unterscheidung sind nur in der Unterscheidung selbst gegeben, und das heißt: Sie sind nur für den gegeben, der diese Unterscheidung verwendet, also nur für einen Beobachter. Die Einheit des Systems findet man weder im System noch in dessen Umwelt. Die Einheit der Umwelt findet man weder in der Umwelt noch im System. Die Einheit der einen wie der anderen Seite ist im strengen Sinne nichts anderes als die Einheit der Unterscheidung, die diese beiden Seiten trennt und dadurch vereint. Nur der Beobachter kann die Einheit des Systems sehen, weil nur er das System von der Umwelt unterscheiden kann. Es braucht sich dabei nicht um einen externen Beobachter zu handeln, und für den Fall des Systems Gesellschaft gibt es keinen hinreichend komplexen externen Beobachter. Der Beobachter kann das System selbst sein. Aber dann muß er die Beobachtung des Systems im System selbst durchführen, also einige Operationen des Systems dafür einsetzen, und das heißt: im System eine Grenze zu ziehen zwischen Reflexionsoperationen, die die Unterscheidung von System und Umwelt verwenden, und anderen Organisationen, die nur zur Autopoiesis des Systems beitragen, also die Differenz von System und Umwelt (wie der Beobachter sie dann sehen kann) zu produzieren und reproduzieren.

Diese Sachlage mitsamt der in sie eingebauten Reflexionsproblematik läßt die Vorteile erkennen, die man gewinnen kann, wenn man externe und interne Beobachtung, Fremdbeobachtung und Selbstbeobachtung trennt. Die Selbstbeobachtung muß immer sich selbst mit meinen, also in ihrem Vollzug das ändern, was sie zu beobachten meint. Die Fremdbeobachtung kann das System, das sie beobachtet, objektivieren; wenngleich auch dies nur durch Vollzug eigener (und damit: strukturabhängiger, unterscheidungsabhängiger) Beobachtungsoperationen.

Über die Differenz von interner und externer Beobachtung lassen sich also Beobachtungsmöglichkeiten gewinnen, die in einem System allein durch Selbstbeobachtung nicht realisiert werden können. Die Differenz setzt Systemdifferenz voraus, also in unserem Falle Trennung der beratenden und der beratenen Firmen. Sie kann von beiden Seiten aus mit einer entsprechenden Unterscheidung beobachtet werden und ebenso von einem dritten Beobachter aus, der (wie wir hier) an einer Theorie der Unternehmensberatung interessiert ist. Immer liegt in der Wahl der Unterscheidung, die in irgendeinem System operativ getroffen werden muß, eine irreduzible Willkür. Das heißt aber nichts anderes, als daß man darauf angewiesen ist, zu beobachten, wer mit welchen Unterscheidungen operiert.

Diese etwas komplizierte Zwischenüberlegung ist nötig, um zu verdeutlichen, daß mit der Differenzierung von externer und interner Beobachtung Kommunikationssperren entstehen, die nicht mehr aufgelöst werden können, und zwar auch und gerade dann nicht, wenn beide Seiten die Unterscheidungen internalisieren und den Unterschied der beiden Seiten – der beiden Systeme, Perspektiven und so weiter – beobachten können. Da jede Beobachtung als Operation eine

Systembasis braucht, läßt sich die Trennung nie wieder "aufheben" (15). Man kann ihre Vorteile nur nutzen, wenn man sie akzeptiert. Selbst wenn die Systeme intensiv kommunizieren, ändert sich daran nichts, da die Differenz in der Kommunikation vorausgesetzt ist und vorausgesetzt bleibt. Die Kommunikation läßt ein neues System entstehen: das Kontaktsystem des Beratungsverhältnisses. Man kann jetzt auch dieses System beobachten – im Hinblick auf dessen Eigenzustände, Eigenentwicklungen und Eigenselektivitäten. Kommunikation kompliziert die System/Umwelt-Verhältnisse, aber sie ändert nichts daran, daß alles, was gesagt wird, von einem Beobachter gesagt wird (16) und daß jede Bestimmung durch ein System und anhand einer Unterscheidung bestimmt werden muß (17).

Von der Illusion des Gemeinsamen zur Pflege der Inkongruenz

Man wird einen gläubigen Menschen und wohl auch einen Theologen kaum fragen dürfen, ob es Sinn mache, zwischen Gott und Mensch zu unterscheiden. Er wird darauf mit der Unterscheidung gläubig/ungläubig antworten, also mit einer Unterscheidung, die es ihm erlaubt, sein System zu bezeichnen. Ein Unternehmer, der von der Beratungsfirma gefragt wird, weshalb er zwischen Gewinn und Verlust unterscheide, wird für diesen Fall den psychiatrischen Dienst seiner Firma für zuständig halten. Den engagierten Umweltschützern bliebe die Luft weg, wollte man bestreiten, daß es sinnvoll ist, ihre Informationen mit der Unterscheidung Umweltschützen/Umweltzerstören zu ordnen. Und ebenso mag ein Systemtheoretiker sich fühlen, wenn es ihm verwehrt wird, System und Umwelt mit Hilfe der Unterscheidung zu analysieren. Man kann dann immer noch sagen: "… dann eben anders" – zugleich aber auch meinen: Das geht mich nun nichts mehr an.

In der alltäglichen Kommunikation spricht man über Dinge und Ereignisse, Zustände oder Veränderungen. Die Bezeichnung dessen, worüber man spricht, ist nur mit Hilfe von Unterscheidungen möglich. Diese Unterscheidungen bleiben zumeist implizit und in der Bezeichnung von etwas als dies (und nichts anderes) nur mit gemeint. Die Sprache ist auf diesen Modus der Kommunikation eingespielt. Sie kann, wie oben geschehen, zwar auch Unterscheidungen bezeichnen, aber dann bleibt wieder implizit, im Kontext welcher Unterscheidungen nun Unterscheidungen thematisiert, also wovon sie ihrerseits unterschieden werden. Prüfen wir es durch: Fragt man Theologen nach der Unterscheidung von Gott und Mensch, so ist damit noch nicht klar, von welcher Unterscheidung diese Unterscheidung unterschieden wird – Gott und Teufel? Gott und Schöpfung? Gott und Christus? Oder: Mensch und Tier? Mensch und System? Und so weiter… Dirigiert man die Frage auf die jeweils zugrundeliegende Unterscheidung, steigen die Kommunikationslasten, aber das Problem verschwindet nicht.

Letztlich siegt dann die operative Positivität, die Autopoiesis der Kommunikation. Sie tut, was sie tut – jeweils mit Hilfe von Unterscheidungen.

Es kann für eine Unternehmensberatung sehr nützlich sein, auf die Frage zurückzugehen, mit Hilfe welcher Unterscheidungen eine Kommunikation etwas bezeichnet – also Themen auswählt und bestimmt. Auch mag die Beratergruppe Theoriepräferenzen für bestimmte Unterscheidungen entwickeln, mit denen sie selbst arbeitet, also etwa: manifest/latent, Struktur/Funktion, System/Umwelt, Verfolger/Opfer (Girard), Beobachter erster und zweiter Ordnung und so weiter. Sobald die eigenen Unterscheidungen sich von denen des Klientensystems unterscheiden (und auch diese Fragestellung ist eine Unterscheidung von Unterscheidungen), zerbricht die Voraussetzung einer gemeinsamen Welt. Man wird dann mit Hilfe dieser Unterscheidung der Unterscheidung gewahr, daß Kriterien und Lernprozesse, die ja stets schemaabhängig – also unterscheidungsspezifisch – eingesetzt werden, divergieren. Dann steht man vor der Wahl (und wieder mit Hilfe einer Unterscheidung), ob man eine gemeinsame Welt wiederherstellen oder gar die Differenz pflegen und mit inkongruenten Perspektiven weiterarbeiten soll. Die erste Option läßt die Kommunikation schwierig werden und läuft auf eine gepflegte Illusion zu, die zweite könnte man als gepflegte Inkongruenz bezeichnen (18).

Diese Analyse führt weit darüber hinaus, was vor Jahrhunderten mit Konzepten wie Simulation und Dissimulation erfunden wurde. Sie hat kaum noch etwas mit Psychoanalyse zu tun und schon gar nicht mit deren therapeutischen Methoden und Zielen. Sie läßt dagegen ahnen, daß die Logik des Unterscheidens etwas mit Ausdifferenzierung zu tun haben könnte. Systeme können sich ausdifferenzieren dadurch, daß sie einen für sie spezifischen blinden Fleck, also Unterscheidungen, mit denen sie sich blind identifizieren, benutzen. Das ist nicht in jeder Gesellschaft wahrscheinlich oder auch nur möglich. In der modernen (manche würden gerade in dieser Hinsicht sagen: postmodernen) Gesellschaft besteht jedoch genug Raum dafür, diese Form der Differenzierung zu ermöglichen, ja erwartbar werden zu lassen. Man rechnet geradezu mit nicht kommunikativ überbrückbaren Verschiedenheiten, mit einem Pluralismus der "Werte", der "Ideologien" oder, wie man neuerdings sagt, der "Diskurse".

Eine Studie über Unternehmensberatung kann zeigen, daß dies keineswegs nur ein Problem intellektueller oder emotionaler Großbegriffe, keineswegs nur ein Problem der Beschreibung der Gesellschaft im ganzen, der politischen Ziele, der sozialen Bewegungen, der Organisation von Aufregung und Alarm ist, sondern auch im Alltag Differenzierungen ermöglicht, wo man vordem eher erwartet hatte, daß eine gemeinsame Weltsicht und gemeinsame Ziele gegeben seien oder zumindest angestrebt würden.

Je theoretischer und je begriffsgenauer eine solche Analyse angesetzt wird, desto eher läßt sie sich auch empirisch verifizieren. Die Unternehmensberatung verlagert sich offenbar von strikt betriebswirtschaftlichen Zielen und strikt betriebswissenschaftlicher Analyse, die die Welt der Unternehmer zu kopieren und deren Position zu verbessern suchen, auf eine Beobachtungs- und Beschreibungsweise, die diese Orientierung zwar nicht aufgibt, aber Einheit durch Differenz zu rekonstruieren versucht. Das führt im Verhältnis zwischen Beratern und Unternehmen zu Kommunikationssperren, zu nicht nur taktisch (Simulation!), sondern strukturell bedingten Inkommunikabilitäten. Man könnte auch sagen: Die Imagination der Berater wird abhängig von Unterscheidungen, die sie selbst nicht mehr unterscheiden und nicht mehr kommunizieren kann, sondern operativ einsetzen muß. (Und die Alternative ist dann nicht eine andere Unterscheidung, sondern das Unterbleiben weiterer Unterscheidungen.) Das geht nicht auf Kosten von Kommunikation, führt also nicht dazu, daß vorher Kommunizierbares nun nicht mehr kommuniziert werden kann. Eher wird man vermuten dürfen, daß eine Steigerung der Kommunikation, eine Intensivierung der System-zu-System-Beziehungen von einer gewissen Schwelle aber nur noch über eine Differenz, das heißt als Steigerung von Kommunikation mit Hilfe von Inkommunikabilitäten, möglich ist. Und diese Erfahrung ist gar nicht neu. Man hat sie schon im 17. Jahrhundert registriert, als es um Steigerung sozial reflexiver Kommunikation in Liebesangelegenheiten und um Steigerung der Kommunikation in Angelegenheiten religiöser Lebensführung und in beiden Fällen um Aufrichtigkeit ging.

Differenz Berater – Kunde als Chance

Die Kritik am Wissenschaftsanwendungsmodell hat schließlich auch Bedeutung für die Frage, wie aus der Sicht des beratenen Unternehmens die Berater beobachtet werden, wie sie ausgesucht werden, und fast könnte man sagen, wie sie beraten werden. Geht man vom klassischen Modell aus, kann es nur um die Frage gehen, wie gut der Berater weiß, was man wissen kann. Das setzt eine von der Beobachtung unabhängige Realität voraus. Diese Bedingung ist jedoch, wie man heute auch in der Wissenschaftstheorie einsieht, nicht gegeben (19). Realität ist nur beobachterabhängig beschreibbar, und damit kommt es zu der Frage, welchen Beobachter man wählt (zumeist natürlich sich selbst), wenn man wissen will, was der Fall ist. Eine Neutralisierung der Beobachterunterschiede ist allenfalls in der Form einer "injunktiven" Logik möglich, dic Operationsanweisungen (Kalküle) formuliert, bei deren Beobachtung jeder, der sie beachtet, zum gleichen Ergebnis kommt (20). Sobald es aber nicht nur um ein formales (logisches) Prozessieren von Unterscheidungen (Formen) geht, sondern um inhaltliche Wahl spezifischer Unterscheidungen, wird der Unterschied der Beobachter und damit der Unterschied der Berater relevant. Sie unterscheiden sich je nachdem, was jeweils für sie als nicht in Frage gestellte Unterscheidung fungiert. Sie werden, mit anderen Worten, im Hinblick auf das beobachtet, was sie ihrerseits nicht beobachten können. Sie werden wegen ihres blinden Flecks gewählt.

Im Normalfall kann dieser Grad an Umsicht und Durchsicht freilich kaum vorausgesetzt werden. Man orientiert sich statt dessen an Namen – Personennamen, Firmennamen, Theorienamen. An Namen kondensiert Reputation. Reputationsdifferenzen, aber auch einfach die Geschichte von bereits vorhandenen Kontakten orientieren die Auswahl. Wenn das so ist, kann aber auch auf seiten des beratenen Unternehmens die Wahl der Berater und in der Folge das Verhalten ihnen gegenüber nicht durchrationalisiert werden. Auch hierzu wären nämlich Kommunikationssperren unerläßlich. Man müßte die Form der Beobachtung wählen können, das heißt die Unterscheidungen, mit denen der Berater das konstruiert, was für ihn Realität ist; und wenn gilt, daß der Beobachter sich selbst und seine jeweils verwendete Unterscheidung im Prozeß ihres Gebrauchs nicht sehen kann, weil sie ihn wie eine Perspektive ungesehen leitet, dann heißt das: Der Berater wird gewählt und in der Folge beobachtet – im Hinblick auf das, was er nicht sehen kann. Und auch darüber kann man nicht kommunizieren.

Das Problem liegt nicht allein im gezielten Verschweigen. Es liegt auch nicht allein darin, daß man aus kommunikationspraktischen Gründen nicht alles zugleich sagen und in der Sequenz des Kommunizierens nicht jedem sich andeutenden Sinn nachgehen kann. Es liegt in der Ebenendifferenz von Beobachtung erster und Beobachtung zweiter Ordnung – also im Unterschied der Beobachtung von Dingen, Ereignissen, Objekten – und der Beobachtung von Beobachtern. Strategie und praktische Engführung der Kommunikation können in ihrer Selektivität benutzt werden, um diese Differenz zu erhalten. Aber auch dann, wenn die Kommunikation nicht in diesem Sinne kontrolliert wird, erkennt man auf der Ebene der Beobachtung zweiter Ordnung die Unmöglichkeit, von dieser Ebene aus alles, was man sieht, in die Ebene erster Ordnung einzubringen. Wenn es überhaupt zu einer Beobachtung zweiter Ordnung kommt, ist es mit Zielen wie "Aufklärung" oder "Wissensanwendung" vorbei, und die autologische Komponente dieser Beobachtungsebene zwingt zu dieser Einsicht. Entsprechend muß man auf "Besserwissen", auf Gesten der Überlegenheit, auf Führungsansprüche, auf eine Hierarchisierung der Ebenendifferenz verzichten (21). Statt dessen gewinnt man die Chance, die Differenz – als Differenz irritierend – anregend, eventuell fruchtbar werden zu lassen. Und das würde auch dann gelten, wenn der Berater das Unternehmen überreden könnte, eine solche Differenz von erster und zweiter Ordnung im Unternehmen selbst als Differenz von Ebenen der Kommunikation über Kommunikation einzurichten.

(1) Siehe *Michael Mulkay / Trevor Pinch / Malcolm Ashmore*, Colonizing the Mind: Dilemmas in the Application of Social Sciene, Social Studies of Sciene 17 (1987), S. 231-256.

(2) Siehe Science and Complexity, American Scientist 36 (1948), S. 536-544. Neuere Arbeiten und Tagungsbände etwa: *Giovan Francesco Lanzara / Francesco Pardi*, L'interpretazione della complessità: Metodo sistemico e scienze sociali, Napoli 1980; Science et pratique de la complexité: Actes du Colloque de Montpellier Mai 1984, Paris 1986; *Gianluca Bocchi / Mauro Ceruti* (Hrsg.), La sfida della complessità, Milano 1985.

(3) Ein inzwischen praktizierter Kompromiß in Zeitanstellungsverträgen für Berater.

(4) Die Wissenschaftstheorie nimmt heute allerdings an, daß diese Beschränkung auf "benachbarte" Theoriezusammenhänge gerade typisch ist und daß ohne diese Beschränkung auch in der Wissenschaft selbst keine Veränderungen von Theorie durchgeführt werden könnte. Siehe zum Beispiel *Michael Polanyi*, The Republic of Science: Its Political and Economic Theory, Minerva 1 (1962), S. 54-73 (59); ders., Implizites Wissen, dt. Übers., Frankfurt 1985, S. 67f.; *Philippe von Parijs*, Evolutionary Explanation in the Social Sciences: An Emerging Paradigm, London 1981, S. 50. Das heißt aber nur, daß die Wissenschaft selbst an ihrer eigenen Komplexität ein Problem hat.

(5) Auch "Systemtheorie" wird in diesem Sinne vielfach als "Wissenschaftsprogramm" oder sogar als Wissenschaftsanwendungsprogramm angesehen.

Dagegen ist natürlich nichts einzuwenden. Allerdings wäre es eine erhebliche Verkürzung, daraus zu folgern, Systeme seien nichts real Gegebenes, sondern lediglich analytische Konstruktionen oder Modelle. So verfährt eine wissenschaftstheoretisch naiv vorgehende Wissenschaftstheorie (vergleiche zum Beispiel *Hans Lenk / Günther Ropohl*, Systemtheorie als Wirtschaftsprogramm, Königstein/Ts. 1978, insbesondere den einleitenden Beitrag von Ropohl, oder in Anwendung auf die Unternehmensforschung *Hans Lenk / Matthias Maring / Ekkehard Fulda*, Wissenschaftstheoretische Aspekte einer anwendungsorientierten systemtheoretischen Betriebswirtschaftslehre, in: *Gilbert J. B. Probst / Hans Siegwart* (Hrsg.), Integriertes Management: Bausteine des systemorientierten Managements, Bern 1985, S. 165-178). Die Naivität, die sich gerade eine Wissenschaftstheorie nicht leisten sollte, besteht darin, nicht zu reflektieren, daß der Systembegriff auch auf den, der mit seiner Hilfe analysiert, anwendbar ist und daher nicht gut als Konstrukt ohne empirische Referenz aufgefaßt werden kann. Man darf, mit anderen Worten, die Relativität aller Aussagen auf Beobachter (Systemreferenzen) nicht mit dem Fall verwechseln, daß das Wissenschaftssystem selbst als Beobachter fungiert.

(6) Das muß nicht eng verstanden werden – als Erhaltung der ökonomischen Rentabilität einer Firma, sondern gilt auch dann, wenn eine Beraterfirma beim gegenwärtigen Boom dieses Marktes mehr Möglichkeiten sieht, als sie nutzen kann, und ihre "Identität" auch in der Abweisung von eventuell lukrativen Anfragen zu bestätigen sucht.

(7) Und in diesem Sinne ist unsere Fallstudie über Beratungsfirmen dann nur ein Beispiel für ein sehr viel allgemeineres Problem; denn kein System kann mit seiner Umwelt kommunizieren, obwohl jedes System sich in seiner Umwelt reproduzieren muß, oder es hört auf zu existieren.

(8) So *Alexander Exner / Roswita Königswieser / Stefan Titscher*, Unternehmensberatung – systemisch: Theoretische Annahmen und Interventionen im Vergleich zu anderen Ansätzen, Die Betriebswirtschaft 47 (1987), S. 265-284 (267f.) unter Hinweis auf H. Kind, Gibt es spezifische Faktoren in der Psychotherapie, Praxis der Psychotherapie und der Psychosomatik 31 (1986), S. 191-196.

(9) Das dürfte auch der Grund sein, aus dem *George Spencer Brown* seinen logischen Kalkül auf eine Weisung gründet: draw a distinction! Vergleiche Laws of Form, 2. Auflage, London 1971.

(10) Wenn wir "zugrunde legt" sagen, erinnern wir damit explizit an das, was einstmals "Subjekt" hieß; nur geben wir diesem Begriff hiermit nicht mehr einen substantiellen, sondern einen operativen, ereignisbezogenen Sinn.

(11) Zur Kritik dieser Prätention von Reflexionstheorien und zur Forderung eines strikt horizontalen Arrangements à la Postmoderne sieht auch *Bruno Latour*, The Politics of Explanation: An Alternative, in *Steve Woolgar* (Hrsg.), Knowledge and Reflexivity: New Frontiers in the Sociology of Knowledge, London 1988, S. 155-176 (insbesondere 168 f.), freilich dann explizit (S. 175 f.) gegen die (nicht zutreffend gewürdigte) language of observers observing observers.

(12) Zitat aus: *Exner* et al., a.a.O., S. 268.

(13) Siehe insbesondere René Girard, Le bouc émissaire, Paris 1982.

(14) In der empirischen Sozialforschung spricht man eher von "latent structure analysis" und meint damit im Anschluß an Paul Lazarsfeld ein spezifisches Meßverfahren mit dichotomisierten Indikatoren.

(15) Wir merken angesichts dieses Begriffes der "Aufhebung" nur an, daß die Logik Hegels diesen Versuch unternommen und mit dem Begriff des Geistes markiert hat – aber seitdem niemand mehr.

(16) Ein Zitat! Siehe *Humberto Maturana*, Erkennen: Die Organisation und Verkörpung von Wirklichkeit: Ausgewählte Arbeiten zur biologischen Epistemologie, dt. Übers., Braunschweig 1982, S. 148.

(17) Zur beginnenden Akzeptanz dieser Sichtweise in der Organisationswissenschaft selbst vergleiche *Gilbert J. Probst*, Selbstorganisation: Ordungsprozesse in sozialen Systemen aus ganzheitlicher Sicht, Berlin 1987, insbesondere S. 68 ff. mit vielen weiteren Hinweisen.

(18) Man braucht wohl kaum nochmals zu sagen, daß auch damit wieder ein Problem durch eine Unterscheidung dekomponiert wird.

(19) Vergleiche *Heinz von Foerster*, Observing Systems, Seaside, Cal. 1981. Zur Anwendung auf das Verhältnis von Wissen und Intervention vergleiche auch *Giovanni B. Sgritta*, Conoscenza e intervento: verso approccio interattivo, Rassegna Italiana di Sociologia 29 (1988), S. 537-562.

(20) So *George Spencer Brown*, Laws of Form, 2. Aufl., London 1971. Zur Anwendung auf Therapieprobleme vergleiche *Fritz B. Simon*, Unterschiede, die Unterschiede machen: Klinische Epistemologie: Grundlage einer systematischen Psychiatrie und Psychosomatik, Berlin 1988.

(21) Einen Versuch, gerade die hierarchische Interpretation von Ebenendifferenzen zu benutzen, um zu erklären, wie in der Wissenschaft hochwahrscheinlicher Dissens in Konsens verwandelt wird, unternimmt *Larry Laudan*, Science and Values: The Aims of Science and Their Role in Scientific Debate, Berkeley 1984. Aber der Versuch beruht auf einem zweckbezogenen Handlungsbegriff und würde scheitern, wenn man die Auffassung der Ebenendifferenz von dieser Grundlage ablösen würde.

Roswita Königswieser

Gelassenheit

Unternehmer und Führungskräfte werden mit einer sich immer rascher wandelnden Umwelt konfrontiert, müssen mit immer massiveren Widersprüchen und Streß fertig werden und mit mehr Unsicherheiten leben lernen. Um Problemen in einer systemisch-evolutionären Grundhaltung begegnen zu können, braucht man Gelassenheit.
In diesem Beitrag soll diese Haltung beschrieben werden. Die Autorin zitiert dabei vor allem immer wieder Hermann Hesse, weil er für sie zu diesem Thema dichte Bilder und Aphorismen formuliert hat.

WISSEN KANN MAN MITTEILEN, WEISHEIT ABER NICHT.
MAN KANN SIE FINDEN, MAN KANN SIE LEBEN,
MAN KANN VON IHR ERFÜLLT SEIN UND GETRAGEN WERDEN,
ABER SAGEN UND LEHREN KANN MAN SIE NICHT.

(HERMANN HESSE)

Was ist das Gegenteil von Gelassenheit?

Menschen, die verbissen sind, sich verkrampfen und verspannen, die nicht lockerlassen können, ein ständiges Kontrollbedürfnis haben, von Angst geplagt werden, auf ein bestimmtes Ziel oder Objekt fixiert sind, die ein hektisches, gestreßtes Leben führen, Menschen, die glauben, immer recht haben zu müssen, und Dramen inszenieren – die sind nicht gelassen.

Ist also dann Gelassenheit Entspannung, locker lassen, Vertrauen haben, angstfrei sein, nicht fixiert, sondern offen sein? Ist man gelassen, wenn man ein gemächliches, ruhiges Leben führt, wenn man die Relativität seiner Ansichten sieht und undramatisch ist?

Was also ist Gelassenheit?

Unsere Grundaussage leitet sich von der Sinneinheit "lassen" ab, die im Wort Ge-lassen-heit steckt. Lassen kann die Bedeutung von los-lassen – im Gegensatz zu festhalten – haben und die Bedeutung von zu-lassen – im Gegensatz zu abwehren – bekommen.

Es geht um Loslassenkönnen von fixierten Vorstellungen davon, was glücklich macht, von bestimmten Zielen, starren Urteilen, blinden Fixierungen, aber gleichzeitig um Zulassenkönnen von beängstigendem Neuem, von chaotischen, unlogischen Herausforderungen. Gelassenheit beschreibt den Umgang des Menschen mit den eigenen Grenzen. Gelassenheit ist eine schwer erklärbare Form von aktiver Passivität, ist Oszillieren statt Agieren. Gelassenheit bedeutet, die vollen Widersprüche des Lebens durch sich durchzulassen; Durchlässigkeit den Ereignissen des Lebens gegenüber – im Gegensatz zu Undurchlässigkeit. Es geht – in einem Bild ausgedrückt – um Atmen statt Keuchen oder Ersticken.

Wer alles zu-läßt, hat keine Identität mehr und wer alles los-läßt ist auch ohne Profil. Es geht um die Balance zwischen diesen Polen. Nur wer fest und offen, abgegrenzt und neugierig, überlegend und risikobereit, verzichtend und genießend gleichzeitig ist, läßt Widersprüche, läßt Lebendigkeit zu. Er ist Meister der Gelassenheit.

Was macht es so schwierig, gelassen zu sein? Warum bekämpfen wir Widersprüchlichkeit?

Daß das Leben voller Widersprüche steckt, erleben wir täglich. Westliche und östliche Philosophien und Denkmodelle versuchen, dem auf den Grund zu gehen. Widersprüche und Ambivalenzen gibt es in der Gesellschaft, in Organisationen, in jeder Person.

Für uns ist es deshalb so schwierig, mit Widersprüchen – also eigentlich mit dem Leben – gelassen umzugehen und Zufriedenheit zu entwickeln, weil unsere westliche Kultur uns Mythen suggeriert, die diese Haltung extrem erschweren. Die wichtigsten Anti-Gelassenheits-Mythen sind:

1. Mythos: Richtig ist, was widerspruchsfrei ist. Es gibt nur ein Entweder-Oder, sonst ist man unlogisch und chaotisch.

2. Mythos: Erfolgreiche Helden können nicht gelassen sein, sie sind dynamisch und lassen nicht locker, bis sie ihr Ziel erreicht haben.

3. Mythos: Gelassenheit ist Selbstaufgabe. Sie bedeutet Resignation und Tod. In der westlichen Welt muß man kämpfen.

4. Mythos: Wer grundsätzlich zufrieden ist, mit dem stimmt etwas nicht. Unzufriedenheit ist der Motor des Lebens.

5. Mythos: Wenn man unzufrieden ist, muß man aktiv sein, sich das holen, was einem fehlt, um wieder alles unter Kontrolle zu bekommen. Hat man das Fehlende, ist die Welt in Ordnung. Die Zufriedenheit liegt nicht in uns selbst, sondern außen.

6. Mythos: Jeder Mensch hat ein Recht auf Glück. Wenn nötig, muß man es erzwingen – und das möglichst rasch. Die Vorsilbe "un" beim Wort Unglück suggeriert, daß das Glück das Selbstverständliche sei, daß das Vorhandensein von Unglück einer Erklärung bedürfe. Das Unglück ist eine Störung, eine Beraubung. "Das Glück ist ein Wie, kein Was, ein Talent, kein Objekt." "Glück gibt es nur, wenn wir vom Morgen nichts verlangen und vom Heute dankbar annehmen, was es bringt, die Zauberstunde kommt doch immer wieder." (*Hesse*)

7. Mythos: Zeit ist Geld. Es bleibt wenig Zeit für Besinnung, Ruhe, Muße, denn es kann nie genug Leistung erbracht werden.

In welchem gesellschaftlichen Kontext sprechen wir über Gelassenheit?

Diese Mythen sind Ausdruck einer geschichtlich gewachsenen Grundhaltung unseres Fortschrittsglaubens, unserer Leistungsgesellschaft – der postmodernen Werte. Ohne diese Entwicklung im Detail beschreiben zu wollen, seien einige Punkte benannt, die zu diesem Wert- und Wahrnehmungsgefüge führen.

Durch die Aufklärung, die das Primat des Verstandes proklamierte, kreisten die Ausrichtungen immer wieder um Begriffe wie Sittlichkeit, Tugend, Pflicht und Moral. *Kants* "feindliche" Worte waren: Sinnlichkeit, Selbstliebe und Neigung. Durch die Ausdifferenzierung und Arbeitsteilung verkümmerte die Ganzheitlichkeit zugunsten des quantitativen Wachstums. Der faustische Fortschrittsglaube, die Überbewertung der Machbarkeit, der Kontrolle über die Natur – über das Irrationale, Intuitive, Körperliche, Weibliche – führte zu einer Kultur der Selbstbeherrschung, Disziplinierung und einseitigen Logik und zur Illusion von einer widerspruchsfreien Objektivität.

In so einem Umfeld haben Gelassenheit, Weisheit, Ruhe, Beschaulichkeit keinen Platz.

Diese alte kulturspezifische "Rationalität" ist aber an ihre Grenzen gestoßen. Man stöhnt unter den hohen Preisen, die man zu zahlen hat, und wird mit den eigenen Grenzen der Machbarkeit und Kontrollierbarkeit unsanft konfrontiert (Umweltprobleme, Bevölkerungswachstum, Psychosomatik, Sinnlosigkeitssyndrom usw.). Gleichzeitig finden ein Paradigmenwechsel und ein Wertwandel statt, weil die Krise uns zwingt, die Werte zu überdenken. Nicht zufällig wird *Capras* "Wendezeit" ein Bestseller, strömen Leute in Zen-Gruppen, befaßt man sich mit östlichen Philosophien, mit Mystik, entstehen die grüne Bewegung und alternative Ökonomien, werden Friedens- und Frauenbewegungen und Bürgerinitiativen zu einem öffentlichen Einflußfaktor. Der Paradigmenwechsel bringt auch das verlorengegangene, ganzheitliche Denken wieder ans Tageslicht, und somit werden die verdrängten, ausgesperrten Anteile wieder salonfähig.

Gelassenheit wird als Lebenskonzept nicht nur interessant, sondern auch nötig.

Empfehlungen, um gelassen zu sein

AKTZEPTIERE DICH SELBST!

Ohne ein positives Selbstbild zu haben, ohne Freundschaft mit sich geschlossen zu haben – so formuliert es Laotse –, kann man nicht gelassen sein. Menschen, die sich selbst nicht mögen, projizieren diese Ablehnung auf ihre Umwelt. Wer mit sich zufrieden ist, ist es auch mit den anderen. Wer sich selbst verzeiht, ist auch mit anderen gütig. Schon Descartes sagt: "Was Peter über Paul sagt, sagt mehr über Peter als über Paul". Die Umwelt ist ein Spiegel unseres Innenlebens. Wir meinen, die Wirklichkeit zu sehen, und sehen nur uns selbst. Was immer einen am anderen – dem Partner, den Mitarbeitern – aufregt, ist immer auch etwas, was man selbst zu haben fürchtet, an sich selbst ablehnt. Hesse sagt: "Wenn wir einen Menschen hassen, so hassen wir in seinem Bild etwas, was in uns selbst sitzt. Was nicht in uns selbst ist, das regt uns nicht auf."

Sich selbst zu akzeptieren heißt aber nicht, nichts zu tun, sondern im Gegenteil: an sich zu arbeiten, sich auch mit seinen dunklen Seiten sehen zu lernen. Daß die Selbstakzeptanz der Angelpunkt für positive Lebensbewältigung ist, findet sich schon bei *Seneca*: Als sich ein depressiver Feuerwehrhauptmann im Jahre 953 an ihn mit der Klage wendet, er sei ständig ruhelos, weil ihn stets Reue über das Begonnene und Angst vor einem Neuanfang beschlichen, faßt *Seneca* die Symptome zusammen: Es sei die Unzufriedenheit mit sich selbst. Daher kämen Trübsinn und Trübsal.

Auch die meisten psychologischen Konzepte setzen bei der Selbstakzeptanz an. Insbesondere der psychoanalytische Prozeß geht davon aus, daß unneurotisches Handeln erst dann möglich ist, wenn der Analysand auch seine verdrängten, abgelehnten, abgespaltenen Teile akzeptierend in seine Person integriert hat, wenn er nicht mehr ganz anders sein will, als er ist. Man kann andere nur in dem Ausmaß lieben, wie man sich selbst liebt. Wenn man jemanden streichelt, streichelt man sich selbst. Schlägt man jemanden, tut man sich selbst weh.

Der Schlüssel liegt in uns selbst.

Das Märchen "Hans im Glück" zeigt: Das Glück liegt nicht im Gold oder einem bestimmten anderen Gut, das man haben kann, sondern in einem selbst. Das Glück sitzt nicht eingeschlossen in diesem oder jenem. Man kann auch glücklich sein – ganz ohne äußeren Grund.

Ohne sich so zu lassen, wie man ist – ohne Selbstachtung – kann man auch andere nicht so sein lassen, wie sie sind. Gelassenheit setzt Selbstakzeptanz voraus.

Daß Selbstbejahung auch der Schlüssel zum Erfolg sei, streicht Bennis in seiner Analyse besonders erfolgreicher Manager hervor. Er berichtet, daß das positive Selbstwertgefühl anziehend auf andere wirke, weil es auch in ihnen das Gefühl des Selbstvertrauens auslöse. Gute Führungskräfte glauben an sich und ihre Mitarbeiter.

Arbeite an einem positiven Weltbild!

Das Bild, das wir von der Welt, vom Leben, von Menschen, Organisationen etc. haben, steht natürlich in engem Zusammenhang mit unserem Selbstbild. Stehen wir dem Leben grundsätzlich positiv gegenüber, gehen wir davon aus, daß das Leben einen Sinn hat, werden wir alle Ereignisse in diesem Sinnhorizont einordnen. Empfinden wir das Leben als Jammertal, als Bürde, werden wir belastende Ereignisse als Bestätigung deuten, positive als kurzes Intermezzo, als Ausnahme, die die Regel bestätigt. In einem düsteren Weltbild ist man selbst meist Opfer und Getretener. Es gibt Gewinner und Verlierer, Schuldige und Opfer, Recht und Unrecht, vom Schicksal Bevorzugte und Benachteiligte.

Die Weltsicht eines gelassenen Menschen ist anders strukturiert. Er findet das Leben lebenswert. Sein Dasein hat Bedeutung. Er glaubt daran, daß das Leben sich seine Form sucht, die gut ist. Er weiß, daß es viele Wege gibt, ein sinnvolles Leben zu führen, nicht nur einen bestimmten. Er weiß, daß er in seinem Einflußbereich Gestaltungsmöglichkeiten hat. Er definiert sich nicht als Opfer, sondern als Akteur, der zu den Konsequenzen seiner Handlungen steht. Er gibt nicht anderen die Schuld, sondern überlegt, welchen Beitrag er selbst leisten könnte, um eine Situation befriedigender zu gestalten. Schicksalsschläge sieht er als zum Leben gehörend, und sie erweisen sich für ihn häufig als Chance für Weiterentwicklung und Veränderung.

Gelassenheit hängt nicht vom Ausmaß dessen ab, was das Schicksal bringt, sondern von der Grundannahme, wie gut oder schlecht das Leben ist.

Zufriedenheit erleben nur Leute, die bereit sind, zufrieden zu sein. Der Gelassene schiebt die Schuld nicht auf die Umstände oder andere. Er ist in der Lage, aus jeder Situation das Beste zu machen, weil er sich für sein Leben voll verantwortlich fühlt. Wenn ihm etwas mißlingt, fühlt er sich auch nicht schuldig, sondern trägt im Bewußtsein seiner Verantwortung die Konsequenzen. Er weiß, daß er selbst Verursacher seines Lebensgefühls ist, und schiebt Belastendes weder seinen Eltern noch seinen Vorgesetzten zu.

"Das Ziel der Weisheit ist, daß man den Dingen nur so viel Macht über sich einräumt, als man selbst es will, und, daß man sein Schicksal nicht mehr von außen empfängt, sondern es nimmt, als Atemzug aus dem eigenen Interesse." (*Hesse*)

Er zieht die Gelassenheit der Verbitterung vor. Er weiß, daß er zwar nicht alles beeinflussen kann, was ihm wichtig wäre, und er ärgert sich über viele Dinge, aber er nimmt diese Mängel als Lernchancen. Er lebt sein Leben mit einer Grundstimmung der gelassenen Heiterkeit. "Heiterkeit ist weder Tändelei, noch Selbstgefälligkeit, sie ist höhere Erkenntnis und Liebe, ist Bejahung aller Wirklichkeiten, Wachsein am Rand aller Tiefen und Abgründe." (*Hesse*)

Er traut sich viel zu und deshalb sieht er sich in eine gute Welt hineingeboren. Zum Beispiel steigen Autofahrern, die sich nicht zutrauen, gewundene Gebirgsstraßen zu bewältigen, angstvolle Bilder von Unfällen und Verletzungen auf. Autofahrer, die volles Vertrauen in ihre Fahrtüchtigkeit haben, sehen eher die herrlichen Fernblicke in den Kurven.

Schon *Epiktet* sagt: "Es sind nicht die Ereignisse, die uns beunruhigen, sondern die Vorstellungen davon." Wir sind für das Geschehen nicht ganz selbst verantwortlich, aber dafür, wie wir es interpretieren, es erleben, was wir daraus machen.

Letztlich ist alles eine Frage der Wahrnehmung der Realität. Es gibt keine objektive Wahrheit, sondern nur unsere persönlichen Konstruktionen der Wirklichkeit. Wir sind in ein Bedeutungsgewebe eingesponnen, das wir selbst erzeugt haben.

Menschen, die eine grundsätzlich positive Weltsicht haben, interpretieren auch harte Schicksalsschläge und belastende Dinge anders und finden andere Bezeichnungen dafür. So sprechen zum Beispiel erfolgreiche Manager nicht von Mißerfolgen, Rückschlägen oder Scheitern, sondern von "Patzern", lernträchtigen Ereignissen, Weichenstellungen oder Chancen.

Im Kontext einer positiven Lebenseinstellung sind Probleme nicht wegzudenken. Aber sie sind nicht Grund, um zu resignieren, sondern Gelegenheiten, Herausforderungen, Chancen. Wenn sich Einstellungen verändern, merkt man, daß sich nicht die Menschen und Ereignisse verändert haben, sondern nur das eigene Erleben davon. Fühlte man sich früher zum Beispiel durch eine Krankheit vom Schicksal ungerecht behandelt, entdeckt man später, daß ohne diese Krankheit wichtige Bewußtseinsprozesse nicht möglich gewesen wären. Beschimpfte man früher die Lieblosigkeit der eigenen Eltern, ist man später imstande, diese leidvollen Erfahrungen als Grund dafür zu sehen, daß man ein tieferes Verstehen für andere entwickeln konnte. Fand man, daß durch eine Scheidung das Leben so gut wie beendet wäre, erlebt man diesen Bruch als Aufbruch in ein bewußteres, selbständigeres Leben.

Beurteilungen hängen von unserem Weltbild, unserem Selbstvertrauen und dem Kontext ab, in den wir Ereignisse stellen. Gelassene Menschen sehen immer beide Seiten einer Medaille.

Das Bild der Welt, das wir in uns tragen, überträgt sich auch auf unser Menschenbild, auf unsere Familien, Freunde, Kollegen. Wenn etwas nicht so gelingt, wie man sich das vorstellt, kann man jemanden als hoffnungslos unfähig beurteilen oder als Lernkanditaten. Man kann jemandem böse Absicht unterstellen oder Gedankenlosigkeit. Man kann Sündenböcke für einen Flop suchen – oder ihn als Symptom für einen Mangel im System aufgreifen. Gelassenheit bedeutet zu sagen: Es ist, wie es ist. Man zieht die Konsequenzen daraus. Man lernt. Veränderung von Menschen passiert paradoxerweise vor allem durch das Akzeptieren ihres So-Seins und nicht durch ständigen Veränderungsdruck. Die Veränderung anderer beginnt immer bei der eigenen Einstellung, bei einem selbst.

Diese Weisheit vermittelt auch folgende taoistische Geschichte aus dem alten China: Als Yen-Ho im Begriffe war, sein Amt als Lehrer beim Herzog von Wei anzutreten, ging er zu Chu Po Yu um Rat: "Ich habe es mit einem verderbten und mordlustigen Gesellen zu tun", sagte er. "Wie soll man mit einem Mann dieser Art umgehen?" "Ich bin froh, daß du mir diese Frage stellst", antwortete Chu Po Yu. "Das erste, was du tun mußt, ist nicht, ihn zu verbessern, sondern dich selbst zu verbessern".

Die Theorie der "selffulfilling-prophecy" betont ebenfalls den Zusammenhang zwischen erwartetem Verhalten und tatsächlichem Tun. Wir sehen nicht nur das, was wir zu sehen erwarten, sondern wir verhalten uns auch danach, je nachdem, mit welchem Erwartungsbild wir konfrontiert werden.

Laß Widersprüche zu!

Gelassenheit bedeutet Durchlässigkeit positiv und negativ besetzten Dingen gegenüber. Damit ist auch gemeint, Gefühle und Wünsche zuzulassen, für die man sich schämt, die man nicht wahrhaben will. Alles, was man wegschiebt, abschiebt und unterdrückt, führt zu Verspannungen, Energieblockaden, Symptomen. *Christa Wolf* spricht in ihrem Buch "Kindheitsmuster" davon, daß die Gefühle, die man sich verbieten muß, sich rächen…

Wenn man zum Beispiel traurig ist, weil man abgelehnt wurde, sollte man trauern. Trauer ist nach *M. Mitscherlich* ein Durcharbeiten und langsames Ertragen von Verlusten – mit der Möglichkeit, durch diese Erfahrungen an menschlicher Reife zu gewinnen. Das heißt zum Beispiel auch, Gefühlsbindungen, die nicht mehr stimmig sind, aufgeben oder einer Wandlung unterziehen zu können.

Wenn man sich verliebt, obwohl man "gebunden" ist, sollte man dieses vielleicht erschreckende, chaotische, aber schöne Gefühl zulassen. Wenn man einen geliebten Menschen immer wieder einmal haßt, sollte man dieses Gefühl nicht abwehren. Hat man eine völlig neue Erfahrung gemacht, die aber alle Sicherheit, die man sich aufgebaut hat, in Frage stellt – überlegt man sich zum Beispiel, einen anderen Beruf zu ergreifen –, sollte man diese Phantasien oder konkreten Möglichkeiten zulassen. Aber auch destruktive Impulse gehören zur eigenen Person. Auch das Böse ist ein wichtiges Element der Realität. "Ohne das Tier in uns sind wir kastrierte Engel." (*Hesse*) Und: "Ich bin oft müde, ohne Glauben und Muß, aber ich glaube, man muß diese Zustände nicht eigentlich bekämpfen, sondern sich ihnen überlassen, einmal weinen, einmal gedankenlos brüten, und nachher zeigt sich, daß inzwischen die Seele doch gelebt hat und irgend etwas in einem vorwärts gegangen ist."

Zulassenkönnen heißt Lebendigkeit bewahren. Gelassenheit ermöglicht es, sich auf Widersprüchliches, auf Neues einzulassen und dabei mit der Angst fertig zu werden – sie als Energie zu nutzen. In diesem Sinne bedeutet Gelassenheit eben nicht – wie es oft unterstellt wird – Abkehr vom Leben, aufgebendes Resignieren, Passivität, Selbstaufgabe, Verleugnung, Bewegungslosigkeit etc., sondern ständige ruhige Auseinandersetzung mit sich und der Welt.

Der Stoiker *Seneca* fragt: Hat der Mensch nicht die Kraft, sich unabhängig zu machen von allem, was ihn feindlich treffen kann? Er braucht doch nur – in Gleichgültigkeit, in Kälte gegen die Welt – nichts an sich kommen zu lassen. Er empfiehlt im Brief "Über das glückliche Leben" man tue am besten daran, sich undurchdringlich zu machen gegen Hitze und Kälte und gegen Beleidigungen – und auch für süße Empfindungen, die einen abhängig machen von irgendeinem Glück. Gelassenheit ist keine seelische Hornhaut, kein Panzer, der nichts Unangenehmes durchläßt; keine Anästhesie des Körpers und der Seele. Glück bedeutet nicht Bedürfnislosigkeit, nicht, daß man nichts mehr wünscht oder fürchtet.

Laß Fixierungen los!

Gelassenheit bedeutet auch loslassen können. Wenn man bestimmte Ziele, wie zum Beispiel eine bedeutende Position, unbedingt erreichen will und dafür andere Qualitäten opfert, kann man nicht gelassen sein. Wenn man auf eine bestimmte Beziehung fixiert ist und meint, nur mit diesem Menschen Glück erleben zu können, wird man besitzergreifend, eifersüchtig, ängstlich. Gerade in zwischenmenschlichen Beziehungen gilt die Dialektik: Man muß bereit sein, jemanden loszulassen, um ihn wirklich zu haben. Gerade die Liebe ist nur ein Gast. Sie kommt nur, wenn sie nicht muß. Man kann ihren Besuch nicht fordern, nicht erzwingen, nicht erhalten. Liebe ist ein Kind der Freiheit. Alle Absicherungsversuche, Verträge, Verpflichtungen sind Liebestöter.

Leidet man zum Beispiel darunter, zu wenig Beziehungen zu haben, dann sollte man nicht mehr tun, sondern eher weniger. Die Wahrscheinlichkeit ist sehr groß, daß man andere zuwenig akzeptiert, zuviel an ihnen herumändern will.

Wenn wir versuchen, unsere Kinder zu kontrollieren und festzubinden, werden wir sie verlieren. Wenn wir sie loslassen, kehren sie als eigenständige Menschen zu uns zurück.

Gelassenheit stellt uns vor die Aufgabe des Auf-gebens scheinbar unentbehrlicher Objekte. Das können Menschen, Ziele, Urteile sein. Das ist um so leichter, je wertvoller man sich selbst fühlt, je mehr man in sich ruht.

Immer wieder werden wir mit Situationen konfrontiert, in denen wir etwas Heißersehntes nicht bekommen, auf Liebgewonnenes, Wertvolles verzichten müssen. Man muß sein Leben nach einer Scheidung bewältigen, man muß den Tod eines geliebten Menschen verkraften. Gelassenheit wird gerade bei extremen Verlust- beziehungsweise Verzichterlebnissen besonders bedeutsam. Das Loslassenkönnen von scheinbar Unverzichtbarem nennt *Freud* "Trauerarbeit". Dazu gehören das Durchmachen von Wut und Trauer und dann die Integration der Realität in die eigene Identität. Auch hier liegt die Lösung wieder in einem Paradoxon: Die einzige Möglichkeit, aus einer Depression herauszukommen, besteht darin, in sie hineinzugehen. Die einzige Chance, mit Wut fertig zu werden, besteht darin, sie zu "umarmen". Wer zu seinem Empfinden ja sagen kann, wer seine Gefühle zulassen, sie durcharbeiten kann, der wird sie hinter sich lassen können.

Gelassenheit heißt auch immer, Desillusionierungsarbeit zu leisten, Abschied von unerfüllbaren Wünschen und geliebten Menschen zu nehmen, von Kindern, die groß werden, von Mitarbeitern, die anderswo bessere Chancen haben, von Erfolgen, die unreal sind. Das Festhaltenwollen erschwert diesen Prozeß der Trauerarbeit. Ohne durch das Leid, durch Enttäuschungen durchzugehen, sie anzunehmen, bleibt man getäuscht, kann die Realität nicht bewältigt werden. Dabei geht es gar nicht darum, sich einzureden, daß der Verlust kein Verlust sei, daß der Schmerz ohnedies nicht so groß sei, daß die Trauben ohnehin sauer gewesen wären, sondern Trauer tut weh – so weh, daß man oft glaubt, daran zerbrechen zu müssen und den Sinn nicht mehr zu sehen. Diese Gefühle gilt es ohne Selbstmitleid zu durchleben, sie nicht zu rationalisieren. "Man darf die Sehnsucht nicht unterdrücken, man muß sich ihr hingeben." (Hesse) Wie sehr ein unbedingtes Festhalten, ein fixiertes Erreichenwollen Dinge verunmöglicht, läßt sich an vielen Phänomenen beobachten. Will man bei Schlafstörungen den Schlaf herbeizwingen, flieht er immer weiter weg. Läßt man die Vorstellung los, kommt er von allein.

Sucht ein allein lebender Mensch dringend einen Partner, in den er sich verlieben kann, wird seine krampfhafte Suche ohne Erfolg bleiben. Meist begegnet man einem interessanten Menschen, wenn man damit nicht mehr rechnet, die Idee aufgegeben hat.

Das Loslassenkönnen beruht aber auch ganz wesentlich auf eigenen Urteilen, Vorstellungen und Überzeugungen, mit denen ja Selbst- und Fremdwahrnehmung zusammenhängen.

Wenn wir unsere Urteile und Vorstellungen nicht immer wieder einmal loslassen, hinterfragen, versperren wir uns selbst den Weg für neue, erweiterte Erfahrungen. Ein zu starres Festhalten an Überzeugungen schränkt unsere Erlebnisbereitschaft oft stark ein. Das Wort "Überzeugung" weist mit seinem "Über" auf den Zusammenhang mit einem "Zuviel" einer Zeugung hin. Was in unsere Überzeugung nicht hineinpaßt, wird entweder gar nicht wahrgenommen oder abgewertet oder umetikettiert. Die Überzeugung verstellt uns den Blick für andere Aussichten, für das Verstehen anderer Wahrheiten. Das Festhalten daran macht uns blind, rechthaberisch, läßt uns andere verurteilen und Dramen inszenieren, weil wir uns ungerecht behandelt fühlen. Dabei lassen wir aber außer acht, daß wir Verursacher unserer eigenen Verfolgung sind. Wer andere dazu zwingen will, nur seine eigene Wahrheit anzuerkennen, provoziert das darauf folgende Polarisierungsspiel mit.

Gelassenheit heißt aber nicht, keine Überzeugung zu haben, keinen Standpunkt zu beziehen, kein Engagement zu haben, keinen Enthusiasmus zu zeigen, sondern nimmt davon Abstand, im Besitz der einzig richtigen Wahrheit zu sein. Es bedeutet, nicht immer recht haben zu müssen. Es heißt, die Relativität und Subjektivität der eigenen Wertungen zu durchschauen und für anderes, Fremdes offen zu sein; die Selbstsicherheit zu haben, einmal aufgebaute Gedankengebäude wieder zu verlassen oder umzustrukturieren.

Kann ein gelassener Mensch ein politisches Engagement haben und kritisch sein? Gibt es einen gelassenen Revolutionär? Wir meinen, daß das zusammenpaßt, aber daß die Widerstandsformen anders sind. Gandhi zum Beispiel würden wir als gelassenen Revolutionär bezeichnen, der die Strategie der Gewaltlosigkeit mit Erfolg durchzog.

Loslassenkönnen ist eine wesentliche Voraussetzung für Weiterentwicklung. In der Literatur über Innovationsprozesse in Organisationen steht die Aufforderung, sich mit fremden, dissonanten Informationen zu konfrontieren, alte Gedankennester beiseite zu lassen, an erster Stelle. Ohne diese Bereitschaft ist keine Innovation möglich.

Lebe in der Gegenwart!

Aus lauter Sorge um die unsichere Zukunft und aus lauter mitgeschleppter Belastung durch die Vergangenheit können viele Menschen ihr gegenwärtiges Leben nicht leben. Sie bedauern sich wegen ihrer schweren Kindheit, vergleichen sich mit Menschen, deren Zukunft ökonomisch gesichertert ist, können mehrere Bedingungen aufzählen, unter denen sie glücklich und zufrieden sein könnten. Entweder ist es die richtige Beziehung, die sie noch nicht gefunden haben, oder alles wäre anders, wenn sie den richtigen Beruf hätten oder jünger wären oder mehr Geld hätten. Gelassene Leute jedoch nehmen ihr Leben, so wie es gegenwärtig ist, und stehen nicht in selbstbemitleidender Warteposition. Sie fühlen sich weder als Opfer, noch warten sie, daß sich Illusionen erfüllen. Sie warten nicht auf die Rettung durch andere, weil sie sich selbst für die Gestaltung ihres Lebens mit ihren Möglichkeiten verantwortlich fühlen. Sie paddeln flußabwärts mit der Strömung der Energie und nicht stromaufwärts gegen die Gegenwart, so wie sie nun einmal ist.

Weil man oft so damit beschäftigt ist, eine bestimmte Sache zu fixieren, hat man keinen Blick für die schönen Dinge und Möglichkeiten in nächster Umgebung. Die Zukunft hat immer schon begonnen. Gelassenheit bedeutet zu spüren: So, wie es jetzt ist, ist es gut. Alles ist im Fluß. Man kann das Schöne nicht ewig festhalten. Der Schmerz wird aber auch wieder vergehen. Jetzt leben heißt, sich jetzt finden. Das Geheimnis der Gelassenheit liegt darin, jetzt zu sein, zu geben und nicht morgen zu haben, zu bekommen. Oder anders ausgedrückt: Der Weg ist das Ziel! Hat man Vertrauen zu sich selbst, macht man sich auch nicht ständig Sorgen. Gelassenheit schwebt in einer sorglosen Leichtigkeit, Durchlässigkeit.

Diese Haltung bedeutet nicht, daß man keine Visionen hat, keine Hoffnungen und Sehnsüchte, aber es heißt, ein intensives Leben im Hier und Jetzt und in tiefer Zuversicht zu führen; es heißt, ständig zu lernen. Der Gelassene ist mit einem Zen-Bogen-Schützen zu vergleichen, der sein Können bis zu dem Punkt vervollkommnet, wo das Verlangen, das Ziel zu treffen, verschwindet und Mensch, Pfeil und Ziel zu untrennbaren Elementen desselben Prozesses werden.

Gelassenheit zieht auch einen bestimmten Umgang mit der Zeit nach sich. Zu Gelassenheit passen weder Hektik noch Streß. Es geht nicht um das Haben von Zeit, sondern um das Ruhen in der Zeit. Die Gegenwart ist wichtig, denn in ihr sind ohnedies Vergangenheit und Zukunft – im hegelschen Sinn des Wortes – "aufgehoben".

Wir suchen Streßbewältigung immer noch vorwiegend außerhalb der Arbeit. Die Arbeitszeit soll kürzer werden. Dadurch aber vollzieht sich die Arbeit unter noch stärkerem Druck. Aber Streßbewältigung ist das Gegenteil des Drucks, ein Antistreßprogramm zu absolvieren. Streßbewältigung ist der Abbau von negativem Druck mitten in der Arbeit, ist die volle Konzentration, der volle Energieeinsatz auf die augenblickliche Tätigkeit. Streß stellt sich ein, wenn man – gedanklich permanent schon woanders – innerlich zerrissen ist. Gelassenheit ist die Konzentration auf das Hier und Jetzt; ist jedes Ganz-in-der-Mitte-der-Situation-Sein, ist ein Sich-gehen-Lassen, ein Sich-Sammeln auf das, was gerade geschieht, was wir gerade tun, wollen oder müssen.

Ein zentraler Schlüssel dazu ist der Zen-Gedanke: "Tu, was du tust!". Konkret heißt das: Nimm alles, was du tust, hellwach und bewußt wahr!

Ein Zen-Mönch wurde gefragt, warum er trotz seiner vielen Beschäftigungen immer so gesammelt sei. Er sagte:

Wenn ich stehe, dann stehe ich;
wenn ich gehe, dann gehe ich;
wenn ich sitze, dann sitze ich;
wenn ich esse, dann esse ich;
wenn ich spreche, dann spreche ich…

Die Fragesteller fielen im ins Wort und sagten:

Das tun wir doch auch, aber was machst du noch darüber hinaus? Er wiederholte, was er gesagt hatte.

Wieder sagten die Leute: Das tun wir doch auch. Er aber sagte zu ihnen:

Nein, wenn ihr sitzt, dann steht ihr schon.
Wenn ihr steht, dann lauft ihr schon.
Wenn ihr lauft, dann seid ihr schon am Ziel…

Alle diese Empfehlungen beeinflussen einander. Sie sind Ausdruck ein und derselben Grundhaltung, in der sich die Einstellungen zu sich und der Welt manifestiert. Gelassenheit ist eine Bewegung, ein lebendiges Mitschwingen mit den Widersprüchen im Leben und ein gleichzeitiges Ruhen in sich selbst.

Heinz Jarmai

Wahrnehmung – Verantwortung – Führung

Der Autor will dem Leser eine Brücke bauen zwischen der systemischen und der herkömmlichen Wirklichkeitsbetrachtung: Es geht darum, die Wahrnehmung und die Welt, die Speisekarte und die Speisen, als unterschiedliche logische Ebenen zu erkennen. Die Umwelt enthält dann immer eine Vielzahl von Möglichkeiten gleichzeitig, die das wahrnehmende System durch Bündelung sinnvoller Ereignisse zu einer Wirklichkeit zusammenfaßt. Der damit gewonnene Gestaltungsraum verleiht der Verantwortung eine neue Qualität. Zusätzlich zu traditionellen Managementfähigkeiten erfordert sie, daß der Manager lernt, sich selbst und die Organisation zu beobachten und daraus Potential für neue Impulse aufzubauen vermag. Dazu braucht das Unternehmen den Kreislauf zwischen Diagnose, Hypothesenbildung und Veränderungsimpulsen in Gestalt von Reflexion und Metakommunikation, und dafür müssen Zeit und Raum organisiert werden.

In meiner Arbeit mit Managern – in Beratungs- oder Ausbildungssituationen – mache ich die Erfahrung, daß "systemische" Gedanken, Interpretationen und Modelle schnell verstanden werden und oft Resonanz im Sinne von Aha-Erlebnissen auslösen. Bei eingehender Auseinandersetzung, vor allem in bezug auf die unmittelbare eigene Tätigkeit, tritt jedoch oft Unsicherheit auf. Die bekannten, gewohnten Logiken der eigenen Umwelt und die systemische Betrachtungsweise erscheinen wie zwei getrennte Welten – beide verständlich, aber unvereinbar.

Ich will hier versuchen, Brücken und Übergänge zwischen diesen Welten aufzuzeigen und dem/der Leser/in neue Zugänge zu sich selbst und zu ihren Interpretationen der Wirklichkeit zu eröffnen. Dazu bieten die Themenkreise Wahrnehmung, Verantwortung und Führung mir wichtig erscheinende Ansatzpunkte.

1. Wahrnehmung und Gestaltung von Wirklichkeit

Viele unserer Wissenschaftler – auch im Bereich der Sozial- und Managementwissenschaften – machten in den letzten Jahrhunderten keinen qualitativen Unterschied zwischen Wirklichkeit und Welt einerseits und deren Wahrnehmung durch uns andererseits. Sie strebten danach, so etwas wie "Objektivität" zu gewinnen. Wirklichkeit und Abbild – wie Bateson spöttisch meint: Landschaft und Landkarte, Speisen und Speisekarte – wurden nicht als unterschiedliche logische Ebenen erkannt, sondern galten als gleichartig, den gleichen Gesetzen gehorchend.

Der Glaube an Objektivität und Ratio begünstigte und förderte Forschungen, die darauf gerichtet sind, Kausalzusammenhänge aufzudecken, Ursache-Wirkungs-Ketten festzustellen und Wirklichkeiten in entsprechender Logik auch zu konstruieren – Maschinen, Organisationen, chemisch-physikalische Prozesse, Therapiemethoden etc. Daß sich einige Bereiche der Wirklichkeit diesem Denken entzogen, blieb lange mehr oder weniger unbeachtet. Erst in den letzten Jahren, seit Komplexität und Beschleunigung der Ereignisse zunehmen, und man auch in "klassischen" Bereichen der Naturwissenschaften (theoretische Physik, Datenverarbeitung als Beispiele) an die Grenzen kausal-logischer Erklärungsmuster gelangt, steigt der Bedarf nach neuer Orientierung.

Als Alternative zur Suche und Konstruktion kausalorientierter Zusammenhänge bieten sich aus der langen historischen Tradition Modelle an, die ihre Interpretationsleistung an Sinnzusammenhängen orientieren. Sie gehen davon aus, daß die Umwelt eines Systems immer eine Vielzahl von Möglichkeiten und Ereignissen gleichzeitig enthält und Wirklichkeit jeweils als Bündelung sinnvoller Ereignisse durch lebende Systeme geschaffen/konstruiert wird.

Um dieses Verständnis zu verdeutlichen, will ich ein Bild des Wahrnehmungs- und Verarbeitungsprozesses unseres Verstandes zeichnen, so wie ich ihn, in einfacher Form, sehe.

Wahrnehmungs- und Verarbeitungsprozeß des menschlichen Verstandes ("mind")

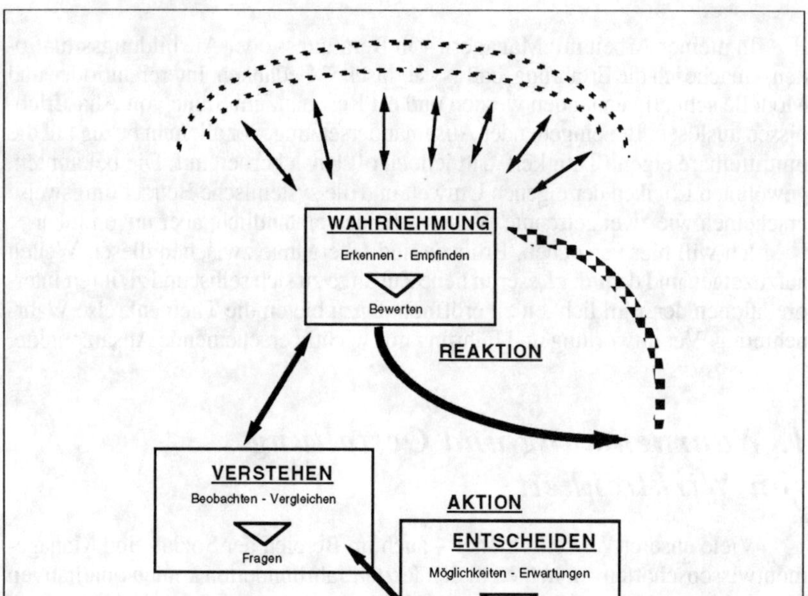

"Verstand" sehe ich hier nicht auf Operationen, die im sprachlichen Bereich geschehen, begrenzt, sondern umfassend über unseren gesamten Sinnesbereich ausgedehnt. Ähnlich beschreibt Maturana Emotionalität als Hintergrund jeder sprachlichen Vorstellung oder steht im Englischen "mind" für Geistesgegenwart und umfaßt dabei auch die Bedeutungen "Gemüt", "Herz" und "Seele". Die Fähigkeit des menschlichen Verstandes besteht – vielleicht im Unterschied zu allen anderen Lebewesen – darin, auf mehreren Ebenen operieren zu können. "Er" verfügt über die Fähigkeit der Selbstbeobachtung und der bewußten Autokommunikation. Wir haben es hier also mit einem System zu tun, daß in einer höheren Weise zur Selbstorganisation fähig ist, indem es über ein ausdifferenziertes Subsystem verfügt, das imstande ist, das System selbst zu verändern. In der obigen Darstellung habe ich versucht, dieses Modell anschaulich zu machen. Ich beschreibe einen Prozeß der Wahrnehmung, der bestimmte Umweltereignisse als Anstoß für eigene Selektions- und Interpretationsleistungen nimmt. Hierbei wirken im System die speziell verfügbaren Ressourcen und steuern die Energieströme in einer "muster"haften Weise. Mit "verfügbar" ist hier zweierlei gemeint – überhaupt im Repertoire und/oder im spezifisch wahrgenommenen Kontext zugänglich.

Diese Verfügbarkeit der Wahrnehmungs- und damit auch Re-Aktionsmöglichkeiten des Verstandes ist bestimmt durch

– seinen biologischen Aufbau;
– die generierten Erfahrungen und die daraus abgeleiteten Lebensmodelle und Handlungskonzepte;
– die sozialen Rollen und Funktionsvorstellungen;
– die situativen Interessen, Bedürfnisse und Rahmenbedingungen.

Gleichzeitig aber besitzt der Verstand die Fähigkeit, sich in seiner Art des Operierens selbst zu beobachten und über diesen reflexiven Prozeß des Verstehens neue Wirklichkeiten zu erschließen. Hierdurch ist das Gesamtsystem in der Lage,

– neue Situationen kreativ zu nutzen,
– in bekannten Situationen variabel zu handeln,
– für bekannte Situationen neue Handlungsmuster zu etablieren.

Die Leitdifferenz, an der lebende Systeme ihr konkretes Verhalten dabei orientieren, ist (Über-)Lebensfähigkeit. "Leben" ist für Menschen eine komplexe Kategorie, ihre Identität gestaltet sich in verschiedenen Subsystemen, die untereinander lose verkuppelt sind.

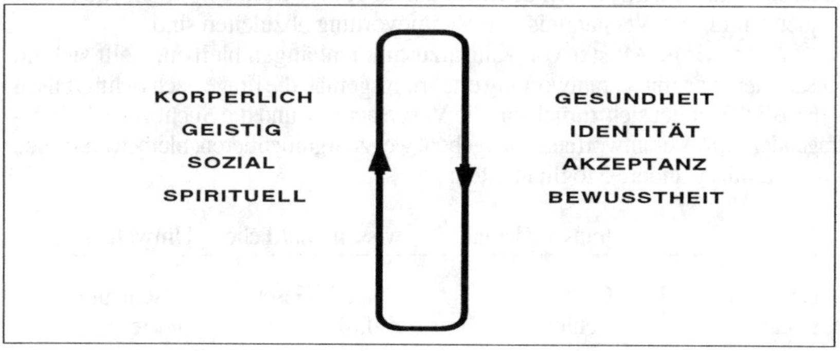

(18)

In unserer Wahrnehmung von Wirklichkeit haben "wir" es daher nicht nur mit äußeren Umwelten, sondern auch mit uns selbst, im Sinne einer inneren Umwelt zu tun.

Meine erste Darstellung möchte ich daher um diese Dimension erweitern:

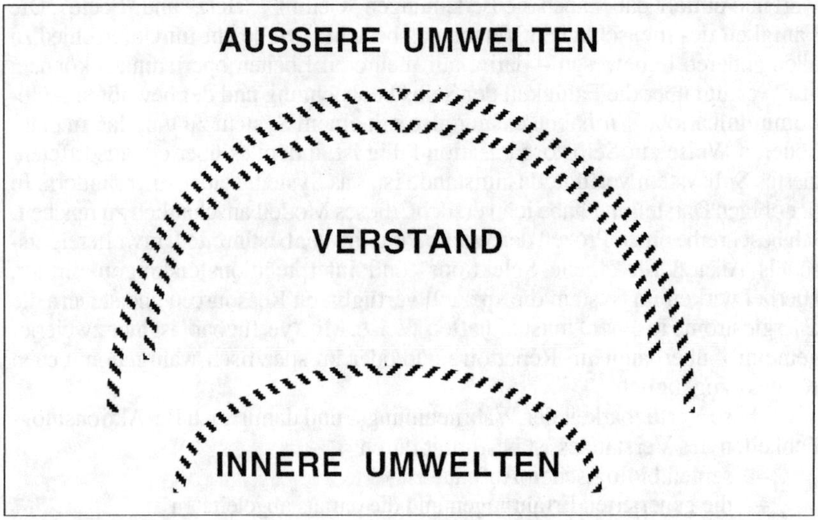

Hierin könnten wir jetzt den "Verstand" als Manager des Systems Mensch betrachten. Seine Aufgabe ist es, den Energiekreislauf zwischen äußeren und inneren Umwelten sinnvoll zu gestalten. Er hat nur geringe Möglichkeiten, direkt einzugreifen – er ist auf seine Fähigkeiten zu beobachten, Impulse zu setzen und zu lernen verwiesen. Seine Verantwortung für das Überleben ist umfassend, die direkte Macht ist gering – siehe unter: gesünder leben, gute Vorsätze …

2. *Verantwortung*

Vor dem Hintergrund dieser Beschreibung unserer Wahrnehmungs- und Handlungsspielräume wird schnell deutlich, daß hierdurch auch einschneidende Konsequenzen für das Verständnis von Verantwortung abzuleiten sind.

Wenn wir im Muster von Kausalzusammenhängen bleiben, stellt sich im Zusammenhang mit Verantwortung erfahrungsgemäß die Frage nach richtig/falsch – der Blick wendet sich zurück auf die Verursachung und die Suche nach Schuldtragenden. Um Verantwortung abzugeben, wegzuargumentieren, bleiben aber auch noch vielfältig andere Möglichkeiten:

	transzendentale	wissenschaftliche	Umwelt
dauerhaft	Gott	"Natur"-Gesetze	Geschichte
situativ	Schicksal	Zufall	andere

Akzeptiert man jedoch seine Möglichkeiten, nicht nur im Bekannten zu bleiben, nicht nur gezwungenermaßen auf Neues zu stoßen, ergibt sich ein neuer "Raum" an Fragen und Antworten.

Sich in diesen Raum hineinzubewegen bedeutet aber gleichzeitig, Erprobtes, Gewohntes und jedenfalls in der Vergangenheit Erfolgreiches in Frage zu stellen. Die Chance ist somit klarerweise mit Gefahren verbunden – Veränderungen brauchen daher Sicherheiten und stabile Zonen als Gegengewicht. Ausschlaggebend für das Engagement und die Bereitschaft, neue Wege zu beschreiten – sich für etwas verantwortlich zu fühlen –, sind dann einerseits die Erfolgsaussichten, andererseits die Annahmen, wieweit durch die Realisierung dieser Ziele die jeweils eigene Identität gestärkt oder in Frage gestellt wird.

Das Modell, das ich hier dargelegt habe, hat für Menschen in Führungspositionen nicht nur Konsequenzen im Selbstbezug, sondern diese Fakoren gelten auch in Relation zu ihren Mitarbeitern:

- Probleme – die Unzufriedenheit, die sie mit bestimmten Situationen und Ereignissen verbinden – sind immer auch mit ihrer jeweils spezifischen Wahrnehmung von Wirklichkeiten verbunden.
- Eine Lösung, Weiterentwicklung, setzt bei den Beteiligten die Akzeptanz der eigenen Verantwortung für das Problem und nicht nur für dessen Lösung voraus.
- Um die Motivation und Kreativität in Entwicklungsprozessen sicherzustellen, reichen "rationale" Argumente und Ziele nicht aus. Durch Symbole, symbolische Handlungen, muß auch Identitätsvermittlung geleistet werden.
- Wenn Veränderungen gewollt sind, muß auch deutlich werden, was zu bewahren und zu erhalten ist. Revolutionen scheitern vielleicht daher so oft, weil hiervon in ihren Programmen nichts aufscheint. So verlieren sie oft Ressourcen, die sie eigentlich mitnehmen wollten oder als "selbstverständlich" auch für die Zukunft vorausgesetzt haben.

3. *Führung*

Wenn ich die bisherigen Überlegungen nun auf Manager und Managementfunktionen anwende, möchte ich einleitend nochmals betonen, daß hieraus nicht "alte" Fähigkeiten obsulet werden, sondern weitere Möglichkeiten hinzukommen. Manager müssen einerseits, wie bisher, unmittelbar im Geschehen einer Organisation verwurzelt sein, aktiv leitend und teilnehmend in ihr gestalten und intensive Beziehungen zu anderen Mitgliedern unterhalten. Andererseits benötigen sie genügend Distanz, um sich selbst wie auch die Organisation in ihren Handlungsweisen beobachten und verstehen zu können und hierdurch Potential für neue Impulse aufzubauen. Dieser Wechsel von Beobachtung-Hypothesenbildung-Entscheidungshandeln-Beobachtung erfordert die Fähigkeit, jeweils anderes Rollenverhalten zu entwickeln und gleichzeitig doch immer der

(18*)

gleiche zu bleiben. Die Fähigkeit des Managers liegt daher – zusätzlich zu Fach- und Führungswissen – darin, sich selbst in das Geschehen mit einzubringen – nicht unbewußt, sondern in reflektierender und selbst-bewußter Weise.

3.1. Beobachtung

Beobachtung soll hier als Haltung des Managers – ein spezifischer Rollenpart – verstanden werden, die zuläßt, daß er sich bewußt von unmittelbarem Handlungsdruck befreit und das Geschehen "akzeptiert", wie es ist. Organisationen sind gut beraten, diese Funktion nicht nur der Eigeninitiative einzelner Personen zu überlassen, sondern gezielt Raum und Zeit für einzelne, Teams oder Bereiche vorabzustecken, damit diese Arbeit gestützt wird. Andererseits ist Beobachtung zielgerichtete Tätigkeit, die bestimmte Zusammenhänge, Tatbestände verdeutlichen und erklären will. Mehr und auch bisher vielleicht Unbekanntes in der Umwelt zu entdecken, erfordert einen reflektierenden Umgang mit den eigenen Wahrnehmungsfiltern. Nicht die Umstände, sondern die eigenen "Brillen" bedürfen oft einer Veränderung.

Die folgende Übersicht wendet dies auf den Bereich des Managements an und zeigt mögliche Ziele und Verfahren für die Beobachtung von sozialen Systemen.

Art der gewünschten Wahrnehmung	Beobachtungsarten -weisen	Beobachterverhalten
gerichtet, fokussiert, begrenzt	strukturierte Interviews, Datenstudien, Analysen	aktiv auf das los, was interessiert
offen, ungerichtet	Gespräche, Workshops, Meetings	aufnehmen, was den anderen wichtig ist
Reaktionen der anderen	Inputs (Ergebnisse, Meinungen) selektiv mitteilen	teilnehmende Beobachtung, eigene Präsenz als "Störung" – Irritation – aufbauen
Reaktionen von mir selbst	Resonanz spüren, Tagebuch, Plan-Ist-Vergleiche, Supervision	Auseinandersetzung mit sich selbst – persönliche Entwicklungsarbeit, Reflexion

nach Ed Nevis, Professor am M.I.T.

Ich möchte hiermit verdeutlichen, daß nicht nur was wir fragen, sondern auch wie wir fragen – Verfahren, Haltung, Prozeß – wesentlich mitbestimmt, was wir erfahren. Anders gesagt: Wir erzeugen die Ereignisse, die wir "wahr"-nehmen auch zu einem gewissen Teil selbst mit. Je weiter und offener wir unseren Rahmen stecken, desto mehr an Information fangen wir auch ein. Für diese Erweiterung an Komplexität "zahlen" wir durch einen erhöhten Reduktionsbedarf für konkrete Entscheidungen.

Es empfiehlt sich daher, Beobachtungsprozesse problemadäquat zu planen und laufend mit Hypothesenbildung zu verknüpfen. Die Beobachtungsgrenzen können dann entsprechend erweitert oder begrenzt werden.

3.2. Hypothesenbildung

Hypothesen helfen uns, einen Rahmen für Entscheidungen abzustecken und die Prämissen, von denen ausgegangen wird, deutlich zu machen. Die Reaktionen des Systems auf diese Entscheidungen – im Vergleich zu den hypothetischen Annahmen – erweitern das Bild der Funktionsweise unseres Unternehmens oder Bereiches. Folgende Thesen unterstützen den Prozeß der Hypothesenbildung in diesem Sinn:

- Diagnose braucht Raum und Zeit – diese schaffen wir uns nur, bekommen wir nur, wenn ein konkretes Veränderungsinteresse besteht – dies gilt es fürs erste aufzuspüren!
- Als Beobachter neigen wir dazu, den eigenen Erfahrungen, Meinungen und Interessen so etwas wie Absolutheit zuzuschreiben – es lohnt sich, diesen Standpunkt zu hinterfragen!
- Jedes System funktioniert mit der grundsätzlichen Zielsetzung, seine Lebensfähigkeit zu erhalten. Vor diesem Hintergrund haben seine Handlungen in spezifischer Art und Weise immer Sinn. An den hieraus resultierenden inneren und äußeren Widersprüchen ist die Energie gebunden!
- Systeme sind selbstorganisierend. Sie verarbeiten Informationen in der ihnen entsprechenden Weise. Diese Muster sind Ansatzpunkte für Interventionen!

3.3. Entscheidung und Handeln

Ihre Aufgabe als Manager besteht nun aber nicht vorrangig darin, "Bilder der Wirklichkeit" zu formen, sondern ganz konkrete Veränderungen im System zu initiieren, die seine Lebensfähigkeit – auch langfristig – erhöhen.

Da Organisationen als selbstorganisierende Systeme – in vergleichbarer Weise wie auch unser Verstand – ihre spezielle Wirklichkeit in eigenen Wahrnehmungsprozessen konstituieren, können sie diese Aufgabe nur dann realisieren, wenn es ihnen gelingt, die Aufmerksamkeit des Systems zu erlangen und Impulse zu setzen, die gewünschte Verhaltensänderungen nach sich ziehen. Wie wenig selbstverständlich dies ist, kennen neben Managern auch Kunden und Berater aus teilweise leidvoller Erfahrung.

Die Hypothesenbildung ist daher dann als gelungen anzusehen, wenn sie

- die Zielsetzung und die Grenzen der gewollten Entwicklung deutlich macht;
- die Funktionsweise (Handlungs- und Entscheidungsmuster, Werthaltungen und Prioritäten) des Systems beschreibt;
- Widersprüche im System herausarbeitet;
- Latentes sichtbar und damit auch "Disfunktionalität" verständlich macht.

An Möglichkeiten, um Impulse zur Veränderung zu setzen, bieten sich grundsätzlich zwei Interventionsformen an:

Anleitung zur Reflexion, zur Metakommunikation

Dies bedeutet, Prozesse zu initiieren oder Strukturen zu schaffen, die animieren bis zwingen, darüber zu kommunizieren, wie kommuniziert, entschieden, produziert usw. wird. Diese Reflexion kann in Unternehmen auf verschiedenen Ebenen ansetzen:

- Identitäts-Ebene,
- Strategie-Ebene,
- Operative-Ebene,
- Dispostive-Ebene.

Es muß jeweils auch Thema sein, wie diese Ebenen konkret miteinander gekoppelt sind, aufeinander Bezug nehmen. Als Beispiele für diese Arbeit seien genannt: Strategie-Arbeit, Organisationsentwicklung, Mitarbeitergespräche, Projektteams.

Eingriffe in Rahmenbedingungen, Kontextverschiebungen

Das heißt sinnliche oder geistige Realitäten zu verändern, mit der Annahme, daß hierdurch auch Handlungsmuster neue Gestalt annehmen. Diese Annahme ist in der Praxis stark vertreten – vor allem, was personelle Zuschreibungen und Umbesetzungen betrifft –, obwohl sie durch die praktischen Erfahrungen bei isolierten Maßnahmen wenig gerechtfertigt erscheint. Beispiele für solche Maßnahmen sind Änderungen von Organisationsaufbau, Ablauf- und Kontrollvorgaben, Personalbesetzung, Raumgestaltung und Technologieeinsatz, aber auch die Vermittlung neuer Sichtweisen durch Marktforschung, externe Gutachten und Vorträge.

Wirkliche Veränderungsantriebe gehen meist von einem abgestimmten Aktionsbündel aus. Dieses wirkt sinnvollerweise auf Reflexion *und* Rahmenbedingungen. Nochmals soll hier auf die Schleife von hingewiesen werden. Führung in diesem Sinn ist kein einmaliger Akt, sondern ein permanenter, gekoppelter Lernprozeß.

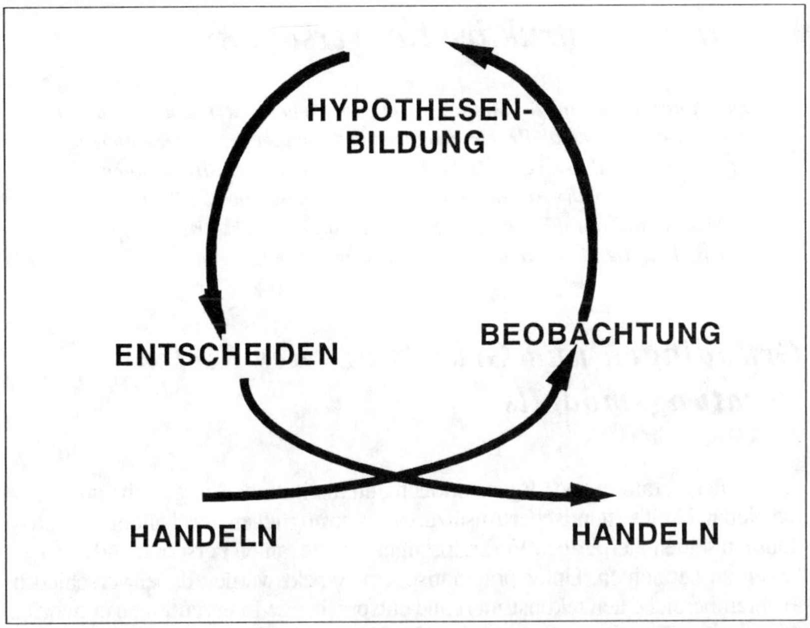

Uwe Grau / Jens Möller

*Was wäre, wenn? – Problem(auf)lösungen durch konstruktive Konversation**

Die Autoren stellen die Methoden und Instrumente der Einzelberatung dar, mit denen sie das Problem «einsamer Mann an der Spitze» angehen. Sie schildern Beispiele von Rollenspielen, das zirkuläre Fragen, das «reframing», d.h. die Entwicklung neuer Sichtweisen für die Probleme, die Funktion von Metaphern, sowie, anhand von kommentierten Gesprächsbeispielen, die Methode des konstruktiven Fragens.

Grundlagen und Grundsätze des Kieler Beratungsmodells

In der Beratung von Organisationen und Institutionen zeigt sich zunehmend die Nützlichkeit systemischer Ansätze, die es ermöglichen, das handelnde Individuum in seinen vielfältigen Verknüpfungen zu relevanten Personen und Sachverhalten zu betrachten. Unter pragmatischem Aspekt werden dabei verschiedene Problembereiche neu rekonstruiert und entsprechende Interventionen entworfen. Als "Systemische Beratergruppe Kiel" haben wir den in der Psychotherapie entwickelten systemischen Ansatz auf die Bereiche Unternehmen und Leistungssport übertragen. Dabei werden Führungskräfte (im Sport: Trainer) bei der Bewältigung ihrer beruflichen Anforderungen lösungsorientiert beraten. Die anfängliche Ausrichtung unseres Beratungsansatzes auf Einzelpersonen ist in der Entstehungsgeschichte dieses Projektes begründet. Seit Anfang 1984 haben wir Trainer im Leistungssport (Handball, Segeln) bei der Lösung alltäglicher Probleme aus ihrem beruflichen Kontext beraten. Hier war es von großer Bedeutung, die spezifische Berufsrolle von Trainern im Profisport zu berücksichtigen. Sie befinden sich häufig in der Position des "einsamen Mannes an der Spitze", stehen in der Öffentlichkeit und müssen wichtige Entscheidungen treffen. Dies läßt eine Beratung durch Außenstehende als sinnvoll erscheinen und macht gleichzeitig ein Bekanntwerden der Zusammenarbeit mit Psychologen zur Gefahr für den Trainer, der in den Ruf zu kommen droht, seine Aufgaben nicht allein bewältigen zu können. Die Beratung wurde daher als externe, von Verein und Sportlern distanzierte Beratung des Einzelkunden konzipiert. Der Kunde war der Trainer, nicht der Verein oder die Mannschaft.

---

* *Für kritisch-konstruktive Hinweise danken wir Herrn Dipl.-Psych. Jürgen Hargens*

Dieses Modell läßt sich in den Grundzügen auf strukturell ähnliche Gegebenheiten in Institutionen und Unternehmen übertragen: Personen, die Führungsaufgaben übernommen haben, definieren sich als unsere Kunden, um – räumlich und personell separiert – über von ihnen für wesentlich gehaltene Aspekte ihres Berufslebens zu reflektieren und neue Anstöße zu erhalten. Unser Ziel dabei ist es, die Rekonstruktionen der Kunden im Hinblick auf die problematischen Aspekte zu flexibilisieren.

Theoretische Grundlage unseres Beratungsmodells ist der radikale Konstruktivismus, wie er von H. v. Foerster (1985), E. v. Glasersfeld (1981), H. Maturana & F. Varela (1987) u. a. vertreten wird. Individuen und soziale Systeme werden als autonome, sich selbst organisierende Systeme aufgefaßt, die ihre jeweiligen "Wirklichkeiten" konstruieren. Der erkenntnis-theoretische Schlüsselsatz von Maturana und Varela (1987), "Alles Gesagte wird von einem Beobachter gesagt", relativiert Erkennen zu einem Konstruieren von "Wirklichkeiten" und eröffnet zugleich die beraterisch zu nutzende Möglichkeit zum Neukonstruieren problemhafter "Wirklichkeiten". In unserer Beratungsarbeit vermitteln wir die Philosophie dieses Ansatzes über eine Metapher aus dem physikalischen Bereich:

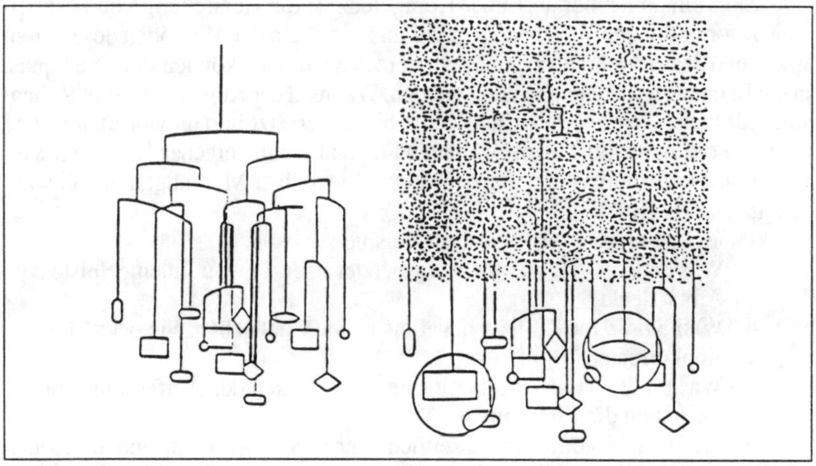

Abb. 1 Metapher: Soziales System als einfaches Mobile – als komplexes Mobile

Das Mobile dient als Symbol für komplexe, vernetzte Systeme; die dynamischen Beziehungen zwischen den Mitgliedern eines Systems werden durch die Stäbe und Fäden dargestellt. Die Elemente sind dabei so verbunden, daß eine Veränderung bei einem Mitglied Veränderungen bei den anderen in Relation stehenden Mitgliedern des Systems bewirken kann. Die einfache Variante des Mobiles erlaubt bei Kenntnis aller Variablen des gegenwärtigen Systemzustandes eine verläßliche Berechnung zukünftiger Zustände. In einem sozialen System verändern sich die Beziehungen zwischen den Mitgliedern jedoch ständig; in der Metapher des komplexen Mobiles sind es die Aufhängepunkte der Stäbe und Fäden, die sich verschieben und die unserer unmittelbaren Erkenntnis entzogen sind. Sie können nur hypothetisch erschlossen werden.

In sich selbst organisierenden Systemen können Interventionen nicht eine bestimmte Veränderung kausal verursachen, sondern sie sind als Impulse oder "Verstörungen" (Ludewig, 1987) zu selbstbestimmten Änderungen aufzufassen, sofern sie zum momentanen Zustand des Systems "passen". Aus Gründen der Nützlichkeit richten wir unsere Aufmerksamkeit auf einzelne Ausschnitte des Systems, die quasi unter der Lupe betrachtet werden.

In unserer praktischen Arbeit unterscheiden wir dabei zwei Vorgehensweisen:

a) spezifisch lösungsorientierte Beratungen mit eingegrenztem und klar abgestecktem Ziel (in der Regel drei bis fünf Sitzungen);
b) langfristig begleitende Beratungen mit stärker generellem Supervisionscharakter (keine vorher festgelegte Häufigkeitsbegrenzung; meist Termine in dreiwöchigem Abstand).

In den einzelnen Gesprächen arbeiten wir an den Themen, die der Kunde für zentral hält. Er bringt seine aus seiner spezifischen Kompetenz erwachsenen Problemrekonstruktionen in die Beratung ein. Wir benötigen keine inhaltliche Kompetenz im Arbeitsbereich des Kunden. Unsere Kunden werden von uns als kompetent in ihrem beruflichen Feld betrachtet und erleben sich selbst entsprechend.

Ein Teilbereich beraterischer Kompetenz ist die Herstellung von zusätzlichen Informationen. Dazu bedienen wir uns vor allem der Methoden des Rollenspiels und des zirkulären Fragens. Mit beiden Methoden können Personen quasi in die Beratungsrunde hineingeholt werden. Während der Kunde sich beim Rollenspiel für kurze Zeit in eine dritte Person hineinversetzt und antwortet, als wäre er diese Person, bleibt er beim zirkulären Fragen in seiner eigenen Rolle und wird mit Fragen konfrontiert, die ihn zu Spekulationen über Meinungen und Gedanken anderer anregen.

Typische Frageformen sind zum Beispiel:

- Was denken Sie, wie Ihr Vorgesetzter über die von Ihnen geleistete Arbeit denkt?
- Wen würde Ihr Kollege lieber als neuen Chef sehen: Sie oder Ihren Konkurrenten?
- Was müßte passieren, damit Ihre Angestellten der Auffassung sind, Sie haben die Firma im Griff?

Häufig entstehen durch diese zeitlich begrenzte Übernahme anderer Rollen bereits veränderte Sichtweisen, die die Fixiertheit auf die bisher eingenommene Perspektive aufheben. Aus der Veränderung von Sichtweisen ergeben sich mögliche alternative Handlungsentwürfe, die der Kunde in seinem beruflichen Umfeld umsetzen kann. Dabei ist entscheidend, daß diese gemeinsam in der Beratungsrunde am grünen Tisch entwickelten Maßnahmen in Anpassung an das jeweilige Umfeld umgesetzt werden. Nach dem Grundprinzip der Kooperation (de Shazer, 1985) betrachten wir es als positiv, wenn der Kunde die Maßnahmen den jeweiligen Umständen entsprechend verändert, zeitlich verschiebt oder verwirft. Bei jedem Schritt des Beratungsprozesses steht der Kunde im Mittelpunkt: Er trifft die Entscheidung, ob angebotene Sichtweisen plausibel und eine Umsetzung aufgezeigter Handlungsmöglichkeiten machbar erscheinen. Die Analyse aufgezeichneter Beratungen erbrachte die Unterteilung des Beratungsprozesses in sechs Phasen, wobei die "Checks" gegebenenfalls zu erneuten Prozeßdurchläufen führen:

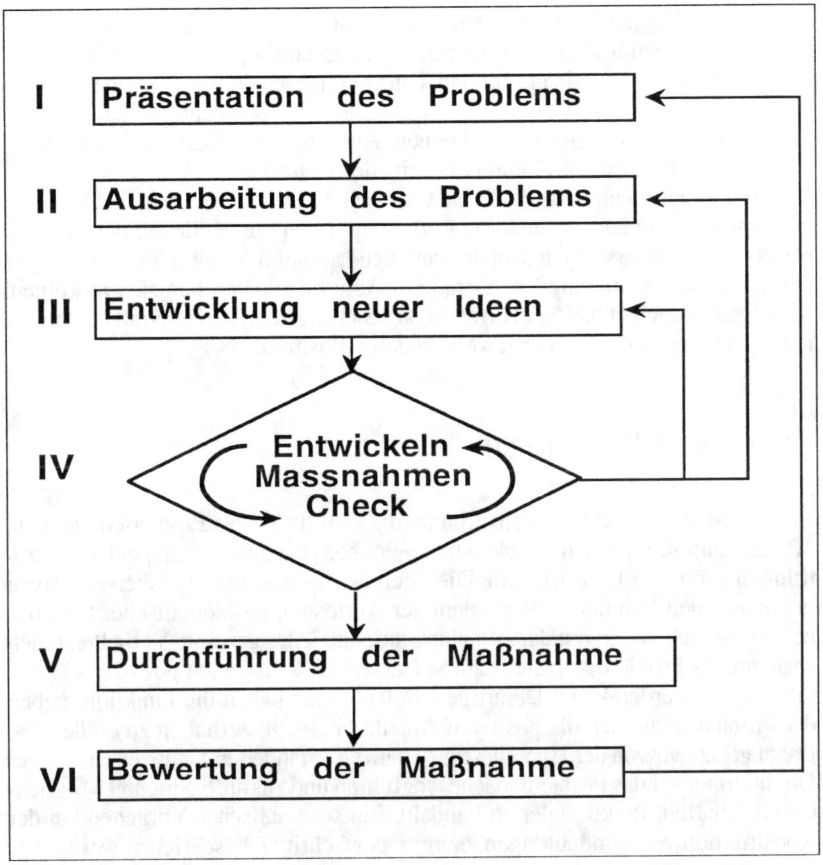

Abb. 2: Phasen des Beratungsprozesses

Ein ausführliches Beispiel mit Kommentaren findet sich in: Grau, Möller & Gunnarson (1986). Aufgabe der Berater ist es, den Kunden in höherem Maße zum Beobachter des beruflichen Systems werden zu lassen, dessen Mitglied er selbst ist. Die Erfahrung des Reflektierens in der Beratungssitzung fördert die Bereitschaft, alternative Sichtweisen zu erproben und Veränderungen im Berufsalltag zu initiieren.

Wir entscheiden im Einzelfall, wie das beraterische Setting gestaltet wird. Dabei haben wir bisher folgende Möglichkeiten erprobt:

- Zwei Berater interviewen einen Kunden. Daraus ergeben sich wiederum verschiedene Interaktionsmöglichkeiten (siehe Möller, Grau, Rohweder, 1988).
- Ein Teammitglied berät den Kunden; ein Kollege beobachtet diesen Prozeß hinter der Einwegscheibe, und beide entwerfen gemeinsam eine Intervention.

– Ein Berater interviewt den Kunden, und ein Team aus bis zu drei Personen beobachtet hinter der Einwegscheibe; zu gegebenem Zeitpunkt werden Licht und Ton so umgeschaltet, daß Kunde und Berater den Reflexionen dieses sogenannten Reflecting-Teams (Andersen, 1990) folgen können. Anschließend erhält der Kunde die Möglichkeit zur Kommentierung des Gehörten.

Bei Beratungen mit größeren Gruppen (Abteilungen, Segelcrews etc.) gehen wir häufig so vor, daß das Reflecting-Team aus Kollegen des Kunden besteht. Auch diese werden dann anschließend aufgefordert, ihre Beobachtungen und Kommentare mitzuteilen. Gerade in Abteilungen ergeben sich aus einem derartigen Vorgehen häufig überraschende Sichtweisen, Veränderungen und ein hohes Maß an Verstehen der jeweils anderen Position.

Techniken I: Reframing

Personen betrachten Sachverhalte, die sich für sie als Problem darstellen, oft sehr einseitig. Diesen Problemen gegenüber eine andere Perspektive einzunehmen kann sehr hilfreich sein. Die Technik des Reframings (übersetzt etwa: in einen neuen Rahmen stellen) dient der Auflösung problematischer Situationen. Dabei gehen wir von der Annahme aus, daß jedes gezeigte Verhalten (auch sogenanntes Problemverhalten) auf verschiedene – also auch positive – Weise interpretiert werden kann. Derartige Umdeutungen haben die Funktion, neben der Problemsicht auch die positiven Anteile in einem Verhalten zu entdecken. Dabei gehen wir von der Hypothese aus, daß die veränderten Sichtweisen von der Orientierung auf das Problematische wegführen und zukunftsgerichtet Möglichkeiten schaffen, funktionaler zu handeln. Ein schematisches Vorgehen bei der Konstruktion von Umdeutungen kann in vier Schritten beschrieben werden:

1. Analyse der Problemsituation;
2. Sammlung möglichst vieler positiver Funktionen der Problemsituation für einzelne Beteiligte und/oder das gesamte System;
3. Auswahl der positiven Funktionen, die aus der Sicht des Kunden am besten paßt;
4. Entwicklung von Maßnahmen, die auf dieser neuen Sichtweise beruhen.

In unserer praktischen Beratungstätigkeit entwickelten wir unter anderem für die in Abb. 3 aufgeführten Phänomene positive Umdeutungen:

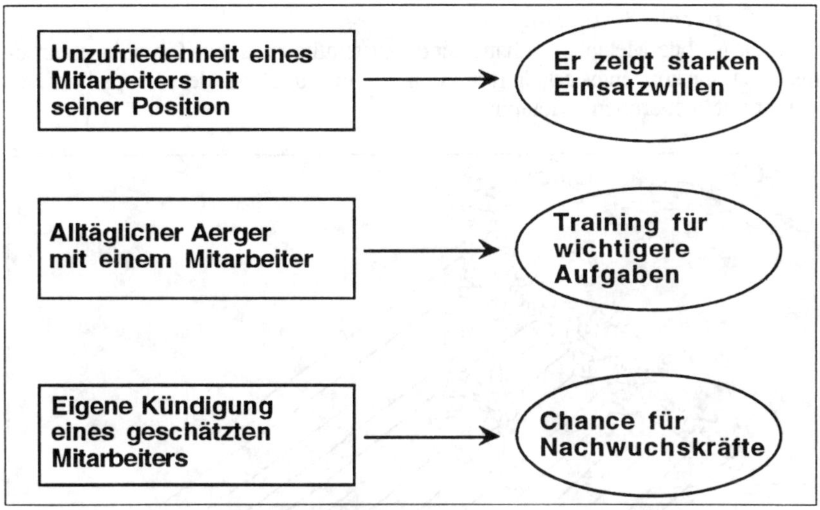

Abb. 3: Beispiele positiver Umdeutung

Die Beispiele sind stark verkürzt dargeboten; in der Beratung gingen jeweils längere Prozesse des Diskutierens und des Abwägens verschiedener Vorschläge voraus. Das Spektrum hieraus abgeleiteter Maßnahmen umfaßt unter anderem die verbale Übermittlung ausgewählter Umdeutungen, die zeichnerische Darstellung von Situationen und symbolischen Aktionen.

TECHNIKEN II: METAPHERN

Eine Metapher (griechisch: Übertragung) zielt auf eine Übertragung eines Sachverhaltes in einen anderen Gegenstandsbereich ab. Der Sachverhalt wird dadurch griffiger, lebendiger und vieldeutiger; gleichzeitig ergibt sich eine Projektionsfläche, die zur individuellen Ausdeutung einlädt. Die systemische Rekonstruktion problematischer Situationen, die Kunden in Beratungsprozesse einbringen, wird meist dann als besonders eindrucksvoll erfahren, wenn im Laufe der Beratung eine zeichnerische Metapher die neue Perspektive verdeutlicht. Kristallisationskern ist dabei häufig ein Ausdruck des Kunden, der zur zeichnerischen Umsetzung anregt, dann kommentiert und gemeinsam ausgearbeitet wird. In der Beratungsarbeit wurden im Laufe der Zeit aus vielen Situationen heraus zeichnerische Metaphern entwickelt. Neben eher situationsspezifischen Metaphern entwickelten wir "generelle" Metaphern, die grundsätzliche systemische Sichtweisen vermitteln sollen. Sie bringen in der Beratung Grundlagen unseres Konzeptes bildhaft zum Ausdruck und sind für den Kunden in seiner täglichen Praxis Erinnerung und Anstoß, in problematischen Situationen eine systemische Perspektive zu versuchen.

"Generelle" Metaphern

Die Mobile-Metapher, anhand der die systemtheoretischen Grundlagen unseres Beratungskonzeptes erläutert wurden, ist ein grundlegendes Beispiel unserer Arbeit mit "generellen" Metaphern.

Abb. 5: "Generelle" Metapher: "Escher"-Treppe-Auflösung des Entweder-oder in ein Sowohl-als-auch

Als weitere wichtige Metapher verwenden wir eine M. C. Escher nachempfundene Treppe, die ein "Entweder-oder" in ein "Sowohl-als-auch" auflöst. Bei der Einführung der Metapher zeigen wir zunächst die durch einen passenden Keil aufgeteilte "ordentliche" Treppe, die eine klare Aussage über "auf und ab" zuläßt. Wird der Keil weggenommen, so wird augenfällig, daß – so ein Kunde – "es darauf ankommt, aus welchem Blickwinkel man etwas sieht".

Der Gestaltwechsel in der Kippbild-Metapher (Abb. 5) macht unmittelbar deutlich, wie eine Situation von einem Beobachter unterschiedlich rekonstruiert werden kann und daß alternative Sichtweisen miteinander verbunden sein können. Die Metapher kann zur Reflexion über das Positive im Negativen und das Negative im Positiven anregen. In unserer Beratungspraxis wurde sie verwendet, als ein Kunde eine dezidierte negative Beschreibung eines Vorgesetzten abgab. Die Konfrontation mit der Kippbild-Metapher in der Beratungssitzung führte zu einer

Flexibilisierung der Art und Weise, wie der Kunde diesen Vorgesetzten wahrnahm. Die implizite Aufforderung an den Kunden lautete: "Was macht es sinnvoll, daß X sich in der beschriebenen Weise verhält?"

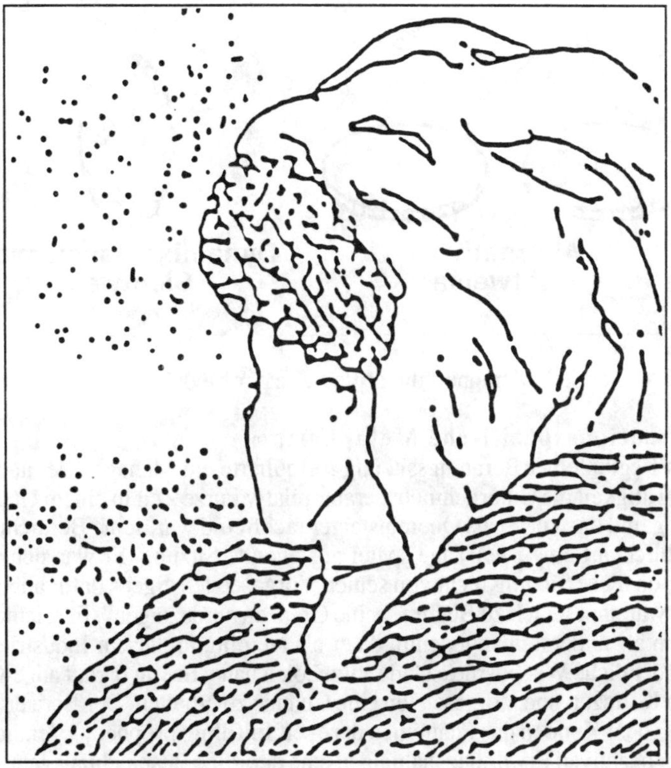

Abb. 5: "Generelle" Metapher: Kippbild

Es geht hier nun nicht darum, in einer alternativen Sichtweise die eine (glänzende) Seite einer Medaille aufzudecken und dabei die andere (dunkle) Seite zuzudecken – im Sinne der Aufforderung: "Sei optimistisch!". Die Medaillen-Metapher verdeutlicht die systemische Sichtweise, indem eine Medaille auf ihre dritte Seite gestellt und gedreht wird, so daß sich im Wechsel der Seiten für den Beobachter komplexe Einsichten ergeben können.

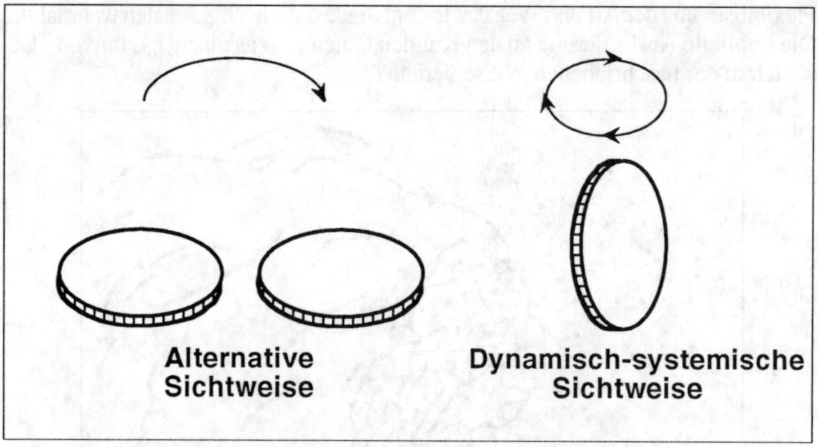

Abb. 6: "Generelle" Metapher: die dritte Seite der Medaille

Situationsspezifische Metaphern

Zu Beginn einer Beratungssitzung formulierte ein Manager, der nach vorheriger Tätigkeit als Unternehmensberater relativ kurze Zeit in einem Unternehmen tätig und dazu noch als Quereinsteiger fachfremd war, seine Befürchtungen im Hinblick auf eine zwei Tage später anstehende Sitzung. Er war sich unklar darüber, ob diese Sitzung nicht von seinen Vorgesetzten eigens dafür anberaumt worden war, ihm gleich zu Beginn "seine Grenzen aufzuzeigen". Er erlebte diese Situation als äußerst unangenehm, da er als Neuling in diesem Industriezweig fachlich deutliche Wissensrückstände aufzuholen hatte. Er war darauf angewiesen, von den Kollegen und Vorgesetzten eine Chance zu erhalten. Der Berater diskutierte mit dem Kunden das Phänomen der "self fulfilling prophecy". Jemand, der mit einer negativen Erwartungshaltung in eine derartige Besprechung geht, unterliegt der Gefahr, daß diese negative Erwartungshaltung zu einem entsprechenden Ergebnis des Gesprächs beiträgt. Der Kunde wurde befragt, wie Dritte, am Gespräch nicht beteiligte Kollegen, diese Sitzung beurteilen. Der Kunde: "Ich bin sicher, daß sie dieses Vorhaben als nicht so gefährlich einschätzen und wohl auch eher sehen, daß ich in diesem Gespräch durchaus Möglichkeiten habe, zu einer produktiven Atmosphäre beizutragen". Abschließend wurde das folgende Diagramm fertiggestellt, um dem Kunden die verschiedenen Sichtweisen noch einmal aufzuzeigen:

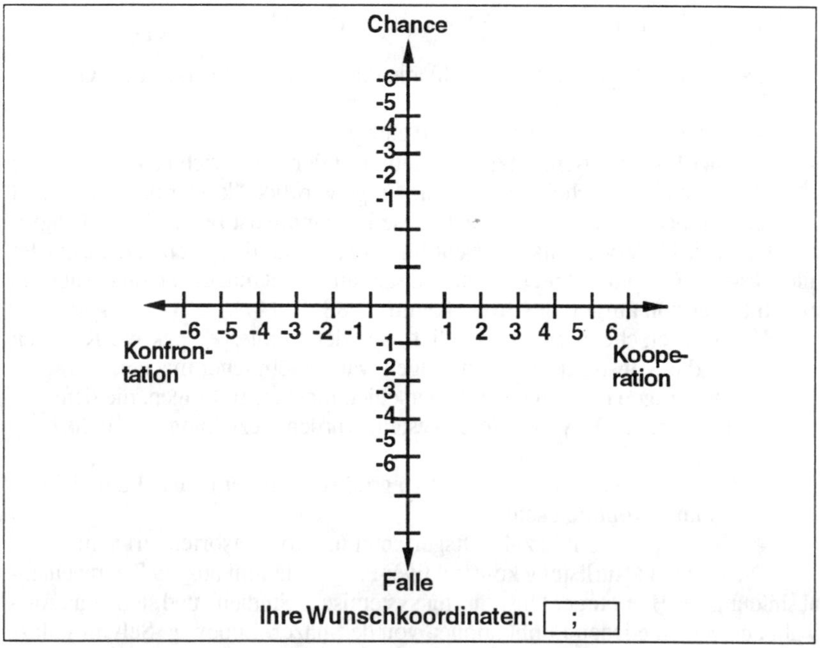

Abb. 7: Möglichkeiten im Koordinatenkreuz

Dabei wurde ihm die Möglichkeit gegeben,

a) seine momentane Einschätzung der Ausprägung der Dimensionen abzugeben und
b) "Wunschkoordinaten" für die Zukunft einzutragen.

In Beratungen arbeiten wir häufig mit quantitativen Einschätzungen. Kunden kommen mit einer globalen Problembeschreibung zu uns, die wir im Verlaufe des Gespräches spezifizieren. Dabei sind der Kreativität der Berater bei der Erfindung von Meßskalen kaum Grenzen gesetzt: Ob als bloße Prozentangabe, als Lattenhöhe beim Hochsprung oder als Zensur bei der Notengebung, Einschätzskalen tragen zu einer Konkretisierung von Sachverhalten bei (Grau & Möller, 1992 i.V.). In einer Supervisionssitzung für eine Gruppe von Unternehmensberatern entwickelten wir zum Beispiel das "Arbeitszufriedenheitsbarometer". Auf den eingetragenen Stufen konnten die Teilnehmer jeweils ihre momentane Arbeitszufriedenheit einschätzen.

Einschätzskalen liefern neben der Einschätzung des Ist-Zustandes weitere Möglichkeiten:

- Einschätzung des Soll-Zustandes;
- zirkuläre Einschätzungen (wie sehe ich andere, wie sehen andere mich?);
- hypothetische Fragen (Was müßte passieren, damit die Zufriedenheitseinschätzung ansteigt beziehungsweise absinkt?);
- Zukunftsfragen (Wie wird die Arbeitszufriedenheit in sechs Monaten aussehen?) und so weiter.

TECHNIKEN III: KONSTRUKTIVES FRAGEN

Das Attribut "konstruktiv" wird hier in doppeltem Sinn verstanden: Gemeint sind Fragen, die

- den Kunden zu Konstruktionen anregen und
- eher lösungsorientiert als problemorientiert ausgerichtet sind.

Dabei ist die Entscheidung, ob eine Frage wirklich "konstruktiv" ist, nicht eindeutig zu beantworten; denn auch diese Erkenntnis ist beobachterabhängig. "Systemisches Interview als Intervention wird als Handlung verstanden, bei der alles, was der Gesprächsleiter macht und sagt und nicht macht und nicht sagt, als eine Intervention aufgefaßt wird" (Tomm, 1988, S. 147).

Dennoch erscheint es uns möglich, aus der Beraterperspektive Kriterien anzugeben, die Konstruktivität von Fragen wahrscheinlicher machen:

- Die Fragen müssen einen Unterschied machen zu Fragen, die dem Kunden bereits von anderen gestellt wurden, beziehungsweise die der Kunde sich selbst stellt.
- Dieser Unterschied darf nicht zu groß sein; die Fragen sollten nicht zu ungewöhnlich sein.
- Die Fragen sollten zukunftsgerichtet und lösungsorientiert sein.

Die folgende Auflistung konstruktiver Fragen stammt aus der Therapeutenausbildung des Hamburger "Instituts für systemische Studien" und stellt eine Auswahl aus verschiedenen Publikationen von de Shazer, Ludewig, Selvini-Palazzoli, Simon, Tomm und anderen dar:

1. Zum Beginn der Sitzung:
   - Vorausgesetzt, dieses Gespräch hätte sich am Ende als nützlich erwiesen, woran werden Sie das merken? Was hätte sich verändert? Was nähmen Sie mit?
   - Ihr Problem ist… Woran merken Sie das? Wer leidet am meisten darunter?
2. Zum Problem:
   - Was haben Sie bisher alles getan, um das Problem aus eigener Kraft zu lösen?
   - Was hat bisher am meisten gebracht?
   - Wann war das letzte Mal, daß das Problem nicht auftrat?
   - Wie erklären Sie sich das Problem, woher kommt es?
   - Wenn über Nacht ein Wunder geschähe und das Problem wäre verschwunden, woran würden Sie den Unterschied zuerst bemerken? – Was wird sich außerdem ändern? Was wäre die beste und was die schlimmste Folge davon?
   - Was müßte passieren, was müßten Sie tun, damit das Problem noch schlimmer wird?
3. Zur Lösung:
   - Wann wird X das Problem gelöst haben?
   - Wer (Rangreihe) kann X am besten dabei helfen?
   - Sollte sich das Problem als unlösbar erweisen, wer (Rangreihe) wird sich am leichtesten damit abfinden?

- Glauben Sie, daß ich Ihnen helfen kann? Was könnte ich bestenfalls tun?
- Wie könnten Sie mir helfen, daß ich Ihnen helfen kann?
- Sollten wir eine treffendere Erklärung (Diagnose) finden, wird sich das für die Beratung eher günstig oder eher verlängernd auswirken?

4. Zum Abschließen:
   - Sollten noch viele Gespräche stattfinden? Gibt Ihnen das mehr Sicherheit, daß Sie sich selbst helfen können?
   - Sollten wir die Beratung jetzt beenden und Sie melden sich bei Bedarf?

Ausschnitt aus einer Beratungssitzung

Das folgende Beispiel veranschaulicht den Einsatz konstruktiver Fragen. Dabei unterbrechen kurze Kommentierungen den (gekürzten) Ablauf der Beratung. (B = Berater, K = Kunde).

B: Was haben Sie heute als Thema mitgebracht?

Der Kunde steht im Zentrum der Beratung; er definiert das Thema, über das gesprochen wird.

K: Im Moment beschäftigt mich am meisten, daß ich so lustlos bin in meiner Tätigkeit; das ist etwas für mich Neues. Wobei ich jetzt nicht so recht orten kann, woran das liegt.

Der Kunde beschreibt sein Problem.

B: Was müßte geschehen, damit Sie ein Stück zufriedener aus dieser Sitzung herausgehen?

Der Berater fragt nach Kriterien, an denen der Kunde nach der Beratung prüfen kann, ob die Beratung sich für ihn gelohnt hat. Gleichzeitig gibt eine Antwort auf diese Frage dem Berater wichtige Hinweise für die Ausrichtung seiner weiteren Fragen.

K: Das müßte sich so verändern, daß ich wieder stärker das in den Blick bekomme, was mir bisher an meiner Arbeit Spaß gemacht hat. Momentan scheint mir das alles weit weg zu sein.

Der Kunde beauftragt den Berater, mit ihm über das Thema "Spaß an der Arbeit" zu reden. Allerdings wird der Auftrag noch nicht ausreichend klar definiert.

B: Sie sagten, daß der Spaß früher größer gewesen ist – können Sie das einmal quantifizieren? Zu wieviel Prozent machte Ihnen die Arbeit bisher Spaß und wieviel sind es jetzt noch?

Um eine weitere Konkretisierung der Auftragsstellung zu erreichen, läßt der Berater den Kunden eine prozentuale Schätzung abgeben und trägt in eine Skala die beiden markanten Punkten ein.

K: Ich würde sagen, es waren früher so 70-80%; jetzt sind es 30-40%. Ich war in meiner Tätigkeit eigentlich immer recht zufrieden. Aber momentan sind es nur noch 30%.

Der Kunde macht deutlich, daß das momentane Absinken seiner Arbeitszufriedenheit eher die Ausnahme als die Regel darstellt. Er liefert noch keine Erklärung zu diesem Phänomen.

B: Was denken Sie, worin dieser Rückgang um mehr als die Hälfte begründet ist?

Der Berater fragt den Kunden nach seinen Hypothesen, um mehr über den Hintergrund des Problems zu erfahren.

K: Das sind im Prinzip drei Sachen: Erstens mal der Arbeitsstil: Buß- und Bettag arbeiten, samstags arbeiten, das stinkt mir. Ich fühle mich einfach restlos überarbeitet davon und bin ärgerlich in diesem Bereich. Das andere Thema ist, daß das Fachliche häufig wenig relevant ist. Es zählt eher die Firmenpolitik, und das ist etwas, was mir nicht paßt. Außerdem habe ich teilweise Schwierigkeiten mit der im Hause vorherrschenden Führungsideologie.

Der Kunde bringt eine Aufzählung der ihn momentan belastenden Faktoren.

B: Wenn Sie diese Gründe für den Spaßverlust in eine Rangreihe bringen sollten, welcher wäre dann der wichtigste?

Der Berater versucht, die Problemstellung handhabbar zu halten, indem er das jeweils saliente Thema erfragt. Damit wird gewährleistet, daß das Gespräch sich jeweils am aktuellen Stand der Kognitionen des Kunden ausrichtet.

K: Also, das wichtigste momentan, das ist diese Überarbeitungsphilosophie. Samstags und sonntags arbeiten, morgens und wann auch immer für die Firma verfügbar zu sein, ohne daß man irgendeinen Ausgleich bekommt.

Der Kunde gewichtet die einzelnen Probleme. Eventuell macht dies bereits einen Unterschied für ihn aus, falls er vor der Beratungssitzung ein eher diffuses Gefühl des Unbehagens gehabt hat.

B: Wer ist denn die Firma – das müssen ja irgendwelche Personen sein, die diese Philosophie vertreten?

Die Firma erscheint in der Äußerung zuvor als globales Ziel der Kritik des Kunden – aufgegliedert in einzelne Personen werden die Beschwerden deutlicher.

K: Das ist mit Sicherheit M.; es ist im Prinzip die ganze Personalseite… bis auf Herrn D., dem stinkt es auch. Der kam am letzten Samstag den ganzen Vormittag nicht, sondern verbrachte ihn lieber mit seiner Freundin.

Die Übertragung in den Bereich von Personen bringt es mit sich, daß der Kunde eine Ausnahme von der Regel entdeckt. Ausnahmen sind wichtige Hinweise für mögliche Lösungsrichtungen.

B: Wie hat denn Herr D. das geschafft, den Samstag für seine Freundin zu reservieren?

Der Berater versucht zu überprüfen, inwieweit die Lösung von Herrn D. auf den Kunden übertragbar ist.

K: Der geht auf Konfrontation und sagt nein. Allerdings muß auch D. bei vielen Sachen mitmachen, zu denen er keine Lust hat. Ich kann das momentan nicht machen, da ich ein bestimmtes Seminar leiten will, da habe ich mich reingeboxt, und dann kann ich nicht sagen, ich will am Samstag nicht arbeiten.

Der Kunde beschreibt den Lösungsweg, den Herr D. gefunden hat und relativiert dann die in dieser Firma mögliche Einflußnahme des einzelnen Angestellten. Außerdem gibt er zu erkennen, daß er die Möglichkeit der Konfrontation zum jetzigen Zeitpunkt für sich für nicht angemessen hält.

B: Jetzt sind Sie also im Spaß von 70-80% auf 30% heruntergegangen. Was müßte denn passieren, damit sie auf 15% herunterkommen?

Dabei wird die dritte Markierung auf der Skala eingetragen. Die Frage nach einem weiteren Absinken der Spaßkurve ist vermutlich in dieser Form dem Kunden noch nicht gestellt worden. In einer Situation, in der das Streben des Kunden darauf gerichtet ist, seinen Spaß wieder zu erhöhen, stellt diese Frage einen Unterschied dar, der einen Unterschied macht.

K: Das ist eine gute Frage (Pause). Da gibt es ein paar Sachen, die passieren könnten und die mir stinken würden. A. müßte mich noch ein bißchen mehr anpfeifen, der pfeift mich ohnehin schon an. Dann gibt es Personalentwicklungsseminare, die sehr gut laufen. Wenn ich da herausfallen würde, das würde mich sehr ärgern.

Als Effekt der Frage zeigt sich in der Antwort, daß der Kunde – nach weiteren denkbaren negativen Entwicklungen befragt – angeregt wird, mit zum momentanen Zeitpunkt zu seiner Zufriedenheit verlaufenden Aspekten zu antworten. Er greift also auf Ressourcen zurück, auf Aspekte, die ihm an seiner Tätigkeit gefallen.

B: Was müßte passieren, damit der Spaß noch weiter absinkt? Vielleicht auf 0%?

Unter Hinweis auf den Nullpunkt der Skala setzt der Berater die Tendenz fort, nach negativen Entwicklungen zu fragen, da er – auch in der Stimmung des Kunden – bereits eine Veränderung zum Positiven hin bemerkt.

K: Da fällt mir ein, daß eigentlich das Kernstück meiner Arbeit gar nicht tangiert ist von der momentanen Entwicklung. Meine Personalvorschläge werden bisher zu 100% akzeptiert.

Wieder zeigt sich, daß diese Frageform geeignet ist, dem Kunden seine Stärken bewußt zu machen.

B: Was vermuten Sie , wie es weitergeht? Bei 30% sind Sie jetzt; wie wird es in drei Monaten aussehen?

Der Kunde wird nach Konstruktionen für die Zukunft befragt. Vor dem Hintergrund der auch nonverbal mitgeteilten Veränderungen in der Stimmung des Klienten läßt sich zu diesem Zeitpunkt eine günstige, die Zuversicht erhöhende Antwort erwarten.

K: Ich denke doch, daß es bis zum übernächsten Monat schon wieder auf 60% hochgeklettert ist.

Der Kunde gibt eine optimistische Einschätzung der Entwicklung.

B: Und was spricht dafür, daß es so gut laufen wird?

Der Berater läßt ein wenig Skepsis in seiner Frage mitschwingen. Er achtet darauf, daß er weiterhin Distanz zu der Einschätzung des Kunden bewahrt und nicht mit in die optimistische Perspektive einsteigt.

K: Zum einen ist mir jetzt noch einmal deutlich geworden, daß die zentralen Punkte in meiner Tätigkeit von den momentanen Schwierigkeiten kaum berührt sind. Es sind mehr Begleiterscheinungen bei der Arbeit in dieser Firma, die mich belasten. Vielleicht sind meine eigentlichen Stärken ein Punkt, mit dem ich in der Firma stärker arbeiten könnte, um bestimmte Wünsche durchzusetzen. Außerdem stehen bald ein paar interessante Seminare an, die werden mich wieder motivieren, und dann wird es sich wieder normal einpendeln.

Die Bedeutung der definierten Probleme wird relativiert; der Kunde ist sich seiner Ressourcen bewußt und erwartet eine günstige Entwicklung, was als erster Schritt zu ihrer Realisierung angesehen werden kann.

Dieses Beispiel sollte zeigen, wie das Prinzip des konstruktiven Fragens die Konstruktion von Lösungen und Lösungserwartungen fördern kann. Obwohl in diesem Beispiel nicht "wirkliche" Veränderungen im beruflichen Umfeld des Kunden besprochen wurden, scheint das Problem (auf)gelöst zu sein. Die Veränderung hat sich im Kopf des Kunden abgespielt.

Literatur

Andersen, T. (Hrsg.) (1990): Das Reflektierende Team. Dialoge und Dialoge über die Dialoge. Dortmund: modernes lernen.

de Shazer, St. (1985): Keys to Solution in Brief Therapy. New York: Norton.

Grau, U. / Möller, J. / Gunnarsson, J. I. (1986): Zur Beratung von Trainern im Mannschaftssport – Entwurf eines systemisch orientierten Beratungskonzepts. Zeitschrift für systemische Therapie, 4, 120-130.

Grau, U. / Möller, J. (1992): Methoden systemischer Beratung in Organisationen (in Vorbereitung).

Foerster, H. von (1985): Sicht und Einsicht. Braunschweig: Vieweg.

Glasersfeld, E. von (1981): Einführung in den radikalen Konstruktivismus. In: Watzlawick, P. (Hrsg.): Die erfundene Wirklichkeit. München: Piper, 16-38.

Ludewig, K. (1987): 10 + 1 Leitsätze bzw. Leitfragen. Zeitschrift für systemische Therapie, 5, 178-191.

Ludewig, K. / Pflieger, K. / Wilken, U. / Jacobskötter, G. (1983): Entwicklung eines Verfahrens zur Darstellung von Familienbeziehungen: Das Familienbrett. Familiendynamik, 8, 235-251.

Maturana, H. / Varela, F. (1987): Der Baum der Erkenntnis. Bern: Scherz.

Möller, J. / Grau, U. / Rohweder, N. (1988): Beratung von Individuen in komplexen Systemen. Zeitschrift für systemische Therapie, 6, 288-296.

Tomm, K. (1988): Das systemische Interview als Intervention: Teil I Strategisches Vorgehen als 4. Richtlinie für den Therapeuten. System Familie, 1, 145-159.

Thomas Weiss

Einzelberatung in der Personalentwicklung

An Beispielen aus der Bankpraxis zeigt der Autor, wie das Bedürfnis nach Qualifikationen, die mehr auf der Ebene der menschlichen Beziehungen und der Persönlichkeit als auf jener des Fachwissens liegen, mit Einzelberatungen im Unternehmenskontext erfüllt werden kann. Der Familientherapie ist dabei die Grundannahme entlehnt, dass Beschwerden nicht unbedingt Defizite, sondern sinnvolle Lösungsversuche und damit Symptome von Problemen widerspiegeln. Die Elemente systemischer Gesprächsführung werden anhand eines konkreten Beratungsdialogs praktisch vor Augen geführt.

Es gibt verschiedene Wege, wie systemische Beratung/systemisches Coaching praktiziert werden kann. Das möchte ich an einem konkreten Fall vorstellen und habe dafür den Bereich der Banken ausgewählt, da ich hier den meisten Einblick gewinnen konnte. Wenn im folgenden also von Banken die Rede sein wird, so gilt dennoch fast alles auch für andere Unternehmen, da es selbstredend nicht nur um Geld und Zinsen geht, sondern um Beziehungen und Strukturen.

Die Anforderungen an die Qualitäten eines Bankers sind schwieriger geworden. Das betrifft nicht nur die Mitglieder des Personals, die mit dem Kunden zu tun haben, sondern in gleicher Weise auch das Management. Früher, so scheint es, war es für einen Kundenbetreuer (etwa einen Kreditspezialisten) relativ klar, worin seine Aufgaben bestanden. Er konnte sich auf erlerntes, faktisches Wissen stützen und sich darin sicher fühlen. Gleichzeitig war auch die Einstellung des Kunden zur Bank eher submissiv. Die Bank "gewährte" einem Kunden einen Kredit – sofern er "kreditwürdig" war.

Der Verdrängungswettwerb zwang die Banken, ihre Mitarbeiter aktiver am Markt einzusetzen. Dadurch wurden neue Qualitäten der Angestellten maßgebend. Zwar war nach wie vor (von Expertensystemen unterstütztes) Fachwissen notwendig, doch mußte der moderne Banker nicht mehr "rechnen können". Wichtig wurden vielmehr die Fähigkeiten, aktiv auf Menschen zugehen und im persönlichen Gespräch Kontakte herstellen zu können. Ist ein Banker etwa in der Lage, Beziehungen herzustellen, die auch über Jahre tragen – unabhängig davon, ob die Konkurrenz ein halbes Prozent günstigere Konditionen bietet? Spürt er eine Verschlechterung der Beziehung zum Kunden, obwohl dieser noch regelmäßig in der Bank erscheint? Spricht er die atmosphärische Verschlechterung an? Wie macht er das?

Auch auf der Managementebene wurde Menschenführung zur immer bedeutsameren Aufgabe. Gelingt es, die Mitarbeiter zu fordern, ihnen neue Ideen nahezubringen und sie mitzureißen? Ist dies zu vereinbaren mit der Aufgabe, sie gleichermaßen anzuleiten und zu unterstützen, ohne sich anzubiedern? Wo gibt es Hinweise auf diesem Weg zwischen Förderung und Führung?

Gleichzeitig wurden die Unternehmen mit zunehmender Personenzahl und durch enge Verflechtung mit anderen Wirtschaftsbereichen immer unüberschaubarer. Das bedeutet für das Management, daß die Folgen der eigenen Entscheidungen immer schwieriger zu überblicken und vorauszusagen sind. Diese (und andere) Faktoren führen zu einer Bedeutungsverschiebung vom Bereich "Fachwissen" hin zur Betonung der individuellen Persönlichkeit des Mitarbeiters. Das heißt: In immer größerem Maß spielt die Persönlichkeit eines Bankers für seine Arbeit, für seine Entscheidungen eine maßgebliche Rolle.

Bisherige Lösungen

Wenn dies als unbestritten gelten kann, was waren die bisherigen Antworten bezüglich der Personalentwicklung?

Wenn ich die Zusammenhänge (in der Kürze der Zeit, in der ich mich mit dem Thema beschäftige), richtig verstehe, wurde bisher hierauf folgendermaßen eingegangen: Für jede relevante Aufgabe beziehungsweise Position wurden Anforderungsprofile erstellt, und in einem Soll-/Ist-Vergleich wurde festgestellt, wie weit der Bewerber (bzw. Inhaber) der Stelle diesen Anforderungen genügt. Darauf basieren dann entsprechende Informationen, Schulungen oder gar Trainingseinheiten, die Defizite auffüllen beziehungsweise Wissen ergänzen sollen. Diese Vorgehensweise wird in zahlreichen Fällen erfolgreich sein. Sie hat den Vorteil, bezüglich des Konzepts relativ überschaubar zu sein, bedingt aber einen hohen Aufwand. Weniger problematisch als der Aufwand ist allerdings das Phänomen, daß Mitarbeiter nach der entsprechenden Schulung zwar erklären, sie würden jetzt die Zusammenhänge erkennen (bzw. ihre Fehler verstehen usw.) – in der Arbeitsrealität die neuen Erkenntnisse jedoch keineswegs umsetzen, sondern hartnäckig das alten Verfahren praktizieren. Für solche Verhalten bieten sich mehrere Erklärungsansätze an:

- Das Training war nicht intensiv genug – mehr desselben ist notwendig.
- Der Trainierte/Unterrichtete ist noch nicht fähig, mit dem Erlernten umzugehen. Zwischenschritte müssen eingefügt werden.
- Die Zielperson ist nicht fähig, Neues zu lernen.
- Die Konzepte müssen optimiert werden.

Den Erklärungsansätzen ist eines gemeinsam: Sie orientieren sich an einem Defizit-Modell. Entweder dem Konzept oder dem zu Unterrichtenden "fehlt" etwas. Man muß nur herausfinden, was!

Wenn man Lösungen für diese Fragen sucht, so lohnt es sich, zu prüfen, ob bereits in anderen Gebieten ähnliche Fragestellungen bestanden haben und gelöst wurden.

Tatsächlich gibt es in der psychologischen Medizin eine parallele Fragestellung.

Patienten wurden lange Zeit aus der Perspektive des "Mangels" gesehen: Mangel an Enzymen, Mangel an Einfühlungsvermögen, Mutterliebe, Sexualität, Aggressivität oder Potenz etc. Dieses Konzept erscheint auf den ersten Blick evident und gibt bereits vor, wie das Problem zu lösen sei. So unterschiedlich verschiedene Therapieformen auch aussehen mögen, sie waren sich dahingehend einig, es müsse etwas hinzugefügt werden – nämlich: Hinwendung (Empathie), Mitgefühl, die Möglichkeit sich auszutoben (Urschrei) oder Sexualität.

Tatsächlich ergeben sich dadurch auch klinische Besserungen – allerdings mit erheblichem Aufwand an Zeit und Energie!

Erst nach einiger Zeit kamen verschiedene Theoretiker und Kliniker auf den Gedanken, daß Beschwerden oder Symptome nicht notwendigerweise "Defizite" darstellen, sondern sinnvolle Anpassungsleistungen an eine problematisch erlebte Umwelt. Dies sind gleichsam optimale Lösungen unter suboptimalen Bedingungen. Diese Gedanken vorangestellt, kam man zu sehr überraschenden Betrachtungsweisen: Plötzlich erschien die Depression einer Frau nicht mehr als Defizit, sondern als Versuch, den Ehemann zu binden, der im Begriff war, sich zu verlieben. Oder die Magersucht einer Tochter zeigte sich jetzt als Mittel, die Eltern, die von Trennung sprachen, wieder zu einigen.

Das heißt, die Beschwerden erschienen sinnvoll, wenn man nur den Kontext berücksichtigte, unter dem sie sich entwickelten. Dieses Gedankengut wurde anfänglich speziell auf Familien angewandt. Hier ist schnell einsichtig, wie das Verhalten des einen auch den anderen beeinflußt. Wenn die Mutter die Tochter zurechtweist, wirkt das wiederum auf den Vater, der sich an die Mutter wendet, was dann für die Tochter Konsequenzen hat usw. Besonders bei langjährigen Krankheiten spielen solche Kommunikationszirkel eine außergewöhnlich wichtige Rolle.

Bald wurden jedoch nicht nur Famlien, sondern auch andere Systeme untersucht – etwa Heime, Schulen oder Betriebe.

Wenn diese Überlegungen auf das Thema "systemische Beratung/systemisches Coaching" übertragen werden, kann das folgendes bedeuten: Auch ein Unternehmen stellt ein hochgradig verflochtenes System dar, bei dem das Handeln (oder Nichthandeln) des einen immer auch das Handeln des anderen beeinflußt. Dies bleibt selbstverständlich nicht auf zwei Personen begrenzt, sondern wirkt sich in einer Kaskade von Sekundär-, Tertiär- usw. -effekten auf eine Vielzahl von anderen Personen aus. Diese verändern dann wiederum ihr Verhalten, was Rückwirkungen auf die Ursprungsperson hat. Letztere paßt daraufhin ihr Verhalten der erhaltenen Reaktion an, was erneut eine Unzahl von weitern Reaktionen bewirkt. Kompliziert wird die Überlegung noch dadurch, daß es selbstverständlich eine Rolle spielt, wer etwas sagt oder anordnet. Solche Zusammenhänge sind – das dürfte schon durch diese Andeutungen deutlich werden – für den naiven Betrachter nicht leichterdings nachvollziehbar.

Wenn etwa ein Vorstand eine bestimmte Anordnung gibt, so wird er im allgemeinen lediglich die direkten Folgen berücksichtigen können. Die Vielzahl von Verschachtelungen der Konsequenzen wird ihm verschlossen bleiben. Selbstverständlich ist das nicht nur ein Nachteil. Man mag sich in diesem Zusammenhang einmal überlegen, wie ein kurzes Zögern beim Verlassen des Hauses Auswirkungen auf den gesamten Tag, ja das ganze Leben haben kann. Man trifft auf eine andere Verkehrssituation, der stürzende Ziegel trifft nicht auf den Kopf, weswegen der Krankenhausaufenthalt nicht notwendig wird, statt dessen findet ein wichtiges Telefonat statt, was wiederum Konsequenzen hat…!

In den meisten Fällen ist es zweifellos günstiger, sich über diese Verflechtungen keine Gedanken zu machen. In Konfliktfällen jedoch – besonders wenn mehrere Personen involviert sind – kann es entscheidend sein. Dabei gilt: Je mehr Personen durch eine Entscheidung betroffen sind, desto wichtiger ist die Berücksichtigung der indirekten Konsequenzen.

Konfliktfeld Führungsaufgabe

Angenommen eine Bank beschließt eine Änderung Ihrer Organisationsstruktur derart, daß zukünftig die Kunden mehr im Mittelpunkt des Interesses stehen sollen. Dazu ist geplant, daß auch die Vorgesetzten als gutes Beispiel vorangehen, damit am Modell gelernt werden kann.

Der betreffende Bereichsleiter, nennen wir ihn Lehmann, wird also geschult. Er lernt schnell, wie er seine bekannten Fähigkeiten als Verhandler weitergeben kann. Er scheint die neue Leitlinie auch in jeder Beziehung zu begrüßen. Als es aber um die Umsetzung des Konzepts geht, stellen sich überraschende Schwierigkeiten ein: Statt, wie geplant, seine direkten Untergebenen miteinzubeziehen, führt Herr Lehmann die Verhandlungen meist, wie gewohnt, alleine. Als er von einem Vorstandsmitglied darauf angesprochen wird, entschuldigt sich Lehmann, er habe es versucht, aber der Kunde habe strikte Vertraulichkeit vereinbart, es sei einfach keine Zeit gewesen, noch jemanden hinzuzurufen, und dann hätten sich die Zeiten noch überschnitten. Er wolle es aber in Zukunft gerne versuchen.

Auch in der Folgezeit geschah nichts. Einmal wurde es vergessen, dann war das Telefon besetzt usw… Warum?

Die neue Öffentlichkeit bedeutete auf der Organisationsebene eine deutliche Verbesserung. Sie hatte jedoch auch Auswirkungen auf der Beziehungsebene – und das bedeutet häufig Machtebene!

Durch die Einbeziehung der Mitarbeiter wurden die Verhandlungsstrategien von Lehmann für die ehemals Ausgeschlossenen durchsichtig. Bisher galten seine Verhandlungserfolge als einzigartig. Nun wurden die Techniken erkennbar. Dabei war Lehmann keineswegs darauf aus, sie zu verheimlichen. Er förderte junge Kollegen gerne. Das Problem bestand vielmehr in einer Freundschaft – zwischen einem ihm unterstellten jungen Mann und einer Mitarbeiterin des Hauses. Diese war seinem langjährigen Rivalen Herrn Braun zugeteilt und genoß dort eine Vertrauensposition. Man sah die beiden regelmäßig zusammen beim Mittagessen.

Braun und Lehmann galten aber als die beiden ausrichtsreichsten Kandidaten für eine Position, die sie beide seit langem anstrebten. Würde nun Braun mehr über die Techniken von Lehmann erfahren, so könnte er dies (aus der Sicht von Lehmann) potentiell gegen ihn verwenden, etwa durch eine gezielte Bemerkung dem Vorstand gegenüber ("Der kocht ja auch nur mit Wasser.– Neulich zum Beispiel hat er…").

Eine Dynamik, die relativ leicht gelöst werden kann, sofern sie erkannt wird – indem zum Beispiel eine andere Person, die nicht die "unterirdische" Verbindung zu Braun hat, von Lehmann in seine Techniken eingeweiht wird.

Mit welchen Hilfsmitteln können nun solche Zusammenhänge erkannt werden?

Es wurden für die Erkenntnis der Systemzusammenhänge in der Vergangenheit eine ganze Palette von Techniken entwickelt, die geeignet sind, zum einen die Vernetzung zu verdeutlichen und gleichzeitig neue Lösungsvorschläge zu machen. Dabei spielt vor allen Dingen eine bestimmte Fragetechnik ein wichtige Rolle: das sogenannte zirkuläre Fragen. Diese Technik wurde auch als "Tratschen in Gegenwart der betroffenen Person" bezeichnet.

Anstatt Herrn A. zu fragen, was er von B. hält, wird Herr A.gefragt, was er wohl glaubt, was B. vermute, daß er über ihn denke. So um die Ecke gefragt, ist der Betroffene gezwungen, einmal eine andere Position einzunehmen und die Dinge nicht immer aus der gewohnten Perspektive wahrzunehmen. Unabhängig davon, ob die vermutete Meinung richtig ist oder nicht, versetzt sich A. in die Position von B. Gleichzeitig erhält der Frager auch eine Information über die Beziehung zwischen den beiden. Daran schließen entsprechende – gleichfalls "um die Ecke" gestellte – Fragen an B. oder weitere Personen an.

Erscheint dies auch anfänglich ungewohnt, so werden doch plötzlich für die Anwesenden ganz ungewohnte Sichtweisen möglich: "Was denkt denn A. wirklich über mich? Nein, das hätte ich nicht erwartet, daß B. das glaubt…". Auch wenn nur eine Person anwesend ist, lassen sich die Fragen entsprechend modifizieren: "Wenn Herr B. anwesend und ganz offen wäre, was würde er wohl sagen, daß er über Sie denkt?" Dabei kommt es wiederum nicht auf die exakte Richtigkeit der Antwort an als vielmehr auf das Versetzen in eine andere Perspektive.

Das letztere Vorgehen ist häufig notwendig, da nicht immer alle an einem Konflikt beteiligten Personen zu einem Gespräch bereit sind. Zu dieser Situation möchte ich ein längeres Beispiel geben.

Konfliktfeld Management

Es handelt sich dabei um einen Konflikt auf der Führungsebene. Vorstand Müller, ein dynamischer Mittvierziger, ist erst seit einigen Jahren in der Bank beschäftigt. Er traf damals auf den ihm gleichgestellten Kollegen Meier, der einige Jahre älter ist als er und der diese Position schon zehn Jahre innehatte. Die beiden unterscheiden sich in ihrer Persönlichkeit deutlich voneinander: Während Müller gleichermaßen energisch und charmant sein kann und dadurch leicht nach außen repräsentieren kann, liegen Meiers Stärken weit mehr im Sachlichen – er gilt als exzellenter Verwalter. Selbst wirkt er weit weniger expansiv, wirkte fast unscheinbar, wüßte man nicht um seine Position.

Über einige Jahre ergänzten beide einander recht harmonisch. Dabei spielte sich jedoch fast unmerklich eine Umverteilung der Rollen heraus: Müller übernahm immer mehr die Darstellung der Bank nach außen. Er betreute die wichtigsten Großkunden und Firmen, er trat bei offiziellen Gelegenheiten als Vertreter der Bank auf und so weiter. Meier dagegen spezialisierte sich weit mehr auf Bankinternes – Revision und Controlling wurden seine besonderen Schwerpunktthemen.

Diese Arbeitsteilung kam beiden entgegen – beide fanden sich von ungeliebten Tätigkeiten entlastet. Es gab allerdings auch einige weniger harmonische Entwicklungen. Da Müller wesentlich entscheidungsfreudiger war und auf die Expansion des Unternehmens setzte, schien es Meier so, als sei bereits alles entschieden, wenn die gemeinsamen Besprechungen anstanden. Müller hatte sich bis dahin bereits eine klare Meinung gebildet. Meier, der mehr Zeit für eine Entscheidung benötigte, blieb nur übrig, sich nolens volens Müller anzuschließen oder Bedenken vorzubringen, die teils begründet waren, teils jedoch auch dem Zweck dienten, seine eigene Position zu stärken. Da sich dies immer häufiger wiederholte (auch in der gemeinsamen Besprechung mit der zweiten Führungsebene), erwarb sich Meier den Ruf eines Zögerers, der stets mit Sicherheitsbedenken, mit umständlichen Argumentationen potentiell lukrative Geschäfte verzögerte. Tatsächlich wurden deswegen in der Folgezeit eine Reihe von Großkrediten nicht abgeschlossen, da Meier die Geschäfte mit seinen Bedenken blockierte. Wie zu erwarten, blieb diese Entwicklung auch den Mitgliedern der zweiten Führungsebene nicht verborgen. Es kam zu ironisierenden Sticheleien, zu anzüglichen Scherzen bezüglich der Fähigkeiten von Herrn Meier. In dringenden Fällen wandten sich Untergebene von Meier direkt an Müller, da sie befürchteten, sonst käme es nicht oder zu spät zu einer Entscheidung.

Innerlich gab Müller diesen Menschen recht, empfahl ihnen allerdings, sich direkt an Meier zu wenden, da dieser zuständig und das der richtige Weg sei. Obwohl er dies im besten Willen tat, hinterließ es bei den Anfragenden die Meinung: "Er würde ja gerne entscheiden, inhaltlich gibt er mir schon recht, aber er möchte Meier nicht in den Rücken fallen."

Im Laufe eines weiteren Jahres verschob sich das Kräfteverhältnis immer weiter zugunsten von Müller. Mittlerweile war es zum offenen Geheimnis geworden, daß Müller die Bank führte – ja, es würde noch viel besser gehen, wenn nicht der ewige Bremser Meier vorhanden wäre.

Wie zu erwarten, wurde das menschliche Verhältnis zwischen beiden deutlich kühler. Müller bemühte sich zwar immer wieder, auf Meier zuzugehen, war damit allerdings nur wenig erfolgreich. Meier zog sich weiter von ihm zurück und erschien nur öfter nicht zu gemeinsamen Besprechungen.

Als dann wiederum an Meiers Bedenken ein größeres Geschäft scheiterte, wurde auch der Aufsichtsrat unruhig, dem diese Entwicklung nicht verborgen geblieben war. Bisher hatte Müller versucht, in spannungsreichen Situationen besonders auf Meier zuzugehen. Auch jetzt plante er dies, allerdings ausgedehnt auf den privaten Bereich.

Zuvor wandte sich Müller an einen Berater. Da sich Meier nicht zu einem Gespräch bereit gefunden hätte – er würde befürchten Müller hierbei rhetorisch unterlegen zu sein – fand das Gespräch lediglich mit Müller statt.

Der Berater stellte Müller in der Besprechung zahlreiche Fragen, die hier nur gekürzt wiedergegeben werden sollen.

Berater:"Woran würden Sie eine positive Veränderung merken?"
Müller:"Meier dürfte sich nicht mehr so störrisch zeigen."
Berater:"Was wäre dann anders?"
Müller:"Er würde meine Vorschläge nicht mehr ständig torpedieren."
Berater:"Gab es das schon einmal?
Müller:"Ja, am Anfang unserer Zusammenarbeit."
Berater:"Wenn ich Meier fragen würde, was da anders war, was würde er antworten?"
Müller:"Vermutlich würde er sagen: Da war der Müller noch nicht so expansiv."
Berater:"Wenn ich Ihren Untergebenen, Herrn Schultze, fragen würde, was macht Müller, wenn sich Meier so blockierend verhält, was würde der sagen?"
Müller:"Der würde sagen: Müller argumentiert dann mit Meier, um ihn umzustimmen."
Berater:" Was meint wohl Herr Schultze, kann das Müller gut?"
Müller (lacht): "Nicht schlecht!"
Berater:"Aus der Sicht von Herrn Schultze gesehen – was macht dann Meier?"
Müller:"Der zieht sich zurück."
Berater:"Wird er dann eher mit Ihnen kooperieren, wenn er sich zurückzieht?"
Müller:"Nein, dann blockiert er wieder einmal."
Berater:"Gesetzt den Fall, Sie wollten Meier noch stärker in einen 'blockierenden Rückzug' bringen, was müßten Sie tun?"
Müller:"Wahrscheinlich viel mit ihm argumentieren, ihn mit Zahlen und Fakten an die Wand spielen – am besten in unserer öffentlichen Besprechung."
Berater:"Gesetzt den Fall, Sie würden in einer Besprechung noch mehr auf Meier eingehen, wie würde der wohl reagieren?"
Müller:"Ich hoffe, Ihn eines Tages überzeugen zu können."
Berater:"Gab es das schon einmal?"
Müller:"Eigentlich nicht. Meist hat sich Meier zurückgezogen, beziehungsweise eine Entscheidung auf die lange Bank geschoben."
Berater:"Wenn ich Frau Meier fragen würde, wer der 'Chef' ist, was würde Sie sagen?"
Müller:"Wenn ich ehrlich bin, wohl ich."
Berater:"Wenn Sie das Herrn Meier zeigen wollten (was Sie nicht wollen!), was müßten Sie tun."
Müller:"Na, ihn von oben herab behandeln."
Berater:"Wenn ich Herrn Meier fragen würde, ob das aus seiner Sicht vorkommt, was würde der sagen?"
Müller (nachdenklich): "Vermutlich schon."
Berater:"Was macht dann Meier?"
Müller:"Er schiebt die Sachen auf."
Berater:"Wenn Meier die Dinge aufschiebt, was machen Sie dann?"

Müller:"Ich rufe seine Sekräterin an, wann wohl mit einer Entscheidung zu rechnen sei, die Dinge würden eilen."

Berater:"Was macht dann Meier?"

Müller:"Der schimpft dann herum – das weiß ich nur als Gerücht."

Berater:"Wie reagierten Sie dann?"

Müller:"Ich rufe gelegentlich einen Mitarbeiter an, der einen Freund hat, der zu Meiers Zuständigkeitsbereich gehört. Manchmal hilft das."

Berater:"Wenn Meier das herausbekommt, wie wird er dann reagieren?"

Müller:"Dann ist das Projekt gestorben."

Berater:"Gab es denn Gelegenheiten, bei denen Meier sich eher anders verhalten hat – indem er Sie bedrängt hat, Ihre Zurückhaltung aufzugeben?"

Müller:"Wo Sie es ansprechen, fällt es mir wieder ein. Das liegt bereits einige Zeit zurück. Da hatte ich Bedenken gegen eine Entscheidung, ich zögerte. Ich weiß gar nicht mehr, warum. Meier war in dieser Sitzung sehr aktiv, er versuchte, mich ziemlich geschickt zu überzeugen. Hinterher haben sich die anderen Mitarbeiter gewundert. Ich glaube, ich hatte da einen schwachen Tag."

Berater:"Gesetzt den Fall, Sie hätten viele solcher 'schwachen Tage', hätte das Auswirkungen auf Herrn Meier?"

Müller:"Wahrscheinlich! Er würde sich möglicherweise mehr engagieren."

Berater:"Das heißt, wenn Sie schlechter sind, umständlicher, weniger energisch, würde das Herrn Meier aktiver werden lassen?"

Müller:"Ja, sicher sogar!"

Berater:"Kommt Herr Meier auch einmal auf Sie zu?"

Müller:"Nein, praktisch nie."

Berater:"Wenn Sie nicht mehr auf Herrn Meier zugehen, wie lange würde es wohl dauern, bis er auf Sie zukommt?"

Müller:"Er müßte es wohl, denn wir müssen uns ja regelmäßig austauschen."

Berater:"Gesetzt den Fall, Sie machten das, was hätte das wohl für eine Auswirkung auf Herrn Meier, würde er sich besser oder schlechter fühlen?"

Müller:"Wahrscheinlich besser. Ich merke, worauf Sie heraus wollen: Sie meinen meine Umarmungsstrategie schadet eher."

Berater:"Wenn Sie Meier noch mehr 'umarmen', wird es wohl besser werden in der Bank?"

Müller:"Ich befürchte, nein."

Berater:"Gesetzt den Fall, heute Nacht würde sich ein Wunder ereignen und Ihr Kollege wäre so, wie Sie ihn sich wünschen – entscheidungsschnell, sicher, eloquent, dynamisch und beliebt bei den Mitarbeitern. Was würde dann wohl Ihre Frau sagen, wie es Ihnen damit geht?"

Müller (überlegt eine Weile, lacht dann): "Sie würde vermutlich sagen: 'Nicht gut! Mein Mann muß immer der Erste sein.'"

An dieser Stelle zog sich der Berater zu einer kurzen Denkpause zurück. Bei der Rückkehr meinte er folgendes:

> "Unsere Besprechung findet ja in einer Situation statt, in der Sie große Schwierigkeiten mit Herrn Meier haben. Ich habe mir Gedanken zu dem Thema gemacht und kam verblüffenderweise zu dem Ergebnis, daß ich Ihnen zu diesem Kollegen nur gratulieren kann. Er hat – mit feinem Gefühl für die Unterschiede zwischen Ihnen beiden – sich den Part ausgesucht, der angesichts Ihrer Fähigkeiten für ihn übrig blieb. Das heißt, er übernahm vor allem die Aufgaben, die Ihnen nicht liegen und in den Augen der meisten Menschen eher wenig Reputation bringen, aber trotzdem erledigt werden müssen. Erst durch ihn konnten Sie sich auf die Aufgaben konzentrieren, die Ihnen besonders liegen. In gewisser Weise müßten Sie sich also bei Herrn Meier bedanken.
>
> Allerdings hat auch er von Ihnen profitiert: Sie haben ihm eine Reihe von Pflichten abgenommen, die ihm nur wenig liegen, und ihn dadurch gleichfalls entlastet.
>
> Lange Zeit waren Sie beide dadurch eine sehr günstige Kombination für die Bank. Nun hat allerdings in letzter Zeit Ihre gegenseitige Ergänzung ein Maß von Spezialisierung erreicht, das auch einige Probleme mit sich bringt. Sie sind quasi 'überspezialisiert'. Sie sind der alleinige Spezialist für Expansion, während Meier zum reinen Spezialisten für Absicherung wurde. Während Ihr Motto sein könnte: 'Sicherung durch Veränderung', könnte seines 'Sicherung durch Bewahrung' lauten.
>
> Beides ist natürlich richtig und notwendig für das Gesamtunternehmen. Eine Möglichkeit, damit umzugehen, ist es, diese Aufgaben auf zwei Menschen zu verteilen. Sie ist allerdings sehr aufwendig, wie Sie bemerkt haben. Leichter geht es, wenn Sie beide jeweils auch einen Teil der Gedanken des anderen vertreten würden.
>
> Ich habe mir Gedanken gemacht, wie das erreicht werden könnte. Dabei kam ich zu dem Schluß, daß Sie in der günstigeren Position sind, mit einer Veränderung zu beginnen.
>
> Mein Vorschlag ist folgender: In der kommenden Zeit bereiten Sie sich auf jede gemeinsame Konferenz mit Herrn Meier intensiv vor. Statt aber wie sonst zu überlegen, wie Sie seinen Widerstand überwinden könnten, sammeln Sie innerlich alle nur denkbaren Einwände, Bedenken, Vorsichtsmaßnahmen, die Herr Meier vorbringen könnte. (Dies haben Sie ja bisher auch gemacht!) Versuchen Sie aber jetzt, sich in seine Position hineinzuversetzten. Machen Sie seine Bedenken zu den Ihren. Das wird Ihnen sicherlich einige Mühe machen. Dafür werden Sie aber einige interessante neue Erfahrung machen, wenn Sie Meiers Perspektive einnehmen.
>
> Falls Ihnen nun Herr Meier begeistert zustimmt, dann lassen Sie sich nicht abbringen. Einigen Sie sich auf die gegenseitigen Bedenken und lehnen Sie das entsprechende Geschäft ab. Warten Sie geduldig den weiteren Verlauf der Dinge ab.

Nach einiger Zeit wird Meier Ihnen höchstwahrscheinlich vorhalten, Sie könnten schließlich nicht jedes Geschäft ablehen. In diesem Fall gehen Sie nur zögernd auf seine Vorhaltungen ein. Sie haben ja in langen Jahren genügend Argumente gehört, wie man neuen Vorschlägen einen Dämpfer versetzt.
Das Ganze sollte natürlich mit Ihrer Person kongruent sein. Zitieren Sie Meier nicht wörtlich! Formulieren Sie in Ihren eigenen Begriffen."

Elemente systemischer Gesprächsführung

Was war nun das Besondere an dem Gesrpäch? Welche Elemente wurden hier verwendet?

1. Fragen nach dem Kontext

Es handelt sich dabei um Fragen nach dem Rahmen, in dem ein Gespräch stattfindet.

"Was erwartete wohl Herr Meier von dem Gesrpäch, wenn er davon wüßte? Was wünscht sich wohl der Aufsichtsratvorsitzende? Was könnte passieren, wenn Meier bei dem Gespräch anwesend wäre? Was würde er befürchten? Andere Fragen könnten den möglichen Ausgang des Gesprächs betreffen. "Was denkt Meier, was hierbei herauskommen soll? Soll er weiter ausgebootet werden? Geht es um Müllers Profilierung? Könnte es Meier auch dienlich sein? Was denkt ein enger Mitarbeiter von Müller, was Müller wünsche?"

Solche Fragen umreißen das Umfeld und die Grenzen eines Gesprächs. Sie helfen, den Bewegungsspielraum zu ergründen, der im gegenwärtigen System vorhanden ist.

2. Fragen nach den Zielen

Schon eine der ersten Fragen (Woran würden Sie eine positive Veränderung merken?), war auf die denkbaren positiven Wandlungen gerichtet. Dabei richtet sich das Interesse auf eine möglichst konkrete Formulierung dieser Zielvorstellungen. Eine davon wäre zum Beispiel "nicht reibungsloses Funktionieren", sondern eine möglichst exakte Darstellung davon, wie dies genau aussehen sollte.

Die Ausrichtung auf positive Ziele ist wesentlich. Sie hilft von Anfang an, den Schwerpunkt von den Problemen auf die vorhandenen Ressourcen zu lenken.

3. Fragen nach der Vernetzung

Jemandem, der selbst beteiligt ist, fällt es oft schwer, die indirekten Folgen des eigenen Handelns zu erkennen. Um dies auch in der Einzelsituation zu verdeutlichen, helfen neben den schon erwähnten zirkulären Fragen vor allem Fragen nach der Ablaufsequenz: "Wenn Sie dieses tun, was macht dann ihr Partner? Wie reagieren Sie dann? Was wird er erwidern? Was tun Sie daraufhin...?"

Solche Handlungsketten sind der naiven Überlegung nicht direkt zugänglich. Mit Fragen nach der Sequenz und der Vernetzung aus dritter Sichtweise (zirkuläre Fragen) kann verdeutlicht werden, wie Probleme oft erst erzeugt werden, indem sie vermieden werden sollen.

4. Fragen nach positiven Alternativen

"Gesetzt den Fall, das Problem wäre über Nacht gelöst, was wäre dann anders?" Solche Fragen helfen zu erkennen, wie der wahrscheinliche Ablauf sein könnte, wenn das Problem nicht mehr vorhanden wäre. Neben vielen positiven Effekten zeigen sich bei genauerem Nachfragen meist zahlreiche nachteilige Folgen, die berücksichtigt werden müssen. Meist sind es jene die ein Problem so hartnäckig am Leben erhalten.

5. Hypothetische (lösungsvorbereitende) Fragen

Das Einführen von neuen Gedanken geschieht häufig in Form einer Frage. "Gesetzt den Fall, Sie würden Ihren Kollegen weniger mit Ihren Vorschlägen bedrängen, was für Folgen hätte das wohl?" Diese sehr unaufdringliche Form des Vorschlages zielt auf die Folgen der Veränderung. Durch zahlreiche Fragen werden so Wege aus dem Problem gesucht.

Sinnvoll sind manchmal Fragen nach den"Wegen in die Katastrophe". "Wenn Sie die Situation noch schlechter machen wollten, was müßten Sie dann tun?" Vielfach fällt es leichter, solche Fragen zuerst zu beantworten, und dies geschieht gelegentlich mit einer gewissen Lust, da es meistens leichter fällt sich Dinge vorzustellen, die eine Lage verschlechtern.

6. Pause

In einer Denkpause zieht sich der Berater zurück, um die eigenen Gedanken zu ordnen und etwas Abstand zu gewinnen. Er bereitet darin die eigentliche Intervention vor. Auch die Beteiligten können in der Pause ihre Gedanken klären, die durch die Vielzahl von Fragen ausgelöst wurden. Gleichzeitig werden sie dadurch auch offener für die zusammenfassende Darstellung des Gesprächsergebnisses.

7. Intervention

Ziel der Intervention ist es, Handlungsalternativen anzubieten, die eine Veränderung ermöglichen. Dazu ist es sinnvoll, zuerst eine neue Sichtweise zu vermitteln. Durch entsprechende Fragen vorbereitet, kann dazu beispielsweise eine positive Konnotation dienen. Diese folgt dem Muster, ein halb leeres in ein halbvolles Glas umzudeuten. Im hiesigen Beispiel wurde aus dem "chronischen Problem Meier" ein "Promotor der eigenen Karriere". Beide Sichtweisen sind gleichermaßen "wahr". Die letztere eröffnet allerdings eher die Perspektive auf weiterführende Handlungsalternativen. Sie läßt den Kollegen Meier in einem völlig neuen Licht erscheinen.

Gleichzeitig wird das Augenmerk auf die Müller nicht mehr bewußte "Rückseite der Medaille" gelenkt. Auch Bedenken können bei der Unternehmungsführung nötig und hilfreich sein. Dieser Hinweis hilft, unter anderem einseitige Schuldzuschreibungen abzubauen. Lediglich die hochgradige Aufspaltung bewirkte eine Verarmung des Handlungsrepertoires beider Beteiligten. Beide sind gefangen in einer Dynamik, in der jeder glaubt, er müsse den anderen daran hindern, noch mehr zu "bremsen" beziehungsweise "überzuschäumen". Durch dieses Verhalten bewirken jedoch beide das Verhalten, das sie eigentlich verhindern wollen.

Wenn einer von beiden beginnt, sein Verhalten zu ändern, muß der andere notgedrungen sein Verhalten gleichfalls umstellen, da das ursprüngliche Verhalten sinnlos geworden ist.

Was ist die Folge, wenn sich jemand an den erhaltenen Rat hält?

Müller war von der neuen Sichtweise sehr beeindruckt. Er hatte den Eindruck, seinen Kollegen Meier plötzlich mit neuen Augen zu sehen. Dieser wurde ihm auch bei allen Schwierigkeiten wieder sympathischer. So fiel es ihm nicht schwer, sich versuchsweise umzustellen. Anfänglich hatte er gewisse Bedenken, da er befürchtete, es könne sehr lange dauern, bis Meier reagieren würde.

Müller wurde jedoch überrascht. Schon nach wenigen so vorbereiteten Konferenzen, kam es zu einer Aussprache zwischen den beiden. Darin brachte Meier vor, wie unangenehm ihm die Zurückhaltung Müllers sei. Er selbst fühle sich mit schnellen Entscheidungen überfordert. Ob nicht Müller dies übernehmen könne?

Müller stimmte zu, jedoch mit der Bitte, daß Meier sein "brain trust" im Hintergrund sein könne, der seine Entscheidungen noch einmal überprüfe, damit kein Fehler unterlaufe. Meier war sehr erleichtert und erklärte sich einverstanden.

Damit waren also beide wieder bei der ursprünglichen Rollenaufteilung angekommen – nur mit einem wesentlichen Unterschied: Anstatt sich zu bekämpfen, nahmen sie nun die selbstgewählte Schwerpunktbildung innerlich an und akzeptierten sie als für das Unternehmen funktional.

Literatur

Bateson, G.: Ökologie des Geistes, Suhrkamp, Frankfurt, 1. Aufl.1981
Christ H. / Wedekind E.: Zur Praxis systemischer Institutionsberatung Zeitschrift für systemische Therapie 4/1988, S. 279-287
de Shazer, S.: Keys to Solution in Brief Therapy, Norton, New York 1. Auflage 1985
Maturana H. / Varela F.: Der Baum der Erkenntnis, Scherz Verlag, 2. Aufl. 1987
Schmid, Bernd A.: Gegen die Macht der Gewohnheit: Systemische und wirklichkeitskonstruktive Ansätze in Therapie, Beratung und Training. Zeitschrift der Gesellschaft für Organisationsentwicklung 4/87 S. 21-42
Selvini-Palazzoli, M. et al.: Paradoxon und Gegenparadoxon. Klett-Cotta, Stuttgart 2. Auflage 1978
Selvini-Palazzoli, M. / Boscolo, L. / Cecchin, G. / Prata, G.: Hypothetisieren, Zirkularität,Neutralität. Familiendynamik 6, S. 123-139, 1981
Selvini-Palazzoli, M. et al. : Hinter den Kulissen der Organisation Klett-Cotta, Stuttgart, 1.dt. Auflage 1984
Watzlawick P. / Beavin J. / Jackson D.: Menschliche Kommunikation Huber, Bern, Stuttgart, Wien, 4. Auflage 1974
Watzlawick P. / Weakland J. / Fisch R.: Lösungen, Zur Theorie und Praxis menschlichen Handelns. Huber, Bern, Stuttgart, Wien, 2. Auflage 1979
Watzlawick, P.: Die Möglichkeit des Andersseins. Huber, Bern, Stuttgart, Wien, 3. Auflage 1986
Weber G. / Simon F.: Systemische Einzeltherapie Zeitschrift für systemische Therapie 3/1987 S. 192-206
Weakland, J.: Family Therapy without the Family. Family Process 1983, S. 1-9
Weiss, Th.: Familientherapie ohne Familie, Kurztherapie mit Einzelnen. Kösel, München, 1. Auflage 1988

Niklas Luhmann

Glück und Unglück der Kommunikation in Familien

Der Autor spricht in erster Linie von Familien. Seine Aussagen gelten aber auch für jene anderen Intimgruppen, die in heutigen Unternehmen eine wachsende Rolle spielen: Während soziale (Kommunikations-)Systeme sich im allgemeinen nicht mit sich selbst beschäftigen müssen, weil die Sprache als geräuschlose strukturelle Koppelung zwischen dem Bewußtsein der Beteiligten und der von ihnen getragenen Kommunikation funktioniert, neigen Intimgruppen dazu, diese Koppelung selbst zum Thema zu machen («Metakommunikation» darüber, wie die Beteiligten Kommunikation erleben) und die dabei entstehenden Irritationen als Material für abweichendes Verhalten, für die Autopoiesis der eigenen Form, abzuzweigen. Oft wird die Verantwortung für diese Irritation übrigens den Frauen zugewiesen. Als gesund oder krank kann dieser Prozeß nur von einem außenstehenden Beobachter eingeschätzt werden, der in dem Maße, wie er ein Problem sieht, selbst zum Problem oder zum Teil der Lösung wird. Jedenfalls wäre die Geräuschlosigkeit der Kommunikation kein vernünftiges Therapieziel.

I

Die folgenden Überlegungen gehen von mehreren theoretischen Prämissen aus, die an dieser Stelle nicht eigens begründet, sondern nur knapp skizziert werden können (1), nämlich:

1. Bewußtseinssysteme und soziale Systeme (Kommunikationssysteme) sind getrennt existierende, jeweils operativ geschlossene autopoietische Systeme. Es gibt folglich zwischen ihnen keine operative Überschneidung, obwohl ein Beobachter gewisse Koinzidenzen als Einheiten sehen und beschreiben kann (zum Beispiel den Zusammenhang von aktuellem Bewußtseinsgeschehen und Mitteilungshandlungen als Teilnahme an Kommunikation).

2. Da Kommunikation nicht ohne Beteiligung von Bewußtsein zustande kommen kann (und zwar weder als Mitteilung noch als Verstehen), setzt die Autopoiesis sozialer Systeme einen Mechanismus regulärer Verknüpfungen voraus. Wir nennen ihn – im Anschluß an Maturana – strukturelle Kopplung.

3. Über strukturelle Kopplung werden Bewußtseinssysteme und Sozialsysteme zu geschichtlichen Systemen. Sie bleiben jeweils autonom, jeweils operativ geschlossen; aber die Fortsetzung von Operationen ist durch ihren jewei-

ligen Zustand bestimmt, der durch die Auswirkungen struktureller Kopplungen mitbestimmt ist (2). Nur in diesem Sinne kann man sie als zustandsbestimmte beziehungsweise strukturdeterminierte Systeme bezeichnen.

4. Die strukturelle Kopplung von Bewußtsein und Kommunikation wird im wesentlichen durch Sprache geleistet. Sprache hat (akustische, in der Schrift auch optische) Formen entwickelt, die zugleich Bewußtsein faszinieren und Kommunikation transportieren. Es ist vermutlich eine nur geringe Übertreibung, wenn man sagt, daß im Laufe der Evolution Bewußtseinssysteme und Sozialsysteme, die sinnhaft operieren, erst durch Sprache entstehen, das heißt durch einen Mechanismus der Entkopplung und der strukturellen Wiederkopplung zweier Arten von Autopoiesis.

5. Strukturelle Kopplungen funktionieren im Normalfall für beide beteiligten Systeme nahezu geräuschlos – also für das Bewußtsein unbemerkt – und für soziale Systeme, ohne daß Kommunikation darauf gerichtet werden müßte. Der evolutionäre Gewinn, der durch Entkopplung und strukturelle Wiederkopplung erzielt wird, beruht auf dieser Geräuschlosigkeit. Nur dadurch können die beteiligten Systeme strukturdeterminierte Systeme sein und sich mit all ihren Operationen ihrer Eigendynamik widmen. Und nur dadurch ist es möglich, daß gleichwohl eintretende Störungen (und sie treten natürlich dauernd ein) in den Beteiligten die "Nanu"-Form der Irritation auslösen können, die dann die Fortsetzung der jeweils eigenen Autopoiesis beeinflußt.

6. Familien (und heute Intimbeziehungen im allgemeinen) profitieren parasitär von dieser Geräuschlosigkeit struktureller Kopplungen. Sie gehen davon aus, daß die Sprache ihre Funktion der "Doppelhelix" erfüllt, also Bewußtsein und Kommunikation simultan zu prozessieren erlaubt, ohne daß dadurch ein Supersystem entstünde (3). Die Besonderheit intim gebundener Familie besteht darin, sich davon nicht tragen zu lassen, sondern gleichsam dissipative Strukturen (Prigogine) zu entwickeln. Gerade wenn und weil die strukturelle Kopplung funktioniert, kann man mehr Geräusche zulassen, das heißt, sich Gedanken darüber zu machen und sogar darüber zu kommunizieren, wie der andere denkt; ob er verstehen kann, was man sagt; ja, ob er überhaupt zuhört oder schon abgeschaltet hat und mit der Vorbereitung seiner Erwiderung beschäftigt ist.

Was kann man sehen, was kann man lernen, wenn man sich auf diese Prämissen einläßt?

II

Im normalen Fluß verläuft Kommunikation relativ unproblematisch, weil die strukturelle Kopplung mit den beteiligten Bewußtsseinssystemen ausreichend funktioniert beziehungsweise Störungen bewußtseinsintern abgefiltert werden können. Oder anders gesagt: Die Kommunikation hat die Notwendigkeit, sich ihre eigenen Probleme zu schaffen, und das heißt vor allem, sich damit zu beschäftigen, ob sie mitgeteilte Informationen im weiteren Verlauf der Kommunikation annehmen oder ablehnen soll. In Intimbeziehungen, also auch in Familien, wenn sie unter entsprechenden Ansprüchen stehen, wird diese Bedingung mehr oder weniger außer Kraft gesetzt – zumindest wenn es um für das System wichtige Kommunikation geht.

Die soziale Semantik der Intimität (4) weist diejenigen, die sich in ein solches Verhältnis begeben wollen, auf Störungen in der strukturellen Kopplung von Bewußtsein und Kommunikation zu achten, ja solche Störungen zu suchen, zu provozieren, zu testen und daraus zu lernen. Irritation wird nicht länger dem Zufall überlassen, sondern als Lernanlaß produziert und dann auch reflektiert: Was denkst du, wenn du merkst, daß ich mich bemühe, herauszubekommen, was du denkst? Es geht, mit anderen Worten, um eine Kommunikation, an der psychische Systeme teilnehmen, die in die Kommunikation einzubringen versuchen, was sie erleben, wenn sie an der Kommunikation teilnehmen. Nur die Überlieferung, die uns lehrt, Kommunikation sei ein Ausdrucksverhalten von "Subjekten", läßt einen solchen Sachverhalt als normal erscheinen. In Wirklichkeit ist er ganz außergewöhnlich, ja nahezu unmöglich (allein schon deshalb, weil kein Ich-Sagender wissen kann, was er meint, wenn er ich sagt). Man muß die Kommunikation gewissermaßen ich-rücksichtsvoll mißbrauchen, will man ihr eine Mitthematisierung der an ihr beteiligten Bewußtseinssysteme abverlangen. Der Normalabfluß der Autopoiesis wird dabei gehemmt, es werden Situationen geschaffen, die es ermöglichen, zu beobachten, wie der andere auf Kommunikation reagiert (5). Die grandiose evolutionäre Vereinfachung der strukturellen Kopplung, ohne die keine sinnhafte Systemkomplexität hätte entstehen können und ohne die sie auch nicht reproduziert werden kann, wird angetastet und punktuell revertiert.

Da das, wenn überhaupt, nur in sehr vagen Grenzen geschehen kann, erfordert dies eine Ausdifferenzierung von Intimbeziehungen und ihre Absonderung als "abweichendes Verhalten". Daß dies einen hohen semantischen Aufwand benötigt und zunächst als eine – wenngleich erfreuliche – Pathologie praktiziert wurde, ist am Anfang der Kodierung passionierter Liebe noch deutlich zu erkennen. Inzwischen ist auch dieses Verhalten, nicht zuletzt mit Hilfe von Buchdruck und Lektüre und heute wohl auch anderer Medien, standardisiert worden. Und erst das erfordert eine explizite Trennung von Normalform und bedenklich-pathologischem Verhalten.

Das Problem selbst ist offenbar nicht ganz neu. Schon in der älteren, patriarchalischen Literatur über häusliche Ordnung (societas oeconomica) wurde bemerkt, daß die Frauen bei der Produktion von Irritationen eine aktive Rolle spielen (6). Das wurde jedoch negativ registriert und in die Form einer negativen Stereotypisierung der (verheirateten) Frau gebracht. Im Gegenzug dazu entstand dann eine umfangreiche, quasi apologetische Literatur, die sich bemühte, die Warnung des Mannes vor der Ehe in Ermutigung umzuformen (7). "This fair defect of nature" heißt dieses Paradoxon mit Bezug auf Eva bei Milton, und die Frage ist immer wieder, warum dies noch nachträglich in die Schöpfung eingefügt werden mußte (8). Man sieht an der semantischen Form dieser Diskussion, vor allem an der Fokussierung auf Beschreibung von Frauen, daß das Problem von sozialstrukturellen Bedingungen abhängt. Erst mit der Auflösung von Primärbeschreibung der Gesellschaft durch die Unterscheidung *societas politica/societas domestica* und erst mit dem Übergang zu einer Ordnung, die andere Funktionssysteme gegen die Familie differenzieren, können neue Bedingungen realisiert werden. Und damit verschwindet auch die in älteren Gesellschaften verbreitete Neigung, Liebe als solche schon für pathologisch zu halten. Die Feststellung von Pathologien wird nunmehr, wie wir noch sehen werden, eine Angelegenheit von Experten.

III

Wenn in Familien heute Intimkommunikation erlaubt, ja gefordert ist, heißt dies offenbar, daß man sich bei aller Kommunikation auch darum kümmern muß, wie der andere sie meint und wie er sie verkraften kann. Man muß das nicht nur überlegen, man darf, ja man sollte auch darüber kommunizieren können. Das ist ein derart unwahrscheinliches Prinzip, daß es, wenn überhaupt, nur in gesellschaftlichen Enklaven funktionieren kann. Es handelt sich, gesellschaftlich gesehen, um einen Ausnahmezustand, der nur deshalb nicht als pathologisch empfunden wird, weil er an wichtige Funktionen gekoppelt, weil also auch die Familie als Funktionssystem ausdifferenziert ist.

In Familien kann erwartet werden, daß sich die Kommunikation auf Personen bezieht oder zumindest immer mit im Auge hat, was die beteiligten Bewußtseinssysteme davon spüren, davon halten, dabei erleben und in ihrer eigenen strukturdeterminierten Operationsweise daraus machen. Man muß sich kennen, das ist eine Bedingung; aber sie ist natürlich nicht unabhängig von dem Lernvorgang, der durch ein systematisches Irritieren in Gang gesetzt ist. Mehr als bei geräuschfreier struktureller Kopplung spielt deshalb die Geschichte eine Rolle. Es gibt, anders als zum Beispiel in der Wirtschaft (9), kein legitimes Vergessen. Viel mehr als andere Sozialsysteme ist die Familie ein historisches System, in das sich einzeichnet, was im Verhältnis von Bewußtsein und Kommunikation passiert ist. Und gerade weil die Strukturdeterminiertheit der beteiligten Systeme eigensinnig bestimmt, was diese tun, wird die Geschichtlichkeit zu einem rekursiv sich verstärkenden, dauernd von sich selbst ausgehenden Mechanismus. Ein Ausbrechen kann dann wie Befreiung von nicht mehr zu bewältigenden Rücksichten wirken, auch wenn die Erfahrung sich wiederholen wird.

Da die Bewußtseinssysteme nicht nur an familialen, sondern auch an anderen gesellschaftlichen Kommunikationen teilnehmen, ist die Rücksicht auf sie nicht auf die Familie selbst zu beschränken. Alles interne und externe Erleben und Handeln ist potentiell relevant, sofern es personrelevant ist. Im strengen Sinne von Spencer Brown ist die Familie damit eine Form, die in die Form wiedereintritt. (10) Sie ist Form nicht als interne Ordnung, nicht als Struktur, nicht als schöne oder weniger schöne Gestalt, sondern als Differenz, als Unterscheidung von System und Umwelt. Sie ist Form mithin auf beiden Seiten – als System und als Umwelt. Nur deshalb erlaubt es die Theorie, zu sagen, daß die Form in die Form wiedereintritt, nämlich die Unterscheidung von System und Umwelt in das System (11) und nicht in dessen Umwelt. Auch dies ist ein Regulativ, das Zeit in Anspruch nimmt, also historisch prozessiert werden muß; denn unter Abstraktion von Zeit wäre die Figur des Wiedereintritts der Form in der Form eine Paradoxie.

Über Anteilnahme an Bewußtsein, über geräuschvolle strukturelle Kopplung steht das System mithin unter Dauerirritation, die sowohl interne als auch externe Quellen hat. Irritation bleibt damit eine interne Form, intern für alle miteinander verbundenen Systeme je für sich. Unter diesen Umständen können sich für das Sozialsystem Familie gleichwohl stabile Zustände und wiederholt benutzbare Strukturen (Erwartungen) ausbilden, aber die Frage ist: wie und mit welchen Folgen?

Vermutlich bewährt sich dafür eine Form, die auch dann noch stabil bleibt, wenn durchschaut wird, daß sie auf einer Fiktion beruht. Ähnliches ist, mit ganz anderer Breitenwirkung, bei der Evolution von Sprache passiert. Denn auch da mußte gelernt werden, daß die Sprache selbst dann (und gerade dann) funktioniert, wenn durchschaut wird, daß ihre Formen nicht die Sachen sind, die sie bezeichnen. Zu bewältigen war auch hier schon ein Formproblem im genauen Sinne von *George Spencer Brown*: ein Benutzen von Formen im Sinne einer Unterscheidung von eingeschlossen/ ausgeschlossen und ein Überschreiten dieser Differenz im Sinne eines Eingeschlossenseins der Unterscheidung von eingeschlossen/ausgeschlossen. Man kann hieraus folgern, daß die Familie ihre eigene Sprache zu erfinden und zu erlernen hat, und dies unter der Bedingung eines künstlich erhöhten Irritationskoeffizienten.

In einer Terminologie, die *Heinz von Foerster* bei *David Hilbert* ausgeliehen hat, kann man auch sagen: Die Familie muß "Eigenwerte" errechnen (12). Sie muß Anhaltspunkte für Beobachtungen erzeugen, die auch dann noch halten, wenn beobachtet wird, daß Beobachtungen beobachtet werden. Sie muß auf der Ebene der *second order cybernetics*, also auf der Ebene der Beobachtung von Beobachtungen, Stabilität erreichen können (13). Eine familieneigene Sprache (und gemeint ist hier natürlich nicht ein bloßer Jargon, eine bloße Abwandlung der Umgangssprache, wie sie in vielen Familien zu beobachten ist) setzt eine Mindestkomplexität voraus, wenn sie Eigenwertqualität erreichen soll. Es ist aus prinzipiellen Gründen unvorhersehbar, ob dies gelingt oder nicht und ob bei gegebenen Ausgangspunkten (etwa den Bedingungen des Sichkennenlernens) dafür eine oder mehrere Möglichkeiten bestehen. Auch in diesem Sinne ist die Familie ein geschichtliches System.

IV

Die alte Regel, daß Passionen durch Vernunft zu bekämpfen seien, ist mit der Semantik Alteuropas untergegangen und mit ihr all die Möglichkeiten, Pathologien an Naturbegriffen zu unterscheiden (14). Seitdem müssen Pathologien konstruiert werden – und dies vorzugsweise mit Hilfe des Kodes *gesund/ krank*. Der Naturbegriff selbst ist umfunktioniert worden zu einem Begriff für das, was die Gesellschaft nicht kann; aber Pathologien dürfen nicht außerhalb dessen liegen, was die Gesellschaft kann, solange es Experten – Ärzte, Psychiater, Therapeuten – gibt, die hier ihr Betätigungsfeld suchen und finden. Statt eines Problems naturaler Distinktion, etwa nach dem Schema *perfekt/ korrupt*, hat man nun die Frage, wie Pathologien konstruiert werden und von wem.

Zur Ausdifferenzierung einer Ebene des Beobachtens des als pathologisch qualifizierten Beobachtens gehört ein Doppeltes: Einerseits muß den beobachteten Beobachtern die Urteilskompetenz abgesprochen werden, denn nur so wird die Qualität des Erkennens als pathologisch auf die Ebene der Beobachtung zweiter Ordnung konzentriert (15). Andererseits liegt in der Diagnose (wie stets in einer Beobachtung zweiter Ordnung) eine Unausweichlichkeit "autologischer" Selbstreferenzen: Ein Experte, der die Form "pathologisch", also *gesund/krank*, unterscheidet, muß sich fragen, ob die Kriterien, die er dabei verwendet, auch auf ihn selbst zutreffen. Und in dem Maße, in dem er in der Pathologie ein Problem sieht, an dessen Lösung er mitzuwirken hat, wird er zum Teil des Problems oder zum Teil der Lösung des Problems. Auf jeden Fall tritt er in die Form ein, die sein Beobachten leitet (17).

Dies muß nun keineswegs heißen, daß die Diagnosen "subjektiv" oder "willkürlich" erfolgen – nur, wenn man wissen will, was "pathologisch" ist, muß man den Beobachter beobachten, der diese Beschreibung verwendet, und nicht das, was so beschrieben wird. Nichts anderes besagt der von Paul Watzlawick und anderen vertretene therapeutische "Konstruktivismus". Die Freisetzung einer Expertenkultur für ein Operieren auf der Ebene des Beobachtens und Beschreibens zweiter Ordnung und deren Infektion mit "Autologie" steht in genauer Entsprechung zu dem Tatbestand, den wir als Steigerung des Rauschens in strukturellen Kopplungen beschrieben haben. Wenn es zu einer solchen durchaus funktionalen Selbstbelastung mit Irritationen und irritationsbedingten Strukturentwicklungen kommt, kann das Ergebnis nicht allein mit Standardnormen der Gesellschaft als konform oder abweichend behandelt werden (Die Leute lassen ihren Garten verwildern, sie fahren nie in die Ferien, sie reden laut und alle zugleich, sie machen einen ungepflegten Eindruck etc.). Die Schemata *normal/anormal* oder *nonkonform/normabweichend* mögen zwar eine Symptomatologie inspirieren, die den Anstoß zur Auswahl von pathologieverdächtigen Tatbeständen gibt, aber der Tatbestand selbst liegt im Kontrollbereich der anderen Form. Er muß mit einer anderen Unterscheidung behandelt werden. Deren Problem aber ist, daß gerade diejenige Erwartung, unter der intim gebundene Familien ausdifferenziert werden und ihre "Höchstrelevanz" (19) zu erreichen suchen, in jener Zone liegt, in der sich Eigenzustände bilden, die für die Beteiligten selbst unerträglich sind und von den Experten mit hoher Übereinstimmung als "pathologisch" eingestuft werden. Es ist kein Zufall, daß sich eine ins Extrem getriebene evolutionäre Unwahrscheinlichkeit auf diese Weise bemerkbar macht.

Auch in der alten Lehre von der häuslichen Gesellschaft war schon bemerkt worden, daß Ehen sowohl Himmel als auch Fegefeuer bedeuten können – und mit größerer Wahrscheinlichkeit das letztere. Aber damals wurde das Problem den Eigenschaften von Frauen zugerechnet und, soweit überhaupt, durch Verstummen der Frauen gelöst. Die Frauen hatten im Kontrollfall zu schweigen, und daß sie es nicht taten, wurde negativ bewertet. Die kluge "Diskretion", die zwischen Reden und Schweigen zu unterscheiden und beides zu können hatte, war für den öffentlichen (zivilen, politischen) Verkehr bestimmt und wurde als Tüchtigkeit des *homme galant* empfohlen (20). Heute lassen sich weder Zurechnungen noch Lösungen in dieser Form vertreten. Auch würde eine Norm der Diskretion mit Vorstellungen von Liebe und Intimität kollidieren. Und eben deshalb entsteht ein Bedarf für Systemtherapie.

Das mag eine Differenzierung entlang dieser Linie erklären, gibt aber noch keine Kriterien der Therapie an die Hand. Solche Kriterien kann es auch kaum geben, es sei denn, sie lägen in den Theorien der Familientherapie. Jedenfalls kann es nicht darum gehen, die Familie auf ein Normalformat geräuschloser Kommunikation zurückzuführen, das heißt, einen Eigenzustand anzustreben (oder paradoxerweise sogar zu verschreiben), bei dem die strukturelle Kopplung von Kommunikation und Bewußtsein störungsfrei funktioniert. Das hieße, daß jeder Teilnehmer davon ausgeht, daß alle Teilnehmer (auch er selbst?) meinen, was sie sagen und daß das Verstehen der anderen dem gemeinsamen Sinn entspricht. So könnte man zwar gut zusammenleben – der Eigenwert des Systems wäre eben diese Fiktion einer Übereinstimmung von Bewußtsein und Kommunikation –, nur weiß jeder Teilnehmer für sich selbst es besser, allein schon deshalb, weil er bewußt an Kommunikation partizipiert. Auf alle Fälle wäre es aber ein Zusammenleben ohne Intimität.

(1) Zur Einführung und mit weiteren Angaben zur Theoriegenealogie siehe *Niklas Luhmann*, Wie ist Bewußtsein an Kommunikation beteiligt? In: *Hans Ulrich Gumbrecht / K. Ludwig Pfeiffer* (Hrsg.), Materialität der Kommunikation, Frankfurt 1988, S. 884-905, und *ders.*, Sozialsystem Familie, System Familie 1 (1988), S. 75-91.

(2) In der Sprache *Heinz von Foersters*: Es handelt sich nicht um triviale, sondern um nichttriviale Maschinen. Vgl. *Heinz von Foerster*, Principles of Self-Organization – In a Socia-Managerial Context, in: *Hans Gumbrecht/ Gilbert J.B. Probst* (Hrsg.), Self-Organization and Management of Social Systems: Insights, Promises, Doubts and Questions, Berlin 1984, S. 2-24 (8 ff.), *ders.*, Abbau und Aufbau, in *Fritz B. Simon* (Hrsg.), Lebende Systeme: Wirklichkeitskonstruktionen in der systemischen Therapie, Berlin 1988, S. 19-33, vgl. auch *Fritz B. Simon*, Unterschiede, die Unterschiede machen: Klinische Epistemologie: Grundlagen einer systemischen Psychiatrie und Psychosomatik, Berlin 1988, S. 19 ff.

(3) Wir widersprechen hier einer vor allem unter Linguisten verbreiteten Gewohnheit, die Sprache selbst als System anzusehen.

(4) Zu ihrer Evolution vgl. *Niklas Luhmann*, Liebe als Passion: Zur Codierung von Intimität, Frankfurt 1982.

(5) Ich bleibe der Einfachheit halber bei "der" andere, obwohl mir gesagt wird, daß man der/die andere sagen müßte, und obwohl ich als Systemtheoretiker am liebsten "das " andere (System) sagen würde.

(6) Rückblickend mag man vermuten, daß ihnen als ersten daran gelegen sein mußte, um die Liebe des Mannes zu testen.

(7) Vgl. für Beispiele: *Jean de Marconville*, De l'heur et malheur du marriage, Paris 1564, insb. fol. 43 v. ff.; *Levinus Lemnius* (ein Arzt), De miraculis occultis naturae libri III, Antwerpen 1574, lib IV., cap. XIII; *Melchior Iunius Wittenbergensis*, Politicarum quaestionum centrum ac tredecim, Frankfurt 1606, pars II; und noch *Jacques Chaussé*, Sieur de La Ferrière, Traité de l'excellence du marriage:

de sa necessité, et de moyens d'y vivre heureux, où l'on fait l'apologie des femmes contre les calomnies des hommes, Paris 1685. In der thematisch mit amour passion befaßten Literatur findet man einstimmig das entgegengesetzte Urteil über die Ehe.

(8) Paradise Lost X, zit. nach: Poems of *John Milton* (Hrsg. *Sir Henry Newbolt*), London, o. J. (1924), S. 246. Zu den aristotelischen Wurzeln dieses Urteils vgl. *G.E.R. Lloyd*, The Female Sex: Medical Treatment and Biological Theories in the Fifth and Fourth Centuries B.C., in *ders.*, Science, Folklore and Ideology: Studies in the Life Sciences in Ancient Greece, Cambridge Engl., 1983, S. 58-111.

(9) Siehe hierzu *Dirk Baecker*, Das Gedächtnis der Wirtschaft, in: *ders. et al.* (Hrsg.), Theorie als Passion, Frankfurt 1987, S. 519-546.

(10) Vgl. *George Spencer Brown*, Laws of Form, 2. Aufl., London 1971.

(11) Vgl. hierzu auch *Simon*, a.a.O. (1988), S. 47 ff. mit einer Anwendung des Kalküls von *Spencer Brown* auf den Fall System/Umwelt.

(12) Siehe *Heinz von Foerster*, Objects: Taken for (Eigen-)behaviors, in ders., Observing Systems, Seaside, Cal. 1981, S. 273-285; dt. Übers., in ders., Sicht und und Einsicht: Versuche zu einer operativen Erkenntnistheorie, Braunschweig 1985.

(13) Das gilt vermutlich für alle ausdifferenzierten Funktionssysteme, aber für jedes in anderer Weise. Für einen Begriff des Marktes im Wirtschaftssystem, der darauf abhebt, siehe *Dirk Baecker*, Information und Risiko in der Marktwirtschaft, Frankfurt 1988.

(14) Siehe im Kontext des sich ausdifferenzierenden Wirtschaftssystems *Albert O. Hirschman*, The Passions and the Interests: Political Arguments for Capitalism before its Triumph, Princetown 1977; dt. Übers., Frankfurt 1980. Auch in anderen Bereichen spielt der Interessenbegriff eine Rolle in der Auflösung jener alten Unterscheidungen. Vgl. etwa *Felix Raab*, The English Face of Machiavelli, London 1964, S. 157 ff., S. 246 ff. oder *J.A.W. Gunn*, Politics and the Public Interests in the Seventeenth Century, London 1969, für die politische Theorie des 17. Jahrhunderts.

(15) Eine etwas raffiniertere (heute wohl durchgängig übliche) Version dieser Ebenen-Distinktion formuliert *Anthony Wilden*, System and Structure: Essays in Communication and Exchange, 2. Aufl., 1980, S. 210, wie folgt: "It is a necessary function of pathological communication to deny its own pathology at some level while admitting und using it at other levels." Damit ist zugestanden, daß das Phänomen bedingt ist durch die Emergenz von Beobachtungen zweiter Ordnung im System, das auch die Beobachtung erster Ordnung, das unmittelbare kommunikative Verhalten durchführt.

(16) Auch dieser Begriff entstammt linguistischen Analysen oder, genauer gesagt: logischen Analysen des linguistischen Redens über Sprache. Vgl. *Lars Löfgren*, Life as an Autolinguistic Phenomenon, in: *Milan Zeleny* (Hrsg.), Autopoiesis: A Theory of Living Organization, New York 1981, S. 236-249; *ders.*, Towards System: From Computation to the Phenomenon of Language, in: *Marc E. Carvallo* (Hrsg.), Nature, Cognition and System I: Current Systems – Scientific Research on Natural and Cognitive Systems, Dordrecht 1988, S. 129-155.

(17) Vgl. für den Bereich der Management-Beratung auch *Heinz von Foerster*, a.a.O. (1985).

(18) Vgl. *Paul Watzlawick* (Hrsg.), Die erfundene Wirklichkeit, München 1981, und zum operativen Gebrauch der Sprache in diesem Zusammenhang: *Paul Watzlawick*: Verschreiben statt Verstehen als Technik von Problemlösungen, in: *Gubrecht/Pfeiffer* a.a.O. (1988), S. 878-883.

(19) Ein Begriff von *Hartmann Tyrell*, Romantische Liebe – Überlegungen zu ihrer "quantitativen Bestimmtheit", in *Dirk Baecker et al.* (Hrsg.), a.a.O., S. 570-599.

(20) Übrigens mit bemerkenswerter Indifferenz gegen ständische Herkunft und gegen moralische Überzeugungen. Siehe *Bernardino Pino da Cagli*, Del Galant'huomo overso dell'huomo prudente et discreto, Venetia 1604. Und während man in Adelstheorien jener Zeit häufig die Bemerkung findet, daß huomo, homme etc. im Zusammenhang des Textes sowohl Männer als auch Frauen bezeichnen solle (denn beide sind ja unbestreitbar adelsfähig), habe ich im Diskurs über Galanterie/Diskretion bisher keine solche Reservation entdeckt. Offenbar traut man den Frauen Diskretion nicht zu, weil sie ohnehin zuviel reden und besser schweigen sollten. Das Problem bedürfte aber näherer Untersuchung.

Fritjof Capra

Systemisches Denken – das neue Paradigma

Der Autor von «Wendezeit» bringt seine Sichtweise der Weltprobleme, ihrer Hintergründe und des Wandels der Paradigmen in Wissenschaft und Gesellschaft auf den bisher wohl kürzesten Nenner. Als idealen Rahmen des sich aufdrängenden ganzheitlich-ökologischen Denkens bezeichnet er die Theorie lebender Systeme. Er faßt seine Überlegungen selbst am Schluß des Beitrags in fünf Thesen zusammen.

Die dringendsten Probleme unserer Zeit sind globale Probleme, die das Wohl der gesamten Menschheit – und viel mehr noch jenes zukünftiger Generationen – ernstlich gefährden. Das Ausmaß und die Folgen dieser Probleme wurden in den letzten Jahren ausführlich dokumentiert. Es handelt sich im wesentlichen um drei Problemkreise: das Wettrüsten und die Drohung des Atomkriegs, die Zerstörung unserer natürlichen Umwelt und das gleichzeitige Bestehen von Fortschritt und Armut – sogar in den reichsten Ländern und noch viel mehr in der dritten Welt. Jeder dieser drei Problemkreise umfaßt eine Reihe von kritischen Einzelproblemen – weltweites Bevölkerungswachstum, Waldsterben bei uns und Zerstörung der Urwälder in den Tropen, Treibhauseffekt, Vergiftung von Luft, Wasser und Erde etc.

Je näher wir diese Probleme betrachten, desto mehr wird klar, daß keines von ihnen als Einzelproblem verstanden und gelöst werden kann. Es sind systemische Probleme – wechselseitig verknüpft und voneinander abhängig. Die Stabilisierung der Weltbevölkerung zum Beispiel wird nur möglich sein, wenn es uns gelingt, die weltweite Armut zu verringern. Die massive Ausrottung von Tier- und Pflanzengattungen wird fortschreiten, solange die dritte Welt von massiven Schulden belastet ist. Nur wenn es uns gelingt, den internationalen Rüstungswettlauf zu stoppen, werden uns die Ressourcen zur Verfügung stehen, um die katastrophalen Folgen der Zerstörung unserer Biosphäre, die uns jetzt drohen, zu verhindern – dramatischer Anstieg von Hautkrebs, Überflutung unserer Hafenstädte, Verlust großflächiger Landwirtschaftsgebiete etc.

Letztlich sind alle diese Probleme nur verschiedene Facetten ein und derselben Krise, die im wesentlichen eine Krise der Wahrnehmung ist. Sie ist eine Folge der Tatsache, daß die meisten unter uns, und vor allem unsere mächtigen gesellschaftlichen Institutionen, an einem überholten Weltbild festhalten, an einer Weltanschauung, die zur Lösung der vielfältigen Probleme in unserer global vernetzten Welt ungeeignet ist.

Gleichzeitig wird in Grenzgebieten der Wissenschaft und in einer großen Zahl von gesellschaftlichen Bewegungen eine neue Sicht der Wirklichkeit entwickelt, die die Grundlage unserer zukünftigen Technologien, Wirtschaftssysteme und gesellschaftlichen Institutionen bilden wird. Wir befinden uns also am Beginn eines tiefgreifenden Wandels unserer Weltbilder und Wertvorstellungen, eines Wandels der "Paradigmen" in Wissenschaft und Gesellschaft, der ebenso radikal wie die kopernikanische Wende ist.

Leider setzt sich diese Erkenntnis unter unseren Politikern, Unternehmern und Akademikern nur sehr langsam durch; ja, deren vereinter Widerstand gegen den Paradigmenwechsel mutet oft fast wie eine Verschwörung an. Die Technologien und Geschäftsmethoden der Großkonzerne, die im allgemeinen ungesund, wenn nicht überhaupt destruktiv sind, werden vom wissenschaftlichen Establishment voll unterstützt. Diese Unterstützung gefährlicher und schädlicher Praktiken beruht jedoch keineswegs auf einem Komplott, sondern vielmehr auf der Tatsache, daß unsere geschäfltichen, akademischen und politischen Führungskräfte von denselben veralteten Wahrnehmungen gefangen sind.

Diese Wahrnehmungen bilden die Grundlage des sogenannten alten Paradigmas – einer Weltanschauung, die unsere Kultur während der letzten dreihundert Jahre beherrscht hat, die institutionalisiert und mit Macht ausgestattet wurde und uns jetzt daran hindert, neue Lösungen zu finden. Dieses Paradigma enthält eine Reihe von Ideen und Wertvorstellungen; darunter die Auffassung, das Universum sei ein mechanisches System, das aus materiellen Grundbausteinen bestehe (Einfluß der Kartesianischen Philosophie und Newtonschen Physik); das Bild des menschlichen Körpers als einer Maschine (immer noch die begriffliche Basis der Schulmedizin); die Vorstellung des Lebens in der Gesellschaft als eines ständigen Konkurrenzkampfes um die Existenz (Erbe der Sozialdarwinisten); den Glauben an unbegrenzten materiellen Fortschritt durch wirtschaftliches und technisches Wachstum (lineares Denken) und – nicht zuletzt! – den Glauben, daß eine Gesellschaft, in der das Weibliche überall dem Männlichen untergeordnet ist, einem grundlegenden Naturgesetz folge (patriarchalische Wertordnung). Alle diese Annahmen haben sich während der letzten Jahrzehnte als sehr begrenzt erwiesen und bedürfen einer radikalen Neuformulierung.

Eine solche Neuformulierung findet jetzt auch tatsächlich statt. Das jetzt im Entstehen begriffene neue Paradigma kann als ganzheitliches Weltbild bezeichnet werden, in dem die Welt nicht als eine Ansammlung isolierter Teile gesehen wird, sondern als integriertes Ganzes. Es kann auch ein ökologisches Weltbild genannt werden, wenn das Wort "ökologisch" in einem viel breiteren und tieferen Zusammenhang gebraucht wird, als es allgemein üblich ist. Ökologisches Bewußtsein in diesem tiefen Sinn ist das Bewußtsein der wechselseitigen Verknüpfung und Abhängigkeit aller Phänomene – das Bewußtsein, daß wir als einzelne und als Gesellschaft in die zyklischen Prozesse der Natur eingebettet und eingebunden sind.

In der Naturwissenschaft bietet die in den letzten Jahrzehnten entwickelte Theorie lebender Systeme, welche aus der Kybernetik der vierziger Jahre hervorging, den idealen Rahmen zur wissenschaftlichen Formulierung des ganzheitlich-ökologischen Denkens. Lebende Systeme – Organismen, soziale Systeme oder Ökosysteme – sind integrierte Ganzheiten, deren Eigenschaften sich nicht auf die kleinerer Einheiten reduzieren lassen. Statt auf Grundbausteine konzentriert sich die Systemtheorie auf grundlegende Organisationsprinzipien. Systemeigenschaften werden zerstört, wenn ein System in isolierte Einzelteile zerlegt wird, sei es physisch oder theoretisch. Obwohl wir in jedem System Einzelteile unterscheiden können, ist das Ganze immer etwas anderes als die bloße Summe seiner Teile.

Das systemische Denken ist heute auf allen Gebieten dringend nötig, da die kritischen Probleme unserer Zeit globale systemische Probleme sind, die nur durch einen systemischen (ganzheitlich-ökologischen) Ansatz gelöst werden können. Und da lebende Systeme als individuelle Organismen, Sozialsysteme und Ökosysteme einen so weiten Bereich umfassen, bietet die Systemtheorie den idealen Rahmen, um viele isolierte, bruchstückhaft gewordene Fachgebiete zu vereinen.

Systemisch denken heißt vernetzt denken – nicht nur im Raum, sondern auch in der Zeit. Es bedeutet nicht nur zu erkennen, wie die wesentlichen Probleme unserer Zeit untereinander verknüpft sind, sondern auch zu sehen, wie sich verschiedene Lösungsversuche auf zukünftige Generationen auswirken konnten. Aus systemischer Sicht sind nur jene Lösungen akzeptabel, die langfristig tragbar ("sustainable") sind. Nach der Definition von Lester Brown, Direktor des Worldwatch Institute in Washington, sind solche langfristig tragbaren Lösungen jene, die es uns gestatten, unsere Bedürfnisse zu befriedigen, ohne die Aussichten zukünftiger Generationen zu vermindern.

Die hier skizzierte Einschätzung der heutigen Weltsituation läßt sich in folgenden Thesen zusammenfassen:

- Die dringendsten Probleme unserer Zeit sind globale, systemische Probleme.
- Diese vielfach vernetzten Probleme sind letztlich Facetten ein und derselben Krise, die im wesentlichen eine Krise der Wahrnehmung ist.
- Die Überwindung dieser Wahrnehmungskrise erfordert einen grundlegenden Wandel unserer Weltbilder und Wertvorstellungen – einen Paradigmenwechsel – in Wissenschaft und Gesellschaft.
- Das Denken des neuen Paradigmas ist systemisches (ganzheitlich-ökologisches) Denken.
- Nur systemisches Denken kann zu langfristig tragbaren Lösungen unserer Probleme führen.

Christian Lutz

Grundzüge des systemisch-evolutionären Weltbildes

Anhand einer verkürzten Darstellung des Übergangs vom Weltbild der abendländischen Neuzeit zur systemisch-evolutionären Sichtweise arbeitet der Autor heraus, dass nicht das vernetzte Denken allein der Kern des Paradigmensprungs ist, sondern der Wechsel von einem unilateralen zu einem dialogischen Weltbild. Ein fachübergreifendes Wirklichkeitsverständnis erschliesst sich darin von der Autopoiesis her, deren Kern in einem Systemcode gesehen wird, der Impulse aus der Auseinandersetzung zwischen dem System und seinem Umfeld in eigene Gestaltanreicherungen umsetzen kann. Diese Rolle spielen die Gene in der biologischen Evolution, die Persönlichkeit in der Biographie des Individuums – für die auch der «innere Dialog» von wesentlicher Bedeutung ist – und die Kultur in der Geschichte sozialer Systeme.

VOM UNILATERALEN ZUM DIALOGISCHEN PARADIGMA

Es hat sich herumgesprochen, daß unser wissenschaftliches Weltbild einen "Paradigmenwechsel" erlebt hat. Damit ist jene grundlegende und sprunghafte Gestaltveränderung unseres Wirklichkeitsmodells gemeint, die sich ergibt, wenn neue Erkenntnisse das herrschende Modell zunehmend überstrapazieren. Schon die Theorie des Paradigmenwechsels selbst hätte ohne Paradigmenwechsel nicht gedacht werden können, weil sie so etwas wie einen dialogischen Prozeß postuliert, in dessen Verlauf Wirklichkeitsmodell und Wahrnehmung sich gegenseitig aneinander hochschaukeln, was mit der traditionellen Vorstellung einer objektiv "feststellbaren" Wahrheit über die Wirklichkeit schwerlich zu vereinbaren ist. So verbirgt sich schon in der These des Paradigmenwechsels selbst die Grundgestalt des neuen Paradigmas, der wir hier auf die Spur kommen wollen – wobei präzisierend vorauszuschicken ist, daß wir eigentlich besser "Paradigmensprung" statt "Paradigmenwechsel" sagen sollten, weil sich im Verlauf dialektischer Prozesse ja nach der ersten Aufregung herauszustellen pflegt, daß eine sprunghafte Weiterentwicklung des Wirklichkeitsmodells stattgefunden hat, in der das alte Modell als begrenzt taugliche Teilwahrheit enthalten ist.

Das wissenschaftliche Weltbild der abendländischen Neuzeit

Das alte Modell – wenn wir die Wirklichkeitsvorstellung der abendländischen Neuzeit bereits so benennen dürfen – vereint die Erkenntnisse der Newtonschen Physik und das Menschenbild von Descartes, wobei sogleich hinzuzufügen ist, daß sowohl Descartes' als auch Newtons Denken weit differenzierter waren, als das die hier bequemlichkeitshalber ebenfalls verwendete Karikatur ahnen ließe, auf die deren Denkmodelle von deren Epigonen reduziert worden sind. In diesem Sinn stellen wir fest, daß einem souveränen Subjekt im Sinne Descartes' eine Newtonsche Objektwelt gegenübersteht. Das Subjekt nach Descartes ist ein Mensch, der auf seinen logisch-analytischen Verstand – heute würden wir sagen auf seine linke Gehirnhälfte – mit angeschlossenem unbestechlichem Wahrnehmungsapparat reduziert ist. Dieses Subjekt ist kraft seines Verstandes befähigt, die Objektwelt "objektiv" zu beschreiben, zu analysieren und das Zusammenwirken seiner Bestandteile in einer Weise zu erklären und zu quantifizieren, daß jede Ursache eine identifizierbare und quantifizierbare Wirkung hat – und umgekehrt. Das gesamte Universum ist grundsätzlich erklärbar und damit auch voraussagbar, wenn es nur gelingt, seine sämtlichen Bestandteile und die Kausalbeziehungen zwischen ihnen zu identifizieren und zu messen. Dementsprechend ist es dem menschlichen Subjekt auch möglich, in diese Mechanismen einzugreifen – "sich die Erde untertan zu machen" – und sie nachzuahmen, sich also mit Hilfe der entdeckten Naturgesetze eine künstliche Maschinenwelt aufzubauen. Voraussetzung ist lediglich jene unbestechliche Grundhaltung des wissenschaftlichen Positivismus, der als Wirklichkeit nur anerkennt, was er belegbar, das heißt von anderen präzise nachvollziehbar, mit seinem instrumental erweiterten Sinnesapparat wahrnimmt.

Das Phantasieren und Träumen, das Aha-Erlebnisse wie die legendäre Newtonsche Entdeckung der Schwerkraft durch den herunterfallenden Apfel zu produzieren vermag, ist also sozusagen eine illegitime Methode, deren Bedeutung für den wissenschaftlichen Fortschritt rigoros vom Bewußtsein ferngehalten wurde. Verdrängt wurde auch der seltsame Widerspruch zwischen diesem außerhalb der Objektwelt stehenden – der souveränen Freiheit der individuellen Entscheidungen mächtigen – Subjekt und der Tatsache, daß die Menschen in Tat und Wahrheit ebenfalls Teil der physischen Objektwelt sind, insbesondere auch Bestandteil ihrer zivilisatorischen Nachbildungen in Gestalt jener "rationalen" Organisationen, die mit Hilfe genau programmierter menschlicher Arbeit die Entscheidungen der Führungsspitze im Maßstab 1:1 vollziehen, also ebenso planbar und prognostizierbar sind wie die übrige Objektwelt. "Souverän" sind also nur die Subjekte an der Spitze, die "ihre" Organisation als Objektwelt beherrschen können – und sie glauben zum Teil bis heute an diese in jedem Sinn des Wortes so "teure" Souveränität.

Die naturwissenschaftlichen Ansätze zum Paradigmensprung

Es waren denn auch weniger die Brüche an der Grenzlinie zwischen dem Menschen und seiner Realität, die den Paradigmensprung auslösten, als vielmehr die Ergebnisse der positivistischen Naturwissenschaft selbst: In der theoretischen Physik wurde die Hypothese einer objektiv vermeßbaren und prognostizierbaren Objektwelt abgelöst durch ein Universum, das vom menschlichen Subjekt her gesehen nur als die Summe der Möglichkeiten von Wahrnehmung definiert werden kann (C. F. von Weizsäcker). Es erteilt unterschiedliche, ja sich widersprechende Antworten, je nachdem, welche Fragen der Forscher stellt, und es entzieht sich der objektiven Wahrnehmung, weil der Forscher selbst Teil eines interdependenten Systems von Beobachter und Beobachtungsgegenstand ist und diesen durch seine Fragen mitgestaltet (Heisenberg). Daß die Art und Weise, die physische Welt zu betrachten, mit der Teilchenforschung ihren "materiellen" – im Sinn von greifbar – Charakter zunehmend eingebüßt hat, indem man Materie als geformte Energie und Energie als Prozesse sich verändernder Gestalten versteht, geformt aus Unterschieden im Sinn der Informationstheorie, sei hier nur nebenbei erwähnt, denn dies allein wäre an sich noch kein Grund, an der Möglichkeit objektiver Erkenntnis zu zweifeln.

Gleichzeitig hat die Verhaltensforschung die Vorstellung eines unbestechlichen Sinnesapparates ersetzt durch die Erkenntnis, daß unsere Sinnesorgane eine gestaltgewordene Theorie über jene Elemente unserer Umwelt sind, die für das Überleben der Art relevant sind, und daß es infolgedessen so viele wahrgenommene Wirklichkeiten wie Arten geben müsse (Konrad Lorenz). Das ist übrigens einer der Gründe, weshalb die menschliche Zivilisation sich selbst bedroht: Sie bringt relevante Veränderungen der Umwelt – wie zum Beispiel Radioaktivität oder vielfältige krebserregende Substanzen – mit sich, die in der unseren Sinnesorganen zugrundeliegenden Theorie nicht berücksichtigt sind. Gestaltgewordene Theorie im Sinn arterhaltend-zweckmäßiger Verhaltensweisen sind auch die Instinkte und ihre Auslöser. Sie sind Teil jener Wahrnehmungsstrukturen und inneren Wirklichkeiten, die auch in der Psychoanalyse und der Tiefenpsychologie zu dem Schluß geführt haben, daß die wahrgenommene Wirklichkeit nicht nur durch das Zusammenspiel zwischen unseren Sinnesorganen und unserem Umfeld bestimmt wird, sondern daß sie überdies durch innere Wahrnehmungsfilter und Wirklichkeiten mitgeprägt – das heißt einerseits selektiert und andererseits angereichert – wird.

Hinzu kamen die Schläge, die den Determinismus des positivistischen Weltbildes zertrümmerten, angefangen mit der Entdeckung, daß das Verhalten einzelner Elementarteilchen unter identischen Bedingungen nicht voraussehbar ist, sondern daß die physikalischen "Naturgesetze" sich erst in der statistischen Masse ergeben, und weitergeführt mit der Theorie der komplexen dynamischen oder dissipativen Strukuren (Prigogine). Diese setzen dem thermodynamischen Grundgesetz der Entropie, der Tendenz zur Auflösung aller Energiedifferenzen, die Möglichkeit zur "Negentropie" – zur Umwandlung von außen aufgenommener Impulse in funktionale Komplexität – entgegen. Mit deren Hilfe erhalten sie eigene Gestaltkonstanz in einer sich wandelnden Umwelt aufrecht. In einer Situation zunehmenden externen Anpassungsstresses lassen sie keine Prognosen über ihre künftige Gestalt zu: Sie geraten dann in eine Phase der Turbulenz, der Fluktuation, in der – im Fall biochemischer Systeme – kleinste molekulare Zufallsbewegungen darüber "entscheiden" können, in welche künftige Gestalt das System "hineinfällt". Diese Suchphase wird in der Biologie "Bifurkation", die etwa einem Aha-Erlebnis vergleichbare Weichenstellung "Fulguration" und das Ergebnis "Attraktor" genannt.

Es ist natürlich verlockend, wenn auch gefährlich, solche Modelle auf soziale Systeme zu übertragen. Aber es gibt gewisse Grundmuster, die natur- und sozialwissenschaftlichen Beobachtungen gemeinsam sind und vielleicht so etwas wie Elemente eines übergeordneten, erweiterten Wirklichkeitsmodells bilden, das an die Stelle des positivistischen tritt. Daß die direkte Übertragung von einer Fachdisziplin auf die andere gefährlich, die Suche nach dem gemeinsamen Übergeordneten aber fruchtbar sein kann, zeigt sich etwa daran, daß die biologische Theorie der Selbstorganisation (=Autopoiese) eben die erwähnte Gestalterhaltung mit Hilfe der Impulsaufnahme meint, die dann im Streß durch Bifurkation abgelöst wird, während in der Theorie sozialer Systeme und in jener der menschlichen Persönlichkeitsentwicklung diese beiden Vorgänge ergänzt werden durch einen möglicherweise weit wichtigeren, nämlich den der Gestaltanreicherung mit Hilfe der Impulse von außen. Der hier skizzierte Prozeß des Wandels des wissenschaftlichen Weltbildes im Lauf der menschlichen Auseinandersetzung mit einer sich in entfaltenden Wirklichkeit und Wahrnehmung ist selbst ein Beispiel dafür. Diese Beobachtung aus dem humanen Bereich öffnet aber ihrerseits wieder den Blick dafür, daß ein solcher Vorgang in der Geschichte der biologischen Arten ebenfalls feststellbar ist.

Was heißt "systemisch-evolutionär"?

Wenn wir auf diese Weise versucht haben, uns der wichtigsten Nägel im Sarg des positivistischen Weltbildes zu erinnern, mag sich der Leser vielleicht wundern, weshalb in diesem Gesamtbild das Stichwort des "vernetzten Denkens" nicht vorkommt und das Stichwort "Selbstorganisation" nicht mit jenem der Regelkreise kombiniert wird. Das Verständnis der komplexen Eigendynamik sozialer Organisationen und ökologischer Systeme ist doch eine der wichtigsten Errungenschaften modernen unternehmerischen und politischen Handelns! Das trifft zweifellos zu – aber es handelt sich um eine Errungenschaft, die nicht notwendigerweise mit dem Abschied vom positivistischen Weltbild verbunden ist: Jede Wirkung kann vielfältige Ursachen und jede Ursache vielfältige Wirkungen haben, Wirkungen können auf Ursachen zurückwirken, und daraus können sich einander aufschaukelnde oder stabilisierende Wechselwirkungen ergeben, die so zusammenspielen können, daß ein System von wenigen oder von vielen Elementen bestimmt ist, fluktuiert, explodiert, sich in Harmonie mit der Umwelt weiterentwickelt oder isoliert von allen äußeren Änderungen stationär bleibt. Dies alles ist auch in einem mechanistischen Wirklichkeitsmodell noch nachvollziehbar, wenn wir seine Grenze nicht dort ansetzen, wo die triviale unilaterale Kausalität zwischen einer einzigen Ursache und einer einzigen Wirkung überschritten wird. Tatsächlich war ja die Kybernetik zunächst einmal eine Maschinenwissenschaft, und es ist wahrscheinlich kein Zufall, daß die "Systems Dynamics" der Weltmodelle vorerst einmal aus der Ingenieurwissenschaft hervorgingen: Ingenieure, vor allem Elektroingenieure, haben vorzüglich gelernt, vernetzt zu denken, und es kommt nicht von ungefähr, dass Forrester und Meadows, die Schöpfer der ersten Weltmodelle des Club of Rome, den Vorwurf sozialistischer Allmachtphantasien einstecken mußten, da die Konsequenzen ihrer Modellberechnungen "jemanden" voraussetzten, der die Macht hätte, den "Input" in diesem Weltökologiesystem zu verändern.

Der Punkt, an dem sich das alte Weltbild aus den Angeln hebt, ist eben nicht der Grad der Komplexität, sondern das Abrücken von der Vorstellung des souveränen, außerhalb des von ihm erforschten, benützten und gestalteten Systems stehenden menschlichen Subjekts. Sobald wir die Erkenntnis, aber auch das Handeln nicht mehr als Ergebnis einer unilateralen Subjekt-Objekt-Beziehung verstehen, sondern als Ergebnis einer wechselseitigen Auseinandersetzung, in deren Verlauf sich beide beteiligten Seiten verändern, hat sich etwas Entscheidendes ereignet: Wir haben es mit zwei Systemen zu tun, die über eine gewisse Autonomie verfügen, in der Art, wie sie die Impulse des anderen Systems verarbeiten, die aber, wenn sie überhaupt zueinander in Beziehung treten, sich diesen Impulsen nicht entziehen können und sich infolgedessen zwangsläufig verändern, so daß die Auseinandersetzung sich schon im nächsten Augenblick unter neuartigen Bedingungen fortsetzt. Der somit nicht mehr so souveräne Mensch und das von ihm erforschte oder beeinflußte System bilden miteinander also ebenfalls ein System, dessen Spielregeln das Verhalten der Teilnehmer mitgestalten, sich aber unter deren Einfluß auch weiterentwickeln. Die "Auseinandersetzung", die zu dieser Veränderung führt, ist aber andererseits nicht möglich, wenn der Mensch lediglich Subsystem des Handlungsobjekts ist, so wenig, wie ein Segelboot durch eine auf seinem Deck plazierte Windmaschine bewegt werden könnte. Zu versuchen, sich mit seiner Wirklichkeit buchstäblich "auseinanderzusetzen", im gleichzeitigen Bewußtsein, sich dem ändernden Einfluß der Auseinandersetzung nicht entziehen zu können, das ist die Zwitterstellung des modernen Menschen: Er ist immer gleichzeitig Teil und Beobachter der Wirklichkeit; er muß es sein.

Der entscheidende Paradigmensprung, nicht nur im wissenschaftlichen Weltbild, sondern auch in der Haltung gegenüber der eigenen sozialen Wirklichkeit, ist also jener von der unilateralen Subjekt-Objekt-Beziehung zur dialogischen Beziehung. Wenn wir von "systemisch-evolutionärem" Denken sprechen, so ist das infolgedessen nicht einfach synonym mit dem Denken in "komplexen dynamischen Systemen". Systemisch meint nicht nur den Einbezug der Gesamtvernetzung, sondern schließt diese vielfältige Überlagerung der Wahrnehmungsebenen – von der Subjekt-Objekt-Beziehung über die Beobachtung der Subjekt-Objekt-Beziehung zur Beobachtung dieser Beobachtung etc. – ein. "Evolutionär" heißt nicht nur dynamisch, sondern schließt die ständige Selbsttranszendenz der Systemstrukturen ein, die sich aus dialogischen Prozessen ergibt.

Sind wir uns darüber erst einmal im klaren, so können wir dieses dialogische

Wirklichkeitsmodell noch etwas weiter konkretisieren, um nicht zu sagen operationalisieren: Es bedeutet, daß wir die für uns Menschen relevante Wirklichkeit nach dem Modell der Selbstorganisation lebender Systeme verstehen können. Wie bereits angedeutet, gibt es Selbstorganisation mit Hilfe von Regelkreisen auch in mechanistischen Systemen, wie wir angesichts der zahlreichen automatischen Steuerungen, die uns umgeben, nicht näher auszuführen brauchen. Was unterscheidet diese Typen der Selbstorganisation von jenen lebender Systeme? Ein starrer Systemcode. Ein Systemcode enthält jene Informationen, die bestimmen, wie ein System Impulse aus dem Umfeld verarbeitet – "übersetzt" in innere Substanz oder in eigene Äußerungen an das Umfeld. Mechanistische Systeme haben im allgemeinen einen starren, von außen vorgegebenen Code. Lebende Systeme haben einen sich selbst organisierenden Code, der sich also – im Fall des Genoms einer Zelle zum Beispiel – selbst konstant hält oder – in anderen Fällen – sich sogar selbst zu entwickeln, also zu verändern und anzureichern, vermag.

Drei Fälle von Selbstentwicklung

Das System mit einem entwicklungsfähigen Code ist es, das für die soziale Wirklichkeit besonders interessant ist, auch wenn damit nicht gesagt sein soll, daß jedes derartige System zwangsläufig ein lebendes System ist: Auch die Entwicklung der "künstlichen Intelligenz" ist solchen Prozessen auf der Spur – doch das nur nebenbei. Am deutlichsten wird das Wesen der Selbstentwicklung in drei miteinander verzahnten Bereichen der menschlichen Um- und Innenwelt, nämlich in der Evolution der biologischen Arten, in der Entwicklung der menschlichen Persönlichkeit und in der Geschichte sozialer Handlungssysteme.

Während die einzelne Zelle, wie gesagt, ihre genetische Ausstattung konstant hält, ist die biologische Evolution als Ganzes so etwas wie ein sich selbst verstärkender Prozeß der Auseinandersetzung zwischen den verschiedenen Arten und ihrem sich wandelnden, komplexer werdenden Umfeld. Im Verlauf dieses Prozesses spezialisieren sich die genetischen Codes den immer vielfältigeren ökologischen Nischen entsprechend und differenzieren sich aus, während einzelne von ihnen statt dessen die Komplexität hereinholen und ihre Gestalt den vielfältigeren Umfelderfordernissen entsprechend anreichern. Diese Auseinandersetzung reicht bis hin zu den in die Gestalt von Sinnesorganen und Instinkten transformierten gesammelten Informationen über die relevante Umwelt und bis hin zu den Informationen, die einem Organ wie dem menschlichen Gehirn zugrunde liegen.

Dieses Gehirn ist seinerseits ein sich selbst organisierendes Gebilde, dessen Nervenzellen sich großenteils erst in der Auseinandersetzung mit den inneren und äußeren Wahrnehmungen des Menschen im ersten Lebensjahr endgültig "verdrahten". Damit hat dann das menschliche Individuum im wesentlichen die physischen Strukturen entwickelt, welche sozusagen seine Möglichkeiten von Wahrnehmung begrenzen. Aber auf der damit gegebenen Basis entfaltet sich erneut ein mächtiger Selbstentwicklungsprozeß: Der Mensch setzt sich mit seinem Umfeld auseinander und entdeckt seine Außenwelt, und je weiter er auf diesem Weg fortschreitet, desto vielfältiger wird die von ihm wahrgenommene Wirklichkeit. Wie weit und wie unproblematisch dieser Prozeß sich entfalten kann, ist nun wiederum von den sozialen Bedingungen der Selbstentwicklung abhängig: Lebt ein Mensch ohne wesentliche Handicaps von früh auf in einer stimulierenden Umgebung ohne starre Scheuklappen, so wird er weit offene Wahrnehmungsfilter entwickeln, eine große Zahl von Eindrücken in einem sich lebenslang entfaltenden Wirklichkeitsmodell einigermaßen integrieren, seine Stärken und Schwächen, aber auch seine Bedürfnisse und Abneigungen kennenlernen und hochdifferenzierte Ausdrucks- und Handlungsweisen entwickeln können. In einer ängstlichen, lebensfeindlichen Umgebung aufwachsende Menschen können sich dagegen offene Wahrnehmungsfilter und Ausdrucksweisen nicht leisten, bilden ein weniger entfaltetes Wirklichkeitsmodell aus, sind von einem komplexen Umfeld leichter überfordert und müssen sich ihm gegenüber noch stärker abschotten, was zu krankmachenden Teufelskreisen führen kann.

Vom Gehirnphysiologen Pribram stammt das Bild, das menschliche Gehirn sei ein Hologramm des Umfeldes, und der Physiker David Bohm hat das Bild weiterentwickelt zur "Holo-Bewegung", die sich im Austausch mit der sich wandelnden Wirklichkeit dieser entsprechend wandelt. Die Wirklichkeit und ihr Abbild im Gehirn stünden damit gewissermaßen in einem analogen Verhältnis zueinander wie die beiden Stränge der Doppelhelix des genetischen Code, nur eben als Prozesse statt als Strukturen. Es ist wohl vorsichtig, dies lediglich als Bild zu verstehen, aber als solches trifft es auf das menschliche Gehirn in doppelter Hinsicht zu – als Ergebnis des biologischen Evolutionsprozesses sowohl wie der individuellen Biographie.

Der Dialog zwischen "Ich" und "Selbst"

Die menschliche Selbstentwicklung besteht aber nicht nur aus der Auseinandersetzung mit dem Umfeld, sondern auch aus dem inneren Dialog. Seit einiger Zeit haben wir ja wieder entdeckt, daß der Mensch, übervereinfacht gesprochen, nicht nur aus seiner linken Gehirnhälfte, seinem analytischen Verstand, besteht, sondern daß diese zusammenspielen muß mit der rechten Gehirnhälfte, wo eher die ganzheitlichen Gestaltwahrnehmungsleistungen sitzen, mit dem Stammhirn, wo die urtümlichen Emotionen herkommen, mit den Reizen, die von den verschiedenen Körperfunktionen produziert werden. Damit und mit all jenen Prozessen, die unbewußt automatisch ablaufen, haben wir auch wieder entdeckt, daß nur eine ganzheitliche Persönlichkeitsentwicklung im Sinn einer ständigen Auseinandersetzung und eines entsprechenden dynamischen Gleichgewichts zwischen allen diesen Seiten zu einem als erfüllt und sinnvoll wahrgenommenen Leben führt. Heinrich Pestalozzi sagte es einfacher, mit seinem Dreiklang von "Kopf, Herz und Hand".

In diesem Zusammenhang gilt es, einen besonders zukunftswichtigen und erst vom Wandel des Weltbildes her verstehbaren Aspekt dieses inneren Dialogs hervorzuheben, nämlich den zwischen der unbewußten und der bewußten Sphäre oder dem "Ich" und dem "Selbst". Das Ich ist die Koordinationsinstanz zwischen dem Bewußtsein, den von ihm gesteuerten Körperfunktionen und der bewußt wahrgenommenen und gestalteten Umwelt. Es ist also jener Teil des Menschen und seines Umfeldes, der der abendländischen Neuzeit als das Ganze galt, und auf den sich die gesamte Wissenschaft und das gesamte sogenannte rationale Handeln des Menschen konzentrierte. Diese Kultur hatte sich im Spätmittelalter rebellisch abgespalten von jener anderen Kultur, die an eine von jenseitigen Wesen geschaffene, offenbarte und gelenkte Welt glaubte und den analytischen Verstand nicht zur Transzendierung des Weltbildes, sondern lediglich zur Interpretation und Durchsetzung des jenseitigen Willens benutzte. Im Lauf der Jahrhunderte verlor sich der Dialog zwischen diesen beiden Kulturen total, weil sie auf völlig unvereinbaren Wirklichkeitsmodellen beruhten.

In der gesellschaftlichen Realität, ja selbst im wissenschaftlichen Hauptstrom sind wir über diesen Zustand noch nicht weit hinausgelangt, aber in einer weithin kaum beachteten Ecke hat diese fruchtbare Gegensatzspannung ihre Synthese längst geboren, nämlich in der Tiefenpsychologie. Schon Sigmund Freud hatte das Phänomen der unbewußten Projektion innerer Wahrnehmungen auf die Außenwelt entdeckt. C. G. Jung sodann beobachtete den ungeheuren Reichtum an mythischen Vorstellungen, die in jedem Menschen schlummern. Er erkannte bereits, was Willy Obrist in jüngster Zeit konsequent ausformuliert hat: daß die religiösen Glaubensinhalte der Vergangenheit Projektionen einer unbewußten inneren Wirklichkeit sein müssen, die sich zusammensetzt aus dem kollektiven Unbewußten, also dem genetisch vererbten Instinktmaterial, und jenen reichen Beobachtungen, welche zwar die menschlichen Wahrnehmungsfilter passieren, aber nicht jene des menschlichen Bewußtseins. Das Unbewußte besteht also bei weitem nicht nur aus verdrängten Bewußtseinsinhalten, und es hat eine ähnliche Koordinationsinstanz wie das Ich, von Jung "Selbst" genannt.

Das Dialogmodell der menschlichen Persönlichkeitsentwicklung kann damit folgendermaßen verstanden werden: Ich und Selbst entfalten sich beide im Dialog mit demselben Umfeld, wobei das Selbst reichhaltigeres Material ansammeln kann. Zudem vermag es, dieses in die Summe der Erfahrungen, die sich im Lauf der Evolutionsgeschichte in der Erbinformation niedergeschlagen haben, zu integrieren. Ich und Selbst stehen ihrerseits in einer dialogischen Auseinandersetzung miteinander – eben der bewußt handelnde Mensch und seine "innere Stimme". Das evolutionsgeschichtlich jüngere Ich testet wie ein Jungtier ständig seine Grenzen aus, und es kümmert sich oft ein halbes Leben lang nicht um seine innere Stimme. Wenn es dabei von den Forderungen des Selbst abweicht, meldet sich dieses über Phantasien, Träume, Visionen, Lebenskrisen, Katastrophen. Je mehr sich das Ich seiner inneren Stimme öffnet, desto mehr "Material" liefert ihm das Unbewußte und desto wirkungsvoller für sich und andere entfaltet sich die Persönlichkeit.

Was ist nun diese "Persönlichkeit", wenn wir einmal diesen Ausdruck wählen für das, was über alle Veränderungen und Rollenwechsel hinweg als "Wesen", als "Identität" eines Menschen hindurchklingt ("personare")? Es ist eben wieder dieser "Code", in diesem Fall eines menschlichen Individuums, der beschreibt, welche Wahrnehmungen aus dem Umfeld aufgenommen, wie und nach welchen Wertvorstellungen und Prioritäten Impulse umgesetzt werden in Anreicherungen der Persönlichkeit und/oder in Handlungen und Äußerungen gegenüber dem

Umfeld und welche Muster dabei maßgebend sind. Es sind also die bewußten und unbewußten Wahrnehmungs- und Verhaltensmuster, die bewußten und unbewußten Vorstellungen von der Wirklichkeit und von einem selbst sowie die Vorstellungen darüber, was gut und böse, was schön und häßlich ist etc. – alles als ständig im Fluß befindliche Resultante der skizzierten mannigfaltigen äußeren und inneren Dialogprozesse.

Die Kultur als Code sozialer Systeme

Recht ähnlich verläuft auch die Selbstentwicklung von Nationen, Familien, Armeen, Verwaltungen, Unternehmungen etc., also von sozialen Handlungssystemen. Sie sind geformt aus mehr oder weniger wohldefinierten Beziehungen zwischen Personen, aus denen sich Systeme bilden, die ihrerseits als Subsysteme wiederum übergeordnete Systeme formen können und so fort. Auch wenn solche Systeme selbst kein Bewußtsein haben, sondern von Kommunikationsprozessen zwischen den durch sie verbundenen Menschen leben, so haben sie doch auch wieder ihren sich selbst entwickelnden Systemcode, nämlich ihre "Kultur". Die Kultur einer Nation, einer Familie, einer Unternehmung oder auch eines Arbeitsteams bestimmt, wodurch sich ein soziales System in den Augen seiner Mitglieder von anderen Systemen unterscheidet, welche Einflüsse und Informationen von außen es als wichtig betrachtet, mit welchen Verfahren es sie weiterverarbeitet, wieweit es sie umsetzt in laufende Entscheidungen oder in kulturelle Veränderungen, das heißt etwa in ein verändertes Bild, das seine Mitglieder sich von ihrem Umfeld machen, welche Abläufe formuliert sind und welche nicht, welche Art der Auseinandersetzung zwischen den Mitgliedern prämiert und welche bestraft wird, wie seine Außenbeziehungen gestaltet werden etc.

Man könnte sagen, die Kultur im Sinn des Codes sei die Struktur, die in jedem Augenblick die Prozesse im System prägt und die ihrerseits im Verlauf der ständigen inneren und äußeren Auseinandersetzungen irreversiblen Veränderungen unterworfen sei. Dabei beschleunigt sich der Wandel des Umfeldes, da aufgrund der zunehmenden tatsächlichen Vernetzung immer mehr Veränderungen jedes einzelne System betreffen, da die informationelle Umwelt, also die Summe der neuen oder neu scheinenden Informationen über Wandlungen und Zusammenhänge im Umfeld, sich noch rascher verändert und da dies alles wiederum die jeweiligen Ausgangsstrukturen verändert. Da rücken dann ganz ähnliche Fragen wie bei der Persönlichkeitsentwicklung ins Blickfeld: Wie weit können wir uns Offenheit gegenüber neuen Informationen leisten bzw. wie weit müssen wir die Schotten dichtmachen, um unsere Wandlungsfähigkeit nicht zu überfordern – und wie lange können wir uns dies wiederum leisten, ohne unsere Überlebensfähigkeit in einem turbulenten Umfeld einzubüßen?

Was sind die Grundeigenschaften sich selbst entwickelnder Systeme?

– Sie entwickeln sich aufgrund von Kommunikationsprozessen mit ihrem Umfeld.

- Ihr Verhalten ist – soweit diese Prozesse zu Veränderungen des Systemcodes führen – grundsätzlich nicht planbar oder prognostizierbar, weil sie auf dieselbe Umweltkonstellation schon morgen anders reagieren können als heute.
- Je mehr Umweltgestalten in ihrer inneren Gestalt Resonanz finden, desto mehr Offenheit können sie sich leisten und desto mehr können sie ihre Gestalt weiter anreichern.
- Je reichhaltiger aber ihre innere Gestalt ist, desto geringer wird ihre Handlungsfähigkeit.
- Handlungsautonomie von sich selbst entwickelnden Systemen ist infolgedessen ein Optimierungsproblem zwischen Anschlußfähigkeit (hohe Komplexität) und Handlungsfähigkeit (geringe Komplexität); der Ausweg aus dem Dilemma in Umwelten mit steigender Turbulenz ist meist die größere Teilautonomie von Subsystemen.
- Kommunikation bedeutet "Schaffen von Gemeinsamkeiten" und kommt zustande über die Dialektik zwischen "Auseinandersetzung" und "Mitteilung", die zum "Begreifen" führt. Zuerst müssen die Unterschiede zwischen den Systemcodes (Wahrnehmungsfilter, Ausdrucksmuster, Werte, Prioritäten) identifiziert werden, damit eine Übersetzung möglich ist und damit eine effektive Informationsübertragung von einem System zum anderen möglich wird. Dann führt das insofern zu Gemeinsamkeiten, als das informierende System die Information nach wie vor besitzt, das informierte System jedoch ebenfalls. Eine Rückkoppelung überprüft, wie weit das wirklich der Fall ist, das heißt, wie weit der Empfänger "begriffen" hat, wobei in sozialen Systemen "Begreifen" nicht "Gutheißen" zu bedeuten braucht. Auch ohne Konsens hat eine Erweiterung der Gemeinsamkeiten stattgefunden. Auf diese Weise entstehen "gemeinsame Kulturen".
- Während die Information mechanistischer Systeme nach dem Prinzip der Spezialisierung funktioniert (jede Stelle erhält genau die und nur die Information, die sie zur Erfüllung ihrer Aufgaben braucht), setzen Selbstentwicklung und Selbstorganisation Redundanz der Information voraus: Jede Zelle, jedes Individuum verfügt über den gesamten Systemcode, damit sie in autonomer Abstimmung mit anderen Zellen oder Individuen funktionieren können.
- Selbstentwicklung durch Kommunikation ist ihrem Wesen nach ein Synergieprozeß: Die miteinander kommunizierenden Systeme rangeln sich sozusagen gegenseitig aneinander hoch, wie dies auch in einer guten menschlichen Beziehung der Fall ist.

Der Leser wird spüren, daß der Paradigmensprung, den wir hier zu skizzieren versucht haben, nicht nur Mitursache und Wirkung der zunehmenden Turbulenz unseres Umfeldes ist, sondern gleichzeitig auch der zentrale Ansatz zu seiner Erklärung und zum sinnvollen Umgang mit ihr. Sowenig es ein Zufall ist, daß wir zur Zeit eines auf unilateralen Beziehungen aufbauenden, mechanistischen Weltbildes entsprechende Organisationen gehabt haben, so wenig ist es ein Zufall, daß wir in einer Zeit, in der wir das Universum, die menschliche Gesellschaft, ihre Organisationen und das Individuum als sich selbst entwickelnde Kommunikationsprozesse verstehen können, dieses ungeheure Informationsverarbeitungs-Potential und die prozeßhaften dialogischen Organisationen des Kommunikationszeitalters zu entwickeln beginnen.

Literatur:

Bohm, David und **Weber, Renée**: Der Physiker und der Mystiker – Ist ein Dialog zwischen ihnen möglich? in: **Wilber Ken** (Hg.), Das holographische Weltbild, Scherz-Verlag, Bern, 2. Auflage 1986

Capra, Fritjof: Wendezeit, Scherz-Verlag, Bern 1983

Jantsch, Erich: Die Selbstorganisation des Universums, Hanser-Verlag, München 1979

Laszlo, Erwin: Evolution, die neue Synthese, Europa-Verlag, Wien 1987

Lorenz, Konrad: Die Rückseite des Spiegels, dtv, München, 4. Auflage 1980

Luhmann, Niklas: Soziale Systeme, Suhrkamp, Frankfurt a.M. 1987

Maturana, H.R. / Varela, J.F.: Der Baum der Erkenntnis, Scherz-Verlag, Bern 1987

Obrist, Willy: Die Mutation des Bewußtseins, Lang-Verlag, Bern, 2. Auflage 1988

Obrist, Willy: Neues Bewußtsein und Religiosität, Walter-Verlag, Olten 1988

Piaget, Jean: Abriß der genetischen Epistemologie, Walter-Verlag, Olten 1974

Pribram, Karl H.: Worum geht es beim holographischen Paradigma? in: Wilber Ken (Hg.), Das holographische Weltbild, Scherz-Verlag, Bern, 2. Auflage 1986

Prigogine, Ilya: Dialog mit der Natur, Piper-Verlag, Zürich 1981

Vester, Frédéric: Neuland des Denkens, Deutsche Verlagsanstalt, Stuttgart 1980

von Weizsäcker, C.F.: Der Garten des Menschlichen, Hanser-Verlag, München 1977

von Weizsäcker C.F.: Die Einheit der Natur, Hanser-Verlag, München, 5. Auflage 1979

Willi, Jürg: Koevolution, Die Kunst des gemeinsamen Wachsens, Ex Libris, Zürich 1987, Copyright 1985 by Rowohlt Verlag, Reinbek bei Hamburg

Matthias Haller

Risiko-Management und Risiko-Dialog

Grundlage des hier vorgeführten integrierten Ansatzes zum Risiko-Management ist ein umfassender Begriff des Risikos als Summe aller Möglichkeiten, dass sich die Erwartungen des Systems Unternehmung aufgrund von Störprozessen nicht erfüllen. Dabei wird unterschieden zwischen Aktionsrisiken, die sich aus Störprozessen bei der aktiven Verfolgung bewusst gesetzter Ziele ergeben, und den Bedingungsrisiken, d.h. Störprozessen, die die Zielerfüllung durch unbewusste Randbedingungen gefährden. Im Sicherungsprozess kann eine Verabsolutierung des Sicherheitsziels selbst ein Risiko werden. Dieser Prozess umfasst dementsprechend neben dem allgemeinen Sicherungskonzept hinsichtlich der Aktionsrisiken und speziellen Schutzkonzepten hinsichtlich der Bedingungsrisiken auch Aussagen zur Risikobereitschaft. Er läuft in drei Phasen ab, die immer wieder von neuem zu durchlaufen sind: Abklärung der Erwartungen, daraus abgeleitet die Identifizierung möglicher Störungen – insbesondere komplexer Störungsketten – und ihrer Auswirkungen auf das Unternehmen, und darauf aufbauend die Sicherungsmassnahmen. Hier wird unterschieden zwischen Risikovermeidung, Risikoverminderung, Risikoüberwälzung, etwa an Versicherungen, und bewusster Inkaufnahme von Risiken. In jüngster Zeit wächst infolge einer sich verändernden Natur und Wahrnehmung der Risiken die Bedeutung der Kommunikation über Risiken mit dem potentiell betroffenen Umfeld im Vergleich zur traditionellen autonomen Risikogestaltung durch die Entscheidungsträger. Das gilt vor allem für die Bedingungsrisiken. Von der technisch-wissenschaftlichen Beherrschung und der managementorientierten Bewältigung der Risiken verschiebt sich der Akzent auf die Entwicklung eines umfassenden Dialogs, der auf offene und voraussetzunglose Kommunikation zwischen Unternehmen und Umfeld zielt.

Eine systemische Betrachtung der Risikoentwicklung und der Risikobewältigung ist in den vergangenen Jahren zunehmend wichtiger geworden, weil – von manchen kaum bemerkt – Risikostrukturen und Schadenverläufe grundlegende strukturelle Veränderungen erfahren haben. Nicht nur hat sich im Zeichen der Globalisierung und Deregulierung der Märkte die Veränderungsdynamik in einem Maße erhöht, das oft der vertieften Risikobetrachtung kaum mehr Raum läßt – auch die Natur des Risikos hat sich in manchen Fällen gewandelt, so daß die Rahmenbedingungen der Unternehmungstätigkeit und nicht bloß die direkte Marktaktivität in den Brennpunkt eines ganzheitlichen und systemisch angegangenen Risiko-Managements (nachfolgend: RM) rücken.

Statt vorerst zu begründen, warum diese Entwicklung auch erfolgreiche Firmen in einem nie gekannten Ausmaß verletzbar macht, sei zunächst die Chronologie eines aktuellen Beispiels gesetzt, das dem Leser als Faktum, weniger aber als typisches Muster der aktuellen Risikoentwicklung, vertraut sein dürfte:

> Am 24. März 1989 läuft der Supertanker "Exxon Valdez" vom Pipeline Terminal der Trans-Alaska-Pipeline im Prince William Sund aus. Er verläßt kurz darauf die übliche Fahrrinne, um wegen Eises ein Ausweichmanöver vorzunehmen. Zu spät zur Hauptfahrrinne zurückgesteuert, läuft er mit voller Ladung auf Grund: Die bisher größte Ölkatastrophe beginnt sich zu realisieren, wobei zunächst zweiundvierzig Millionen Liter Öl auslaufen, die über 2500 Quadratmeter Küste sowie die gesamten Gewässer im Bereiche des Prince William Sunds verschmutzen. Die Folgen dieses "Unglücks", dessen Ursache einmal mehr "menschlichem Versagen" zugeschrieben wird, sind enorm: Rettungs- und Reinigungsaktionen laufen erst mit erheblicher Verzögerung an, die Rettungskapazitäten entsprechen in keiner Hinsicht dem Risikopotential, den über 10.000 kurzfristig verpflichteten Helfern stehen nur völlig unzureichende Hilfsmittel zur Verfügung. Bis Ende August 1989 ist kaum ein Zehntel der betroffenen Strandlänge gereinigt, und Schädiger wie Geschädigte sind sich wenigstens darin einig, daß die Bemühungen nicht ausreichen werden, die Strände je zu säubern. Indessen häufen sich die Vorwürfe an das Management: Ein (zur Trunksucht neigender) Kapitän habe das Kommando in der entscheidenden Situation einem nicht geeigneten Offizier überlassen, der Großtanker sei – wie üblich – nicht mit einem doppelten Boden ausgestattet, die Rettungsmaßnahmen seien zu spät und mit ungenügenden Mitteln angelaufen, die Exxon und sechs andere Firmen hätten ihre Fähigkeiten zur Eindämmung der Ölpest und der Beseitigung der Schäden völlig falsch dargestellt. Angesichts der Ankündigung, am 15. September 1989 die Rettungsarbeiten auszusetzen, erhob der amerikanische Bundesstaat Alaska Klage gegen die Ölfirma; Exxon seinerseits macht öffentlich geltend, man habe "massiv und verantwortlich" auf den Tankerunfall reagiert und bereits rund 600 Millionen Dollar für die Küstenreinigung ausgegeben. Zu Lasten des Gewinns werden seitens der Unternehmungsleitung im zweiten Quartal 1988 Rückstellungen von 850 Millionen Dollar gebildet; zusammen mit den von Versicherungen zu tragenden Schäden wird zu diesem Zeitpunkt mit einer Gesamtbelastung von 1,3 Milliarden Dollar gerechnet. Aufgrund der Gewinnreduktion von 1,2 Milliarden Dollar (zweites Quartal 1988) auf 160 Millionen Dollar (zweites Quartal 1989) gerät die Exxon-Aktie unter Druck. Institutionelle Anleger bezeichnen das Verhalten der Exxon-Leitung als "unentschuldbar", mehrere Pensionsfonds verlangen ein Gespräch, und man rechnet, angesichts dessen, daß "in jedem Stadium des Unglücks dem Konzern Versagen vorgeworfen werden kann", zusätzlich zum Schadenersatz allgemein mit sogenannten Punitive Damages (strafähnlicher Schadenersatz an den Kläger), für welche Exxon und das Pipeline-

Konsortium aufzukommen hätten. Unterdessen gibt der Präsident von BP America bekannt, daß seine Gesellschaft, die rund die Hälfte des Alaska-Öls fördert, ihr Engagement angesichts des Valdez-Unglücks und seiner Umweltfolgen voraussichtlich kürzen wird. Entsprechend hart sind naturgemäß auch die Pressereaktionen: Daß "Alaska stirbt", wird nicht als Unglück, sondern als Fehlverhalten des Managements angeprangert; eine "programmierte Katastrophe" nahm ihren Lauf.

Wer der vorderhand noch unbegründeten These folgt, wonach diese Chronologie der Ereignisse und vielfältigen Vernetzungen von Vorgängen für die Entwicklung moderner Risikostrukturen typisch sei, wird auch damit einig gehen, daß es im Risiko-Management vieler Firmen und ganzer Branchen zur Zeit nicht darum geht, systemisches Management mit Bezug auf das Risiko in seine feinsten Verästelungen auszudifferenzieren. Vielmehr wäre schon viel gewonnen, wenn systemisches Denken auch im Risikobereich Einzug hielte und wenigstens die Grobstrukturen einer integrierten Risikobewältigung geschaffen und schrittweise ausgebaut würden. Dabei wäre sicherzustellen, daß

- umfassende Konzepte entwickelt werden, um relevante Gesamtrisiken in all ihren Dimensionen zu orten;
- Markt- und Produktrisiken mit allen übrigen Risiken derart verknüpft werden, daß Konsequenzen auch im Marktverhalten gezogen werden;
- Umweltrisiken denselben Stellenwert wie direkte Unternehmungsrisiken erhalten;
- der Bewußtseins- und Wahrnehmungsaspekt des Risikos speziell beachtet wird, um die soziale und die ökologische Komponente von Risiken zu berücksichtigen;
- die Fähigkeit zum Risiko-Dialog und die Förderung der Risiko-Kommunikation neben die sachliche rationale Risikobewältigung treten.

In diesem Sinne soll im Rahmen dieses Handbuches ein integrierter Ansatz zum Risiko-Management vorgestellt werden. Er hebt sich von vielen anderen RM-Ansätzen durch seinen ganzheitlichen Blick auf die Unternehmungszusammenhänge und ihre Umwelt ab. Der erste Schritt gilt dem Risiko-Management-Konzept, seiner systematischen Zuordnung, Rolle und Aufgabe im Gesamtzusammenhang einer Unternehmung. Der zweite Schritt umreißt die integrierte Risiko-Behandlung in einem umfassenden Sicherungsprozeß. Im dritten Schritt gehen wir der Frage nach, inwieweit Risiko-Wahrnehmung und Risiko-Dialog in einer Wechselwirkung stehen.

1. "Risiko-Management" im integrierten Management-Konzept

1.1 Management unter dem Aspekt des Risikos

Um es vorwegzunehmen: Risiko-Management (RM), wie es hier verstanden wird, basiert auf einem weiten Managementverständnis, schließt also alle jene Vorgänge ein, bei denen es sich um Gestalten, Lenken und Entwickeln von gesellschaftlichen Institutionen (Ulrich 1984, 110ff, insbes. 113) handelt. Eine besonders wichtige und häufige Ausprägung solcher Institutionen ist die Unternehmung, doch interessieren auch beim Unternehmungs-Risiko-Management vor allem jene Aspekte, bei denen die Umweltbezogenheit dominiert. Mit einem so verstandenen Risiko-Management intendieren wir ein ganzheitliches Verständnis von Vorgängen, die ganz allgemein mit dem geplanten und sinnvollen Umgang mit Risiken verbunden sind, stets im Zusammenhang mit dem "normalen" Management, welches dem Risiko-Mangement gewissermaßen die "mittlere Spur" verleiht.

Einerseits leitet sich daraus der Zugang zum Risiko ab: Es geht darum, das Bewußtmachen, Erkennen von und Umgehen mit Risiken zu thematisieren. Andererseits kann sich so verstandenes RM auch beschränken: Nur jene Vorgänge sind relevant, die an Unternehmungszielen orientiert sind oder sich auf Funktionen beziehen, die die Unternehmung in der Gesellschaft wahrnimmt. Unter einem solchen Blickwinkel wird "Risiko" als dynamische Größe aufgefaßt: "Risiko" bedeutet die Vielzahl der möglichen Störprozesse, aufgrund deren die Erfüllung von Inwelt- und Umweltfunktionen gefährdet wird. Weil ein solcher Risikobegriff – im Sinne des systemischen Managements – von vornherein nicht statisch, sondern prozeßbezogen ist, erweitert sich die Betrachtung auf alle Prozesse, die mit der Störung eines angepeilten Unternehmensgeschehens verbunden sind. Solche Störprozesse werden dann als besonders wichtig betrachtet, wenn sie das Fließgleichgewicht zwischen der Unternehmung und ihrer Umwelt beeinträchtigen und damit auch das langfristige Überleben in Frage stellen (Ulrich/Probst 1988, 31ff).

1.2 Abgrenzung des Risiko-Managements

Zwei weitere Feststellungen schließen diese Positionierung des Risiko-Managements ab: Bei solch einer weiten Auffassung besteht die Gefahr, jedes Management als Risiko-Management zu bezeichnen. Dies wäre nicht zweckmäßig, denn das Besondere des RM besteht gerade darin, die Normalität unter dem Blickwinkel der möglichen Abweichung zu überwachen ("control" im englischen Sinne). In dem Maße, wie die Bedeutung solcher Abweichungen zunimmt, nimmt auch die Bedeutung des RM zu, mehr nicht. Diese Abgrenzung ist in anderer Hinsicht allerdings eine Ausweitung: Es kann und darf nicht darum gehen, mit dem Risiko-Management eine bestimmte Person, den "Risk-Manager", zu beauftragen. Will man das Risiko durchgängig im Management berücksichtigen, so muß die entsprechende Aufgabe auf alle Stellen, bei denen Führungsfunktionen wahrgenommen werden, verteilt sein. Spezielle Risiko-Manager erhalten unter dieser Voraussetzung Koordinationsfunktionen übertragen, die sich auf die Erkennung und Bewältigung des Gesamtrisikos der Unternehmung beziehen. Dazu gehören auch die Versicherungs- und die Schadenverhütungsfunktion, aus denen ursprünglich der RM-Gedanke entstanden ist. Ganzheitliches Risiko-Management kann sich jedoch nicht auf herkömmliche Betrachtungsweisen beschränken, weil es sonst, ähnlich dem US-amerikanischen "risk-management", in diesen Funktionen verhaftet bleibt. Die Komplexität moderner Risiken verlangt auch nach einem Bewältigungsinstrument, das dieser Komplexität gerecht wird.

2. Der ganzheitliche Blick im Risiko-Management

2.1 Die komplexe Beziehung zwischen Unternehmung und Umwelt

Erfolgreiches Risiko-Management ist langfristig nicht möglich, wenn die Komplexität der Störprozesse außer acht gelassen wird. Richtet sich das Augenmerk nur auf einzelne Störkomponenten, dann kann leicht der Erfolg in einer Beziehung durch übersehene Störungen auf anderem Gebiet zunichte gemacht werden. Insbesondere gilt es dabei, das Verhältnis eines Unternehmens zu den Gruppen seiner Umwelt – wie Kunden, Lieferanten, Konkurrenten – im Auge zu behalten und ausgeglichene Beziehungen zu ihnen zu pflegen. Denn indem man sich beispielsweise nur auf seine Kunden konzentriert und dabei die Bevölkerung, die Lieferanten, Mitarbeiter oder Konkurrenten vernachlässigt, können indirekt Störungen auftreten.

Deshalb ist die Orientierung am Gesamtzusammenhang für ein erfolgreiches Risiko-Management von großer Bedeutung. Dazu ist eine mehrdimensionale Betrachtungsweise der Beziehung einer Unternehmung zu ihrer Umwelt hilfreich. Denn viele Gruppen der Umwelt stehen mehr oder weniger gleichzeitig in Auseinandersetzung mit einem Unternehmen und seinen Führungskräften. Zudem bewegen sich alle Gruppen der Umwelt einschließlich des Unternehmens selbst in unterschiedlichen Sphären der Umwelt. Wir unterscheiden drei Umweltsphären: Die technologische Sphäre bildet die materielle Basis des Wirtschaftens. Die ökonomische Sphäre umfaßt die volks- und betriebswirtschaftlichen Zusammenhänge, die für eine Unternehmung relevant sind. Die soziale Sphäre bezieht sich auf alle gesellschaftlichen Prozesse einschließlich der kulturellen, rechtlichen und politischen Ebenen. Alle drei Umweltsphären sind selbst wiederum in die ökologische Umwelt eingebettet, das heißt, sie sind abhängig vom Haushalt der Natur, greifen auf deren Ressourcen zurück oder haben in irgendeiner Form auf sie eine Auswirkung.

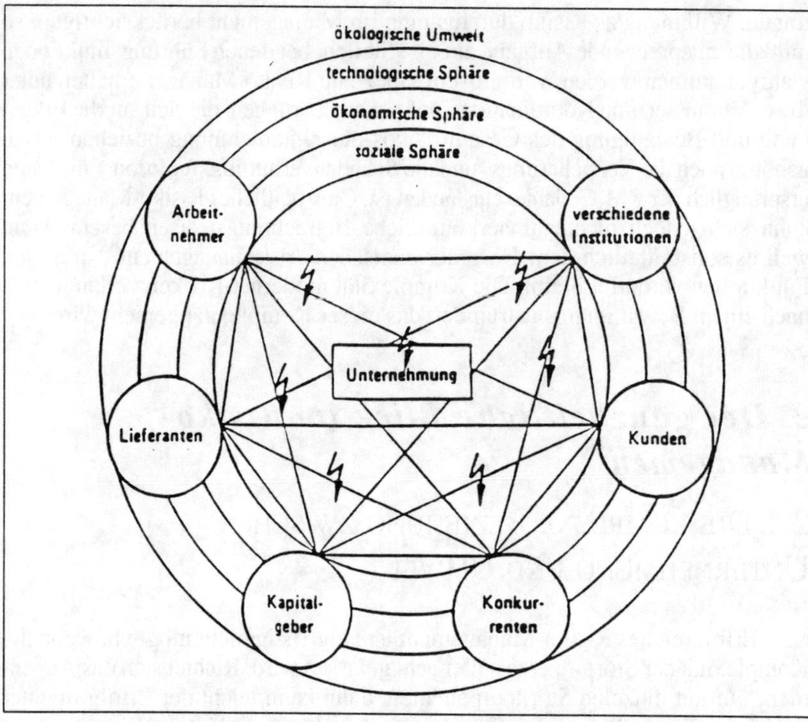

Der Ausgangspunkt einer integrierten Risikobehandlung: Möglichkeit von Störprozessen zwischen Unternehmung und Umwelt

2.2 Eigenschaften und Faktoren von Unternehmungsrisiken

Eine systemische Sichtweise, wie sie im integrierten Risiko-Management-Ansatz zum Tragen kommt, wirkt sich zunächst auf die Interpretation des Risikos aus. Vier zentrale Eigenschaften kennzeichnen das Unternehmungsrisiko:

1. Risiken treten nur in Systemen auf, in denen bestimmte Erwartungen realisiert werden sollen. Diese Erwartungen werden zum einen durch bewußt gesetzte Ziele, zum anderen durch unbewußte Rahmenbedingungen erfüllt.
2. Risiken lassen sich nur in definierten Systemen – etwa in der Gesamtunternehmung oder bestimmten Unternehmungsbereichen – erfassen.
3. Risiken entstehen aus der Dynamik der Unternehmung und der dabei auftretenden Störprozesse, die oftmals mit ganzen Ketten von Störungsursachen und -wirkungen verbunden sind.

4. Risiken manifestieren sich auf allen Gestaltungsebenen des Managements – in der technologischen Sphäre ebenso wie in der sozialen und der ökonomischen. Falls die ökologische Basis gestört wird, manifestiert sich dies in allen anderen Dimensionen.

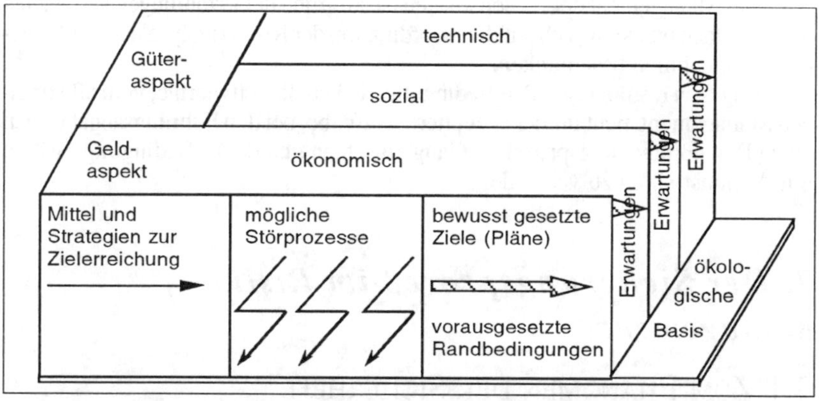

Risiko: Summe der Möglichkeiten, daß sich Erwartungen des Systems Unternehmung aufgrund von Störprozessen nicht erfüllen.

Einzelne Störungsursachen nehmen erst in der Störungskette und in deren Gesamtwirkung Einfluß auf die Erfüllung der Erwartungen eines Unternehmens. Deshalb geht es bei der Bewältigung des unternehmerischen Gesamtrisikos nicht so sehr um die Beschäftigung mit möglichen Störungen (z. B. Brand), sondern vielmehr um die Bewußtmachung von Zielen und Randbedingungen beziehungsweise Erwartungen von Unternehmungen; dabei wird zugleich eine umfassende systematische Analyse möglicher oder gegebener Schwachstellen vorgenommen.

Weil Ziele und Randbedingungen, die zur Erfüllung der Ziele beitragen, nicht ausdrücklich formuliert werden, sind in der Folge den Unternehmungsangehörigen die damit verbundenen Risiken oft nicht bewußt. Erst im Schadensfalle treten dann die unbewußten Randbedingungen ans Licht. Bei ökologischen Schäden wird dieser Umstand besonders deutlich, wenn etwa bei Supertankern aus Kostengründen auf Doppelwandungen verzichtet wird, die hohe Verletzbarkeit des Systems jedoch nicht in Erwägung gezogen wird. Sollten aufgrund verschärfter Sicherungsvorkehrungen plötzlich Doppelwandungen vorgeschrieben werden, so sind die Transporte kurzfristig nicht zu gewährleisten.

Dem Bewußtseinsfaktor scheint somit im Risiko-Management eine entscheidende Bedeutung zuzukommen. Verdrängte oder unbewußte Randbedingungen können schwerwiegende Aus- und Rückwirkungen auf Mensch, Natur, Gesellschaft und Unternehmung nach sich ziehen und dürfen daher bei Risikofragen nicht länger vernachlässigt werden.

Wir können daher zwei Arten möglicher Störprozesse unterscheiden:

1. mögliche Störprozesse, die die Erfüllung von bewußt gesetzten Unternehmungszielen beeinträchtigen (wie z. B. ineffiziente Forschung, falsche Produktwahl, verfehlte Personalpolitik, Absatzstörungen); wir kennzeichnen sie als Aktionsrisiken.

2. mögliche Störprozesse, die die Zielerfüllung durch unbewußte Randbedingungen gefährden (wie z. B. Ausfall von Schlüsselpersonen, politische Krisen, Produktehaftpflicht oder neue ökologische Forderungen); wir nennen sie Bedingungsrisiken.

Das Management der Aktionsrisiken ist aufgrund der Erfahrungen vergleichsweise einfach und kann sich auf die Koordination der Risikoanalyse und der Sicherungsmaßnahmen beschränken.

Dagegen resultiert aus den Bedingungsrisiken die schwierige, vom allgemeinen Management nicht immer akzeptierte Aufgabe, bei den Führungsangehörigen einen Bewußtmachungsprozeß in Gang zu setzen und damit Bedingungsrisiken mit Aktionsrisiken zu verbinden.

3. Der Sicherungsprozeß im Risiko-Management

3.1 Zum Phänomen der Sicherheit

Ein erklärtes Ziel des Risiko-Managements ist die Sicherung einer erfolgreichen Erfüllung von Unternehmungszielen, also eine Bewältigung der damit verbundenen Risiken zu ermöglichen. Eine solche Sicherung ist gewiß nicht durch einen Zustand der absoluten "Sicherheit" einer Unternehmung zu erreichen, denn vollkommene Sicherheit würde ja bedeuten, daß der Eintritt aller Gefahren für eine Unternehmung verhindert wird. Dies ist aber nicht möglich, da sich Gefahren – auch mit den Umweltsphären – ständig ändern und der erreichte Sicherheitszustand auf einem Gebiet Gefahren auf anderen Gebieten auslösen kann, weil es sonst nie um Kosten und Nutzen von Risiken geht. Wir sprechen allenfalls von mehr oder "besserer" Sicherheit, die eine Unternehmung vor bestimmten Gefahren schützen kann. Allerdings ist "Sicherheit" ein ambivalentes und vielschichtiges Anliegen (vgl. Haller 1975, 10 und 1983, 17), wobei der Diskussion der Risikoaversion große Bedeutung zukommt. "Sicherheit" hat auch für eine Unternehmung nicht nur positive Seiten, sondern kann für deren Entwicklung hemmend und lähmend sein. So können beispielsweise übertriebene Sicherheitsvorkehrungen in Subsystemen bei vorgegebenen Organisationsstrukturen einen kreativen Dialog zwischen den einzelnen Gruppen der Unternehmung unterdrücken oder beim Werkschutz Kunden abschrecken: So können "Unsicherheiten" in bestimmten Bereichen eher den Unternehmungserfolg sichern, als dies sogenannte Sicherheitsmaßnahmen vermögen. Und auf keinen Fall darf Sicherheit bloß im Sinne von (meist technischen) Abwehrmaßnahmen verstanden werden, deren Schwerpunkt oft bei "Security"-Maßnahmen liegt.

Im Sinn einer unternehmerischen Sicherheitsbilanz ist im Zeitablauf ein Ausgleich zwischen dynamischen Faktoren und der Unsicherheit und Sicherheit und der (statischen) Sicherheit im Sinne einer Gewährleistung des Status quo anzustreben. Da dieser Vorgang nie abgeschlossen ist, wird auch die Sicherung zum Prozeß, der nie zum Stillstand kommt und sich immer an neue Gegebenheiten anpassen muß. Wir sprechen daher von einem Prozeß zur Sicherung einer erfolgreichen Erfüllung der Unternehmungsziele. Dieser nimmt seinen Ausgangspunkt in der unternehmerischen Risikopolitik.

3.2 Unternehmerische Risiko-Politik

Um das kurz- oder langfristige Überleben des Systems "Unternehmung" zu gewährleisten, bedarf es einer Vielzahl von grundsätzlichen Erwägungen und langfristig wirksamen Entscheidungen des Managements. Diese Unternehmungspolitik sorgt dafür, daß unternehmungsintern eine inhaltliche, zeitliche und geistige Koordination der Willensbildung vollzogen und unternehmungsextern die gegenseitige Beeinflussung von Unternehmung und Umwelt bewußt in die Abläufe der Unternehmung einbezogen wird.

Die Eingliederung der Leitidee der Sicherheit in die Unternehmungspolitik bedeutet große Verantwortung für jeden Entscheidungsträger innerhalb der Unternehmung. Denn bei jeder Entscheidung müßten dann die angestrebten Ziele und die Möglichkeiten der Zielabweichung samt ihren Folgen auf Unternehmung und Umwelt berücksichtigt werden. Würde dieser Forderung – im Sinne der Einleitung – in der Unternehmenspraxis Genüge getan, so könnte man auf ein spezielles Risiko-Management verzichten. Jeder Manager wäre zugleich ein Risiko-Manager im umfassendsten Sinne – das Risiko–Management wäre völlig in die Unternehmungsführung integriert. Offensichtlich sind wir von diesem Idealzustand noch weit entfernt. Daher ist es zweckmäßig, im Rahmen der Unternehmungspolitik eine eigene Sicherheits- oder Risikopolitik zu formulieren, die dann die Leitziele eines gesonderten Risiko-Managements festlegt.

Die Risiko-Politik konkretisiert die Sicherheitsziele, durch die ein dynamisches Gleichgewicht der Sicherheitsbilanz möglich wird. Zunächst gilt es, die Sicherung der normalen, bewußt gesetzten Unternehmungsziele (wie Zahlungsbereitschaft, Ertrag und Wirtschaftlichkeit, aber auch Marktziele, Produktziele, Qualitäts- oder mitarbeiter- und gesellschaftsbezogenen Ziele) zu gewährleisten und damit Aktionsrisiken zu bewältigen. Sodann ist die Sicherung der Randbedingungen Teil des allgemeinen Sicherungsziels neben dem dritten Sicherungsaspekt in der Risikoneigung. Die positiv aufgefaßte Risikobereitschaft ist nach wie vor Voraussetzung für den Unternehmungserfolg, aber auch ein Teil des Risiko-Managements, insofern sie die Erfahrung und Auseinandersetzung mit den Risiken fördert. Solche Erfahrungen begünstigen die Störungs- und Krisenresistenz des Gesamtsystems. Sie setzen aber die kompromißlose Bereitschaft höherer Führungskräfte voraus, Abweichungen aufgrund der Risikobereitschaft nachgeordneter Führungsstufen hinzunehmen.

Wer auf unternehmungspolitischer Stufe Aussagen zur Sicherheit macht, muß sich somit zugleich auf drei Ebenen beziehen:

1. Das allgemeine Sicherungskonzept bezieht sich auf die Aktionsrisiken. Typus der Überlegung: Wollen wir eine Politik der stabilen Dividendenausschüttungen betreiben oder – im Hinblick auf längerfristige Marktbedrohungen – die Forschung und Entwicklung forcieren?

2. Spezielle Schutzkonzepte beziehen sich auf die Bedingungsrisiken. Typus der Überlegung: Wollen wir eine Produktionslinie aus Kostengründen auf eine Anlage konzentrieren oder sollen bewußt zwei Betriebsstätten geführt werden, um eine Betriebsunterbrechung mit Marktverlust praktisch auszuschalten? Sollen eher zwei kleinere Einheiten oder eine große zum Transport eingesetzt werden?
3. Aussagen zur Risikoneigung (Risikobereitschaft). Typus der Überlegung: Wollen wir unter zwei Investitionsprojekten jenes mit größeren Gewinn-, aber auch größeren Verlustchancen oder jenes mit kleinerem, aber praktisch sicherem Gewinn verwirklichen?

Es steht außer Frage, daß ähnliche Typen von Aussagen in den Unternehmungen auch ohne Risiko-Management auf speziellen Gebieten längst gemacht werden. Aufgabe des Risiko-Managements ist es, die bereits vorhandenen Konzepte aufzuarbeiten, Fehlendes zu ergänzen und die Sicherheitspolitik im Gesamtzusammenhang zu formulieren.

3.3 Gestaltung und Ablauf des Sicherungsprozesses

Im Sinne eines gedanklichen Ordnungsgerüsts teilen wir den Sicherungsprozeß in drei Phasen auf, wobei im Risiko-Management ein ständiges Durchlaufen dieser Phasen unabdingbar ist. Im Sicherungsprozeß eine generelle Erfassung und Beherrschung von Risiken zu erwarten ist, wenig realistisch. Es ist schon viel erreicht, wenn im Sinne kleinerer, schrittweiser Verbesserungen nach und nach immer größere Problembereiche als Ganzheit erfaßt werden können und man solchen Risikokomplexen mit koordinierten Maßnahmen begegnen kann.

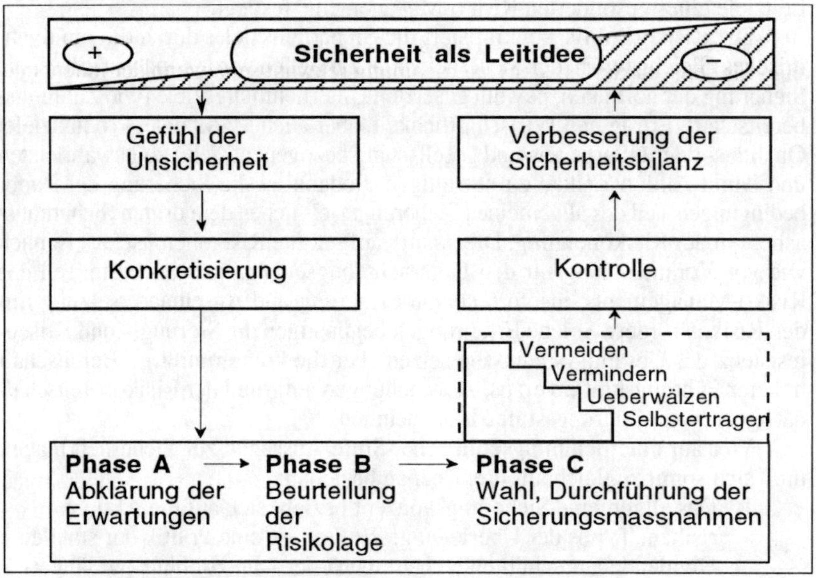

Der Sicherungsprozeß im Risiko-Management

Wir fassen daher die Sicherung als kreisförmigen Prozeß auf, der sich an den Erwartungen in der Unternehmung ausrichtet und der Dynamik der möglichen Störprozesse gerecht zu werden versucht.

Abklärung der Erwartungen (Phase A)

Wenn sich Risiken in der Summe der Möglichkeiten manifestieren, daß sich Erwartungen des Systems "Unternehmung" aufgrund von Störprozessen nicht erfüllen, so dient die Präzisierung der Erwartungen dazu, den Sicherungsprozeß in die richtige Richtung zu lenken. Insbesondere müssen diejenigen Erwartungen bewußt gemacht werden, deren Erfüllung den Fortbestand des betrieblichen oder gesellschaftlichen Lebens sichert. In der Praxis jedoch werden vielfach Sicherungsmaßnahmen erwogen, ohne daß die lebensnotwendigen Ziele und Randbedingungen geklärt sind. Hier setzt die schriftlich formulierte Risikopolitik an.

Beurteilung der Risikolage (Phase B)

Sind die Erwartungen bewußt und die Ziele bekannt, so lassen sich in einem zweiten Schritt die Risiken in ihrem Unternehmungszusammenhang beurteilen. Dazu ist die Kenntnis der möglichen Störungen und deren Wirkung auf das Gesamtsystem der Unternehmung nötig: Das Risiko muß zunächst qualitativ abgeschätzt und seine Bedeutung für das Ganze eingestuft beziehungweise bewertet werden.

Besonders wichtig sind die "kritischen Pfade" zwischen den Beschaffungsmärkten, der Unternehmung und den Absatzmärkten. Eine Störung wird immer dann für den Markterfolg der Unternehmung relevant sein, wenn der innere und äußere Fluß zum Absatzmarkt unter technischen, sozialen oder ökonomischen Gesichtspunkten unterbrochen wird, wobei oft mehrere Störungen aus verschiedenen Bereichen zusammenspielen und Störungsketten bilden. Eine Gesamtbetrachtung zielt dann darauf ab, die Störungsketten und deren Komponenten rückwärts bis zu den Ursprüngen und Knotenpunkten und nach vorne bis zur Störung von Umweltfunktionen zu verfolgen. Eine systematische Diskussion aller Schwachstellen verändert das Bewußtsein der Unternehmungsführung, aus dem heraus Gegenmaßnahmen eingeleitet werden können; "Unfälle" wie jener von Alaska lassen sich im Rahmen der vorgezeigten Skizzen relativ leicht in ihren Konsequenzen systematisieren.

Die Aufgliederung von Risikofaktoren in Störungsketten läßt die gegenseitigen Verknüpfungen von Erfolgsvoraussetzungen deutlich erkennen. Es stellt sich dabei heraus, daß normalerweise kein Faktor für sich allein imstande ist, ein wesentliches Risiko zu begründen; vielmehr bedarf es dazu einer ungünstigen Kombination der Störprozesse. Inwieweit ein System dann störbar und verletzbar ist, läßt sich ebenfalls qualitativ ermitteln (Haller 1986, 8ff, insb. 29). Faktoren der Störbarkeit (Störungsanfälligkeit) beziehen sich primär auf Störungsquelle, -art und -objekt, während die Verletzbarkeit (Auswirkungen, falls dennoch etwas passiert...) vor allem durch die Qualitäten des Objekts, der Prozesse, der Ziele und der Funktionen festgelegt ist.

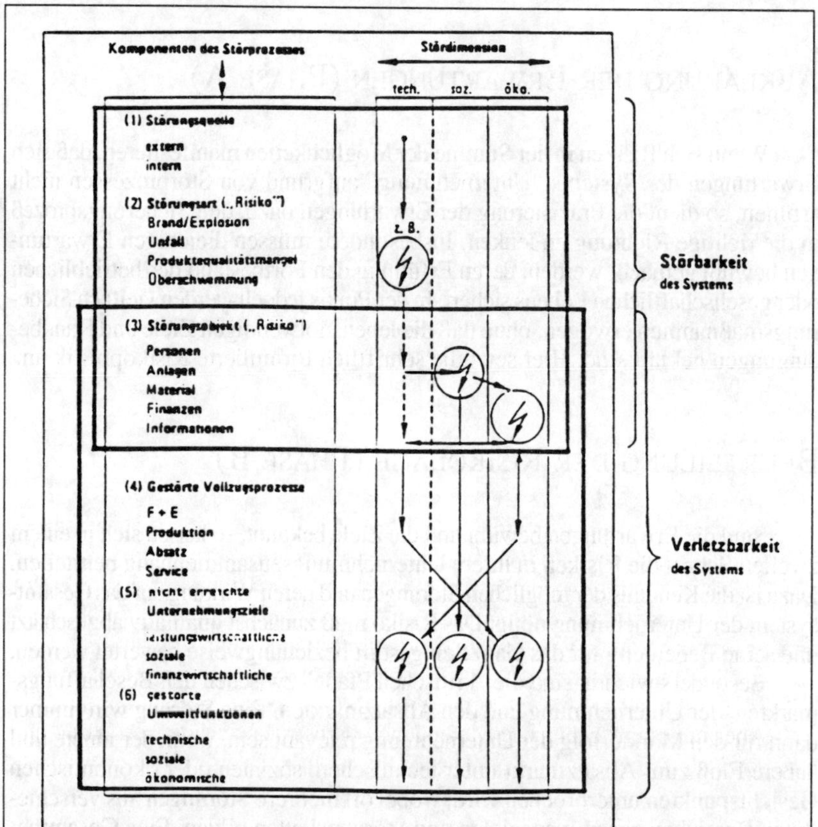

Beurteilung der Risikolage durch Evalutation von Störungsketten

Wird aufgrund der Evaluation von Störungsketten ein außerordentlich hohes Störungspotential erfaßt, so kann nun eine quantitative Analyse mit Hilfe der wahrscheinlichkeitsfundierten Fehlerbaum- oder Störfallablaufanalysen vorgenommen werden. Die Eintrittswahrscheinlichkeiten der Ursache und der unerwünschten Ereignisse werden untereinander verknüpft, so daß ein unerwünschtes Gesamtereignis (z.B. das Durchschmelzen eines Reaktors) nach seiner Eintrittswahrscheinlichkeit beurteilt wird. Die Zuverlässigkeit des Gesamtsystems kann dann erhöht werden, indem die relative Fehlerhäufigkeit von Teilen des Systems herabgesetzt wird. Allerdings darf nicht außer acht gelassen werden, daß der Einsatz solcher Analysen vor allem bei technischen Systemen zum Tragen kommt und die Kosten der dazu erforderlichen Informationsbeschaffung außerordentlich hoch sind; zudem besteht stets ein "Restrisiko" der Art, daß kaum je sämtliche möglichen Störabläufe vorausgedacht werden können.

SICHERUNGSMAßNAHMEN (PHASE C)

Wie nun mit dem Risiko umgegangen werden soll, wird im dritten Schritt entschieden. Wir unterscheiden vier Typen der Risiko-Bewältigung:

1. Risikovermeidung, das heißt Verzicht auf gewisse Erwartungen und Ziele, führt am ehesten zu einer eindeutigen Lösung des Risikoproblems, insofern der Sicherheit zuliebe auf die Erfüllung bestimmter Ziele verzichtet wird und dadurch auch die damit verbundenen Risiken vermieden werden. So könnte das Risiko der Produktehaftung vermieden werden, indem man die Produktion und Vertrieb einstellt.
2. Risikoverminderung, das heißt Herabsetzung der Wahrscheinlichkeit des Eintritts von Störungen und deren Konsequenzen, durch Schadenverhütung beziehungsweise Schadenherabsetzung. Im Rahmen der Schadenverhütung werden beispielsweise bei Maschinen Vorrichtungen zum Schutz vor Verletzungen angebracht. Dadurch, daß das unerwünschte Ereignis am Ursprung bekämpft wird, ist die Schadenverhütung das wertvollste Mittel der Risikoverminderung. Im Rahmen der Schadenherabsetzung versucht man, die Auswirkungen einer bereits eingetretenen Störung möglichst gering zu halten. Sprinkleranlagen können bei Feuerausbruch zum Beispiel einen Großbrand verhindern.

Aber nicht nur technische Maßnahmen dienen der Schadenverhütung und der Schadenherabsetzung, sondern auch Maßnahmen, die den Menschen betreffen, sind bedeutsam. Weil das menschliche Verhalten und Handeln bei der Verwirklichung vieler Risiken eine maßgebende Rolle spielt, gehört die Risikoverminderung auch ins Ausbildungskonzept jedes Betriebs.

3. Risikoüberwälzung, das heißt das Abwälzen möglicher Folgen von Störungen auf ein anderes System, geschieht vornehmlich durch Versicherungsverträge oder durch ähnliche Vereinbarungen. Die Risikoüberwälzung ist wohl die sicherste, aber zugleich eine eingeschränkte und betriebswirtschaftlich wie volkswirtschaftlich teure Risikobewältigung. Für das gesicherte System bringt sie den Vorteil, daß Kosten und Nutzen der Sicherung überschaubar sind und regelmäßig anfallen: Bei der Versicherungsnahme werden aus nicht vorhersehbaren Schadenkosten stabilisierte und kalkulierbare Risikokosten. Eine andere Möglichkeit der Risikoüberwälzung als die Versicherung ist etwa das Überwälzen des Risikos großer Lagerbestände auf Lieferanten oder Transportunternehmen.
4. Selbsttragen des Risikos, das heißt das freiwillige oder unfreiwillige Aufsichnehmen der möglichen Folgen. Als aktiver Sicherungsprozeß

werden aus eigener Anstrengung Reserven materieller oder immaterieller Art angelegt. Als passiver Sicherungsprozeß werden – entsprechend dem Grad der Risikoneigung der Entscheidungsträger – Schäden mit ihren möglichen Konsequenzen für die Unternehmung bewußt in Kauf genommen.

Jede Maßnahme hängt von der vorhergehenden ab und fängt einen Teil der Last des Risikos auf. Jede Stufe hat ihre Vor- und Nachteile, und selten genügt eine Maßnahme, um der gesamten Risikosituation Rechnung zu tragen.

Die Gliederung der Risiko-Management-Funktionen

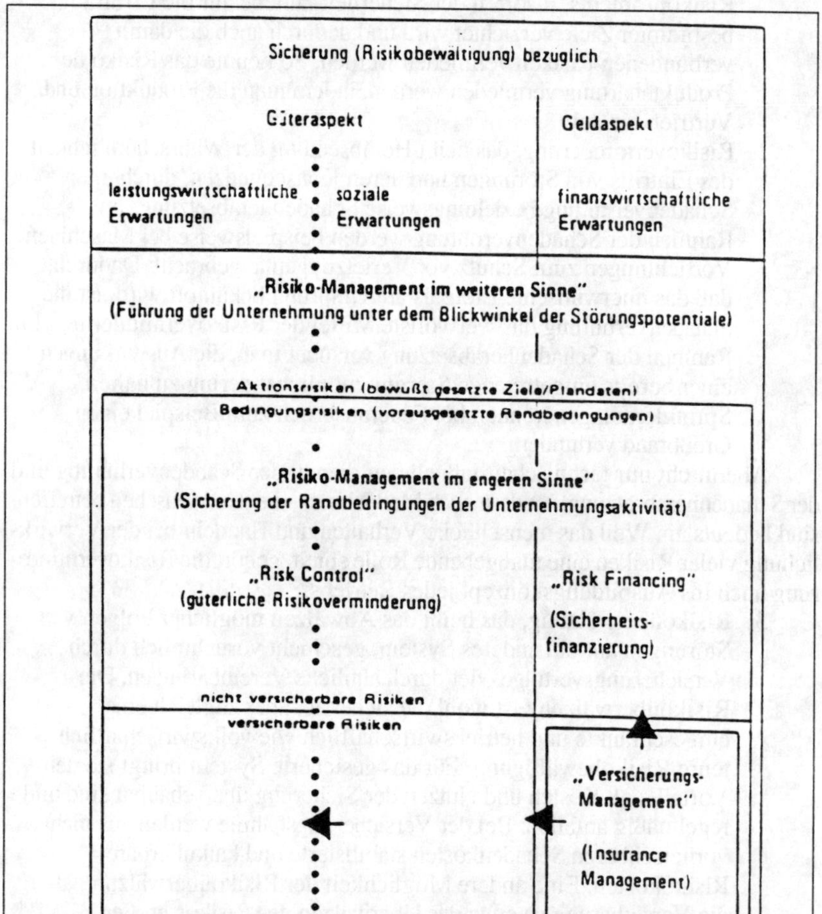

Aufgliederung des Risiko-Managements nach Teilfunktionen

Wird die Risiko-Management-Funktion so verstanden, daß sie den Gesamtbereich der Führungstätigkeit in der Unternehmung abdeckt, so ist es dennoch zweckmäßig, einige Schwerpunkte zu unterscheiden, die zum Teil durch verschiedenartige Spezialisten unterstützt werden können.

Bei der Aufgliederung wird nach Güteraspekt und nach Geldaspekt differenziert, wobei der Güteraspekt den leistungswirtschaftlichen und den sozialen, der Geldaspekt den finanziellen Bereich umfaßt. Die Auseinandersetzung mit dem gesamten Risikoproblem – also mit Aktionsrisiken wie mit Bedingungsrisiken – sei als Risiko-Management im weiteren Sinne bezeichnet. Es verkörpert die Gesamtführung der Unternehmung unter dem Blickwinkel der Sicherheit und der Störungspotentiale. Wo auf dieses Risiko-Management im weiteren Sinne verzichtet wird, hat auch das übrige Risiko-Management wenig Aussicht auf Erfolg. Immer wieder geht es darum, den engen Zusammenhang zwischen Aktions- und Bedingungsrisiken zu sehen und die Wirkung auf die Erfüllung der Unternehmensziele zu überprüfen. (Beispiel: Die aktuelle Durchdringung der Qualitätssicherung als Marktziel und der Produktesicherung im Hinblick auf die Produktehaftpflicht.)

- Wird hingegen die Betrachtung auf die Bedingungsrisiken eingeschränkt, so läßt sich dies als Risiko-Management im engeren Sinne charakterisieren. Der Güteraspekt im Risiko-Management im engerenSinne entspricht etwa dem angelsächsischen Risk Control (im Sinne der Lenkung), der Geldaspekt dem Risk Financing (präziser: Sicherheitsfinanzierung) (vgl. Niquille, 1987, insb. 36ff).
- Das Risiko-Management im engeren Sinne läßt sich weiter nach nicht versicherbaren und versicherbaren Risiken aufteilen, wobei "Versicherbarkeit" weniger von theoretischen Erwägungen (wie Zufälligkeit und Schätzbarkeit) als vom Marktangebot der Versicherungswirtschaft abhängt. Das Versicherungs-Management befaßt sich mit den versicherbaren Risiken; unter dem Führungsaspekt fällt ihm im besonderen die Aufgabe zu, die Versicherungsdeckung im Verhältnis zur übrigen Sicherheitsfinanzierung und zum Risk Control zu optimieren.

Selbstverständlich handelt es sich bei dieser Unterteilung um eine Mehr-oder-weniger-Betrachtung. Die Bezeichnungen treffen für den Schwerpunkt des jeweiligen Feldes zu, die Grenzen dagegen sind fließend. Gerade das Risiko-Management in seinem weiteren und engeren Sinne trägt zu einer ständigen Verschiebung bei, indem es – über die Optimierungsbestrebungen – die einzelnen Felder miteinander verknüpft.

4. Vom Risiko-Management zum Risiko-Dialog

Normalerweise – wie auch in unserem Grundkonzept – wird Risiko-Management als eine umfassende Führungsfunktion verstanden, die der autonomen Gestaltung durch die Entscheidungsträger in der Unternehmung unterliegt. In der jüngsten Zeit – nicht zuletzt aufgrund der Umweltbewegungen und der

Abhängigkeit der Unternehmungen von demokratischen Entscheidungsprozessen (Bsp.: Baubewilligung) – gewinnt die Tatsache an Bedeutung, daß nicht nur die reale Risikoanalyse und -bewältigung, sondern ebenso und zusätzlich die Kommunikation über Risiken Erfolge und Mißerfolge im Risiko-Management bestimmt. Dabei geht es nicht nur um die interne Risikowahrnehmung und Kommunikation: Einerseits ist es zum Standard geworden, mit der Öffentlichkeit über bestehende Risiken zu kommunizieren; andererseits haben sich solche Konzepte bei Unglücksfällen und Katastrophenereignissen zu bewähren. Hier trägt denn auch die Fähigkeit zur richtigen Kommunikation maßgebend zur Störungsüberwindung bei. Auf die Dauer ist auch der Unternehmenserfolg von solchen Fähigkeiten abhängig.

Reale Risikoentwicklung und Risikowahrnehmung

Risiko-Kommunikation hat deshalb an Bedeutung zugenommen, weil die Risikoerfahrung der Unternehmensangehörigen wie der Bürger tendenziell abnimmt und sich zugleich das Risikopotential in Wirtschaft und Gesellschaft verändert. Dies hängt mit der Entwicklung zur Dienstleistungsgesellschaft zusammen, die eine kräftige Wohlstandssteigerung voraussetzt und verkörpert, zugleich jedoch eine "Super-Industrialisierung" mit stark erhöhten Gefährdungspotentialen bedingt. "Economies of scale" – kombiniert mit High-Tech und hochintegrierten Produktionsprozessen – erlauben es, dem Konsumenten eine Welt der Annehmlichkeiten im Rahmen des "Erlebnis-Marketing" zu bieten, bei der einzig der Wohlstandsaspekt, kaum aber der Aspekt der Risikoentwicklung ins Bewußtsein des Bürgers dringen kann und soll. Dagegen wird den Spezialisten im Risiko-Management und der (Rück-) Versicherung immer deutlicher bewußt, daß auch die reale Risikoentwicklung gegenläufigen Tendenzen ausgesetzt ist:

- Abnahme der Störungsanfälligkeit im industriellen Bereich dank zunehmender und effizienterer Sicherungsinvestitionen: Zuverlässige Systeme, gepaart mit integrierten Sicherungskomponenten, tragen zu einer weiteren Produktivitätssteigerung (Wohlstand) bei;
- Erhöhung der Verletzbarkeit der Systeme aufgrund zunehmender Vernetzung der Gesamtanlagen und Vergrößerung der Kapazitäten (Risikopotentiale: Größtunfälle, ökologische Risiken).
- Den "economies of scale" stehen somit bei vertiefter Analyse erhebliche "diseconomies of risk" gegenüber, welche die Gesamtbilanz der Wohlfahrtsentwicklung empfindlich beeinträchtigen (total risk of wealth)

Als Folge dieser Entwicklung werden zwar tendenziell weniger Störfälle verzeichnet, doch sind andererseits die Konsequenzen der (seltenen) Großereignisse von umso größerer Tragweite. (Nebeneffekt im Versicherungsbereich: Größtrisiken dieses Typus erzeugen zunehmend Deckungsprobleme, weil die Anforderungen an Homogenität und Zufälligkeit – Voraussetzung der Versicherbarkeit – kaum oder nicht mehr gegeben sind.) Es zeigt sich in der Mehrzahl der bedeutenden Störereignisse, daß die Sicherheitserhöhung die Erfahrung im

Umgang mit Krisensituationen praktisch beseitigt: Im Gegensatz zum Management der Aktionsrisiken ist die Bewältigung der Bedingungsrisiken auf Simulationen und Übungen angewiesen, die bezüglich Motivation und Lernprozeß ganz andere Anforderungen stellen. Um Situationen schweren Fehlverhaltens zu vermeiden, wird denn auch zur Überwindung von eigentlichen Krisensituationen zunehmend Managementhilfe von außen in Anspruch genommen.

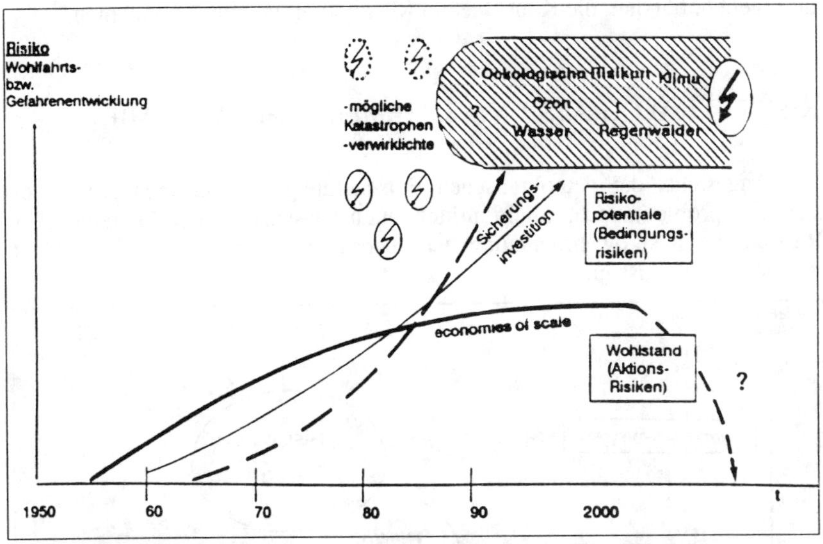

Wohlstandsentwicklung und Entwicklung des Risikopotentials in der "Wohlstands-/Risiko-Gesellschaft"

Die Risiko-Wahrnehmung steht in enger Beziehung zur Risikoentwicklung, doch braucht sie in ihrer Logik nicht mit ihr übereinzustimmen. Im Hinblick auf einen echten Risiko-Dialog ist die Einsicht entscheidend, daß Wahrnehmungen psychisch gesteuert sind und eine aktive Form der Umsetzung von Wirklichkeiten in das eigene Wirklichkeitsbild bedeuten. In der Welt der Risikopotentiale erhält dieser Wahlakt einen besonders großen Freiheitsgrad, und so ist es nicht erstaunlich, daß hier die Auffassungen über "akzeptable" und "nichtakzeptable" Risiken erheblich differieren. Orientiert sich die wirtschaftliche Logik vorwiegend am Aktionsrisiko mit den damit verbundenen Wohlstandschancen und Risiken, so ist die gesellschaftlich-öffentliche Denkweise eher an Kriterien von Angst und Befürchtungen ausgerichtet. Die Entwicklung des Bedingungsrisikos, unter Einschluß von Kriterien wie Vertrautheit mit Technologien und Kontakte zu den Entscheidungsverantwortlichen, bilden somit Hauptkriterien für den Aufbau von Akzeptanz in der Bevölkerung. Hohe Risikopotentiale, gepaart mit negativen Erfahrungen bei Größtunfällen anderer Art, haben die Risikoakzeptanz der Bevölkerung in den vergangenen Jahren erheblich beeinflußt.

Angesichts solcher und ähnlicher Gesetzmäßigkeiten der Risikowahrnehmung kann nicht erwartet werden, daß sich die Situation in den kommenden Jahren entspannt. Eher dürfte das Gegenteil der Fall sein, denn einzelne psychologisch ungeschickt bewältigte Größtunfälle können mühsam aufgebaute Vertrauenspotentiale in kürzester Zeit zerstören. Hier spielen Übertragungsmechanismen eine bedeutende Rolle, so etwa über die Medien (Bedürfnis nach "news"), die Identität des betroffenen Gegenstandes (Ölunglück Alaska – Vergiftung aller Gewässer) und der Rückbezug auf den Menschen (Vögel – Robben – Wann sind wir dran?). Somit ist für die kommenden Jahre eher von einem Negativszenario auszugehen, bei dem die Konflikte um Risikopotentiale noch zunehmen.

RISIKO-DIALOG ALS UNTERNEHMERISCHE AUFGABE

Angesichts der demokratischen Entscheidungsmechanismen erweist es sich als problematisch, allein mittels naturwissenschaftlich-ökonomischer Realität die Risikowahrnehmung und -beurteilung durch die Öffentlichkeit wesentlich zu erfassen.

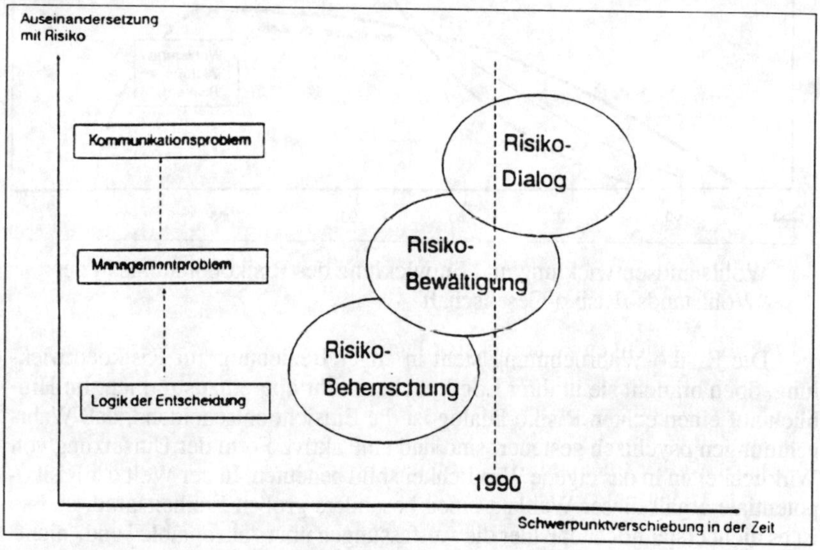

Risiko-Dialog als Thema des Risiko-Managements

Weitsichtiges Risiko-Management wird sich somit intensiv mit der Entwicklung einer erweiterten Perspektive zu befassen haben: Ohne daß die bisherigen Anstrengungen ihre Bedeutung verlieren, verschiebt sich der Schwerpunkt der Risikodebatte von der technisch-naturwissenschaftlichen Beherrschung über die managementorientierte Risikobewältigung hin zum Risiko-Dialog, unter Einschluß der Fähigkeit, unter verschiedenen Kommunikationsformen je nach Problemlage die geeignete zu wählen. Die Mehrzahl der gegenwärtigen umstrittenen Risiken resultiert aus den Aktivitäten der Wirtschaft. Die Chance der Unternehmungen besteht darin, im Hinblick auf den Risiko-Dialog die

Initiative zu ergreifen und aktiv die Probleme anzugehen, welche sich im Zusammenhang mit Risikoentwicklung und Risikowahrnehmung als zentral erwiesen haben.

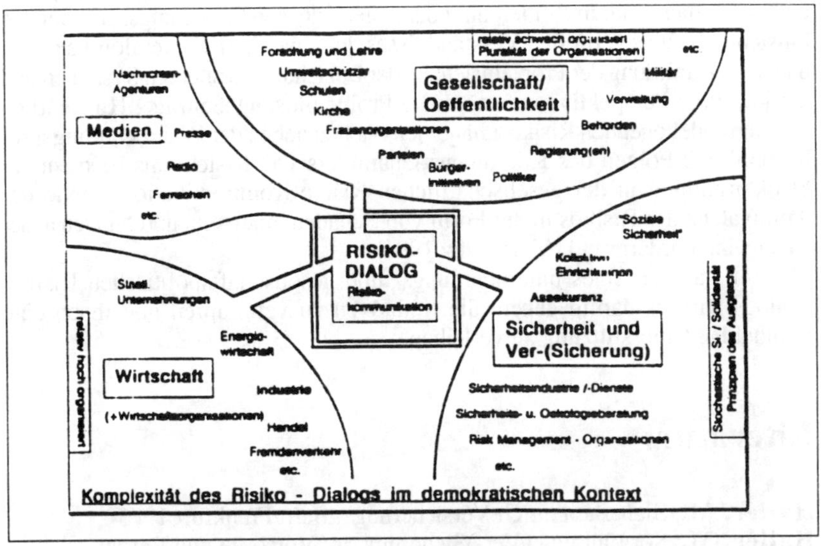

Komplexität des Risiko-Dialogs im demokratischen Kontext

Unternehmungen, die sich dem Risiko-Dialog verpflichten, haben sich im Zusammenhang mit ihren spezifischen Aktivitäten die Zielsetzungen auferlegt,

- bei risikobehafteten Aktivitäten Wahrnehmungsformen des Risikos zu untersuchen und bei der Kommunikation nach innen und mit der Öffentlichkeit zu berücksichtigen;
- Risikowahrnehmung und Risikobewältigung inhaltlich und konzeptuell in den konkreten Zusammenhängen zu verknüpfen;
- auf neutraler Basis die Konflikte herauszuarbeiten, die sich aus den jeweils aktuellen Entscheidungen ergeben;
- mit den Betroffenen Instrumente zu entwickeln, um die Dialogfähigkeit aller Beteiligten nach den Prinzipien einer voraussetzungslosen Offenheit zu fördern
- in der eigenen Unternehmung Kernzellen zu bilden, die der selbständigen Weiterentwicklung des Risiko-Dialogs dienen;
- in Gremien mitzuwirken, die auf gesellschaftlicher Ebene ähnliche Zwecke verfolgen und damit auf eine aktive Unterstützung durch die Wirtschaft angewiesen sind;
- Forschungs- und Entwicklungsvorhaben im Bereich der Risiko-Kommunikation selbst zu verwirklichen beziehungsweise auf überbetrieblicher Basis zu unterstützen.

In manchen Teilbereichen wird bereits an der Realisierung gearbeitet. Die Fortschritte im Bereich der Risiko-Kommunikation dürften sich noch wesentlich beschleunigen, wenn es gelingt, im Dreieck von Gesellschaft, Wirtschaft und (Ver-) Sicherung eine fruchtbare Zusammenarbeit zu begründen. Dabei ist zu berücksichtigen, daß die Unterschiede in der Wahrnehmung von, Kommunikation über und Umgang mit Risiken je nach gesellschaftlichem Subsystem unterschiedlich sind. Im Mittelpunkt der gegenwärtigen Forschungsbemühungen hinsichtlich eines vertieften Verständnisses der jeweiligen Systemlogiken steht daher die Ermittlung der Problemsichten, der Beziehung zu anderen Systemen und die jeweilige Perspektive auf mögliche Problemlösungsbeiträge. Hinsichtlich des zugrundeliegenden Risiko-Phänomens stehen neben der Wahrnehmungsproblematik die Folgen des Kontingenz-Charakters von Risiekn als Element der Strukturbildung in der gesellschaftlichen Risiko-Kommunikation, sowie der Ambivalenz des Risikos in der Form von Schaden einerseits und Nutzen andererseits im Vordergrund (Markowitz 1991).

Im Rahmen eines unternehmungs- und gesellschaftspolitischen Risiko-Dialogs wird es darum gehen, die Initiativen zu verknüpfen und ihnen eine nachhaltige Unterstützung zu verleihen.

Literatur:

Haller, M.: Sicherheit durch Versicherung?, Bern/Frankfurt 1975

Haller, M.: Sorgfalt und (Ver-)Sicherung, in: Vorsorge und Betrieb, Nr. 3/1983, S. 11-20, und Nr. 1/1984, S. 19-25

Haller, M.: Risiko-Management – Eckpunkte eines integrierten Konzepts, in: Schriften zur Unternehmensführung, Band 33, hrsg. von Jakob J., Wiesbaden 1986, S. 7-43 und S. 117-127

Markowitz, J.: Kommunikation über Risiken. Eine Problemskizze. Erscheint in: Schweizerische Zeitschrift in Soziologie, 1991

Niquille, Chr.: Risikofinanzierung – Ansätze zu einem Gesamtkonzept, I.VW Schriftenreihe, Band 19, St. Gallen, 1987

Ulrich, H.: Management – eine unverstandene gesellschaftliche Funktion, in: ders.: Management, hrsg. von **Dyllick T.** und **Probst G.**, Bern/Stuttgart 1984

Ulrich, H. / Probst, G.: Anleitung zum ganzheitlichen Handeln – ein Brevier für Führungskräfte, Bern/Stuttgart 1988

Gertrud Höhler

Unternehmenskultur als Erfolgsfaktor

Der vielfältige Wandel des Unternehmensumfeldes konfrontiert die Unternehmensführung mit neuartigen Anforderungen. Der Wandel selbst wird zum einzigen verläßlichen Prinzip. Gerade in großen, gefestigten Unternehmen provoziert er einen Traditionsverlust und entsprechende Irritationen, ja eine eigentliche Kulturkrise. Die Neuprägung einer starken, auf zukunftsträchtigen Organisationsprinzipien aufbauenden Unternehmenskultur ist in dieser Situation eine vordringliche Führungsaufgabe. Es geht, wie auch in der umgebenden Kultur, um einen Überschuß an Sinnangeboten auf der Grundlage einer visionären Strategie, um einen Überschuss an Möglichem gegenüber der zutage liegenden Wirklichkeit. Damit erfüllt das Unternehmen gleichzeitig auch einen Teil seiner gesellschaftlichen Verantwortung. Sinn kann aber nicht aufoktroyiert werden, sondern muß von der Gesamtorganisation gefunden und vom einzelnen auf der Ebene des Arbeitsteams wahrgenommen werden. Die Führungsaufgabe besteht also vor allem im Aufbau einer adäquaten Kommunikation und Organisation. Daß Unternehmenskultur nicht Luxusmode, sondern harter Unternehmensführungs-Alltag ist, zeigt die aus reicher Beratungspraxis schöpfende Autorin anhand der konkreten Merkmale, die eine entwickelte Unternehmenskultur auszeichnen.

UNTERNEHMENSKULTUR – DEFINITION UND FUNKTIONEN

Unternehmenskultur ist das implizite Bewußtsein, das alle im Unternehmen Tätigen, die Mitarbeiter und die Führung, verbindet.

Die "Kultur" des Unternehmens lebt aus den Erfahrungen, Erfolgsmustern und Wertvorstellungen, die das gemeinsame Handeln bestimmen. In ihr sammeln sich Normen und Ziele, Vorbilder und Leitlinien sowie die Grundannahmen, die das Verhalten der Mitglieder im Unternehmen prägen.

Unternehmenskultur – als die Summe dieser Größen – ist Verhaltensprodukt und Verhaltenskodex zugleich. Von den Mitgliedern der Organisation gestaltet, prägt sie durch die eingeübten Normen das Zusammenleben und Zusammenwirken im Unternehmen. Jeder nimmt und jeder gibt – wenn eine Firmenkultur lebt.

Unternehmenskultur entwickelt sich auf drei Ebenen: vom corporate design über die unternehmenstypischen Wertvorstellungen bis zu den ethischen Standards – eine Rangfolge, in der eine Stufe nicht ohne die anderen tragfähig bleiben kann.

Die "Äußerlichkeiten" des corporate designs werden in ihrer Bedeutung für das Unternehmensprofil leicht unterschätzt. Zu ihnen gehört das Erscheinungsbild der Bauten, die Gestaltung von Büros und Dokumenten ebenso wie die Wiedererkennungs-Signale, die das Unternehmen in der Werbung aussendet. Slogans und Redestil, Rituale und Zeremoniell bilden zusammen mit Mythen, Anekdoten und Legenden die äußere Hülle der "Kultur", die alle Mitglieder des Unternehmens trägt und zu Mitwirkenden macht.

Die Wertvorstellung, mit denen das Unternehmen seine Mitarbeiter und die Führung verbindet, mögen kodifiziert sein oder nicht: Sie existieren und durchwirken das Handeln. Führungsgrundsätze und Unternehmensleitbild haben von Firma zu Firma unterschiedlich scharfe Konturen. Verordnen lassen sie sich nur, wenn sie widerspiegeln, was praktizierte Wirklichkeit im Unternehmen ist. Die Soll-Anteile in Führungsgrundsätzen und Firmenleitbild dürfen den Ist-Beständen nur so weit voraus sein, wie die ungenutzten Potentiale der Mitglieder von der Realität des Handelns entfernt sind.

Die ethischen Standards, auf die die Kulturgemeinschaft im Unternehmen sich selbst verpflichtet, überschreiten auf der dritten Rangstufe wieder den Rahmen des Unternehmens in die Außenwelt; sie schließen damit den Kreis zur "äußerlichen" Seite der Selbstdarstellung im corporate design. Die Beziehungen zur zeitgenössischen Lebenwelt regelt die Firma in einem einheitlichen Stil, wenn ihre Kultur tragfähig ist. Die Orientierung der Mitarbeiter in Zeit und Raum erhält vom Geist des Unternehmens ihre Prägung. Das Menschenbild erreicht eine gewisse Einheitlichkeit, und die staatsbürgerliche Verantwortung der Firma prägt das Selbstverständnis der Mitarbeiter als verantwortlicher Staatsbürger.

Eine tragfähige Unternehmenskultur ist ein Strategiefaktor für den Unternehmenserfolg.

Das vitale Zusammenspiel der drei Ebenen einer starken Kultur sichert dem Unternehmen überzeugende Auftritte nach außen und hohe Akzeptanz beim Kunden.

Die äußerlich sichtbaren Zeichen einer ausgewogenen Unternehmenskultur lassen sich vor allem daran ablesen, daß der Handlungsbezug dominiert. Flexible Strukturen kennzeichnen Unternehmen mit vitaler Kultur; Transparenz der Strukturen stimuliert unternehmerische Energie auf allen Ebenen. Führung durch Vorbild öffnet Aufstiegswege und ermutigt innovative Talente – freilich nur dann, wenn die Vorbilder von heute und nicht von gestern sind: informationshungrig, riskobereit, hierarchieunabhängig und belastbar. Nicht der monolithische Traditionalist mit der abgeschlossenen Lebenserfahrung, der den Nachwuchs mit der eigenen Pioniervergangenheit blockiert, ist vorbildlich, sondern der flexible Ideenpartner, dessen Vorsprünge überzeugen, erfährt die Bewunderung der Nachrücker. Das lebendige Wertesystem zeichnet die starke Firmenkultur aus; Dienstleistungsmentalität, die jüngste unter den neuen Tugenden von Erfolgsunternehmen, humanisiert das Wettbewerbsverhalten.

Obwohl die Kultur den Unternehmenserfolg maßgeblich beeinflußt, stimmt die einfache Gleichung, die lauten könnte: Je größer das Unternehmen, desto stärker seine Kultur, nicht.

Geschäftserfolg und Unternehmenskultur sind zwar durchaus in einem Wechselbezug zu sehen: Die Kultur beeinflußt den Erfolg und der Erfolg beeinflußt die Unternehmenskultur.

Auch haben es erfolgreiche Firmen offenkundig leichter, eine belastbare Unternehmenskultur aufzubauen.

Dennoch wird die Unternehmensgröße und -macht ab einer kritischen Grenze, die für jedes Unternehmen unterschiedlich gelagert ist, zu einer Gefährdung für die Firmenkultur.

Die Erklärung: Wenn der Erfolg zu einer selbstverständlichen Größe wird, entwickelt sich neben dem berechtigten Stolz Selbstgerechtigkeit. Die Mitglieder des Unternehmens geraten in die Gefahr, ihr Unternehmen für unbesiegbar zu halten. Auftauchende Probleme werden nun leichtfertiger, unbekümmerter angegangen als vor der Erfolgsphase. Die Leistungsbereitschaft sinkt ab, der Handlungsbezug weicht einer selbstgewiß abwartenden Grundeinstellung. Die Kultur des Unternehmens nimmt Schaden, häufig lange bevor auch der Erfolg das Unternehmen verläßt.

Es lassen sich Wechselwirkungen beschreiben, die Unternehmenskultur und Führungsstrategien sowie den Erfolg in einem labilen, ständig kontrollbedürftigen Gleichgewicht zeigen:

Eine starke Kultur hilft den Mitgliedern, stimmig zu handeln.

Umgekehrt fördert solche Stimmigkeit des Handelns die Vitalität der Kultur.

Die Strategie des Unternehmens muß klar kommunizierbar sein, um alle Mitglieder zum Erfolg wirken zu lassen.

Umgekehrt stärkt der Erfolg seinerseits die Überzeugungskraft der Strategie; sie fließt in die Kultur des Unternehmens ein.

Die so stabilisierte Kultur wirkt nun ihrerseits positiv auf den Unternehmenserfolg, und dieser, wir sahen es schon, bestätigt und belebt die Unternehmenskultur.

Einflüsse gesamtkultureller Entwicklungen auf die Unternehmenskultur – die "Kulturkrise"

Firmenkulturen sind Spezialfälle von Kulturausschnitten, die von den Menschen produziert und getragen werden, die in der zeitgenössischen Kultur leben.

Umwälzungen in der Gesellschaft und im größeren kulturellen Umfeld wirken auf die Kultur der Unternehmen ein.

Wertewandel und moderne Sinnkrisen, die den Epochenübergang von der Industriegesellschaft in die Informations- und Dienstleistungskultur begleiten, können nicht spurlos an den Spezialkulturen unternehmerischer Großorganisationen vorübergehen. Die Irritation schlägt durch: verschärfter Wettbewerb verlangt differenziertere Unternehmensauftritte; die Globalisierung erzwingt neue Strategien; ihr europäischer Aspekt aktualisiert sich schneller, als die Konzepte umgeschrieben werden können. Zugleich drängen gesteigerte Ansprüche von Kunden und Mitarbeitern zu neuen Marketingstrategien und Kommunikationsentwürfen. Es genügt nicht mehr, sich mit dem Vorwand des Innovationsdrucks im Produktbereich, bei Fertigungsmethoden und Produktionsprozessen von solchen neuen Aufgaben fernzuhalten: Der Innovationsdruck erfaßt die Führungsstrategien; Information strapaziert in immer größeren Mengen alle Führungsebenen. Die neue Dienstleistungskompetenz, die zugleich entwickelt werden soll, erscheint dann zuweilen den Verantwortlichen wie die Aufforderung zu einer ausgeruhten Kultur der Begegnungen, die man sich nun, so meinen die gestreßten Unternehmer der Übergangsphase, am wenigsten leisten kann.

Die Krisen der zeitgenössischen Kultur werden nicht, wie man vielleicht vermuten möchte, durch intakte Unternehmenskulturen abgemildert. Im Gegenteil: Die Krisen der Epochenkultur verschärfen sich in hocharbeitsteiligen Unternehmen.

Als zusätzliche Unruhequelle wirkt sich dann der Versuch aus, Strategien, Strukturen und die Unternehmenspolitik an die veränderte Außensituation anzupassen.

Das Krisenmanagement verstärkt zunächst die Sinn- und Orientierungskrise im Unternehmen. Die Erklärung: Die Änderungen von Strategien und Strukturen schlagen auf die Grundannahmen im Zentrum der Unternehmenskultur durch.

Änderungen in den Grundhaltungen der Unternehmensführung, auch wenn sie einen Anpassungs- und Flexibilisierungsprozeß einleiten, verstoßen gegen grundsätzliche Annahmen, Werte und Normen der tradierten Unternehmenskultur.

Im Unternehmen, wie schon vorher in der umgebenden Gesamtkultur, ereignet sich Traditionsvernichtung.

Sie ist unausweichlich, weil der Anpassungsdruck alle wesentlichen Felder der Lebensorientierung erfaßt.

Es genügt nicht mehr, nicht eine Tradition gegen eine neue auszutauschen. Ein Prinzipienwandel muß stattfinden – von statischen Traditionen zu flexiblen Innovationsstrategien.

Das einzig verläßliche Prinzip für die nächsten Jahrzehnte, soviel können wir heute schon erkennen, wird der Wandel sein. Da Menschen eher an feste als an bewegliche Bezugspunkte gewöhnt sind, stehen wir vor einer erstmaligen Herausforderung für unsere Lebensstrategien.

Die soziale Evolution, in der diese neuen Maximen geboren werden, betrifft alle Menschen, die in den Kulturen der Unternehmen arbeiten. Unter dem Druck von ökonomischer und technologischer Innovation und angesichts sozialer, politisch-gesetzlicher und ökologischer Neuorientierung entsteht eine "existentielle Frustration" (Viktor Frankl) als Folge von Sicherheitsverlusten.

Der Traditionsverlust führt im Unternehmen zu schweren Irritationen. Sie erfassen die Strategien, die Führung und die Struktur.

Die beeinflussen schließlich das allgemeine Verhalten der Organisationsmitglieder: Es entsteht eine Krise der Unternehmenskultur.

Die Gefahrenfelder in der "Kulturkrise" von Unternehmen

Auf allen genannten Feldern wirken jetzt Gefahren. Für die Strategien bedeutet das: Der Konzept-Euphorie folgt die Umsetzungsfrustration. Strukturelle und kulturelle Widerstände provozieren eine Kette von Strategierevisionen.

Für die Führung werden die Probleme zahlreicher: Offizielle Verlautbarungen werden unglaubwürdig: Vertrauensverlust ist die Folge.

Zur Versuchung wird daraufhin der Rückfall in autoritäre Führungsmethoden und kulturschädliche Ungeduld.

"Einsame Entschlüsse" der Führung treten an die Stelle geduldiger Konsensprozesse.

Die Führung fühlt Tempodruck; um Entscheidungen zu beschleunigen, senkt sie das Anspruchsniveau.

Die Einbeziehung von Betroffenen in Entscheidungen erscheint nun als "Luxus" und "Aufwand".

Befehle scheinen rascher durchsetzbar als Team-Entscheidungen; technische Informations-"Konserven" lassen den Austausch von Know-how erstarren; mündliche Kommunikation wird plötzlich als "zeitraubend" eingestuft.

Standardisierte Kontrollen greifen um sich; das interaktive Lernen setzt aus.

Im dramatischen Fall ergeben sich mehrfache Führungswechsel aus der Irritation.

Auch den Strukturen droht in solchen Krisenzeiten Gefahr.

Die Bürokratie wird nach und nach zur kochenden politischen Arena; oppositionelle Subkulturen machen sich breit, der innerbetriebliche Syndikalismus wuchert.

Nun gibt es keinen Bereich des Verhaltens mehr, der von solchen inneren Unruhen unberührt bliebe. Sachbezogenes Verhalten und soziales Agieren lösen sich vom Grundkonsens in der Kommunikation. Mehr und mehr ziehen sich die Mitarbeiter auf abwartendes und ausweichendes Verhalten zurück. Man beginnt zu unterscheiden zwischen Kooperationspartnerschaft und Kommunikationsblockade. Die Gegenwart wird unbequem; folglich mehren sich die rückwärtsgewandten, nostalgischen Visionen dessen, was "früher" einmal war. Das "Goldene Zeitalter" des Unternehmens liegt nun nicht mehr in der Zukunft, sondern in der Vergangenheit. Die Kultur büßt damit ihr wichtigstes Stimulans ein: die strategische Vision. Natürliche Folge dieses Zukunftsvakuums ist der Rückgang der Akzeptanz: Jeder kümmert sich um sich selbst; das Privatisieren wird zur einverständlichen Grundhaltung. Dabei verkommt die gemeinsame Kultur. Mißtrauen trennt die Mitglieder des Unternehmens; jeder vermutet beim anderen nur noch das, was ihn selbst gefährdet: die persönliche Interessenorientierung. Gegen die Führung richtet sich in solchen Zeiten ein allgemeiner Mißbrauchsverdacht: Was tut sie mit ihrer Macht? Offizielle Verlautbarungen werden unglaubwürdig, weil das Grundvertrauen in die Führung fehlt.

Auswege aus der "Kulturkrise" im Unternehmen

Für Unternehmenskultur gilt, was auch für die umgebende Kultur überlebenswichtig ist:

Sie braucht einen Überschuß an Sinn-Angeboten.

Mögliches und Wirkliches, das ist schon deutlich geworden, stehen auch im Unternehmen in einem kreativen Spannungsverhältnis.

Überschuß an Sinnangeboten meint nichts anderes als: Das Unternehmen braucht eine visionäre Strategie.

Die visionäre Strategie ist nicht nur unentbehrlich für die geschäftliche Perspektive, sondern sie ist der Vitalfaktor für die Unternehmenskultur.

In diesen Jahren vor der Jahrtausendwende ist der "Sinn" des menschlichen Handelns zu einer knapper werdenden Ressource geworden (Jürgen Habermas). Nicht um Sinngebung der einen für die anderen kann es sich handeln; vielmehr muß Sinn gemeinsam gefunden werden. Er kann nicht aus den Wolken der Illusion gegriffen werden, sondern muß aus dem Boden, auf dem wir stehen, gegraben werden.

In Anlehnung an Niklas Luhmann können wir sagen, daß die visionäre Strategie für die Unternehmenskultur, nicht anders als für die Gesamtkultur, in der wir leben, einen Überschuß an Möglichem gegenüber der zutageliegenden Wirklichkeit bieten muß. Nur solche über die greifbaren Realitäten hinausweisenden Entwürfe beflügeln zu Aufbrüchen ins Unbekannte.

Gefunden wird nämlich nur das, was zuvor erträumt, erdacht und durchgespielt wurde.

Für die Unternehmenskultur bedeutet der Überschuß an Möglichem gegenüber dem Wirklichen:

Die unternehmerische Vision muß weiterführende Möglichkeiten für Handeln und Erleben eröffnen.

Dieser Anspruch kann heute auch deshalb nicht umgangen werden, weil der Erlebnisbezug stark angestiegen ist; eine logische Folge des entfalteten Wohlstandes, in dem das Interesse am "Nur-Besitzen" zurücktritt.

Glaubwürdigkeit der Führungsspitze ist eine Grundvoraussetzung für die Korrektur von Kultur-Krisen im Unternehmen.

Das Unternehmen braucht eine Kommunikations-Strategie, die Unsicherheit reduziert und Glaubwürdigkeit sichert.

Die Instrumente für verläßliche Kommunikation sind: hierarchieübergreifende Fluktuation von Information; Eindeutigkeit der Information und konsequente Vorbilder in Taten und Personen.

Anschlußmöglichkeiten für Sinnfindung bietet die Verknüpfung der Vision (des Möglichen) mit der Realität (dem Wirklichen).

Zur Sicherung von Sinn im Arbeitsprozeß gehört die Kooperations-Strategie. Der Hintergrund: Der Verlust von Anschaulichkeit in Großorganisationen führt unmerklich zu Sinnverlusten.

"Sinn" für das eigene Tun erfahren die Mitarbeiter durch die Gruppe.

Die Führungskräfte müssen daher das Gruppen-Erlebnis sichern.

Dafür gibt es eine Reihe von Instrumenten: Organisation und Struktur müssen transparent sein: nur so wird der Zusammenhang sichtbar. Das Fragmentarische der Arbeitserlebnisse tritt zurück.

Sichert man die Teilautonomie der Einheiten, so stärkt man zugleich den Erlebnisbezug der Kooperation.

Mit dem neuen Verständnis von Führung gewinnen selbstorganisierte Prozesse an Bedeutung; die Technokratie der Führung wird abgebaut. Nun können Evolutionsprozesse gefördert werden.

Der "visionäre Überschuß" ist die Quelle für Innovation:

Diese Quelle im Unternehmen sprudeln zu lassen bedeutet: Flexibilität der Entscheidungsregeln sichern; Anreize liefern; Wettbewerb zwischen den Einheiten fördern.

Der "visionäre Überschuß" muß unternehmensweit kommuniziert werden. Dies ist eine Führungsaufgabe. Die Führung muß auf allen Ebenen Gemeinsamkeit herstellen und Identifikation sichern.

Zukunftssicherung von innovationsstarken Kulturen

Den traditionellen Organisationsmustern der Vergangenheit lassen sich die zukunftstüchtigen Organisationsprinzipien gegenüberstellen:

traditionelle Organisation	*zukunftstüchtige Organisation*
auf die Sache bezogen	auf die Sache bezogen, auf Personen ruhend
Spezialisierung nach Funktionen	Kooperation verschiedener Einheiten und Kompetenzen
Ziel "Synergie-Effekte" durch Summierung von Aktivitäten	Synergie-Effekte durch Wettbewerb zwischen den Einheiten
Hierarchie und Status als Ordnungsprinzipien	hierarchieübergreifende Kooperation und Kommunikation
Organisation durch Führungsentscheidungen	Förderung selbstorganisierter Prozesse

Die innovative Organisation der Zukunft erfordert mehr Aufmerksamkeit und "Augenmaß" von seiten der Führung als das starre Konzept der traditionellen Organisation.

Die selbstorganisierten Prozesse erfordern flexible Kontrollsysteme, damit die "große Linie" nicht verlorengeht.

In der Unternehmensrealität spielen die Subkulturen eine besonders belebende Rolle: Sie stabilisieren die Unternehmenskultur. Solche Kultur-Inseln oder Kultur-Zellen siedeln sich am häufigsten im Bereich "Forschung und Entwicklung" an: Hier wirken die "Zukunftsmacher", im besten Falle also das kreative Potential des Unternehmens.

Gibt es ein "Kulturmanagement"?

Wenn wir uns der eingangs gegebenen Definition von Unternehmenskultur erinnern, so gilt folgendes:

Geschäftserfolg und Kultur beeinflussen sich wechselseitig.

Die Unternehmenskultur ist – als ein Ausschnitt der Gesamtkultur – das Lebenselement für die Mitarbeiter.

Die Gestaltung der Lebensprozesse im Unternehmen ist eine Führungsaufgabe. Ihre einzelnen kulturrelevanten Aspekte sind beschrieben worden. Wird diese Führungsaufgabe im Innenleben des Unternehmens erfolgreich wahrgenommen, dann fallen auch die Auftritte des Unternehmens in der umgebenden Gesamtkultur, im Markt und vor der professionellen Öffentlichkeit (Presse und Medien) wie der Öffentlichkeit der interessierten Bürger überzeugend aus.

Führungsaufgabe ist es, die Mitarbeiter für die Ziele des Unternehmens zu gewinnen und die "visionären Überschüsse" mit ihnen zu teilen.

Gelingt auch diese Aufgabe, so dringt etwas vom visionären Überschuß, der dem Unternehmen seinen "Zukunfts-drive" gibt, in die Außenwelt.

Das Unternehmen nimmt damit die Aufgabe wahr, an den Überschüssen von Möglichem gegenüber dem Wirklichen mitzuwirken, die auch die Gesamtkultur braucht, um innovativ zu bleiben.

Es erfüllt damit jenen Teil seiner gesellschaftlichen Verantwortung, der dem verantwortlichen Wirtschaften erst Sinn verleiht: weil es an der Sinnfindung in Krisenphasen mitwirkt.

Unternehmenskultur mit Sorgfalt zu gestalten ist daher wahrgenommene gesellschaftliche Verantwortung.

Daß hier nur weniges dem Zufall überlassen werden kann, ist deutlich geworden. Insoweit ist die Führungsaufgabe "Unternehmenskultur" eine Managementaufgabe.

Die corporate identity des Unternehmens, wie sie außen wahrgenommen wird, ist eine Funktion seiner corporate culture.

Jeder Mitarbeiter bewegt sich außen und innen; jeder Mitarbeiter ist Adressat und Mitwirkender, Träger und Botschafter der Kultur seines Unternehmens.

Die Führung hat die Aufgabe, die Unternehmenskultur in Krisenzeiten neu zu prägen und vorzuleben.

Als kreative Kraft wirkt die Firmenkultur nur dann, wenn sie etwas Unternehmensspezifisches ist. Sie muß sich von anderen Kulturen abheben.

Die Mitarbeiter müssen erleben, daß bei ihnen die Uhren anders gehen als bei den Wettbewerbern – am besten vor!

Unternehmenskultur sichert auf diese Weise das innovative Potential der Firma.

Daß Unternehmenskultur nicht die "Sahne" auf dem Alltagstreiben, nicht eine eher luxuriöse Mode ist, wie viele ältere Manager immer noch glauben, sondern ein essentieller Bestandteil einer erfolgreichen Geschäftsentwicklung, zeigen die folgenden Merkmale, die eine entwickelte Unternehmenskultur auszeichnen:

Karriere-Fürsorge:	Zielvereinbarungen, Mitarbeitergespräche, Gehaltsanpassung, Assessment Center, Beurteilung von mehreren Ebenen aus, nie nur durch einzelne;
Dezentralisation:	Teams, Eigeninitiative auf allen Ebenen;
Fehlertoleranz:	konstruktiver Umgang mit Fehlern; "fehlerfreundliche" Systeme, nicht nur fehlertolerante Menschen;
produktive Intoleranz:	schöpferische Ungeduld; nie Zeit ungenutzt lassen; Mißtrauen gegen die "schöne Fassade"; Vorzug für die authentische Notiz vor dem gelackten Skript;
Offenheit:	Eigenständigkeit stärken statt bestrafen; "Vertraulichkeits"-Riten reduzieren;
Freiräume:	Gleitzeit, wo immer möglich, für Marketing, Forschung und Entwicklung; auf den "Inseln" Arbeit an eigenen Projekten zulassen (ca. 10% der Zeit); Anteilnahme der Führungskräfte an den Interessen der Mitarbeiter;
Informationskultur:	regelmäßige Gesprächsrunden, informell; Feedback von Vorstandssitzungen; Lernchancen institutionalisieren, Innovationen feiern;
Do-it-yourself-Kultur:	jeder kennt die Arbeit seiner Mitarbeiter; niemand lehnt "grundsätzlich" bestimmte Tätigkeiten ab;
Innovation:	"Zwischenrufe" sind erwünscht; flexible "Dienstwege"; rotierende Team-Zusammensetzung; Interdisziplinarität als Team-Prinzip; Ideen als geistiges Eigentum handeln und honorieren; flexible Zielvereinbarungen; Zielkorrektur nach Erkenntnisstand; Toleranz für Querdenker;

Kundennähe:	Kundenbeiräte; Service-Kontrollen durch die Führungsspitze; intensive Kontakte der Führung zu Kunden; Stimulans für die Kundennähe der Mitarbeiter; Mitarbeiter sind "Kunden" der Führung!
Erfolgsbeteiligung:	unternehmerische Initiative auf allen Ebenen fördern; flache Hierarchien; Rückmeldungen der Führung zu allen Vorlagen der Mitarbeiter! Unternehmenserfolge als Mitarbeiter-Erfolge feiern.

Die Unternehmenskultur zeigt sich auf diese Weise als ein Bestandteil des strategischen Potentials. Sie sichert und steigert den Unternehmenserfolg.

Unternehmenskultur ist in der Informations- und Dienstleistungskultur nicht ein zusätzlicher Luxus, sondern integraler Bestandteil der Unternehmensstrategie nach außen und innen.

Autorenverzeichnis

Bechtler, Dr. Thomas W., 1949, studierte Rechtswissenschaften an den Universitäten Zürich, Genf und Harvard. Er ist Vizepräsident und Delegierter des Verwaltungsrates der Hesta AG in Zug, eines der größeren schweizerischen Familienunternehmen mit starker internationaler Verflechtung. Er ist außerdem Präsident der Zürcher Kunstgesellschaft und des Stiftungsrates der Swisscontact, einer Stiftung für technische Entwicklungszusammenarbeit.

Bleicher, Prof. Dr. Knut, ist Vorsitzender der Direktion des Instituts für Betriebswirtschaft an der Hochschule St. Gallen, das sich vor allem mit der Entwicklung eines integrierten Managements in Theorie und Praxis beschäftigt. Er war an verschiedenen amerikanischen Universitäten und 18 Jahre als Ordinarius für Betriebswirtschaftslehre an der Justus-Liebig-Universität Giessen tätig.

Boos, Dr. Frank, 1953. Matura 1972 in Buenos Aires. Studium der Betriebswirtschaftslehre und Doktorat in Wien (1981). Im Vertrieb bei Siemens Madrid in Spanien. Seit 1983 geschäftsführender Gesellschafter der Beratergruppe Neuwaldegg. Mitglied der Forschergruppe Neuwaldegg, Wien. Arbeitsschwerpunkte: Marketing, Projektmanagement und Organisationsbetreuung.

Capra, Prof. Fritjof, 1939. Promotion an der Universität Wien in theoretischer Physik. Forschungsaufträge an den Universitäten von Paris und London. Heute forscht Capra am berühmten Lawrence Berkeley Laboratory und lehrt an der University of California. Er gilt als einer der führenden Darsteller und Interpreten des wissenschaftlich-ganzheitlichen Denkens.

Exner, Alexander, 1947. Studium der Betriebswissenschaften an der TU Wien von 1967 bis 1974. Seit 1970 als Unternehmensberater tätig. Ausbildung in Wertanalyse, Gruppendynamik, systemischer Beratung. Seit 1980 geschäftsführender Gesellschafter der Beratergruppe Neuwaldegg. Seit 1986 Mitglied der Forschungsgruppe Neuwaldegg. Tätigkeitsschwerpunkte sind strategische Unternehmensplanung, strategisches Management und Marketing, Organisationsstrukturen und systemische Organisationsentwicklung.

Grau, Univ. Prof. Dr. Uwe. Dipl.-Psychologe, Direktor des Instituts für Psychologie der Universität Kiel. Vertritt mit Möller, Jens, die pädagogische Psychologie im Diplom-Studiengang Psychologie: systemische Beratung von Einzelpersonen und Gruppen. Das von ihnen entwickelte Kieler Beratungsmodell ist v.a. auf die Kontexte Unternehmen, Hochleistungssport und psychosoziale Institutionen ausgerichtet. Als Begründer der Systemischen Beratergruppe Kiel bieten sie neuerdings eine Fortbildung zum systemischen Berater im Management an.

Haller, Prof. Dr. Matthias. Professor für Risiko-Management und Präsident des Instituts für Versicherungswirtschaft sowie des Europäischen Zentrums an der Hochschule St. Gallen. Lehr-, Forschungs- und Beratungstätigkeit in Marketing- und Strategiefragen im Bereich von Risiko-Management, Assekuranz und Financial Services. Neuerdings gesellschaftliche Risiko-Kommunikation (gemeinsame Projektleitung mit R. Königswieser).

Hirsch, Siegi, ist systemischer Paar- und Familientherapeut sowie Trainer und Superviseur für systemische Arbeit u.a. in Krankenhäusern und Industrie. Im Laufe der Jahre hat er aktiv am Aufbau von Trainingsinstituten und der Entwicklung von systemischen Denk- und Trainingsmodellen für verschiedene Berufe und deren spezifischen Kontexten teilgenommen.

Höhler, Prof. Dr. phil. Gertrud, 1948. Studium der Literaturwissenschaft und Kunstgeschichte in Bonn, Berlin, Zürich und Mannheim. 1972 Ruf an die Universität Paderborn, wo sie seit 1976 als Professorin für Allgemeine Literaturwissenschaft und Germanistik tätig ist. Seit 1987 freie Unternehmerin und Unternehmensberaterin in Fragen der Öffentlichkeitsarbeit, Führung und Unternehmenskultur. Autorin zahlreicher Bücher und sonstiger Publikationen.

Jarmai, Mag. Heinz, ist Unternehmensberater und Managementtrainer in Wien, Gesellschafter der Beratergruppe Neuwaldegg. Arbeitsschwerpunkte sind die Felder der strategischen und operativen Unternehmensführung vor einem systemischen Theoriehintergrund.

Königswieser, Dr. Roswita, Sozialwissenschafterin, Ausbildung in Gruppendynamik und systemischer Familientherapie. Geschäftsführendes Mitglied der Beratergruppe Neuwaldegg und Vorstand der Forschergruppe Neuwaldegg, Wien. Tätigkeitsschwerpunkte: Systemische Unternehmensberatung; Management-Training; Wissenschaftliche Forschungsarbeiten; Lehrtätigkeit.

Lueger, Manfred, 1956. Soziologie- und Psychologiestudium, derzeit Universitäts-Assistent am Institut für Allgemeine Soziologie und Wirtschaftssoziologie der WU, Wien. Forschungsschwerpunkte: Qualitative Methodologie, Systemtheorie, Organisationssoziologie.

Luhmann, Prof. Dr. Niklas, 1927. Studierte Rechtswissenschaft und Soziologie. 1965 wurde er Abteilungsleiter an der Sozialforschungsstelle in Dortmund, 1968 ordentlicher Professor für Soziologie an der Universität Bielefeld. Mit seinem Entwurf einer Systemtheorie erneuert Luhmann den von der gegenwärtigen Soziologie vernachlässigten Versuch, Gesellschaft im ganzen zu begreifen. Er untersucht die Funktion der Zweckorientierung in sozialen Systemen und bestimmt sie als Reduktion von Komplexität, als Vereinfachung, die das System handlungsfähig macht.

Lutz, Dr. oec. publ. Christian, 1940. Studium der Wirtschaftswissenschaften in Zürich. Journalistische Laufbahn. Ab 1968 Brüsseler Korrespondent der "Neuen Zürcher Zeitung" für EG- und NATO-Fragen. Ab 1974 Leiter der volkswirtschaftlichen Abteilung des Schweizerischen Bankvereins in Basel. Seit 1980 Direktor des Gottlieb Duttweiler Instituts für wirtschaftliche und soziale Studien. Präsident der Schweizerischen Vereinigung für Zukunftsforschung.

Möller, Jens, Dipl.-Psychologe, wissenschaftlicher Assistent am Institut für Psychologie der Unversität Kiel: vgl. Grau, Uwe.

Neuberger, Prof. Oswald, 1941. Studium der Psychologie und Betriebswirtschaftslehre in München. Nach Promotion (1970; Entscheidungstheorie) und Habilitation (1975; Führung) ab 1977 Professor für Organisationspsychologie an der Hochschule der Bundeswehr. Seit 1980 Inhaber des Lehrstuhls für Psychologie I an der Universität Augsburg. Ausbildungsgebiet: Personalwesen; Forschungsgebiete: Kommunikation, Organisation, Führung.

Probst, Prof. Dr. Gilbert J.B., 1950, ordentlicher Professor an der Universität Genf und Direktor des Nachdiplomstudiums in Management (DMA), Beratungstätigkeiten. Habilitierte und doktorierte an der Hochschule St. Gallen. Ehem. Vizedirektor am Institut für Betriebswirtschaft und Privatdozent in St. Gallen, Visiting Faculty Member am IMI, Genf, und an der Wharton School, Philadelphia. Buchpublikationen zu "Systemorientiertem, ganzheitlichem Management", "Organisation" sowie "Wertewandel und Unternehmungsführung".

Reichart, Dr. Ludwig, 1949. Studium der Politik, Geschichte, Philosophie und Soziologie in München, London und Augsburg. Abschluß als M.A. (1975) und Dr. phil. (1979). Nach betriebspädagogischem Volontariat und Verlagsarbeit (1979/80) bei der BMW AG, München, tätig, seit 1985 als Leiter Personalentwicklung/ Bildungswesen.

Schultheiss, Dr. phil. Jürg, verbindet Theorie/Ausbildung (Studium der Philosophie, Psychologie, Literaturwissenschaft) und Praxis/Erfahrung (Werkstudent, Geschäftsführer einer Non-Profit-Organisation, Redaktor). Von 1986-1990 Leiter der Koordination "Sozialbilanz" im Migros-Genossenschafts-Bund, Zürich.

Simon, PD Dr. Fritz B. 1948. Psychiater und Psychoanalytiker. Nach Medizin- und Soziologiestudium in der Anstalts-, Universitäts- und Sozialpsychiatrie tätig. Von 1982-1989 ltd. Oberarzt der Abteilung für psychoanalytische Grundlagenforschung und Familientherapie der Universität Heidelberg; Lehrtherapeut und stellv. Vorsitzender der Internationalen Gesellschaft für systemische Therapie; jetzt freier Therapeut und Berater sowie Privatdozent für Psychosomatik und Psychotherapie an der Universität Heidelberg.

Sprüngli, Dr. oec. Rudolf K. Absolvent der Hochschule St. Gallen, Forschungsaufenthalt UC Berkeley Kalifornien, Dissertation "Evolution und Management", Basisausbildung bei Lindt & Sprüngli AG. Aufbau des Lindt USA-Geschäftes mit Perrier USA. Leitung des Lindt Exportgeschäftes. Seit 1988/89 Mitglied des VR und Direktor Marketing Schweiz/Export bei Lindt & Sprüngli AG, z.Z. Delegierter des Verwaltungsrates einer schweizer Nahrungsmittelholding.

Weiss, Dr. Thomas, 1952. Studierte in Heidelberg und Zürich Medizin und Soziologie. Ausbildung als Psychoanalytiker und systemischer Familientherapeut. 10jährige Kliniktätigkeit, u.a. Innere Medizin, Psychiatrie, Neurologie und Psychosomatik in der Psychosomatischen Universitätsklinik Heidelberg. Seit 1988 niedergelassen in freier Praxis.